我思

敢於運用你的理智

崇文學術·邏輯

名理探

傅汎際 譯義
李之藻 達辭

崇文書局
長江出版傳媒

圖書在版編目（CIP）數據

名理探 / 傅汎際譯義 ; 李之藻達辭. -- 武漢 : 崇文書局, 2024.5
（崇文學術・邏輯）
ISBN 978-7-5403-7654-3

Ⅰ. ①名… Ⅱ. ①傅… ②李… Ⅲ. ①邏輯學 Ⅳ. ① B81

中國國家版本館 CIP 資料核字 (2024) 第 094598 號

名 理 探
MINGLI TAN

出 版 人　韓　敏
出　　品　崇文書局人文學術編輯部
策 劃 人　梅文輝 (mwh902@163.com)
責任編輯　梅文輝
封面設計　甘淑媛
責任印製　李佳超
出版發行　長江出版傳媒 | 崇文書局
地　　址　武漢市雄楚大街 268 號出版城 C 座 11 層
電　　話　(027)87679712　　郵　編　430070
印　　刷　武漢中科興業印務有限公司
開　　本　880mm×1230mm　1/32
印　　張　19.5
字　　數　270 千
版　　次　2024 年 5 月第 1 版
印　　次　2024 年 5 月第 1 次印刷
定　　價　98.00 元
(讀者服務電話：027－87679738)

名理探

(一)

傅汎際譯義
李之藻達辭

漢譯世界名著

序

盈天地間。莫非實理結成。而人心之靈。獨能達其精微。是造物主所以顯其全能。而又使人人窮盡萬理。以識元尊。乃爲不負此生。惟此眞實者是矣。

世乃侈譚虛無。詫爲神奇。是致知不必格物。而法象都捐。識解盡掃。希頓悟爲宗旨。而流於荒唐幽謬。其去眞實之大道。不亦遠乎。西儒傅先生既詮寰有。復衍名理探十餘卷。大抵欲人明此眞實之理。而於明悟爲用。推論爲梯。讀之其旨似奧。而味之其理皆眞。誠爲格物窮理之大原本哉。

竊嘗共相探討。而迷其詞旨。以爲是眞實者。乃靈才之糧。併爲其美成。爲其眞福焉。爲糧者。吾人肉軀惟賴五穀之精氣。滋養以生。若一日去飲食。則必弱。久去則必死。又或不謹。而雜以毒味進。則必病。亦且必死。靈才之不得離眞實而進僞謬也。亦如是矣。

爲美成者。人靈初生。如素簡然。凡所爲習熟。凡所爲學問。凡所爲道德。舉非其有。蓋由後來因功力加飾。而靈魂受焉者。顧所受惟眞惟實。其飾也加美。否則不美必醜矣。可惜也。

所謂眞福者。非由外得而不可必者也。惟於我所欲得。卽由我得之。惟我欲得而由我得。乃始爲屬於我。惟屬於我。乃始爲我眞福也。彼世所有如財也。貴也。樂也。皆無一由我得。無一屬我。則無一爲我眞福可知矣。然則孰爲欲得而由我得。誠然屬於我者。夫非明悟所向之眞實歟。

然別眞實之理。不可不明。而明眞實之理正匪易易也。全明者享全福。此惟在天神聖則然。吾儕處玆下域。拘於氣稟。不能明其全。而可以明其端。以爲全明之所自起。其道舍推論無由矣。

古人嘗以理寓形器。猶金藏土沙。求金者必淘之汰之。始不爲土掩。研理者。非設法推之論之。能不爲謬誤所覆乎。推論之法。名理探是也。舍名理探而別爲推論。以求眞實。免謬誤。必不可得。是以古人比名理探於太陽焉。太陽傳其光於月星。諸曜賴以生明。名理探在衆學中。亦施其光炤。令無舛迷。衆學賴之以歸眞實。此其爲用固不重且大哉。

其爲學也。分三大論。以準於明悟之用。蓋明悟之用凡三。一直。二斷。三推。名理探第一端論。所以輔明悟於直用也。第二端論。所以輔明悟於斷用也。第三端論。所以輔明悟於推用也。三論明而名理出。卽吾儒窮理盡性之學。端必由此。其裨益心靈之妙。豈淺鮮哉。

余向於秦中閱其草創．今於京邸．讀其五帙．而尙未覩其大全也．不勝跂望以俟之．是爲序．

崇禎九年日躔壽星之次奉命督修曆法山東布政司參政李天經書於修曆公署

又序

研窮理道。吾儒本然。然世之擁臯比譚修詣者。同異互標。醇疵競騖。而統緒屢歧。

其或負敏喆。侈贍博者。蒐奇襲艷。祇事雕蟲繡幌。而旨趣益晦。寖假而承身毒之唾。拾柱下之瀋。以奸吾儒之正。舉凡一切修齊克治。咸芥睨爲虛無假合。而理道且愈迷厥嚮矣。

詎古經籍所載。明德明命。精微奧蘊。遂靡實地可踐。定序可循。本元可探。以祈返於一眞之路哉。抑性與天道。可得而言者。果不可得聞。而徒煩後儒擬議歟。

余小子其何知。惟德曩侍先大夫。日聆泰西諸賢昭事之學。其旨以盡性至命爲歸。其功則本於窮理格致。蓋自函蓋內外。有模有象。不論不議者。無不叩其底蘊。而發其所以然。覺吾人禔躬始有實際。身心性彙始有究竟歸宿。貞教淑世。直遡宣尼公旦而嘿契焉。彼膠固室於習見者。未窺其藩。輒生疑沮。嗟嗟。然則道之難明也。雖關閩濂洛諸儒。當年不能擾睽使翕。情勢則然。斯又奚足爲西賢致慨乎。

先大夫自晤利先生京邸。嗣輶所之。必日偕西賢切劘揚扢。迨癸亥廬居靈竺。迺延體齋傅先生。譯寰有詮。兩載削稿。再閱歲。因復繙是編。

蓋寰有詮詳論四行天體諸義。皆有形聲可晰。其於中西文言。稍易融會。故特先之以暢其所以欲吐。而此則推論名理。迪人開通明悟。洞澈是非虛實。然後因性以達夫超性。凡人從事諸學諸藝。必梯是爲嚆矢。以啓其倪。斯命之曰名理探云。其爲書也。計三十卷。奥而不浮。賾而有序。統之函五大倫。而究則歸於一眞。語之抉源。步之蹠實。殊海心同。若合符節。何有攜貳以自生障礙哉。

第厥意義宏深。發抒匪易。或隻字未安。含毫幾腐。或片言少棘。證解移時。以故歷數年所。竟帙十許。乃先大夫旋以修曆致身矣。俟余入署纘業。鞅掌測演。悵居諸之虛邁。繼述之未從。每爲披閱。有餘恫焉。

丁丑冬。先生主會入都。示余刻本五帙。益覺私衷欣赧交構。蓋赧者。所貽淸白。力莫能助剞劂之費。至欣者。則景祚天開。聖天子留心欽若。邇日昭鑒斯道。有裨世教。因錫以御牓。顏曰欽褒天學。大哉皇言。開榛蕪。啓矇瞶。息異喙。定一眞。是斯道大明大行之一會乎。有志於正學者。得是編。爲引端焉。於以信表章之非誣，倡秉彝之有自，至德不孤，行將殫西學以公諸寰宇，使旨趣不迷，統諸歸一，則曩之窒者通，疑者信，寧爲名理探而已耶。余小子實不勝企願焉，因不揣固陋，爲摭其大端如此。

崇禎祝犂單閼之歲日躔降婁仁和後學李次虨譔

目錄

卷之一

卷之三

卷之五

名理探五公卷之一

遠西耶穌會士　傅汎際　譯義
西湖存園寄叟　李之藻　達辭

愛知學原始

愛知學者。西云斐錄瑣費亞。乃窮理諸學之總名。譯名。則知之嗜。譯義。則言知也。古有國王問於大賢人曰。汝深於知。吾夙聞之。不知何種之學爲深。對曰。余非能知。惟愛知耳。後賢學務辟傲。故不敢用知者之名。而第取愛知爲名也。古稱大知者三人。一、索加德。一、霸辣篤。一、亞利斯多特勒。亞利學問尤深。後學宗焉。亞利者。馬測獨尼亞國人。生於天主未降生前三百八十一年。（周安王二十年己亥。距孔子歿後九十六年。）距今二千有九年矣。（天啓丁卯）初受學於索加德。索加德歿。又學於霸辣篤。在門二十年。聰穎無儔。霸辣篤獨讚爲明悟者。謂他弟子不乏明悟。然惟亞利則可謂全明悟者也。講堂中諸弟子在。亞利不在。視若空庭。諸弟子不在。亞利獨在。若高朋滿座焉。亞利名聲四訖。斐理薄王延爲歷山太子之師。王常謂天主以太子賜我。其恩大。又以亞利賜我爲太子師。其恩尤大云。歷山深感亞利之教。常曰。我愛亞利。如我父然。蓋父與我以生。亞利與我以義理而生也。大日理達者。亞利誕生之鄉也。其城遇災而壞。歷山既立爲王。爲亞利故新其城。比前更壯。歷山王已得修身理國之教。欲窮萬物之性。遣數人徧遊天下。諮訪草木禽獸奇怪物類。所費金四十八萬有奇。亞利緣此益以盡知生者覺者之性。而發明之。亞利常在王所不離。後王更欲大惠其教於四方。乃聽亞利闡教於外。亞利乃往亞德納大城而立學焉。居十三年。一國高士皆受其訓。後欲更窮宇內名理。遠詣耦百亞島及嘉爾際德城。復居數年。耦利波海潮。晝夜進退七次。亞利欲究其故。殫力窮思。經年不倦。老而有疾。且亟猶懇切祈於造物主曰。萬所以然之最初所以然。幸憐而啓我。乃卒。亞利門徒甚多。所著書四百卷。今所存者一百二十卷而已。物物之性。性性之理。無不備解。其設教。必務透明義理。有不明難解者。待高才好學之士與習焉。其鈍且惰者。令專他業。不欲其枉消時日也。亞利因人識力有限。首作此書。引人開通明悟。辨是與非。辟諸迷謬。以歸一眞之路。名曰絡日伽。此云推論名理。大旨在於推通而先之十倫。以啓其門。博斐略又爲五公稱之論。以爲十倫先資矣。

藝之總義

古云。性者。天主所定生化諸物。司所以然之公理也。禽類生母也。人類。則否。禽類初生。皆具避害就利之資。皮毛當衣。角爪禦敵。性生有之。故謂生母。若人之生。既無避冷就溫之具。又無一物可以禦害。諸所藉賴。皆非性生。較諸鳥獸。所虧甚多也。亞利非此說。以爲人性既各具有推理之明。則凡有生所須。種種自備。足以補其所無。天主非惟不薄於人。所賜靈才。更望我以通達萬理。以擬內元靈天主之象焉。惟是人之明悟。必須有所依傍。積而習之。使至於熟。若非積熟。便無序。便無味。便不能久。既積既熟。括而成藝。乃可蓄聚所知。若寶藏然。夫藝所以備靈性之作用。不但明悟。亦兼愛德。使其五司百爲。合於節度。非藝則諸凡作爲皆妄。故步路大云。無藝之作。而能合其節度者。惟逆亞爾之一擲而已矣。逆亞爾者。古之畫工也。曾畫一馬。身態如活。欲加之以流沫。屢筆反復。終不如意。因而發怒。以筆投板。遂爾成沫焉。夫藝從何而肇。亞利云。凡藝繇經試而生。如嘗試用某藥治某病。得效。因推其理。凡有此病。皆當用此藥物。即此推論之用。留於明悟。漸積而熟。既已習熟。復加明悟推尋。積新習以滋厚其舊習。而藝乃漸備焉以成。夫創藝而集其大成。亦非一人之年之所及矣。

藝也者。括有多許習熟。其所向。必眞。必一。必致益於人者也。習熟者。依賴者也。作用所留之跡。是謂習熟。凡明悟愛欲內司諸德。皆有習熟。西云亞備度。而習熟有三類焉。一、明。一、用。一、外功。亞利但取外功之熟爲藝。顧所云眞者。一者。致益乎人者。則兼明。用。外功。三習之熟也。

何謂括多許之習熟。以明畸零之習熟。不可謂藝。多括始可成藝。

何謂向眞。明夫不屬明悟。而第屬愛欲。或他諸德之習熟者。不涉於藝。凡德各有本向。明悟所向。屬眞者。愛欲所向。屬善者。

又以明夫凡屬兩可之義。與僞誕諸說。不可爲藝也。

何謂向一。釋云向於一界。以別於他學之不相關者。如凡論動。皆形性學所向。其中多許發明。次序相關。習而熟之。可以自成一藝。其他不相關涉之論。不能牽合爲一藝也。

何謂致益於人。以明一切邪術。不可謂藝。緣其皆魔所創。眩惑人心故。

或曰。天主明照。與天神明悟內。凡靈性所通。在天主。謂之明照。在神與人。謂之明悟。亦有藝在。然非必曾括多許習熟。蓋天主不假推論。惟一純知。照徹萬有。天神亦只用一習熟。貫通各學全界。奚必括多許之習熟乎。次謂兩可之說。不可爲藝者。以其或有叛眞向僞者耳。則凡藝。皆不可以爲藝。何也。藝之爲用。皆屬商度。凡屬商度。卽可向僞。則凡藝。必宜無事商度。抑或商度於兩可。皆可謂之藝也。三、凡褻術。皆可謂藝。亞利分明悟因性之習熟。爲五種。其一、曰悟。乃天主因吾性所宜有而賦以此習熟也。類分二者。一、明悟之所直通。爲諸學最初之論。一、明悟提我使知爲善避惡者。（二者、雖天主所賦。然亦可以人功受積。）其二、曰識。乃明悟由推論以得確然知識之習熟。其三、曰超識。乃明悟循超形之所以然。以推而知之之習熟。其四、曰智慮。乃明悟隨時隨處。制人作用。使各中節之習熟。其五、曰藝。乃明悟所以制爲藝功之習熟也。今夫衺術。旣屬明悟之熟。又非落於前四種者。則藝之習熟耳。若謂凡衺術之用。害人不益人。非可謂藝。則用藝之人。非能損其藝之所以爲藝也。蓋其衺術之用。雖向害人。其所究此衺術之識。本謂求知。不謂衺識也。何則。凡藝屬明德。不屬愛德。故其所向。但在設爲可循之節。以就功能。而不在其有意爲善與否也。假如有二藝人。各違藝事之規。其一、明知節度。作意而違。其一、自因才拙。不得已而有違。夫作意而違。可謂爲不善者。然而但以藝較。則其視才拙而違者。豈不勝之。可見其作意者。自關愛德所出。而不關藝之所以爲藝也。則彼衺術。雖用之或爲人害。而原其本向。不可謂之非藝矣。

右數論。皆有辨焉。所謂天主與天神。不須習熟之括者。其釋有二。一、天主明照與天神明悟。實該諸藝。但藝之本解。第論人類學問所積之藝耳。非論天神與天主也。二、謂括多許習熟者。義指二端。一、在明悟內何似之識。（何似、乃十倫之四。詳在本論。）二、明悟所向之理。論何似。則天主與天神之識。非涉括義。若論所向則天主天神之明識。豈可謂爲無所括乎。

所謂兩可之説。亦可謂藝者。曰藝所向。雖亦或兼憑兩可之法。然藝與兩可之義。有不同者。何也。藝所設定之法。確不可疑。故藝之爲眞。不係外功。或兼兩可。然外功之成。悉係於藝。其理皆一定也。若夫兩可之義。其眞與否。初無可據。須從其向界而決之。界既兩可。則向界之識。亦豈得不向於僞乎。所謂藝在商度。非論衆藝。惟論本藝之內根由節目相關者。如醫家一藝。倘於病源治法。尚有未諳。寧免商度。及其既諳。又何商度之有。故亞利云。藝成弗度。

所謂衺術本向皆可謂藝云者。曰衺術雖眩人心。但亦括有許多知識。亦自成其爲藝。（衺術有二類。一依確實之理。其本論非可謂邪。但魘鬼借用眩人。一無定知識。惟出自魘設僞誕也。謂自成其爲藝者。但指前類。）然非前解所論。其故有二。古者所論。其一、以爲皆屬有益人心有益人身之類。一、謂人所習學而得。及天主所原賦於人固有之藝。二者皆能益人也。

諸藝之析

藝之別有三。一、依所論而別。二、依所向而別。三、依所居而別。凡藝所論。或是言語。或是事物。言語之倫有三。一曰談藝。西云額勒瑪第加。二曰文藝。西云勒讀理加。三曰辨藝。西云絡日伽。而又有史。西云伊斯多利亞。又有詩。西云博厄第加。詩史屬文藝中之一類。緣此三者皆有所文焉。以歆動人心故其他諸藝。皆事物之屬也。所向。分爲兩端。一、謂用藝。一、謂明藝。用藝復分有二。一、其所作用。留於其所從發之德。如明悟之諸作用。留於明悟者。謂之韞藝。二、其作用。爲物之所以受成者。如造室畫像之類。謂之業藝。

韞藝。復分爲二。一、屬辨學。其本分在制明悟之作用。一、屬修學。其本分在制愛德之作用。修學又分有三。一、在克己。西云額第加。一、在治家。西云額各諾靡加。一、在治世。西云薄利第加也。

業藝有二。一、制言語。一、制雜用。制言語者有二。一、設話言。一、設文法。制雜用者。其數廣博。如畫。如樂舞。如使用兵器之類。皆是也。

明藝有三。一、謂形性學。西言斐西加。專論諸質模合成之物之性情。二、謂審形學。西言瑪得瑪第加。專在測量幾何之性情。三、謂超性學。西言陡祿日亞。專究天主妙有與諸不落形質之物之性也。

形性學。惟明之一端而已。醫學屬焉。西云默第際納。然其所兼者。亦有二端。一、謂爲明學。一、謂用藝之倫也。緣其測量人病是否可醫。與夫百草百藥之性味。故屬明學。若其調劑補泄方術。施之救療。

則亦爲用藝耳。

審形學。分爲純雜兩端。凡測量幾何性情。而不及於其所依賴者。是之謂純。類屬有二。一、測量併合之幾何。是爲量法。西云日阿默第亞。一、測量數目之幾何。是爲算法。西云亞利默第加也。其測量幾何。而有所依賴於物者。是之謂雜。其類有三。一、謂視藝。西云百斯伯第穢。一、謂樂藝。西云慕細加。一、謂星藝。西云亞斯多落日亞也。凡量法。但論其線若干。不涉於質。是之謂純。若視法所論之線。有關於見用之物。是之謂雜也。算法論數。不關於物。是亦謂純。若造樂器。測度數。以審聲音。是之謂雜也。又量法。只論圜形。不涉某物。是之謂純。若測星者。專步在天圜體之躔度。是之謂雜也。畫地圖者。亦歸此法。其類有三。一、主畫天地之全圖。西云閣斯睦加費亞。一、主畫全地之圖。西云入沃加費亞。一、主畫各國之圖。西云獨薄加費亞。

視法之分有二。其一、物所射像於人目。嘗與其實體不同。或視直如曲。或視小如大。悉爲論其所以然者。其二、以鏡照物之像。復以鏡照鏡中之像。幻爲倒影。爲論其所以然者。

星學之分有三。一、分別時候。以晝萬國各種日晷。二、測量各處星度高低。與其相距遠近之不同。

三、測量日月五星諸辰與地相距者。

超學之分有二一、爲超有形之性者。是因性之陡祿日亞。卽默達費西加。其論在於循人明悟所及。以測超形之性。一、爲超性者。西文專稱陡祿日亞。是超性之陡祿日亞。其論乃人之性明所不能及者。出於天主親示之訓。用超性之實義。引人得永福也。

論諸藝之所居。可分上下兩倫。上倫者。總之有三形性學。一、克己治世法家之學。二、超性超形二家之學。三、下倫者。亦分兩端。其一、總該修飾靈分之藝。其要有七。譚一、文二、辨三、算四、樂五、量六、星七。其二、總該事力之藝。古紀其要亦七。農一、畋二、兵三、匠四、醫形殘五、織六、浮海七也。前七者。皆屬自主之靈。故謂自主之藝。後七者。皆屬身力所運。故謂事力之藝。而兵與畋二者之用爲貴。

諸藝之序

凡物所以全其美者。在乎有序。試觀含生體質。以至六合形象。與夫軍政部署。各有序焉。若令軀體徒具。置頓失序。致用必拂矣。六合之美雖全。若無次序。必害且悖矣。行軍動衆。若無部署。不相爲用矣。是故藝有藝序。苟無其序。厥美不彰。師無以教。學無以通。

凡藝。有肇序。有學序。有貴序。何爲肇序。初人之藝。非由漸得。天主生而畀之。備美無缺。後裔相傳。未免或有不盡。致有斷缺。於是乃有多許能士。創新藝以補之。自以爲新。而不知其皆原初之所有也。亞悟斯丁紀云。譚藝最先。史藝次之。人心之靈。旣覺藝爲妙用。又覺非有明辨之法。難免差謬。乃始創定辨是非之道。因務修其詞章。遂成文藝。詩藝。進而漸通天文諸學焉。人靈略熟以上諸藝。始窮物理。審如何修身。如何治世。乃創通達形性之學。以成修身治世之用。又加尋思。必更有超於形性者。遂及超形性之學也。由此觀之。可知靈才所以貫通諸學。蓋有定序。先知屬形之性學。次明修治之學。終通超形之理。古人創藝。次第如此。總之。先用藝。次明藝。而用藝中。又先外功之藝。然後轉內。以定諸韞藝之規焉。蓋古人習藝。先務生命所須。後乃旁及他藝。適其性情。祭則落曰。古之聖賢。暇必專精修藝。或務文事。或務星曆。或專醫藥。或又別創新藝。以賁飾其靈分焉。小民胼胝之餘。亦有自樂之藝。或務田獵。或務投壺。或創他藝。各取一時之適也。

或曰。覇辣篤云。世間諸藝。皆由審形學而出。此學似在他藝之先。曰、一切技藝。咸由數度比例而成。三家本論。比例也。數也。度也。皆肇自審形學。是故建學定規。以此爲首。而形性學繼之。次則克己學。終則超形性學也。蓋人性靈明。用以通達審形諸論。比於通他諸學。覺悟較近。通習較易。亞利云。兒童可通天文諸藝。若欲通於超形性之學。非所及也。覇辣篤指審形之學。爲諸學之引。蓋人之明悟。自非首習測量。無以進乎難通之學。故宜用此以開其門。至於修身治世。其所需於已試之跡。剖斷之熟。視諸形性之屬之所求者。關係頗大。而超形性之學。所求靈用之熟。比於修治作用。與夫形性諸學。其道更邃。故設學者。宜先講明形性。俟其明熟。乃可誨以克治功夫。又俟明熟。方可講明超越形性之義也。

問超性學。當以何時習之。曰。此學須在諸學既熟之後。則宜先習因性之學。緣凡因性之識。皆以引人靈性。漸升超義。故若論各學差等。莫貴於超形性學。而因形性之學。次之。審形學。又次之。而克己。而齊家。而治世諸學。又次焉。原夫屬明諸藝。貴於屬用諸藝。原凡爲己之藝。貴於爲他事之藝。夫明藝爲己。而用藝非爲自己。乃爲引制其作用而有者。故明學。必貴於用學也。今凡修齊治世之學。皆用之屬。用在明後。而明學中。超形性者。因形性者。多論自立之體。審形所論。皆屬依賴。則其等級次序。亦自犂然可知。

然則名理之學。居何等乎。曰。論設學之序。譚義已定。當務之急。莫先名理。而文藝次之。然後循前定序。以進於超性學也。蓋名理。乃人所賴以通貫衆學之具。故須先熟此學。如習文藝。不能先知解釋。先知剖析。先知推辨。雖欲精熟。其道無由。則通達名理。宜在文藝之先也。夫人所以習文藝者。欲以賁飾言譚。次則宣暢內意。感動人情。其務本先諸學。誠不可置於他諸事物之後。至論諸學孰貴。則名理一學。以制明悟之用。固當貴於言語之藝。若以他諸明學相較。則因形性超形性二學。貴也。緣其所論。皆自立體。而明悟之用。則其屬依賴者云爾。如比審形學。則名理尤貴。緣明悟之用。貴於幾何之屬故。如比克己齊治之功。則名理爲更貴。其故有二、一、從各所向之界而論。蓋修身治世所向。在制諸德之作用。屬於愛欲。而名理推之所向。在制諸學之作用。屬於明悟。而明悟之德。其純且神。過於愛欲。則名理豈不貴於以上三學乎。二、從所循之規而論。名理推之本務。在辨明悟所推或有之謬。故其辨論。皆明顯而確定者。若修身治世之學。其務惟在習俗風化。一切當然之事。而不暇推究於其所以然者。夫推究義理。而明顯其所以然。固貴於徒循事迹。而不究其義理之原者。則名理推。必貴於修身治世之學矣。

或問。文藝所居何等。曰有置之於名理。克己。治世。三學之間者。以爲文藝一途。亦係明悟之用。超乎修己制俗之學。第其務。專在文飾。故當次於名理之學云。此說。未盡。蓋論明悟之作用。則文藝一途。宜置名理及克己治世之間。然而文藝要務。第在修詞。修詞之工。賤於修治。則當置諸修治之下矣。

名理推自爲一學否

名理之論。凡屬兩可者。西云第亞勒第加。凡屬明確。不得不然者。西云絡日伽。窮理者。兼用此名。以稱推論之總藝云。依此釋絡日伽爲名理探。卽循所已明推而通諸未明之辨也。名理探之向。有近遠二界焉。設明辨之規。是近向界。循已設之規。而推演諸論。是遠向界。所以必分此二端者。凡藝之屬。其內理。外用。有別。初設一藝。未布作用。先立規模。是其內理。規模既定。受成而致功焉。是其作用也。譬作畫者。用其明悟。豫想外功之何似。立爲內象。然後循此規則。以伸線而着色。而功乃始成焉。尋明悟之知者。亦然。欲創某論。豫想立論內理。先具規模。乃可推演成章也。由所設之規。習而熟之。是設規之習熟。由作功之用。習而熟之。是用規之習熟。今論爲一學否。只論其設規者爾。

凡吾所謂學者。其義有三。一者。泛指明悟所識。不論其屬明屬用。或屬一定。屬兩可也。二者。專指求明之學。未涉於用學。三者。專指篤論所推。顯明而眞確之識也。此第三義之學。分悟。分習。凡屬明頓悟之識。是爲悟學。就此所悟之學。留而熟之。是爲習學。悟學或斷。習學不斷。茲所論者習學也。後凡云學。皆指二義三義之學。不指第一義之學。有謂名理探。但可爲藝。不足爲學者。論有二。一、亞利謂文藝乃名理之屬分。全者分者。皆不爲學。二、學之具與學之功。不混爲一。通此學者。是功用以通此學者。是具名理探者。乃明悟所以貫徹諸學之具也。則不自成一學矣。有謂名理探實爲一學。然而無所別於他學者。論亦有二。一、凡學各有本界。以成本論。因以別於他學。名理探非專一界。以諸學之界爲界。則不得自爲一學。二、覇辣篤謂名理探所論。乃超形義理。與超形性學所向。頗不相遠。則二家共是一學也。

正論二端。一曰。名理探。固自一種之學也。何故學也者。從明確之論。習焉熟焉。以留於明悟中者也。名理探有多許篤論。能循明顯之通然。凡道理有不必細講。而同以爲然者。以滋習熟。自爲一學。次凡藝術能備證本界所有諸情者。斯可謂學。名理探能證本界之情。凡明確之論。自足生其眞識。凡兩可之論。自足生其疑識。此名理探本界之情也。則自爲一學可知。三、舍名理探而外。別無眞學。何故。學之眞。由其論之確。而其推論規則。皆名理探所設也。賴有此具。以得貫通諸學。實信其確。眞識從此開焉。設使明悟之於此具。先自不信。反有所疑。尙能生明確之識乎。

二曰。名理探。自爲一學。別於諸學也。何故。凡習熟。各就各所向界而別。名理探自爲一界。別於他學之界。則其作用。其習熟。亦與他學別也。次既有一種之學。專制愛德中嗜怒兩用。迪人爲善。別於他學。則亦宜有一學。專劑明悟之用。迪人洞徹眞理。以別於他學也。

今辨所謂全與分皆不爲學者。曰。名理探本分兩端。一、教人識取論證。二、以篤論證他諸藝也。依前義。名理探與文藝。未足爲一學。依後義。名理探切爲一學矣。亞利但據前義而言。所謂具與功者。曰。謂貫通諸學之具。自不爲學。是也。然名理探之本義。不可謂具。但可謂造具者。

所謂名理探無專界云者。曰。其界有遠有近。萬物之性。萬性之理。皆遠界也。以皆解析之所及。故。其近界。則在引治明悟之用。貫通諸學耳。所以謂爲一種之學者。非由遠界。惟由近界。

所謂名理探與超形性學。共一學者。曰。凡學。皆以求覓眞實。而其制用規則。名理探備焉。故祭則洛稱爲萬藝之超藝。在諸學中。猶太陽於世。普徧光明也。窮理者。每借此名。兼稱他學云。

問。名理探亦爲愛知學屬分乎。曰。度略析愛知之學爲三端。性、一。修、二。探、三。而所謂探者。即名理探也。亞利亦稱三者。皆愛知學之所該。

欲證此說．先當釋明愛知學爲若何．譯名．則言知之愛．譯義．則言探取凡物之所以然．開人洞明物理之識也．推知．凡就所以然處．推尋確義．貫徹物理．皆爲愛知學之屬分．名理探正就所以然處闡明確論．以通諸萬推辨之規者．其爲屬分可知．次愛知學之本務．在通物物之性．性性之理．則豈不能兼推名理之規哉．是宜謂爲屬分矣．又凡修學本分．在於制愛德之用．而皆爲愛知學之屬分．則推學制明悟之用者．亦豈不謂愛知學之屬分乎．而況明悟之用．貴於愛德之用者乎．

或謂．測論明悟作用．其性若何．其情若何．正愛知學之本務也．名理學但調劑其作用之次第．俾成推論．豈足謂屬分乎．曰．比如凡修學之所務．不在測論愛德之用．性情若何．惟在引制其用．軌於中正．而其學皆愛知學之屬分也．則推學雖不講論明悟作用何性何情．而惟詮敍明悟之用．使歸眞確．豈不可謂愛知學之屬分乎．

用名理探之規爲一藝否．（前所謂藝．乃至宗之藝．其下又分二宗．曰學．曰藝．此所指藝．乃是分類之藝．與學相對者．非至宗之藝也．）

一說．謂用規者．爲學．蓋用其所設之規．就諸學之界．以成推論．卽此習學再四推尋演熟明悟之用．此熟．全憑設規所生．而此新生之熟．益以增設規之元熟．俾其愈積愈厚．則用規．豈非學也．原夫學所由成。由學之功力而成。究其既熟。則用與設。總歸一熟。無兩學也。

二說。亦謂用規爲學。但其習熟與設規者。不同。蓋凡所謂用者。必留經涉之跡。於其所從出之德。用異。則習熟亦異。不得謂一。夫設規用規。固不同矣。則其所增習熟。亦自不同。比如習琴瑟者。亦有兩熟。一在明悟。謂明熟。其本分。在辨淸濁之規。一在外體。謂用熟。其本分。在隨明悟已設之規。推之於用也。名理探之習熟。亦自分明分用。設規者。謂明熟。用規以成推論者。謂用熟。各成其學。

又如用形性學之界。以成推論者。其所推論。非能就形性學而出也。形性學。非設推論之法者也。亦非就名理設規者之習熟而出也。設規者。設推論之規而止。其用之於形性學之界。以成推論。固自別從一翻之習熟而來者也。是則在於用規者。

正論曰。用規者。亦未足以謂學。但論其習熟。則非別於設規之習熟者也。是共一習熟者也。就其立法教人。設推辨之規。則爲學。就其循襲規條。成諸推辨。則爲藝。而不爲學。蓋諸學本理。在能剖析推致其所以然者。俾其相係相屬。以顯初論。而用規者。則不在乎推致。在乎作用。所以不足謂學也。

次各學本業。各就諸名物之總理而論。若其一事一物之特義。則偶或及之耳。今用規者。非必研究總理。但循所受之規。推而致用於諸凡之特義。固不可以謂學。

其謂習熟之不異者。蓋藝也者。循明悟已設之道。致其功力。而習焉熟焉之謂也。夫功力。有二用焉。一爲外用。乃手口所屬諸藝。一爲內用。屬在靈性。就吾習用名理探之篇論。熟之而留於靈悟。則謂爲學矣。就其引我明悟之用。成諸種種推論。則謂爲藝矣。故總一習熟而可爲設規之習。亦可爲用規之習。設則爲學。用則爲藝也。

次欲用外藝。所須者二。一、爲能用。一、爲知用。有德則能。德乃外用之德。如手口之動。有習則知。習者其明悟之習熟。德習之外。更無別用。則內藝之所須者。亦惟此二者而已。用規。爲內靈之藝。人有明悟。既具推論之德。又熟所設之規。遵成推論之用。二者既備。奚必他習。則一習而發用不同。亦爲學亦爲藝云。

所謂用規之功用。生其新熟。益以增設規之元熟者。曰設規用規之習熟。論其質義。但一習熟而已。論其模義。則可謂二也。論質義。則用規之功用。固增設規之熟。論模義。所增在藝。不增在學。

欲正第二論。當知內藝外藝。其習不同。外藝者。用在外體。不但內習之熟而已。如歌者既有內設規之神習。又於喉舌間有外習焉。至論內藝。惟循已設之規。求有內悟。無需外體之用。故惟在其明悟之神習。

所謂用形性學之界。以成推論云者。曰。此推辨之用。由兩習熟而出。一、是形性學之習熟。一、是名理探之習熟。論其規式。則由名理探。論其質義。則由形性學。論由形性學。則習學之熟。論由名理探。則習藝之熟也。推論之成。兼兩習熟。然究其所習之規。則專在名理探云。

名理探兼有明用二義

諸學。有屬用。有屬知。務窮物理。不必致用。是爲知學。如因形性學。與超形性學。是已。窮物理以致諸用。是爲用學。如克己治世之學是已。

一說。謂名理探。乃明學。非用學也。所據有二。其一曰。明與用。循其所向。定之名理探所向。不在撰成種種推論。而在講究其性其情。故屬明學。

其二曰。致用之本。在求會成。會成者有二。一由於外。一留於內。外者。如凡形藝所行之事。內者。如明悟所推之論。二者各有會萃。以成其一。故謂會成。致明之本。在求析暢。分析明悟已推之括義。宣暢初義。是謂析暢。名理學本用。不在會成。惟在析暢。則爲明學而已。

二說。謂屬致用之學。所據亦二。其一。凡導制作用者。爲用學。名理學。導制明悟之用。正所以致於用也。導制云者。亞利謂人之明悟。任所作用。初無定節。名理探之本分。立定規則。導而制之。使不愆於義理之節云。

其二謂明悟之用。義有二端。一、論其用之實有者。一、論其致諸推論之規則也。凡論實有。皆屬超形性學。名理學。但具推論規則。固屬致用。譬之工藝。用石與木。推論木石之性。屬形性學。用木石以造成宮室。屬在匠藝。一爲知識之論。一爲藝事之論也。則名理探裁制明悟。用以成推論。固屬致用之學矣。

三說謂名理探。兼有致明致用二義。顧二者各自有一習熟。如醫學。須習二者。一、測論可醫之病症。與諸藥性。而謂知醫。二、裁制所用應病之藥。而謂用醫。非能得之於一習熟也。

正論云。名理學總一習熟。而兼明用二義。蓋凡謂致用之學。必當有三。所論。所循。所向。俱屬致用。名理學皆備焉。所論。引制明悟。所循。法求會成。所向。本屬推論也。故爲致用之學。

凡謂致知之學。亦當有三。所論。所循。所向。皆屬致知。名理探亦備焉。蓋其宗界之本性本情。咸屬可明。所用之法。本在析暢循之。可以得明。所向之爲。本在通曉推論。故爲致知之學。前一說。二說。所證。

謂名理探爲致用。爲致明耳。非證但是用。但是明。爲一偏之說也。三說。謂兼明用兩義則是。謂有兩習熟則非。總以一純習熟貫之。

或謂明與用。分兩類。因亦分爲兩學。則安得以一學。兼明用兩義乎。如稱生覺而靈者。生覺而不靈者。靈不靈。人禽之類殊焉。不得合爲一物。故名理學。不能總攝明用二殊也。

解此有二。其一曰。所謂一學而函明用兩殊者。端有二焉。一、其學之內義。兼有明用兩殊。二、內義專屬求明。而學之者。其外義在致用也。今論名理探者。若循前義。本不兼明與用。若循後義。則雖函兩殊。然致用在人自主。究其內義。第在求致其知耳。舉證二端。一、所謂用者。本在向於作用。然謂向用。由學者用意所主。其意所主。或但窮其理焉而止。抑或既明其理。又欲以其所明。措之於用。比如人明曉構室之法。未必欲構。但循所明內識。是謂明識。若欲用以構室。是循外義。謂爲用識。故凡學之所致於用。亦由外向。非其內義之有兩殊也。二、德能所分用處。即學業所分向處。夫明悟之德。本不可分明分用。但循自主之意。明用乃歧。其所以歧。非由內義。但由外向。則名理學雖函二者，不可謂函不類之內殊矣。

辨此解之不當者。曰。謂致用。悉由自主。故止於求明。爲明識。致之於用。爲用識。此論。非也。人有用識。本向施用。若止不用。特其偶然。豈用識之本然哉。譬彼構室之識。雖止不構。顧其爲識。豈可謂之不用之識也。名理探。導制明悟之用。以成推論之識。原其內義。具有導制之始。雖學之者。任其或止求明。或併致用。然其知而未用。固皆偶然。其於用識本義。寧有損耶。

所謂德能分用。卽學業分向云者。曰。德能與學。皆循所向之界而別。然德能之義。視學之義。更廣。緣德所向界。廣於學所向界故。如一明悟之德。一愛欲之德。各函多許分類之習熟。其理極廣。然以視靈性之所能函。尚多缺陷而未全者。若但就學而論。則苟就其學所向界。一一勤習熟焉。卽謂成全無缺之學矣。推知明用兩義。以論明悟之德。固各屬於不全。緣明悟之一宗界。總兼二義。不得分明與用爲兩明悟。但其習熟已成。各自可謂全學。各不爲缺。故可分其學而爲兩也。

正解云。名理探內。該明用二義。然不可謂函殊類之學。若其明與用者屬殊類乎。則豈得會爲一學。可言分學。不可以言總學也。名理探之界甚廣。既是總學。固自能函二者。總兼他學之界者。謂之總學。如審形一學。函星學。量學之兩界。其受函者。則謂之分學也。絡日伽藉諸學之界。爲推辨之資。亦謂總學。如因性公作之所以然。能統諸司作所以然者之德。而以一純德。能施諸司作者各所施之效。如太陽。用一純德。能施多許不類之效。而其效。原從不類之作者而出。緣此太陽之模。總兼下域因性所以然之諸德也。次上倫之模。能統下倫諸模。因而能施下者所施之諸效。如人之靈性惟一。而此一者。函生。覺。靈三者之德也。三、超性之學。亦爲明。亦爲用。原本以天主爲宗界。而論其屬可知之眞理。是爲明學之界。論其爲萬善作用所向之爲者。是爲用學之界。則論天主之一學。爲超性之界之超理。亦統有致明致用之二義也。

名理探向界

凡藝。雖皆相屬相資。然各分界分質。因而各自爲類。今問名理探之全界如何。宜先論夫所謂界者。凡諸學所講事物。卽其界也。界有全有分。其分界中又有要有次。總該全諸學義。是謂全界。其全中之各分。謂爲分界。如有也者。爲超形性學之全界。而其論各受造之物之總理。是其分界也。全界之要分。謂之要分界。全界所函以次之各分。謂之次分界。如謂天主。爲超形性學之要分界。其中所論幾何。則爲次分界也。

凡全界宜有者三。其一。當是一者。一之義有四。一、謂同義之一。如可動者。皆爲形性學界。緣凡形物。皆屬可動是一義故。一、謂同名歧義之一。如有也者。爲超形性學之界。凡物之有。皆屬謂有。然不一義故。一、謂序。一如治世之學。以國政爲其屬界。君臣貴賤各有相屬之序。如一體然。一、謂會。一如視法。以直線爲界。視之用。與直線。二者會而成一也。其二、凡在此學所論。皆當論其有關於此界者。或其界之分。或其界之始。或其界之情也。其三、爲此學所以別於他學者。如算之爲藝。以測數目。量之爲藝。以測大小。各循所向之界。以爲別也。總而言之。凡學必括多許知識。此多識必須相次有序。乃可謂之一學。若所論非關一界。則既無次序。亦不聯屬。豈成其爲一學。又凡各學之別。就其所用爲本解者。卽其各學之所以別者。今各學皆就所向之界而受解。則其區別。豈不以其界乎。

窮理者論名理探之向界。最要有三。一云思成之有。乃名理探之向界也。凡有實可論。總謂實有。如自立者。與依賴者。皆是也。其無實可論。但由明悟之功而有者。乃謂思成之有。總二者而言。通謂之有。後具詳論。此義分二。一云。凡思成之有之廣義。悉屬名理學之界。何以證之。亞利云。有也者。乃超形性學與名理探之均論也。今論實有之廣義。皆屬超形性學之界。則思有之廣義。悉屬名理探之界矣。二云。思成之有。論其廣義。固非名理探界之可盡。但其所具推論規式。則皆屬於思成之有。證有三焉。其一、藝有實藝。有詞藝。名理學列在詞藝。故其界非實有者。其二、凡屬於明悟界者。須專設一學講明之。夫思有。屬明悟之界。固須專屬一學。今凡諸學。無不屬於實有。則思有而非實有者。宜專屬於名理學之界也。其三、推辨規式。以開明悟之知識。夫知識。既不論其實有。則其爲界。惟屬明悟所界之模也。蓋凡藝成之功。兼質模以成者。不以質爲藝之界。而模以爲界。試觀畫藝。不以玄黃五色爲界。而以所成之像爲界。又如樂藝。不以金石八音爲界。而以所奏樂章爲界。則由推辨規式所成之知識。非其知識實有之質。而惟其知識之模有。乃所以爲名理探之界也。

此說非也。論名理探本務。非釋思有之始之情。依前第二端而論。凡藝之先務。在釋其界之始與情也。次依前所設凡學。各統於界。夫名理探。亦論多許實有。如明確之推論。固能生明確之識。兩可之推論。亦能生疑似之識。皆爲實有。則思有非名理探之界也。何故。實有貴於思有。則思有固統於實有。豈可謂實有爲思有之所統哉。

亞利謂有也者。乃超形性學與名理學之均論。非謂二家之學。各自分一有。以爲其界也。惟云皆屬實有。而各循厥規。以成二學之論也。亞利又云。超形性之學。用明確之義。推覓眞實。而名理探者。則循兩可之義。以設諸推論者也。可見兩學之別。不在各所推之有。第在各所循之規。此所謂名理探者。但指兩可之論。

所謂實藝詞藝云者。曰名理學。不列於實學。而列於詞學。非其全不論實有也。凡靈性之內語。意念自語亦實有之類。然而物也者。與號物也者。有別焉。內語是號物者。外語又是表內語之號者。總謂語號。論物。則稱實學。論號物者。則稱詞學。然而詞學。亦實學也。

所謂思有非屬他學云者。曰。論此物。與論似此物者。兼屬一學。乃立論之法。思有。實有。是有之相似者。故論此二者之義。兼在超形性之一學。

所謂推辨規式。惟屬明悟所界之模者。曰。謂名理探。非測知識之實有。而但測推論之模。是也。然推論之模有二。一、是布置規局之序。一、是由次序而發之互視也。規局次序。乃實有之屬。其所發之互視。則明悟造成之有耳。名理探。未論其互視者。但論爲次序者耳。

所謂畫藝。不以色爲界云者。是也。但指模爲工藝之界。義尚未確。亞利云。工藝用質以成其功。其於本藝之界。非其全界。乃其分界。則惟質模合成之功。乃其全者。如質模合成之像。爲畫之全界。聲音合成之樂。爲樂之全界也，

二說云。明悟三用。爲名理探全界也。亞利云。名理學。三門。一、論明悟照物之純識。是謂直通。二、論

明悟斷物之合識。是謂斷通。三、論明悟因此及彼之推識。是謂推通。故三者。爲其全界云。

三說云。直通非涉名理探之界者也。斷通但一釋解。設爲一論。以釋物之性情。是謂釋解。釋解有二。曰正解。曰曲解。正者。包宗與殊。如解人性。解作覺而靈者。覺是宗。靈是殊也。曲者。如言人是能笑者。但以情解而已。未包宗與殊也。推通。但一明確之推論。二者相合。以成名理探之全界也。所據云。教人確知物理。乃名理學之專務。釋解與明確之推通。亞利以爲惟此二者。能生精當之識。故二者。足爲名理學之全界也。

正論云。明辨之規式。是名理探所向之全界也。所謂明辨。由吾所已明。推通吾所未明。曰解釋。曰剖析。曰推論。三者是也。原夫凡物。皆有可知者三。一、其內之義理。二、其全中之各分。三、其所函諸有之情。解釋者。宣暢其義理。剖析者。開剖其各分。推論者。推辨其情與其諸依賴者也。是名理探之全界也。證之曰。各學之全界。前所言三要者。名理學皆有之。一、就其相關之序。以成一學。二、所論。或是明辨之規。如解釋。剖析。推論者。或是所以成其明辨之規。如題論與合限者。合限者。如云人爲有覺而能推理者。是所括一題之論。云人者。云有覺者。是題論之兩限。云人爲者。是合而言之者。合兩限。成一題。故云合限。或有關於明辨之規。如五稱十倫之類者。三、循此界。以別於他學之界。蓋其所設題論。雖是譚藝文藝共向之界。然其別有二焉。一、在譚藝。則爲敍次駁正。在文藝。則爲修潤文飾。名理探。則條分縷析。以明我之所未明者。二、譚藝。文藝。其本務。但在詞華。名理探。則務明內語。故明辨之規模。爲名理探之全界也。

或曰。名理探。引制明悟之用。俾免舛謬。夫明悟之謬。不但推通。卽斷通。直通。間亦有之。則直通斷通。皆其界之所該也。況直斷二通。又非他學所及。當屬名理探之界。曰。名理學本務。不在祛人明悟種種之謬。而在用明悟於推通。以祛或有之謬也。古初窮理之儒。欲取天神所有超我人類者。補我不足。因而立爲明辨之法。夫天神者。不假推通。不必察末而後知本。不必視固然而後知其所以然。用一純通。無所不明。人則不然。必須由所已明。推所未明。故天神無謬。而吾人推測之知。時時有謬也。凡明悟之謬。莫多於推論之際。其所推者。旣非直通斷通兩者之用。豈應指爲名理探之界乎。總之。人之明悟，其於直通斷通。間或有謬，然而治其謬者。自有本論。而不在於名理探。如所通者。屬於超形性者。則制其謬誤。自有超形性之學。爲之辨正耳。惟是直斷二通。或與推通之用相關。則亦併爲名理探之所該者。而其或有之謬。亦取正焉。

所謂明悟之三用者。曰直斷二通之用。凡有三。其一、解釋。其二、剖析。其三、無事於解析者。直通斷通之用。因其有解有析。固屬名理探之界。若其無事於解析者。自非其界之所括也。緣其旣無解析。不能使我由所已明。推所未明故。

第三說。所論斷通推通者。曰。凡由所已明。推所未明。論辨之法。固皆名理探之界所該。然解釋也。剖析也。推論也。各自由所明。以推所未明。則各自爲名理探之分界也。蓋三者各法。各不相關。則各自有分界之義焉。所云知識。或由明確之推論。或由正解。專舉此二端者。明辨之法。二者更爲切要故也。或云。凡學所論。必是固然。非屬兩可。則兩可之推論。奚關名理探之界乎。曰。兩可之推論。函質。函模。而所以謂兩可者。謂其質也。若論其模。或模固然之質。或模兩可之質。所循規式。莫不各有固然者在。今論兩可之推論。所以屬於名理探之分界者。論其模耳。又其推尋兩可之論所生之識。雖皆疑識。然我固知其爲疑識。亦豈不爲固然之識乎。

至論要界。則云細錄世斯模。（推論一規式也。詳在後。）緣推論極切之規式。在於細錄世斯模故也。如超形性學所論。其界甚廣。無所不該。然因全界之要有。專在天主。故直謂天主爲超形性學之要界云。

破前論者有三。其一曰。凡學之界。必先於其學。夫明辨之法在後。奚可以爲名理探之界乎。謂界先於學者。凡爲所以然。必先於其效。則凡能有界於其物。俾爲某一類之物者。必先於其物者也。夫界也者。畀其有於某學。而使爲某類之學。以別於他學。則先於其學者也。何謂明辨之法在後。凡用藝所成之功。必後於其藝。夫明辨之法。爲名理探之所設。則固在於名理探之後矣。其二曰。藝所造成之功。是藝之界。如畫藝造成之像。是爲畫界也。今明辨之要法。非名理探所成。蓋用他學固然之質。以成所推之論。所設之解。所條之析。俱非名理探所自成者。則皆他學之功也。故明辨之法。總不可謂名理探之界。其三曰。凡明辨之法。所函者三。明悟之想。一、所想之義，二、位置之序。三、三者。咸非名理探之所論。則明辨之法。非其界矣。何以謂非其所論。凡明悟之在意念。本屬無形之依賴者。而凡無形者。皆爲超性學之論。若夫意想中之義與序。皆屬思成之有。而凡屬思成。俱不係於名理探之界。前證已明。則名理探之界。其不在於明辨規式可知。

今舉正論。所謂界先於學者。曰。謂所以然。先於其效。是也。但界爲學之所以然。而學又爲界之所以然。其義互見。凡用學。乃其界之作所以然。而界又是其學之外模所以然。界也者。其爲學之外模所以然乎。則先。其爲用學之所成乎。則後。而循其各所先後。義又不同。比於諸凡德能。咸由所發作用。以顯其爲某類之德。夫其德能所顯。旣由作用。則其作用。乃德能外模之所以然。因而在先。然而各從德能以發作用。則作用更爲德能之效。因而在後也。況名理探。自該明用兩義。論其用界。固可爲作所以然。若論明之界。不得謂函作者之義矣。

所謂藝所造成。是藝之界云者。曰。用他學之質。以成明辨。因而謂屬他學之習熟。此說非也。設吾用形性固然之質。所解。所析。所推。次第而設之。豈其但熟於形性學而可能乎。夫亦資於名理探之所設者。故謂其爲名理探之界也。所謂用他學之質。成明辨之規。卽爲他學。非謂其規式所成。悉無涉於名理探。但謂固然之質。貴於推論之模。故以模屬於質。併其所論之學而屬焉。

所謂明辨之法。所函有三者。曰。名理探。非論意想之性。亦非論意想之義。而惟論推用意想之序也。但所謂序者。有質序焉。有模序焉。意想所布置之序。謂質序。由質序而發之互視。謂模序。質序者。實有者也。足爲實學之界。若模序。則思成之有矣。不足以爲實學之界也。前所論意想之序。爲名理學之界者。非言模序。但論質序耳。試觀醫學。其本論在人身之四液。與其四液當有之調。而其論。亦有質模兩端。四液之調和。屬質。由質而發爲互視。屬模。質爲實有。而模爲思有。醫學之所能論者。非其模。第其質而已矣。

欲通諸學先須知名理探

諸說。或非之。或是之。或折其中。云非者。謂無事於名理探也。據有五。一曰。此書未作之先。有多許人。習多許學。如額是多國人。初未嘗熟此。而極精天文諸學。又額勒際亞國。從古熟於形性學與克己學。而名理學未之聞焉。又係博號爲醫宗。未習名理探之辨論。世固多有未熟此學。而徧通他學。則名理探非所必資也。

二曰。今謂欲通他學。先習名理探者。原本因其設爲明辨之規。他學未之有也。今諸學各用固然之質。成其本論。各自不乏明辨之用。則凡他學固然之質。皆可推論。奚藉於是哉。

三曰。亞利云。由易進難。是學之序。不可紊也。今名理學。於諸家因性之學。更爲難曉。緣皆超形之論。故霸辣篤之門。年未三十者。不與聞焉。則是凡學。不以爲先資也。

四曰。欲通諸學者。若須先知此學。則此學在諸學中乎。抑在諸學外乎。謂在諸學之中。則名理探僅是一種學。謂欲通此學。先知此學。是謂此學。在此學之先也。謂在諸學之外。則名理探不足謂學。然前證其自爲一學。則知欲通諸學。不必從名理探始。

五曰。規誨叢叢。於明悟不但無益。況多蹠礙。故亞吾斯丁云。欲教人行步者。謂未安前足。不可起後足。此眞理也。然信步而走。與必循此步法而走。則信步者固便於習知步法者。名理探所設規式。亦然。聰明之士。於推論未確實處。自能覺知。比於必窮所以不實不確之故。其機更捷。若夫鈍者。疵論且不能覺。乃欲先使覺其所以疵。則其故豈不更難。故名理探。非所必須者。

云是者。以爲非有名理探所設之規。人不能自以明悟推通眞確之論也。養里云。不知明辨之道者。無由通乎愛知學之論。故以爲百學之宗門云。窮理諸家。或謂之訂非之磨勘。試眞之礪石。萬藝之司衡。或謂之衆學之護持。靈界之日光。明悟之眼目。義理之啓鑰。循是名也。可以推知其實。故學者必須焉。所據云。凡屬正學。所需有二。一、所向之界。恆一無變。一、使我所以洞達其界之識。確定無疑。闕一而不可謂學也。今明悟推測之識所由確者。先在知所循用之規眞實無疵。而所由知其規之實與否。乃名理探之本業。則不習推名理。何由而知其論之確否乎。

欲明正論。宜知二端。其一曰。所以謂須者。有二。一、是直然而須者。一、是既然而須者。不關他物。自為物須。是謂直然之須。如天主者直然必須之有也。緣萬有皆賴天主。而天主之有。無所需於萬有故。有所係於他物者。是謂既然之須。如凡因性之效。必由所以然而出。謂既然之須。其須亦二。一、為作所以然而須。如云既有日出。必為晝。晝也者。乃日出所施之效也。一、為為所以然而須。如云欲渡河者。必須用舟。舟乃既然欲渡。必須此具者也。既然之須。復分有二。非其具。不能得其為。是為為得有之須。如欲存活者。必須用糧也。無其具。猶可得其為。然而用其具。更易於得其為。是為便於有之須。如欲行路。雖走亦可。然而得車馬。則更易也。今問名理探之為必須者。未論直然之須。但論既然之須。而其既然之須。未論作者之須。但論為者之須也。

其二曰。名理探有二。一、是性成之名理探。乃不學而自有之推論。一、是學成之名理探。乃待學而後成之推論也。今問須否。論其待學而成者。

折中者。舉二義論之。一云名理探所以不可不學者。非為明悟欲通他學。必藉此為得有之須也。乃是用明悟於推論。資此便益。免於諸謬之須也。亞吾斯丁云。此學之裨於推明者甚大。格勒孟云。明辨之規。如學圃之樊。雖不設樊。亦可滋殖。增之以樊。則滋殖尤便也。名理探之為諸學所須也亦然。據理取證。人之於學。其所必須者有二。一、當知學之最初旨。一、當知推辨之法若確。則所論亦確。二者依靈性之明。不待學而能緣各學各有最初之論。不待推而斷者也。又推辨之法。旣由明悟所成。則穎悟之士。雖未習於辨法。亦自可以推而得之。可見欲通諸學。此非不可已之須矣。

謂便益之須者。凡諸匠藝。器具若備。措手更便。夫推辨之規。是明悟所以研究名理之具也。嫻習於斯。有於欲就之功。豈不更易乎。次凡欲覈我所得之識。確然無疑。當取已推之義。證以篤論。歸於最初之旨。此非從名理探來。則知之亦甚難矣。何者。人之明悟。非循一定規式。無以顯知所括之衆理。皆自最初之旨而來。則非名理學。難或免於推論之謬也。亞利云。古之學者。驅而陷於諸謬。而莫知避也。豈非未能習推名理之故乎。度略云。雖極明睿。非習辨規。無以得證確理。而易欺之以理之所無也。

其二云。欲通各學。須有性成之名理探在。亞利白云。有似知也者。而未知其所以知也者。不可謂知也。義證有二。一曰。知之所以然處。設未顯露。其知終疑未確。今用明悟。若非靈性夙成。先自通斷名理。其於推論。非有眞確之規。豈能明知先所函義。是爲後括者之所以然乎。推辨之論三端。一首列。一次列。一收列也。如云。凡生覺者。亦爲自立者。凡人。皆生覺者也。則凡人。必皆自立者也。生覺云者。是首列。凡人生覺云者。是次列。入皆自立云者。是收列也。首次二列。總謂之先。總三者言。是謂推辨之論。西云細落世斯模。其收內所括之義理。謂之括義。則性成之名理探。不可少也。

次由先所推。已得所收之括義。則必用其明悟。審而定焉。其審也。或詳審乎。或照審乎。詳審者。明悟當推論時。特發一翻作用。再加詳定。以斷其所推所收者。無疵否也。照審者。非必別發一明悟之用。第就所為然此括義者。而照之。後之所收。卽從先之所推者而定也。兩者皆名理探之功。而惟熟於推辨之藝者。其照較易。是故名理探之為用。若非學而知之。必須先有性成者在。出其或詳或照。以審定其所推之收義也。夫明辨之學。不但裨於因性之識。卽超性者。亦資焉。握理日云。推理之學。無所不益。格勒孟云。明辨之道。能引明悟。而使達於超性高遠之義也。翕樂云。邪學所設之說。雖似有據。習用辨學。悉可破滅。如猛火之焰。盡使歸燼耳。況學愈超。則明悟之陷於謬險者愈深。所須扶植愈急。故欲通超性之義理。明辨之用。更所必須也。

第一說所設惟證。或有大聰明人。雖未知學成之名理探。亦可自通諸學。非證名理探之無益於推論也。所謂未有名理探云者。曰。古之人。雖有不緣此學。能精諸學者。然而從來大智。大抵咸從本性而有之。儻更加以學成之名理推。則所習熟。不更精且確乎。

謂他學各有推辨之規者。曰。用他學固然之質於推論間。其所用之規。非其學所自作之規也。惟名理探先設。然後他學得借之以爲用耳。

謂由易推難云者。曰。難通之義理。若非爲通他學之所必須。則由易推難。是也。若必爲通他學所兼須。則非也。名理探。雖不易究。因其開闢他學之路。故窮理者。必藉以爲先資。若夫霸辣篤立教。先舉審形及修己諸論。然後進諸精義。意在以天文啓明。以修己制俗。正愛。使其全靈輕快。乃可以究萬理之微也。

謂此學在此學之先云者。曰。名理探。自爲一學。又爲諸學而須。是也。然而不可謂其漫無所先也。何以故。名理探三門。論明悟之首用。次用。三用。非先發直通。不能得斷通。非先發斷通。不能得推通。三者相因。故三門相須爲用。自有相先之序。謂規誨叢叢云者。曰。設規雖多。不因而有礙於明悟之功。惟或紊用其規。則不免於有礙。如醫家方術雖多。豈害於病。用之無法。則害乃滋大耳。

名理探屬分有幾

全學之析有三。一、分公與司之二義。公者。全脫於其所論之質。總設推論之規。司者。詳設各規。拘定於某質者也。此說未確。何者。各學之分。與其本界之分。彼此宜稱。凡學。諸分雖共一界。然而其分各殊。依此之殊。乃可別於其他諸分。如形性之學。以諸屬可變化者爲其界。而其分學。曰初形學。天與四元行。曰次形學。四元行之變化。曰生覺靈三模學。皆以闡其本界各分之理。因而各有所以殊者。至論名理探。公者司者之別。其理不然。蓋明確之推論也。兩可之推論也。非理巧證之推論也。三者之模略同。第各就其所用之質。以爲分別。此其爲質。悉無關於名理探之界。故分公。分司。皆不就質而論也。

二說。謂引制明悟之用。是名理學之本務。故循其各用而受分焉。緣明悟之作用。有直通。有斷通。有推通。故名理學之分。亦三也。此說。亦非。夫直斷二通。但屬名理探之遠界。惟推通。乃其近界。則論各通。雖皆有別。然不共其近界之總義。不可據此以爲差別也。

三說。謂名理探。就其界之屬分而受分焉。夫明辨之規。是其切界。全界而其爲界也。總兼殊類諸分。故舉其全而言。則所論總函各規之義。舉其分而言。則各規之論。各有犂然別於他規者。此說。是也。其明辨之規。屬分總有三者。一曰。解釋。所以暢明物之本元　二曰。剖析。所以分別物之屬分　三曰。推辨。由所已明。推而知所不明。其詳具後。

名理探五公卷之二

五公稱之解

（引）亞利欲辨名理。先釋十倫。俾學者略尋物理。以具三通之先資也。緣其理奧難明。薄斐略在亞利之後一千年。為著五倫引。闢其門。其立名。一曰五公。一曰五稱。謂五公者。就共義言。謂五稱者。就共稱言。後凡出薄斐略者。標古字。出後人者。標解字。

○○五公之篇第一

（古）欲徹十倫府。解釋凡物性。剖之為各分。推厥情所有。列為五公稱。宗類殊獨依。約括先正旨。後學辟差謬。詳究總類物中。亦寓奧理。或實在於物。或從臆所想。或滯形體中。或超形妙理。或別倫屬立。或依可覺者。此義良難徹。姑置待後悟。

（解）薄斐略弟子曰計洒者。專精窮理。思亞利所剖十倫。義理深奧。請師作解。乃為作五公稱論。而以此章弁之。其義有三。一、欲知十倫。及解釋。及分剖。及推索者。必須先徹五公稱之論。二、總揭後論之資。曰宗。曰類。曰殊。曰獨。曰依。三、姑置難義。緣設教之初。不當以艱深難徹之義。壓淺學者。使其阻志也。問。五公稱之序。謂何。曰。此本物理。亦教規也。物理者。物有性情先後。宗也。殊也。類也。所以成其性者。固在先。獨也。依也。所以具其情者。固在後。物生之序。亦然。先有質能受緣引。次模入而結之。次合質模二分以成其物。次內情由是而發。次乃有依類者。夫宗。應質。殊。應模。類。應質模合成之全。獨。應內發之情。依。應外來之依附者也。教者由所以然。推極其效。宗者。殊者。是類之所以然。類者。諸內情與外依賴者之所以然。各有所先。其序不可紊也。所舉奧理諸端。尚未闡明。後另有辯。

○立公稱者何義辯一

公也者之釋。舉其泛義。乃多之共系於一者也。總義有二焉。一、會於一之公。一、純於一之公。會公者。如就此一論。推演多端論。其所肇推之初論。是曰會公。如分者之統於全也。純公者。又分四義。曰公作。曰公表。曰公在。曰公稱。能造萬效者。是爲公作。如造物主。爲萬品之作者。天爲下域諸形效之作者也。能顯指其多物之義者。是謂公表。如口所言人言馬。又如臆所懷人懷馬。其所謂人謂馬者。不但能指此人此馬。亦能顯指衆人衆馬所共之性也。公在者。在各特一之公性。如生覺者。爲在人在馬之公性。人者。爲在此人在彼人之公性也。公稱者。可舉以稱其倫屬之賾。如舉人。以稱衆人。舉馬。以稱衆馬也。公作。不關此論。緣天主與天施之效。雖涉庶類。然天主與天。皆特一者。不必復求所爲公者耳。公表者。據理學亦不係於五公之論。然或有謂公也者。惟其名相。不惟其物之實有。今辨其非。

公者非虛名相一支

古論云。人莫有能具確知者也。蓋識之確。由所識之界而發。物爲識界。物自無確。皆屬變幻。則吾所以知其物之識。固亦幻而不確者耳。此說。非也。故後人更云。人可以有確識。但其識。非吾知物之識。乃知其物之名相之識也。說據有三。一曰。公者。無受限。一切受造之物。皆限於所。限於時。則皆不得稱公者。今凡所有之確識。論其所向。非不咸屬公理。但物。旣不可謂公。第是名相。則學者所謂確論。亦第其物之名相而已也。

二曰。凡舉一物。不得兼公特之兩義。今萬物固各自爲特一者。何以故。凡物皆歸二倫。一、無始而有者。一、有始而受造者。無始而有者。獨一造物元尊。其爲一。不容疑也。有始而受造者。乃六合內之諸有。其各爲特一。明甚。緣凡造物之用。其所向。無非特一者。則物皆特一。不得謂有公者。

三曰．設有公性之散於倫賾者乎．其賾之特一．皆有所相同．皆有所相別．又有所相悖也．相同者．如人之公性．其在某甲．既與某乙某丙相同．則其乙與丙．亦自相同．緣凡此二物．皆與彼一物相同者．則其二物．必自相同．故相別者．凡謂之特一．雖非能自爲別．顧必有所以別於他物者．是乃特一之所以爲特一者也．相悖者．此一公性．論所．則可以分而並屬於上下前後之異處．又論時．則在此爲有之始．在彼爲無之始．而況此一性．既散在某某特一．則就此一性．亦自有別義．必皆悖也．

正之曰．此說非也．舉四義可折焉．其一、凡謂公者．因其可在倫屬之賾．故可卽以公者所有稱其賾者．又公者．非自有生滅．惟因倫屬之賾而生滅．若但論物之名相．則殊不然．試舉名相而言人．或就外名．或就內名．外名者．口出之稱．內名者．明悟所蓄之意．不可謂此名相爲能統攝乎衆人之內有者．則亦非可槩用以稱衆人者．夫口之所出．明悟之所蓄．既皆不關於衆人之內有．豈可就本然而稱衆人乎．又如舉生覺而言人言馬．或就外名．或就內名．既不可謂此名相爲能統攝乎在人在馬之內有者．則亦非可用以稱人稱馬者．緣其口之所出．明悟之所蓄．皆不關於衆人衆馬之內有．義同前論．而又顯其人之名與臆．顯其生覺者之名與臆．皆本屬可生可滅．則豈可謂爲公者．如謂之爲公者．是公者自有生滅．豈復可謂因倫屬爲生滅者哉。

其二、如某甲與某乙。吾泛揣之。則見其同。又特揣之。則覺其殊。可見某與某。有公性在。應吾所揣之泛。而以爲其同者。又有特性在。應吾所揣此人彼人之特臆。而以爲其殊者。

其三。如解人者云人也者。是生覺而能推理者。此所謂人。不指我口所出之聲。亦不指我明悟所懷之臆。緣此二者。非生覺而能推理者故。又不指特一之人。緣凡特一者。非有公理可解。而必就其所共者以爲解故。又不主其統括衆人者。緣各人各可謂生覺而能推理者。不能統衆人以作其解故。則其所指。但是人人所共之公性也。

其四。亞利剖物之倫曰。性也者。或公。或特。又云。凡公者之性。乃其顯著於特一者。又云。公性。屬明悟所知。特一。屬外司所覺。又解公者云。爲能在倫賾者。則所謂公者。正爲實性。非虛名矣。諳瑟爾磨折名相之說。有云。執虛名而不明人類之賾所共於一者。豈能通曉三位共一性之妙耶。

欲正前說。宜知所謂特一者。義蓋有二。一、內。一、外。內者。謂本特一。外者。謂偶特一。如論人性者。舉其性之所以合於一特殊。以成其爲某人者。是內成之特一也。緣其特殊。爲全者之一內分故。若但論其受限於某一特殊者。而不復指為此一全者之內分。是為外成之特一。緣夫性之為義。本屬公者。偶從外來屬此一殊。則謂偶然之特一也。

所謂受造之物。皆為所限。為時限者。良然。然所以受限於所於時者。非公性之所自有。第因落於倫屬之賾而後有。故悉歸於偶然者。或云。不受所與時之限。惟天主則然。諸凡受造之性。豈亦可謂無限者。曰。公性無限之義。與論天主之無限。不同。天主妙有本屬無限。無所不在。無時不現。公性者。非無限者也。惟無拘於此一所。此一時。第可謂之不受限而已也。或又云。凡為一物者。不能並在彼此兩處。人之公性。亦屬一物。何能並現為兩處乎。曰。公性雖一。然舉其倫屬之賾。則乘出甚多。故能並在多處。

所謂凡造物所向。無非特一云者。曰。凡受造之物。謂皆本特一者。非也。謂其或為本特一。或為偶特一。二者皆可受造。則可耳。

又論物之實在。以為本皆特一之屬。亦是顧公性之為實有也。本非自有別於倫屬。但因明悟以為之別。固不可謂實在之有。

所謂某乙某丙同於某甲。則乙丙亦自相同者。曰。若某甲之人性。為自傳而不可乘出之有。則謂同者．是若自傳而可以乘出者．則謂同者．非公性者．皆自傳．而可以乘出之有也．其倫屬之特一．雖同一性．然而無不各別．

所謂並屬相悖者．曰在上在下諸稱．若並係於一殊之特一者．固屬相悖．若係於區分之特一者．則無所於悖也．

所謂此一性因其散於某某．自亦有別云者．曰．公性屬於某某．既實不一．但因明悟所攝而謂之一．則因此特一之別於彼特一．而謂公性之一．亦自有別也．無害於理．

公性不別於賾而自立 二支

性．實有爲公者．乃理學正論．然其說有異焉．古謂凡自立之公性．乃本自在之有．故實別於倫賾而自立．因而爲衆賾實有之原始．稱爲元則．西言意得亞 此覇辣篤所主之說．今折其非有三．一曰．設公性者．實有別於倫屬之賾．而自立乎．則其爲性也．可謂公性．亦可謂非公性．謂公性者．以其有別於賾之性．執爲公性．其謂非公性者．謂凡自立．而本自在者．皆其屬於限定者也．何故．凡實在之物．皆爲特有．而凡特有者．本皆屬限定故．又．凡自立而自在者．必由限定之作用而受造．凡由限定之作用而造者．

固亦屬限定者則豈得謂公乎

其二若人性實別於同倫之賾而立則其爲性或兼在某某乎或不兼在某某乎若謂不兼在則此之人性別於某某亦如某與某之相別者然則固各爲特一而豈可謂之公者況亦不得全成某某之內有也何故凡全成某物之內有者皆爲其物之內分故又不可以稱某某爲人也何故緣吾所以稱某物爲某物者當是其物之內稱故耳謂並在乎卽問或渾一而在或分乘而在乎謂渾一而在也則某某共一人耳不得有二緣凡謂者與渾而不可分乘者自亦相同故是義舉凡受造之物而言則是舉三位一性之妙而言則非蓋三位同爲渾一之性但各自一位耳謂分乘而在也則夫一性爲一並亦不爲一爲一者依覇辣篤之義凡人之性因其別於倫屬之賾而立實自一性爲不一者蓋既分而在於賾則賾有若干而其在賾之人性亦當有若干矣此說悖理

其三稱某爲人固爲實稱稱某爲別於賾而自立之人性固爲誕稱則人性者非爲別於賾而自立之性可知也或曰所謂某爲別於賾而自立之性固非也然其所以非之故不在所稱之內義而在名相之不切曰否倂其稱某爲人者而亦非也何故所謂某爲人初非指其別於某而自立之人性也

既曰別於某而自立。又何可以稱某乎。則所謂別於賾而自立者。其爲誕稱。不在名相之不切。更在內義之不確。

有謂覇辣篤所論者。非指別於賾而自在之公性。但指天主所函公性之元則也。緣天主所函物物之元則。既與天主爲一。固實別於受造諸物者。此義爲是。

公性正解三支

亞利與諸精理者。皆非前說。其義云。凡物。不但有公名。固有公性。而其爲性。非實別於倫賾而自立者也。實在於倫賾。而但因明悟所推以爲之別也。此解有二。一云。公也者。是能在於賾之一者。二云。公也者。是可用以稱賾之一者。謂能在於賾者。論其公性與倫屬之合結。而其詳。在於超形性學。謂可用以稱賾之一者。則就其公性。合於倫屬所發之名稱而言之。蓋物有是有非。其稱謂亦或是或非。故此其辨。則屬於名理探也。就此推究。在公稱公。之別始顯。顧在與稱。乃就一性中。分作二義解之。如云。人也者。非云人者。皆指人性。就其在於倫屬之賾。則謂在公。就其可以統稱倫賾。則爲稱公也。此二解。義本相通。然謂用以稱者。尤關辨藝。後特詳之。

此解所函。有三焉。云爲一者。一也。云可用以稱者。二也。云可用以稱賾者。三也。所謂一者。其解中之宗也。所謂可用以稱賾者。其解中之殊也。一者。釋言一有。卽一名一性之有也。一名者。就吾所作一臆。所用一名。可以想其物之全。可以顯其性之內義者也。

所謂可用以稱者。當知所謂公者。非必其現稱者。而但爲可稱者。試如生者。乃公性也。而雖或但有生者之特一。或併無生者之特一。其生者。皆屬可稱。因而見以爲公者焉。又稱者有二。一、於物之自然有恰當者。爲因性之稱。一、無當於物之自然者。爲不因性之稱。因性之稱。有二。一、是以此物而稱此物。如謂堯爲堯。（是名體稱）光爲光。（是名依稱）是也。若此者。謂本稱。蓋所用以稱者。與其受稱者。外此。別無可稱故。二、是我所用以稱者。如模其受稱者。如質。如謂人爲生覺者。以生覺者視人。如其模然。以人視生覺者。如其質然也。又如謂雪爲白者。白之視雪。如其模然。而雪之視白。亦如其質然也。此之爲稱。謂之正稱。緣以模稱質。正愜物理故。

不因性之稱。亦二。一、謂睽性之稱。一、謂外性之稱。睽性者。如謂生覺者爲人。白者爲雪。是也。緣以生者視人。以白色視雪。皆如其模。而人之視生覺。雪之視白。則如其質。以質稱模。固睽物性。此謂非正之稱耳。外性者。如乳。有白有甜。謂白爲甜。謂甜爲白。皆性外之稱。緣白視甜。甜視白。無相模相質之義。各自爲乳之依模。因亦謂之偶稱者。蓋白之爲甜。甜之爲白。俱非其物所本有。但據乳中偶合而命名焉。故也。前解所謂公者。爲可用以稱賾者。此稱乃是因性正當之稱。蓋以公者而視倫賾。如以全者而視其分。以全者而視其分。如以模而視其質。故其稱本是因性。且正當之稱也。

所謂可用以稱賾者。其義有三。一、倫屬之賾之名。當循公性之名。以爲其名。又公性。當因倫屬之賾而受乘焉。試觀人性之賾。咸就人也者之一名相以爲賾。又人之公性。循倫屬之賾。其乘出者無窮也。兩者缺一。不得爲公者。就此義而推焉。又知以天主之性而視三位之性。不可謂公者。何故。三位雖各自爲天主。然不可謂三天主。緣在三位之性。不就各位而乘。總一純性故也。二、公者所屬之賾。皆各爲一性之有。（義釋後）三、賾之所以屬於公性者。必其倫義皆一。且如以色也者爲宗。以視特一之色。而其一爲白焉。其一爲鶴焉。此不可指色也者之宗。爲其公者。緣白之屬於宗。內義固然。而鶴之屬其宗。則因鶴所外依之模故。則白宜稱白。而鶴之稱白。第其依稱之白云爾也。

問。此解爲就公者之容德而解乎。爲就公者之互視而解乎。曰。公者之屬義有三焉。其性一。其容德。二其性與賾之互視。三也。今夫人有其性。卽有所以能在於倫賾之容德。有其性與賾所相因而視之理。凡爲所以然之物者。皆以一物而備此諸義。蓋有其所以然之性。有其所以然之施效。有其所以然與其效相因而視之理也。窮理者之解所以然。非論其質有之性也。其所論者。或其致效之施。或其相視之理。則玆所解之公者。亦非論其質內所有之性。但論或容德或互視耳。一說謂就互視而解。蓋公者。舉其模義而論。本是明悟所成之互視。前解但就模義。是就互視之義而解也。

二說謂就容德而解。證之有三。一、欲解所以然之何性。非論互視而但舉所以然施效之德。則解公者何性。豈必舉互理。惟舉其容德足矣。二、公者之模義。本在其公性之廣能兼容倫賾也。則前解所舉本是容德。非由容德所發之互視矣。三、在賾也稱賾也。是公者之本用。然其用本屬一容德之用。則公者之切義。本在其容矣。

此二說各有所據。蓋公者本有兼統倫賾之容德。又有從容德而發見之互視。二者皆如公性之模然。而容德在先。爲互視之基。如凡謂之所以然者。其施效之德能與其所發之互視。皆是其模然而施效之德能。固在互視之先。則後說尤確云。

問。前解。爲限解乎。曲解乎。曰。循前說。兩義皆可。謂所解。是互視之理。則其解但爲曲解。緣但就互視之基與其情而解也。欲作限解。則宜謂公者。是相因而有也者。是本向特一也者。夫相因而有者。是其解之本宗也。相因而有。不止公者。而公者。固相因而有。向特一者。是其解之本殊也。凡相因而有。雖非他無所向。然而向在特一。則公者之內殊也。若謂其所解者在於公者之容德。則所設兩解。皆爲限解矣。緣各自有本宗本殊故。

○公者爲一之義辨二

一也者有幾一支

前論公性三義。爲一者。可在賾者。可稱賾者。加以精詳。各又有辨。所謂一者。非指其受分也者之謂一也。物固有不可分者。舉其不可分者。是之謂一。如言人言馬。舉靈與不靈。則分。但舉其生與覺。則一而不可分也。一之屬有二端。有本然之一。有依然之一。依然者。復有二焉。一、其物之合各分以成一也。非緣性之結而結。一、其各分之爲一。雖緣其性之結而結。然各自爲一類之全有者也、非緣性結者。有四。緣所而結。緣時而結。緣外繫而結。緣次序而結也。緣性而結者。有二。一、自立之體。與依其體之依賴者相結。二、兩依賴者。並依一物而相結也。本然之一者。乃物所以自爲一物而居於有也者之某一倫者。卽其所以具諸獨情之根原者也。西云額生細亞。如生覺之中。又有靈者。乃人之所以爲人。就其本然。而所別於他諸獨情。悉由以發者也。分之有二。一、合。一、純。純也者。至總之宗也。至總者。物所以受成最總之理也。如曰有。曰生。曰覺。曰靈。是也。合也者。質與模相結而成之物。乃諸宗與殊合成之有也。本然之一。又分有二。曰模一。曰數一。公性之所以不別於己而別於他性之一者。不別於己者。己性之所以爲己性者也。別則二矣。但於他性。則有所別耳。下言諸屬之賾。亦同。是模一也。模一。分宗。分類。如人與馬。同一生覺者。是謂宗模之一。如堯與舜。同一人性者。是謂類模之一。若夫公性諸屬之賾。所以不別於己而別於他性諸屬之一者。則謂之數一也。其模之一義。又有泛有切。切者。是凡同名同義之性。所以合於或類或宗之一者。西云悟尼伏加之一。如人與馬之生。同名同義。而皆合於生者之宗。又此人彼人同名同義。而皆合於人之類是也。泛者。是凡同名歧義之性。所以合於或宗或類之一。西云亞納落日加之一。如自立與依賴。合於有者之總宗。是也。今理學所謂模一。則論同名同義之一云。

模一數一之外。別有一焉。乃公性就吾明悟之功。脫於倫屬之際。所以爲一性之一者也。蓋公性。當其未受倫賾所拘。渾一未分。於時必有所以別於倫屬之賾者在。謂曰脫一。

或問前所總剖一之兩端。惟是本然之一。依然之一而已。茲云脫一。非所云本然之一者也。何故。本然之一。乃性所固有之一。故性。或在倫屬。或脫倫屬。而其一。隨處皆在焉。脫一者。不然。性脫於倫屬。則一在。合於倫屬。則一離也。又非依然之一。何故。蓋公性。能脫其賾。固自成一本性之有也。則夫本然依然二端。分剖未盡。

辨此有二。其一。有謂前論所析。但指實之一者。其由明悟所成之一。不關此義。脫一。自因明悟所造而現。非實一者。在前所別二端之外也。此說。尚有辨。一則。有謂脫一。非由明悟所造。而爲公性本所自有之一。一則。雖亦明悟所成之一。然與實一者。皆屬一論。有相通之義焉。

其二。謂脫一。兼函本然依然兩義。顧惟本然之一。是其要義也。所以謂函本然者。蓋此公性。脫於倫屬之賾。固自成其一本性之有。謂其函依然者。蓋脫一。則可離其性。可離。則依合而然者耳。所以謂本然之一。爲其要義者。蓋本然之一之義。要在有此一焉者。以自成其爲一性之有。若云不可離者。但其次義。而非固然之內義。試觀渾一幾何之分。所以合而爲一之一。又質與模。所以相結成一之一。是皆本然之一。然而皆可離於所結之物。則知兼謂依然。固是次義。

問。本然之一既有一模一數則脫一。係模一乎。係數一乎。曰。主切義。則兩者皆非。然各有所似。而於數一。尤切焉。謂切義皆非者。蓋模一。乃有也者固然之情。永不可離。雖下而結於倫屬之賾。其模一與俱下焉。脫一則否。脫則有拘。則無矣。又脫一之本效。在能非其傳於倫屬者。而其傳也。乃是其性實可有之傳。若模一之效。固亦非其公性之傳於他性者。乃其傳。則自不屬可造之傳也。此脫一所以異於模一者也。論數一脫一之異。亦有二端。一曰。數一者本其所以自爲特有之一。而脫一者。公性所以脫於賾。而爲公性之一。二曰。數一者所非在特性之分別。而其別也。不屬可造之別。若脫一者所非在公性之分別。而其別也屬可造之別。此脫一所以異於數一者也。謂各有所似者。蓋模一脫一。皆公性所有之一。而數一脫一。皆非其所性之別。謂數一尤切者。緣數一之本分。在俾其物不得分傳。而脫一所施之效亦然。故於數一尤切也。

公者之本一二支

前所剖列諸一。詳矣。究論公性所求之一。其指之謂公者。將奚是乎。其說有三。一說以同名歧義之一。可謂公者。取證有二。一、亞利稱有也者。爲有屬類者。又云。凡有屬類。皆爲公者。今論有也者之所以爲一。乃合歧義同名以爲一者。則此之一。足謂公者矣。二。凡因同名歧義之一爲一者。就此名義。可以兼稱倫屬之賾。如就有也者之一名一義。可以稱自立者。亦可以稱依賴者。緣自立者與依賴者。其所爲有之總義惟一。而第循各所自有之性。以爲區別。則此有之一性。可謂公者。

二說。謂公者所求之一。是乃模一。證之曰。亞利設公者之二解。云可在。云可稱者。惟舉模一而解。不舉脫一。次公性雖一。本可自傳模一也者。遂其性而乘焉。其傳無阻。是公性之本一也。若夫數一之一。則不自傳。乃特性之本一耳。三、凡有模一之性者。固有在其倫屬之容德。何也。凡不自傳者與有模一之性者相悖。則自傳之於模一。固無所悖。自傳之所以無悖者。以有在倫屬之容德。則有模一之性者。固有其容德者也。既有容德。則此模一。乃其性之所以爲公者耳。何故。容德者。乃公性所以爲公者之要模也。未有容德。先有所以具容德之基。其基在公性之一。公性既有容德。亦有基容德之一。而此一。卽模一也。則模一。固其所以爲公者。

三說。謂脫一之一。乃所求公者之一。其解曰。脫一之本義。謂公性所分傳於同名同義諸賾之非耳。古者雖不顯論。然其義有可推者。古者但云物之公性。本有模一。然而未用明悟之先。無從而得顯指其爲公者。則知欲求所謂一之公者，非獨模一。更求脫一矣。今拈數義明之。一曰同名歧義之一。與數一。此二者。不但不謂公者所求之一也。且似此之一。悉無公義。何也。凡謂公者。固可自傳而數一之一。純無自傳之容德。故亞利云。公者乃數者之悖。是也。若夫同名歧義之一。舉義既異。於一尤遠。安得據以爲公。

又。公者。爲特殊所拘。乃成特有。其爲殊也。本不爲公者之所函。亞利云。殊者。在宗者之外。宗者。公稱之一也。舉此一端。其餘四者同論。不得相函。今凡同名歧義之一。與其特殊。義固相函。則其殊之接於宗者。不可謂之眞殊。故其同名歧義之性。非可謂之公者。

二曰。公者固亦求之模一。然不足以謂公者也。所謂亦求之模一者。蓋公性若無模一。不可謂性有之一。今論公者。固性有之一也。自當循模一而爲一矣。又、一也者。乃有者所現之情也。公性未受特殊所拘之前。正爲眞有。則固有所以爲一者。然而未有數一。何也。數一與自傳有悖。而公性皆可以自傳。則是其所有者。惟模一而已。緣模一者。循性而自傳者故也。所謂不足謂公者。緣公者之一。不得爲倫屬共有之一。何故。公者。與數者。切義有別。況正屬悖。則各自有本一。而其一者。亦正屬悖也。又。公者之本一所非之分傳。自屬可造之傳。而數一者所非之分傳。不屬可造之傳。則公者與數者之本一。並不相容矣。若夫公性之模一與數一。則皆可以相容。緣公性之屬爲某性。固有模一。故公性在。模一亦在。非可相離。則模一不得爲公性所以爲公之一。可知。又公性之模一。循其受拘於賾者而乘焉。若謂足爲公者。則各宗之屬類。皆可謂宗。各類之屬賾。皆可謂類。以其皆函模一故也。而皆不然。三、公性所以爲公者之一。是乃脫一。取證有三。一曰。模一者。憑其公性之分傳於賾。而無所拂焉者也。故不足爲公者之本一。則脫一者。絕不容其分傳者也。乃公性之本一矣。

二曰。脫一者。乃分傳於同名同義之賾之非也。而其分傳本屬可造之分傳。緣脫一之所非。但是各性所有之模而已。（模者。賾之特殊。）既曰分傳之非。則能使公性悉合爲一。此其效豈模一之所能造哉。緣夫模一也者。能使公者爲性有之一。而不能使其不分傳於賾故也。既云脫一所非。在各性可有之模。則脫一者。與特一者有悖。蓋雖特一之一。亦非分傳。有似脫一。顧分傳之義。若主脫一而言。則屬可造。若主特一而言。則不屬可造。故此兩一。雖均之其非分傳。而義則不侔。夫惟脫一。乃公性之所以爲公者耳。

三曰。公性所求以爲公者之一。與分傳於賾之容德。二者不相離。則是一也。固非其現在之分傳者。夫惟脫一者爲然。故脫一。卽是公者之本一也。謂非現在之分傳者。蓋凡物旣已受分。不能更有受分之容德。如兩尺之度。其所有渾一之幾。何可受分而爲兩渾一之幾何。是謂容德。及其旣分爲兩。則其先之所有以一函兩之容德。固不復現在矣。謂惟脫一能者。蓋模一。或主泛義。或主切義。皆不能非其現在之分傳。而惟夫脫一。乃能有此非也。

所謂有也者。有屬類者。曰同名歧義之物。與同名同義者。相似。皆有倫屬。故亞利總稱爲公者。然詳其本義。正謂同名歧義之性。不足以爲公者耳。所謂循同名歧義。可以稱賾者。曰凡同名歧義之公性。其倫屬旣無所共。而各有自義自性。故上焉者。不得循一名一義。以稱其下焉者。

所謂自立依賴。就有之總義惟一者。亦非也。有也者之總義。其在自立。與在依賴。有別。何故。自立者。與依賴者。所接乎上有之宗。以分爲下有之殊。其殊也。旣爲有之所包。固不可謂之眞殊。緣凡眞殊。固在其所接之性之外。則夫自立依賴。各所接義。迴有不同。何得爲公性之一者。

所謂公者之二解。惟舉模一而解者。曰。公者之基有二。一謂遠基。一謂近基。凡公性所以別於倫屬之一者。是其近基。脫一所以別於他性之一者。是其遠基。模一亞利但舉遠基爲解。若其近基。與其在賾之容德。固恆並立。緣凡有可在賾之容德者。固由於脫一。而凡謂脫一者。固有可以在賾之容德也。則亞利雖不言脫一。而既言容德。則脫一在其中矣。或曰。凡有容德者。固爲公性。凡公性者。固有模一。若謂公者有容德。卽有脫一者。則亦可謂有容德。必有模一者。若是。則其解中豈必謂公者爲模一之一乎。今既不舉脫一。專舉模一。是公者之專屬於模一也。曰。否。凡同名歧義者。皆有在賾之容德。而皆不屬模一之有也。此模一指其切義。若夫凡有模一。與在賾之容德者。固不能不有脫一。故謂容德在。則脫一亦在。是也。謂容德在。則模一亦在。非也。又亞利第取模一脫一之共義。而謂公者之爲一。次乃舉容德以限指公者之司一爲脫一也。

所謂公性雖一。本可自傳云者。曰。公者之一。求其性之可自傳者。是也。然謂惟模一可以自傳。則非也。蓋脫一雖不容其現傳。然而必容可傳。其可傳者。卽是公者所求之傳也。

所謂凡有模一。固有容德云者。曰。模一與在賾之容德。未必並立而在一物也。何故。凡爲特一者。

亦有模一。而豈其有在賾之容德乎。況其容德與特一者。固相悖也。

所謂不自傳也者。與有模一之性者。正屬有悖。亦非也。蓋不自傳與特一者。不相悖。而特一者。皆有模一。故謂自傳之能與模一。並在一物而不相悖。則是也。緣公性之脫於倫屬者。固有模一與自傳之能。故謂其二者之不相別。則非也。緣特一者。雖有模一。卻無自傳之能故。

○公者之容德辨三

容德何謂一支

欲測諸凡德能所有之性。必就其爲而測之。爲者。各德所發之用。則欲測容德之性。物之所以發其實用者。是謂德能。如太陽發照之能。是也。物之所以可容不逆者。是謂容德。如空中容受光照之容。是也。亦當就其爲而測之。故欲論公者之容德。奚性奚情。先當論其爲之何屬也。公者之爲有二。一、在賾之爲。一、稱賾之爲。稱賾之爲。由在賾之爲而發。故先闡在之爲。後闡稱之爲。而二爲之容德始明。

論在賾之爲。其說有二。一、謂公性之現在倫屬者。西云因額西鄧際亞是公者之爲也。其證云。亞利所解公者。不就所爲。但就所容。而獨瑪釋其故曰。公者。本自不向現在。但向能在也。據此。則可見獨瑪以現在倫屬者。爲公者之爲也。何故。夫論公者之爲。若舍現在倫屬者。而或舉其爲倫屬固然之宜。西言觀勿尼恩西亞。如云。人雖不現在。而生。覺。靈。三者。皆爲人所固宜有之稱也。或舉其與倫屬之同一。西言依鄧第大得。譯云。合也。同也。上稱下稱。固然相合。以成一者也。如生覺爲上稱。能推理爲下稱。兩者相合爲一也。蓋人雖不現在。而其生也。覺也。靈也。無不本自相合。以成其爲人之有也。指一焉。而謂公者之爲乎。則其所釋。不就爲。但就容之旨。不必言公者之不向於現在也。蓋固然之宜。與性之同一。雖其倫屬之不現在乎。然此二者。必常在。比如論太陽之公性者。今所現在特一之太陽。與諸不現在而可在之太陽。互有固相宜之義。與夫同於一者之義焉。則二者皆不屬爲。既皆不屬於爲。則可見公者之本爲。惟是現在於倫屬者。

又亞利所解公者。惟舉在賾之容德。亦可以見現在倫屬者。乃公者之爲也。何者。宗也。類也。殊也。獨也。此四者。雖不現在。非不常有固相宜。與夫同於一者。若二者可謂其爲。何必舉容德而解乎。當自就其爲而解矣。

二說謂公性。就其同於一者。以在倫屬之賾。如全者之在於諸分。因而確可稱此爲此者。是公者之爲也。何謂其在賾也。如全在分。蓋以公性視倫屬爲全。以倫屬視公性爲分。茲不可偏稱人爲靈性。亦不可偏稱人爲質。蓋不可用其分以稱其全。而惟以全者稱分者。是乃其正稱耳。何謂可稱此爲此者．蓋以公性稱倫屬．乃是公者之本分．若使公性而非有同一於倫屬者乎．則亦奚可舉公性以稱倫屬．其可舉公性以稱倫屬．則公性之與倫屬．彼此同爲一物故．

惟是總舉五公者之各有．與其倫屬之同一．則有不倅者焉．宗．類．殊．獨．四者．其性與屬．但求固然之相結．不求現在．緣其稱皆屬固然故也．若夫依者．則另求依賴與底質之結．依賴．不能自立．賴底質以爲承載．故曰底質．蓋依賴者之本義．設使不求底賴．卽非現結．豈能有同一於其底者耶．第依賴者之性．自各不同．故所以結於底者．亦各不同．或循係着而結．如底與白．或循外函而結．如所與在所者．時與現時者．或循外界而結．如知與所知者．愛與所愛者．故依也者．雖須現結．然非其依之內義．但據同一於底．卽謂之依．則依非其固然．乃其可不然者耳．若論其爲．則與他公者．亦無以異．

此說取證云．凡可舉公性．以確稱倫屬之賾者．其公者之本爲．必在焉．如某未現在之前．可稱謂人．人未現在之前．可稱謂生覺者．則公者之本爲．是上下稱之同一．而非必現在於倫屬者．可知也．又宗．類．殊．獨．四者之爲．皆固然之爲也．今云現在．卽非固然之爲矣．緣受造之物．不可謂固然現在者．則公者之爲．非其現在．惟在固然之結也．

欲正前說。當知二端。一、所謂公者之視倫屬。則爲全者。非謂倫屬之所分函。悉爲公性之所統函也。緣公者。未必全函倫屬之性。則所謂公者之全。惟舉其指義而言耳。一名。每有二義。其要者。謂模義。其次者。謂指義。如謂白者。有白有物。白也者。論白。不論底。是爲模義。物也者。兼言白與底。是爲指義。五公所舉模義。雖或不函屬性之全。宗。類。殊。三者。抑或不函其分。獨。依。二者。然而但舉指義。則全者悉可函焉。如舉生覺者。以稱人馬之性。若但舉生覺之模義。第爲人性馬性之一分。不能盡函其性。而舉其指義。則雖未言模義。然而人馬之性。已悉該焉。獨者依者。其理亦然。蓋循其脫義。則不可謂全。而循其託義。則可以謂全也。取熱者。而不取所依之底。是謂脫義。取熱者。與所依之底。是謂託義。舉託義者。如稱某物爲熱者。不但表其依賴之熱。而併亦表其所依賴之底。故舉依賴。雖第是一分。而並舉其所依之底。則其義固已全矣。或曰。物有白者。因而以白稱之。此就脫義而稱。非就託義而稱。若就託義。則其稱也。豈可謂依稱乎。凡所用以稱他者。有二端。所稱爲自立體。則謂體稱。所稱爲依賴者。則謂依稱。則夫白者之爲公稱。非必謂函其底者也。曰。所舉之論。此無暇察其是否。然所括者則非也。試取一端。謂白者。是有色者。此端有二限焉。一、是白者。一、是其白者所依之底。而其謂有色者。亦有二限。一、是色者。一、是其色者所依之底也。今舉有色者。以稱白者。是乃指其色之底。以稱其物之白者。緣色係脫義。非可舉以稱白。則姑舉其白之所托者以稱焉。顧其白色。與所托之底雖合一。而非純一。則豈得指色者為白者之宗乎。須知所舉以稱者。異於其所就以稱者。所舉以稱者。則色。而其所就以稱者。則其色所托之底耳。

二。其公與屬之同一者。固是本為。然而依賴之現在於倫屬者。亦公者更顯之為也。大都乃其遠為耳。何也。人性與某既共為一。某若現在。人性豈能不現在。則人性之現在於某。亦公者在賾之容德所發之效也。故亦其為也。所謂更顯之為者。蓋其為或屬可覺。或不屬可覺。以吾明悟求之。皆屬易見故。所謂遠為者。蓋舉宗類殊獨。而言則同於一者在先。為現在者之所以然。舉依也者而言。則依現在者又在先。而為同一者之所以然也。

今釋駁論所謂亞利之解公者。不就為。但就容也。曰容德有兩為。就其一端。可以解之現在倫賾。為公者之遠為。其義既更顯矣。則用以釋公者義更易也。亞利所以但舉容德者。蓋曰公性之當其為也。其所結於倫屬。或循同一。或循現在。莫非屬特一者。固不可謂之公者。緣公者之義。在其脫賾而立。則舉為而解。未若舉容德而解云。

公者之容德為實否二支

論公者之容德。或爲實德。或僅爲非拒德。凡德不能發實用。但容受不逆者。謂之非拒德。亞利云。德與爲。共居一倫。今公者之爲。既實。則爲之之德。亦實也。次公者之本義。惟是可以在賾之容德。若其容德。僅曰非拒而已。則是公者。亦非有實理之可論也。況容德。若使但爲在賾之非拒。則其容德。第爲非之非。何故。特一者所有在賾之拒。本謂之非。而容德又但爲非拒。豈不更有所云非之非者乎。三、亞利云。凡非也者。託於是者爲基。則此拒之非。自須有是者在。夫公性。非其是者也。何故。若謂公性。卽其是者。卽可以基其拒之非者。則隨其公性所在。其非亦在。而在特一者。亦當有在賾之非拒焉。然而不然。則其公性與非拒之間。更自有一所謂是者在。而此。乃可爲公者之容德焉耳。其是者何。曰。此非有因性之何似。可加之於其性者也。蓋自立者。幾何者。互視者。各自一倫。與何似之倫不同。又三者。各自有宗有類。公性之容德。非以其何似者加於其性也。則其是者。但屬能。不屬爲。未現在。則屬能。現在。則屬爲。屬可以離性之卽也。卽。就也。就物所本有之性。而加焉者也。要義有四。結一。係一。互一。界一。結者。如幾何所以合于自立體。及何似合底。體模合質之結也。係者。如光係乎日。熱係乎火也。互者。如父與子之互視也。界者。如幾何所以受限界之某相。自立體所以全自在之在也。卽之爲義。非物性所以全其本有。乃是有所加於本有者。故謂之卽。解之云。不足謂物有。而須現托乎物有。別於物。而不可以存者也。其別於物之別。謂之卽別。詳具超形性學。屬能。而不屬爲者。蓋其卽未屬現在。若謂性現在賾時。其卽亦在。是謂性在於賾。而可謂公者矣。其曰屬可離者。蓋公性已得其特殊。便失其卽。無自傳之容德也。凡卽之類。其所有之實甚微。而此公性之卽。更微。卽也者之在性。視夫效之在所以然也。頗有似焉。凡效未出其所以然之前。各有所以可現在之卽。出其所以然。而得其現在。則不可以言卽矣。

正論云。公性之容德。但是可以在賾。可以稱賾之非拒也。證此有三。其一、公性於倫屬之特殊。論其實之現在。無實分別。則所有在賾之容德。非實德也。緣凡實之容德。其所施於爲者。必有實分別故。公特二性之現在。無實分別。則公者所有在賾之容德。悉係於明悟。旣係明悟。固非實際之有矣。

二。幾何之析若干。循其受分之非拒。屬可分析。含生覺者之軀體。循其可死滅之非拒。屬可死滅。可明可見之事理。因其非拒。屬可明可見。皆非實之德也。則公性但循容德。可以分傳之非拒。固可以自傳於倫賾也。

三。凡爲實有。皆可現在。玆論實有之卽。不屬現在。則其非實有。明矣。或曰。凡有也者之卽。非自爲有。亦非自有所在。惟據所卽之有而在。如質模所以相合之結。非自有。自在。而但因所合之物。得有。得在。則其卽。雖非自在。而但其所卽之有旣在。因亦可謂現在也。曰。所謂非有非在云者。非謂悉不屬在。

而但謂不能離所卽之有。而自在。若公性。所以可在於賾之卽。則絕不可謂現在者。蓋性。當其現在。其卽必亡。豈復可指爲實有乎。所舉效之在其所以然者。亦非也。其所擬之卽。在效乎。在其所以然乎。不可謂在其效者。緣其效旣未在。其卽將安在。不可謂在其所以然者。緣所以然者。但蓄有施效之德。因而謂之能施其效耳。未可云卽也。

所謂德與爲。其倫一云者。非謂是二者之並居一倫也。德能居何似之倫。所發之爲。居作爲之倫。玆但謂德與爲所向之一。如見德與見用。其界爲一耳。亦云此一物。或論屬可有可在。或論屬現有現在。其所居之倫則一也。如人。或論其可在。或論其現在。皆屬生覺者之倫也。

所謂公者之本義。惟是容德云者。曰所謂公性。惟循明悟之用。有脫於倫屬者在。而謂爲公者。則舉其模義而論。全係明悟。故不得爲實之有也。所謂容德乃非之非云者。亦非也。蓋公者。所有在賾之非拒。其所非者。正是其數一者之現在。而豈非其所非之謂乎。所謂凡非。必託基於是者。曰非也者所求之基。非謂有一實卽在於非與性之間者也。就其性。卽是其基。試驗天主。固有多非拒。如稱其屬可明。屬可愛之類。皆非所拒。其爲非拒。由於天主之純性。豈可謂有卽。以爲之基者哉。所謂公性。若可以基其拒之非。則隨處有其非云者。亦非也。凡物所能有之外模。其非在。則模亡。其模在。則非亡。夫公性之非拒。其所非之外模。乃數一之特殊也。特殊既在。豈復有非之可論乎。

在賾稱賾之容德各自一德否三支

公者之容德有二。一、是可在賾之德。一、是可稱賾之德。玆察二者之辨。確否。有謂公者之容德。惟一。而論其爲則有二。一、近。一、遠。近者。性之在倫屬者也。遠者。性之稱倫屬者也。舉證云。凡相屬之爲。其類雖賾。然其第二爲。必循第一爲而出。則其所由之德。惟一也。試觀實之作德。及實之容德。兩者所由出之爲。可以驗之作者。如太陽然。循一作德。以發光。又就其光以作熱。而二者各一其效。又如人之明悟。能施直通。斷通。推通之用。三者各自一用。而總出於一德也。容者。如元質。由其純一之德。先受禮模。次受依模。其所自之德。惟一耳。凡在賾之爲。與稱賾之爲。固然相屬。稱之爲。必從在之爲而出。公性惟先在於賾。故可稱之謂在賾者。則奚必二德乎。一德既具。足發兩用也。

正論云。公者之容德。實有二也。凡非拒之德。能其有多有少者。與凡不論德能之諸非。其爲或多或少者。無異。今論各物所有之非。與其所非之模。其同多同少。亦無異也。則夫在賾之拒。與稱賾之拒。

既是二模。其所非此二模之容德。亦必爲二也。

或曰。此二拒者。雖有相關。然而除初拒。卽無次拒。蓋不可以在賾者。亦無可以稱賾之容德也。則是舉一非。而足以非其二模也。曰。除初拒。卽無次拒。論曲除。則是。論直除。則非矣。蓋模先在物。然後可用以稱其物。故稱之爲。悉係于在之爲。而在之爲既除。稱之爲亦除也。顧其除。惟謂曲除耳。如馬爲不靈者。爲不能笑矣。笑由靈出。則除其靈之非。亦除其能笑者之非。是爲曲除。若夫靈者笑者之二模。欲相除之。則兩者各自一非。亦必須各自一除。乃所謂直除耳。

或曰。若是。則其在賾稱賾之容德。各所以爲德者。無所分別。蓋不就其爲而別。但就其所非之模而別。故也。曰。否。諸非德之爲。其所求之別。微於實德之爲之所求者也。故間有一純德之實。而函多非德者。試驗明悟。雖其三通之用。惟一實且純之德。而其所函之容德。三通各自有一焉。則在賾稱賾之爲。雖必相視。以爲有無。然其爲之容德。不因此而可謂之一也。所謂作德與容德之爲云者。蓋其德既皆實德。則所施之作用雖多。而其所由之德。不可謂之多。緣實德雖一。其所函者。卻有多許之拒。如元質之受萬模。實德惟一。而其可容多許之模之非拒者。則賾也。

公者之容德分近分遠否四支

有謂公者之各德。兼論在。稱二德。復分有二。一、近。一、遠。蓋公性。不但脫於賾時。有在賾之容德。卽爲特殊所拘之時。其容德亦在。如元質。未受一模。固有受模之容德。設現有模。亦有受他模之容德也。但元質未受模先容德無拘。若既有模。其容德爲模所拘。設欲受所未有之模。先須去所現有之模也。公者之容德。其理亦爾。其性之脫於特殊者。固必有在賾而不受賾拘之容德。卽當在賾之時。亦有容德。第爲特殊之所拘耳。蓋總之一容德也。而不受拘時。則謂近之容德。爲特殊所拘時。則謂遠之容德也。

證此有三。一曰。如元質拘模之時。雖屬限定。然所拘之模不能妨其所有受他模之容德。則公性拘殊之時。雖亦限定。然其現有之殊。亦不礙其所有合於他殊之容德也。

二曰。公性。循其在賾之爲實在倫屬。則在賾之時。實有容德。可以在於賾者。蓋凡物既有其爲無不有其爲所由發之德故。

三曰。公性現在賾之時。實有模一。既有模一。則實有自傳之容德。何以故。模一。數一。正屬相悖而其相悖從其各所發效而驗之數一之效在使其性不屬可自傳。模一之效在使其性屬可自傳。則公性在賾．實有可以自傳之容德矣．

正論云公性之爲特殊所拘也悉無可以在賾之遠德．證有三．其一、公性旣爲特殊所拘．卽不能別於特一之賾．凡特一者．悉無自傳之容德．況本有自傳之悖．則公性受特殊之拘．亦無自傳之容德矣．

其二、公性者．論其在各特一．本屬限定．則絕無在他特一之遠德也．本屬限定者．一則在此一人之公性．旣已與其特殊相合爲一．謂或分其殊．以結他殊．謂或合其殊．以結他殊．皆屬悖義．一則各人之性．自屬特一．而凡特一之有．本屬於限定者也．或謂特一之性．就其現拘在此者．誠不得在賾．顧不就其現拘而惟舉夫在特一之純性．固必有在賾之遠德焉．則雖特殊限定．而論其性之本有．原無特殊．則亦初無限定矣．曰．否．執前說者．直謂公性拘特殊之時．實有在賾之遠德．則何必就其純性所有．以爲之解乎．若但舉其拘於特殊之純有．而不復就其所函特殊者而論．此正公性脫殊之境．其所有在賾之容德．乃近德也．豈可謂遠德哉．

或又曰舉某人之性．因其函某人之特殊．謂爲特性．固不得有在賾之遠德．若但舉某人之性．而不舉其所函之特殊。則性雖特性。而其所以謂特者。不由其內。但由其外所接之殊也。固自能有在賾之遠德矣。曰。亦非也。凡特一之物。或由外。或由內。旣爲特一。勢不自傳。則謂之特性。固不能有在賾之遠德也。至謂特性非由其內。則特者旣屬限定。豈必論其由內由外。必欲論其限定之所由。此與今論無關。若必其性自有特殊。而後稱爲特性。則必物之自有其模。而後稱之爲有其模。則是重而上升者。不可謂升上。以其由外而上。非自上故。輕而下降者。不可謂下降。以其由外而下。非自下故。水之熱也。亦不可謂之熱。以其由外而熱。非自熱故。而豈其然乎。其三、公性之爲特殊所拘也。若有可以在賾之遠德。則或但是一遠德。散而爲萬殊之特性乎。或各特性各自有一遠德乎。夫不可謂統一遠德也。何故。凡依模者。循所依之底爲幾。其依模亦幾。若謂此一物能並在不同之所。並施殊模之效。於理有悖矣。亦不可謂各特性。各一遠德也。謂各一遠德。則公性不可謂一性。而但因各特性之多寡。以爲多寡。皆非正論。

所謂元質拘模之時云者。曰。元質爲一模所模。公性爲一殊所拘。二者相比。其義不類。蓋此一質。可以別於此一模。而受他模。其質之所特有者。依然無變。故謂有模之時。實有可以受他模之遠德耳。

性則不然。既已結於特殊。卽不可更有歧別。豈可以爲有遠德乎。

所謂物既有其爲。卽有所由發之德云者。曰。公性在特一時。實有在其特一之容德。然非更有在他特一之容德。則此容德。非公者所求之德也。緣公者之德。本是可以在賾之容德。而特性之德。惟是可以在一之德故。

或謂各特性所有之容德。總括於一。是公者之容德也。曰。夫可以在賾之容德。是公者之基也。公者既一。則基公者之容德。亦一。豈可取諸特性之容德。而以爲公者之德乎。或又謂公者之容德惟一。然而分在各特性。則各特性所有之容德。皆一容德之所分耳。曰。凡所以然之同類者。其效亦同類。又其所以然之各分。若皆同類者。各所施之效亦同類。今夫容德之各分。皆同類之分。則各分所施之效。皆同類之效也。若謂容德之全之效。能使公性散於衆賾。則其容德各分。亦當各施其效。轉傳衆賾矣。然而各特性之分德。但能在各特一。不能使其轉有所傳。則知各特性之容德。非其公者之分德也。

所謂凡有模一之性。實有可自傳之容德者。曰。若其性未爲特殊所拘。則是若爲特殊所拘者。則不是。緣特殊既結。其性卽屬限定。不能有自傳之容德也。

或曰。特一者所共有之模一。乃特性所以脫其特殊之基。因而得其在賾之近德。則其基之在模一者。可謂遠德乎。曰。特性因其模一。誠可循明悟以脫其特殊。而其基。亦可謂容德。顧此容德。非可以在賾之容德也。第循明悟之用。爲脫賾之容德而已。夫脫賾之爲。與在賾之爲。旣各不類。則可知其所由之德。亦不類矣。

○物自爲公抑循明悟爲公辨四

闡性境與諸分別一支

欲闡題義。宜明公性與倫屬之特一。有相別否。答此先設三端。其一、曰。公者所函。總有四者。一、公者之性。二、其性之一。三、其性之容德。四、其所發之互視。今問物自爲公否。非論物性也。蓋實有公性。而非虛名。前論已明。則惟問一。與容與互視也。又非問未用明悟之先。三者現在否。蓋互視本思成之有。則未有明悟。何能現在。若一與容之非現在。前論亦頗及之。茲但問公性自有三者。以爲明悟之基否也。夫一與容。乃互現之基。則論其一者容者。而互視自明。乃一之義。又函容德。則約之惟論公性。自有可爲一者乎。抑待明悟之功。而始謂一者乎。夫公性之境。凡有三者。一、謂獨境。二、謂拘境。三、謂思境。就公性固有之稱謂。而不兼爲實在與思在者。實在者。公性之現在於特一者。思在者。因明悟思攝而謂之在也。是乃獨境。就其爲特殊所拘者。是乃拘境。就其循本有之象。屬明悟所攝者。是乃思境也。思境之分有二。一、其性之實有實在。皆由思攝。二、其有與在之不由思攝者。釋前義。言夫物之有與在。皆從天主所懷之元則。此論非今所及詳者。釋後義。言明悟思攝此物。原本此物實有。非明悟之所虛造者。正今所推論也。論此三境。皆有原來先後。獨先於拘。拘先於思。

其二曰。別也者。總之有二。一、不待明悟之功。物自有別。如某與某之別爲二人是也。名曰率物之別。一、爲明悟造成之別。如慈與義之在造物主者。所爲相別之別是也。名曰明悟之別。率物者。又分有二。如物與依物之幾何。所以相別。名曰實別。如幾何與依幾何之形相。所以相別。名曰模別。實別之別。皆可相離。模別之別。不可相離者也。明悟造成之別。亦分有二。一、物自無受別之基。而悉由明悟爲分別。如就某一物。分稱謂。分底賴之義。名曰率意之別。二、物自有受別之基。如慈。如義。在造物主。雖實非二。然就其所施之異效。明悟因而分作慈義二者之基。名曰率基之別也。

其三曰。凡屬於一宗之特一。所函有三。一、是宗性。一、是類殊。一、是特殊。假如就某一人而論。有生覺者焉。有能推理者焉。有某之所以別於某者焉。生覺者。宗性也。能推理者。類殊也。某某之所以別者。特殊也。舉是三者。循上四別之一。固有所屬之別。而其別。卽是公性特性所有相別之別也。假如生覺者。與能推理者。循模別而別。則生覺者與人。亦循模別而別。緣人函推理者。而其能推理之於生覺者。固循模別。則生覺之於人。亦循模別矣。又如人性與某人之特殊。循模別而別。則人性與某人。亦循模別而別。緣某自函別於某之特殊。而其特殊之與人性。本循模別。則人性與某人。亦循模別矣。但此三者相較。惟舉其在一物者。若其在殊物。則皆循實別而別。何也。緣其殊物。亦循實別而別故。如某與某既有實別。則某與某之能推理者。亦有實別也。若謂能推理者。獨無實別。則此能一推理之實有。與某某兩實相別之實有。皆混爲一。緣凡此一物。與彼兩物。皆相同者。彼兩物。亦必相同。故是以不無實別。

公性所別於倫屬者兩說二支

釋前說。有二論。一、謂斯三者。皆循模別而別。證舉二端。其一、某與某。舉人性而言。則同。舉特殊而言。則別。今不得混舉一物。爲某某所以同之始。又爲所以異之始也。則在某之人性。與拘人性之某殊。固有模別矣。其二、舉人以稱某。曰某爲人也。此稱。非爲本稱。本稱之義見前又非可以稱衆人之總括。則知所爲人也者。自爲一性。與某。及他諸特一之人之總括。不同也。此義之證多端。大都皆爲超形性學之論。今姑置之。

二。謂宗者之與類也。類者之與特一也。類與特一之與其殊也。皆非循模別而別。而但循率基之別而別也。謂非循模別者。設謂兩某之人性。與其兩某之特殊。循模別而別乎。則試以吾之明悟。能置其殊。取其性者以第作各性之想。問此兩某之特性。有相別否。不可謂其不相別也。緣某與某旣相別。則其在某某之性。不得不別。旣謂相別。則某與某。固各函所以相別。惟其所以別者。非徒在其性。乃在其特性所有之殊。則知其性與殊。不得由率物之模別而別矣。謂由率基之別而別者。蓋凡物可界明悟爲不同。及界爲偏而不全之想。皆屬率基之別。今宗也。類也。殊也之在特一者。皆可以界明悟不同不全之想。則皆由率基之別而別也。所謂界明悟不同之想者。明悟之攝想某物者。如舉某特一所函之全。則曰詳臆。如舉某與他人所同。而不舉其所別。則曰偏臆。又如舉某與凡生覺諸物所同。而不舉其所別。則曰略臆。而其就此一物界爲不同之臆。固皆由於率基之別而別者也。以上兩說。後說尤確。屬超形性學所論。玆姑拈其槩云。

依率基之說以答獨境之問三支

依此兩說。以釋元問。既謂上性（卽公性）與下性（卽特性）。不由模一而別。但由率基之別而別。則公性之在獨境。不可謂爲公者矣。其證云。凡非由脫一而爲一之性。不可謂爲公者也。設使公性非循其率物之別。以別於特性。豈得有脫一而爲一者乎。則亦無可謂爲公者矣。所謂非由脫一。不謂爲公者。詳在第二篇中。今不再悉。所謂設使公性。非循率物之別。豈有脫一者。蓋脫一與特一相悖。既謂上性與下性。不循率物之別而別。則未經明悟所別。皆非脫一。第爲特一者。豈可謂公性乎。次未用明悟之先。物之實有。皆爲特一。凡特一者。不得有在賾之容德。則公性未涉明悟之先。悉無可以在賾之容德矣。夫公者之要義。在有容德。居獨境時。既無容德。豈可謂公者乎。或云上性與下性。固有原先後。則上性爲下性之原先。可謂有下性之容德矣。曰否。上性與下性。舉其實有者。既一不二。則所稱上下公特先後。皆由明悟而分。夫既未涉明悟。其謂原先所基之容德。何自而有哉。

駁此論有三。其一、率基之別。在於一物者。能使其物顯不同之義。故主此一義。能受他義所不能受之稱。則其特一者與類。類者與宗。雖同爲一物。然而既有率基之別。必能就此一義。以受他義所不能受之稱矣。則特一者。舉其所函之特殊。雖不可謂有脫一。而舉其所函之或宗或類者。豈不可謂有脫一者哉。則宗也類也特殊也三者。雖無模別。而其公性之居獨境者。固可以爲公者矣。所謂率基之別。能使其物受不同義之稱者。蓋主明之德與主愛之德。在天主無元之始。本自純一。而但由率基之別。可以別而爲二。主明之德。誠可謂第二位所由生。而愛德則否。主愛之德。誠可謂第三位所由發。而明德則否也。又如有形之物生乾生熱之德。皆出於一純依賴之光。惟率其基以別之。則知施熱施乾。就其一光所函。各有所爲不同施之始。以爲用所從別之基也。

其二、若因上性與下性。實同一物。但由率基而別。便謂上性所函之一。卽下性之所函者。則亦可謂悉無模一之實在。而但有數一之實在耳。若是。則公者之遠基亡焉。不將謂公者。惟虛名相乎。

其三、若謂上性與下性。爲實同一無二。故上性未由明悟脫一之前。不可謂爲公者乎。此以論宗者類者殊者。或可耳。緣此三者與倫屬同一實有故也。若論獨者依者。則不可。緣二者與其底賴。或實相別。奚待明悟之功。始可謂爲公者哉。

解上一駁所云。就率基之別而別者。其可受之稱。謂非必以其一者。距其二者也。設吾勵二端之偏臆。以思攝其實有之時。其所專屬一臆之義所受之稱。雖未必爲他專義所能受者。然而用我明悟。可以任舉一專義。以稱兼統二義之實有也。如第二位。從無時而生。第三位。從無時而發。舉其實生實發而言。二者皆兼明愛以爲實始。緣皆由於天主至純之有故。但就明悟偏臆。別爲不同之義。則就其一。作明始想。卽第二位無原之始。就其二、作愛始想。卽第三位無原之始也。作熱作乾之光。其理亦爾。雖就明悟偏臆。可以分別施乾施熱不同之始。然而實舉其全。則一純依賴焉耳。夫明悟能舉第二位之生。與第三位之發。以稱天主之全有。又能舉施乾施熱之用。以稱其函二始之光。然而不能舉脫一。以稱特一所函宗類之全。何者。明與愛之視天主也。施乾施熱之視光也。皆不相悖。而脫一。與特一。屬相悖故。

解上二駁。先當辨明悟未施以前。物自有模一否。此屬超形性之論。今略拈其義焉。謂物自有模一。乃窮理者之通義。證取二端。一、物所以自爲一物之不分也者。是爲模一。今凡公性。各自有所爲本性之不分者。則各自有模一也。何謂公性有不分者。設使人性本無所以自爲一性之不分也者。則我之明悟。亦不能思攝其性。而以爲不分者。今明悟能思攝其性。以爲不分。則是其性。自不屬可分。自有模一矣。或云。人性之在賾。至不一也。而就明悟攝之。可以脫其賾而歸一。則就其模義。性雖屬分。而就其明悟之功。固可脫其分。以謂之一矣。則謂明悟思攝。必由先有不分而自爲一性者。殆不其然。曰。人性之在賾。雖實爲多。然就其模義言之。其性本一。是以明悟乃得憑以爲基。因而攝取。以謂爲一耳。若使人性本無模一。以爲其基者。明悟亦何據而指以爲一性乎。

二、夫人性本實有也。而一也者。乃實有者常有之情。則人之性。固有一者。但其一、不是數一。緣性爲數一所拘。不可分傳。故就其明悟所攝。亦不得謂之公者。則其一。本模一也。顧此模一數一。非就率物之別而別。惟就率基之別而別。何故此兩一者之別。非大於上下性之別。今公性特性之別。惟就率基而別。則其性之模一數一。亦就率基之別而別也。由此可解第二駁論。蓋惟證特性所有之模一數一。非就率物之別而別。而不證其非率基之別也。至論公性。何以不能自有脫一。乃有模一者。曰。脫一與拘殊。正相悖。夫公性之於下性。既有爲同一者。則固爲殊所拘。豈能有脫一乎。若模一。則無悖於殊之拘。其於性之三境。固無所不容者也。

解上三駁。獨也。依也。與宗類殊之理。皆一。雖獨者。依者。實與其底有別。不藉明悟而脫。顧二者之公性。與其倫屬。實有同一者在明悟未攝之先。不得謂爲公者也。

據模別之說以釋題問四支

公性與特性。就模別之說。則其公性之獨境。可謂公者乎。曰此論有二。今折其衷。一說。謂上性與下性有模別乎。則公性居獨境時。實可以爲公者也。證有五。一、公性不受特殊之拘。實有脫一。與在賾之容德。今論獨境。非有特殊之拘。則固有脫一與容德者也。謂獨境非有特殊之拘者。公性。乃倫屬者之模所以然。凡所以然者。或時或原。固在效先。公性。或無時先。必有原先。則舉其原之先。非爲特殊所拘者也。

二、公性。既與特殊有別。則自有所以別於特殊之一者。何也。凡兩物相別。各有所以爲此物之本一。蓋既有分別者在。必有數在。而數。必一一而成。故公性。特殊。既各有別。則各自有一矣。但公性之一。非數一。緣數一。乃特性之一。亦非模一。緣模一。亦在特性。不得爲公性與特殊所以別之一。則公者之本一。乃是脫一也。

三、明悟所造之脫一。非能顯於公性獨性所自有之模一也。今明悟所造之一。足謂公者之一。則公性自有之一。亦足謂公者之一矣。所謂非能顯於獨境之一者。明悟。但使其性。脫於特殊。夫性。未受殊拘之先。其獨境。不與特殊相結。固自有公者之一在焉。不待明悟而始顯也。

四、凡有可以在賾之容德。皆可謂公者。今公性。居獨境之際。自有在賾之容德。何以證之。公性所可在賾之容德。固先於其爲。爲也者。由容德而出者也。顧在賾之爲。非關明悟。固在明悟之先。則容德更先。可見居獨境之公性。自爲公者。

五、性之在賾不一。則在賾之容德亦不一。如馬之公性。自有在衆馬之容德。而非有在衆人之容德。人之公性。自有在衆人之容德。而非有在衆馬之容德也。凡兩物所以判爲兩物者。卽其某物之所以爲某物者。人性馬性。其在衆之容德。自各不同。非藉明悟之功而後謂不同。則亦各自有容德焉。今論容德乃公者之要模。則性。既自有其要模。亦自有其公者。二說。謂上性與下性。雖有模別。然居獨境之時。非有公者之脫一與容德也。故不可爲公者。證有四。其一、性居獨境。其所受之稱。皆固然之稱。若夫脫一。則可不然之稱也。緣其可離於性。凡可離者。非固然之稱。故則就其內有之純。非自有脫一者矣。何謂性居獨境。所受。皆固然之稱。蓋人性者。就其固然而論。所函有二。一、人性之自成一有者。一、性之不涉于倫屬者．性所可受之稱．惟此二端．夫從自成一有之稱．乃其固然之稱．若從其不涉倫屬之稱．則公性降在倫屬．亦可受之．蓋雖降在倫屬．顧其所不係於倫屬者．則一．緣入性者．乃其倫屬之賾之所以然也。凡效．必係於所以然．而所以然．則不係於其效．故或在或脫．皆無所係於其倫屬者．今公性．降在倫屬．既無脫一．則脫一．非能從其不係者而出．而又更無他可由出之始．則性居獨境．不得有脫一者．亦不得爲公者．

或曰．不生也．不滅也．皆公性所可受之稱．亦其可不然之稱．公性．豈待特一之拘．而後乃謂不生不滅乎．正惟結於特一．所以可生可滅耳．則謂不生不滅．亦其可不然之稱也．今謂脫一也者．乃是謂其不分也．不傳也．則亦公性可不然之稱也．夫公性自有之稱．豈必其爲固然者．

曰．稱有二義．或指此模之非．或指此非之模．若指模之非者．則斯非也．皆可有可不有之非．不可以稱結於特一者．正公性獨境時可受之稱也．若指非之模乎．則公性本無其模．謂之非模．自是固然之稱．故雖受拘於特一．已有生滅之模．而猶可以稱非生非滅．此亦本其固然者而稱之也．脫一之義．亦爾．若其脫者．指在此性所本無之特殊模乎．乃此性固然之稱．但性既受拘．雖有特殊之模．卻非公性自有之模．則其非此特殊之一．豈能俾其性爲公者．緣公者所求之一．與數一相悖．不得合於一故．

非此特殊之一．正指脫一．然居獨境．未涉明悟之功．則此一．不離數一．固非脫一之義．不爲公者．

其二、公性獨境．不能脫特殊．則不可謂一．何也．特殊之拘者．與不分者．正屬相悖．性在獨境．既不能脫特殊．豈可謂一且不分者乎．謂不能脫特殊．不可謂一者．公性獨境之際．視諸特殊．惟有原來之先．而其先也．但能俾其性．不係於特殊．不能俾其性．以時先於特殊．夫公性．既無時之先．不得脫其殊．以謂爲一．則亦不得謂之公者矣．謂不能爲時先者．蓋從無始而有之兩有．彼此皆無時先．若有時先．豈可謂從無始而有．今公性與特殊．論其依現在．並受生造．悉無先後．論其本自成之有．則皆爲無始者．豈能有時之先哉．何謂旣無時先．不得脫其殊．蓋模也者．與其模之非也者．不得並在於一物．殊者爲模．一者爲模之非．若公性不脫其模．豈可謂有其模之非也．

或曰．先後之頃．其義有二、一、爲時頃．一、爲性頃．一時頃可包二性頃．試觀太陽．其受造．其始照．論時．並止一頃．論性．則受造在先．始照在後．有二頃焉．夫模與非．雖不並現於性之一頃．然可並現於時之一頃．而此模之非．可現於性之初頃．此非之模．可現於性之次頃也．夫公性之視特殊．必有原先．其在初頃。可脫特殊。其在次頃。可受特殊之拘。則論公性。於性初頃。可謂公者也。曰否。所謂頃者。乃並時不可分之一瞬。則不可指有兩分。而謂性之初頃應一分。性之次頃應二分也。現時頃者。全現全頃。無先後之可論也。其所謂性先後者。乃論此物所以得有。必從彼物造之。使有耳。論其時頃。固並時而在者也。如以太陽視其光。有性先義。緣太陽。乃光之作所以然。而作者。固先於其效。然而太陽從受造後。不可謂有時而未發其光也。又以天之質。視其模。亦有性先之義。緣質。爲模之質所以然。而凡爲質所以然者。固先於所質之模。然而斯質受造以後。亦不可謂有時而未質其模也。則夫公性。雖爲其有性之先。可以不逆脫一之稱。然而其性先者。不能使其公性直受脫一之稱。緣其爲稱。可受阻於性後之稱故也。獨瑪云。性者。可謂不爲白。而不可謂爲不白也。言性。雖自非爲白。然而不可謂爲不白。緣亦有時可由外而爲白故。

或曰。謂時頃之稱。全現全頃。不可分先後者。論實之稱。則是。論非之稱。則非。稱物爲白者。此謂實稱。稱物非爲白者。此謂非稱。今稱性爲一者。乃非之稱也。則性。可於其原先。受其非稱。又可於其原後。受其非稱也者。所非之模也。曰否。實稱之與時頃也。較之非稱之與時頃也。兩者無異。蓋時之頃。不屬可分。故或舉實稱。或舉非稱其並頃則一也。

其三、公性受拘之際。無脫一者。則獨境之際。亦無脫一也。何以故。謂獨境有脫一。其所據之理。亦當見於受拘之際。則是公性之拘。亦可謂有脫一者。緣凡具其所以然者。無弗具其效者。故今公性受拘之際。無脫一。則獨境亦無脫一矣。所謂所據之理云者。公性所據謂有脫一之理者。是獨境所有之原先。然而公性受拘之際。亦有原先。性無所係於倫屬。而其倫屬之賾。則有所係於性。又豈可謂受拘之際。必有脫一。必爲公者哉。

或曰。公性之原先。與其不係於屬賾者。若不受阻於特殊。則其性必有脫一。惟是特殊有阻。則其原先。不能爲脫一之因緣。故獨境。可以謂公者。而受拘之際。則否也。曰。公者之一。自宜能絕特殊之阻。然惟脫境。明悟先絕特殊。性乃得顯脫一。謂之公者耳。若夫獨境之性。雖有原先。因而必有不係於倫屬者。但自不能免於特拘。必待明悟之功。乃可以脫特殊之拘也。

其四、設謂性在獨境。可謂公者乎。則未有下者之先。乃謂有上者在。何故。下者接其上。方可成其有性。居獨時。未受特殊之接。則豈可謂有下者。既無下者。則亦豈可以爲公性。緣公性。與下性。相因而有故。則獨境。就其原先。或可謂一者。而未必可謂公者也。次公者爲全。則宜統其倫屬之諸分。當其諸分未有。則全者安從統之。是無所謂全也。又公者。或執其容德。或執其互視。必有倫屬之下者在。何以故。執容德者。凡爲德能。固向其界。若無其界。亦無德能。夫下焉者。乃其容德之界。則若無其界。亦無容德也。執互視者。夫互視之物。相因而有。設無下者。豈可謂有上者。豈可謂之互視。則性在獨境。雖或可無殊之拘。然既無倫屬之下者。卽不可謂爲公者。

或曰。公者之切義。不求現在於賾。本屬可在於賾。則雖無其賾。亦可謂有公者在。曰。否。公者之謂。非浮而無向之謂。既有所向。則有受其向之下者在。如凡所以然者所求得之互視。惟其施之德。與其施之用也。若但舉其物之原先。而不論其受爲之效。則亦何據而受其所以然之稱乎。惟有受其爲之效者應之於後。乃可以稱之爲所以然。不然。是無效之互視。乃有所以然之互視。無是理也。公者視賾。其理亦爾。

或曰。公者所據互視之稱謂。固必有界。然不必求現在之界。界也者。或現在。或不現在。並可受公者之向也。緣夫互視。自不論現在之界。試取數十年後將生之某人。以今現在之某質視之。其現在。必可爲分者之互視。若以將生未現在之人。視其現在之某質。其將生者。必可爲全者之互視。則其互視。固屬可現在也曰。否。就其依現在者而言。某人未生之前。謂其不在。是也。若就其本元者而言。則未生之前。未嘗不在。何也。依現在者。乃凡物可不然之稱。本係天主之欲德。欲造則有。不造則無。故謂可不然耳。若夫本元。乃其物固然之稱。蓋本係於天主明照所懷之內。理固然而在焉。人雖未生。惟其先有固然之本元者在。故以此未生之本元。視其現在之分質。自可以立全者之互理也。若論特一者之視獨境。則不然矣。下性未接上性之前。不可謂已具本元者。則夫特一。或據依現在。或據本元。皆其所無。奚能具互視之理乎。

或又謂凡特一者。皆可有其本元者也。則以公者視之。亦可以立互理。曰。不然也。論物於未有之時。非可以函本元者。何故。其謂可也者。或有在乎。或無在乎。謂有在也。其在者。即其物之本元也。若無在也。既無其有者。豈可謂有其可者。

權前兩說。其謂公性獨境不可謂公者。于義爲確。今辨其可謂公者。所謂公性不受特殊之拘。實有脫一與容德云者。曰。雖公性獨境。誠有原之先。因而不逆其爲不拘者。然而不可謂脫拘者也。證見前二說第三論中。

所謂公性。爲倫屬之模所以然云者。曰。公性之視倫屬。雖爲模所以然。不因此而可謂有脫賾之一也。蓋公性受拘之後。亦爲倫屬之模所以然。是乃就其原先者而論。然於脫一。固屬相悖。

所謂公性與特殊有別云者。曰。公性固有所以別於特殊之一者。顧其一、非爲脫一。但爲模一。卽公性所以不分於自己而分於他諸有之一者也。蓋人性。循其模一而論。不但別於馬性。亦別於接馬性之特殊。暨馬性與特殊所有諸依賴者。所謂明悟所作脫一云者。曰。公性獨境之原先。雖自不求特殊之接。然亦不逆其接。故獨境所有之一。不能使其性全脫於特殊也。

所謂容德在明悟之先云者。曰。公者之容德。與其爲。皆不可謂先於明悟者也。蓋公者之本爲。不但是在於賾者。若指在於賾者。謂之公者之爲。則凡同名歧義之性。循其同一之義。亦在於賾。豈皆可以爲公者也。蓋公者之爲。本在其性之一者。因而謂可在於賾者。今獨境之性。不可謂一。前論已晰。則亦不可謂在賾之一者矣。或曰。公者之爲。若非公性之所自有。則全係於明悟之功。顧明悟。不能俾公性自結於特一。則公性設非自有其爲。明悟豈能俾其有乎。曰。公者之爲。亦不悉由明悟之功。亦不全爲公性所自有者。兼而有之公者之爲。始立焉。夫公性。自有固然結合於倫賾者。而又就明悟之功。以脫於賾。乃得謂一。因而指其結合于賾者。謂之公者之本爲。如人心忽起一作用。當其未覺之前。則爲不自主之作用。及其已覺。則爲自主之作用。作用一也。然而覺與不覺之間。其所受稱有異也。或問公性所有在各特一之爲。是何容德之爲乎。曰公性既自無脫一。則亦無在賾之容德矣。所以施其爲之德者。原本公性。有在各特一之分德耳。詳見二章

所謂性之在賾不一。則容德亦不一云者。曰。公者之本爲。既不全係於明悟。亦不全由性所自有。惟兼二者以成其爲。則其爲之容德。全從明悟之功。與其性之固有而發也。由性之固有者。如人性與人之特一者。固自相宜。若以視馬性。與馬之特一者。絕不相宜也。亦由明悟之功者。蓋明悟之用。就其性與特一者之相宜。乃能攝取人性。俾在此人彼人之容德。而不能攝取其不相宜者。俾在此馬彼馬之容德。設使性與倫屬。本無相宜者。明悟奚能畀以可在特一之容德乎。則是其宜也者。乃其容德所由立之基。故謂兼由固有。亦由明悟。以共成其爲之全也。至於究其宜者之何由。則緣人之公性。與其倫屬之特一。皆爲同類之模一。而與馬性之模一。絕不相同。故以視此人彼人。必有相稱。而其視馬性

之特一。絕無相稱耳。可見公性之容德。凡爲不類。皆由其模一之不類。故此模一。乃公性在賾容德之遠基。而明悟所據焉以謂爲容德者。

舉拘境以答題問五支

論拘境。其義有二。一、是本有者之拘。如某人雖未實在。然吾所懷臆。固指其人之公性與特殊之相結。則其所表者。如實在之某然也。一、是依現在之拘。如性與殊現結以成實在之某。是也。今論公性受拘之時。可以爲公者否。並舉二義。

有謂公性拘境。正爲公者。證之曰。公者所須。其要有二。一、是爲一者。一、是可以在賾之一者。性於受拘之際。二者皆備。故可謂公者也。所以謂爲一者。公性在賾。雖可謂多。然舉模一。則亦一性焉耳。次性之拘境義又有三。一、因其在於各特一者。二、雖因其在賾。然不並舉其賾。三、因其並在於賾也。論第一義。則數一者。不可謂公。論第二義。公性分在特一。則各自爲一全。不能復相合以成本然之一者。故亦不可謂公。論第三義。則性所以在各特一之爲。雖不可謂之全爲。然各也者。乃公性在賾全爲之一分。舉此義。則性爲可以在賾之一者。因而可謂公者也。若論可以在賾之容德。則公性旣在賾。豈無有在賾之容德哉。緣凡爲也者。雖由德能而出。然德能初不受損。試驗見德與動德。既施用後。其德之全。與前未施用者無異。則性雖現在於賾。其所以可在賾之容德。豈可謂有滅哉。

此說未確。一則背於古窮理者之論。一則所據之二論。皆非也。所謂公者之所須云者。曰前論所指兩一者。皆有辨焉。論模一。則多許模一之總括。雖可謂一括。然不可直謂一者。在賾之性。既實多性。豈可謂公者乎。若論公性所以在賾者之一。則此一也者。或並在於諸特一者乎。或但在於一特一者乎。不可謂在於一特一者。蓋既無所以在此一不在彼一之故。未若謂不在於一特一者。若謂並在於諸特一者。或獨爲一而並在於各特一者乎。或各特一者自一其一者乎。謂各特一自一其一者。則其一也既實爲多。公性豈可由多性而爲一性。謂獨爲一者。則凡依模因其所依之底有幾。其模亦有幾。固不能並依兩底。夫一也者。依模之屬也。則設其獨一。豈可謂並在於各特一者哉。

或謂公性在賾之際。視夫特一者固有原先。則據是可謂公者。曰公性受拘之際。因所有之原先。可謂不係於特一者。然而特一者皆係於公性。故謂爲特一者之模所以然。但不因其原先。遂可謂不拘者。則實爲多性。不可謂一性也。又舉是原先。亦或可謂不受拘者。顧非公性自有之能。乃是明悟所使之稱．正可謂脫於賾之公者耳．

或又謂公性之在賾．實不可謂一者．然循明悟之功．總舉其在賾之性．豈不可以爲一性乎．曰．明悟雖總舉其性．然非置之於脫境．固不能指爲一性也．蓋雖用我一純之臆．總舉其性．而特殊未脫．則明悟尙覺甚多．與特一之拘無異．豈能爲一乎．若循前論．由多分之爲．合而全成一爲．此非公性在賾時自有之爲也．蓋各特一者所自接於全性．與他特一各所接者．實有不同．則雖明悟總舉其性．以稱諸特一．豈能俾爲一性乎．

若謂容德全在全性．但公性循其一分．可以在此之特一．循其他分．可以在彼之特一．故性之各分．自有可以在各特一之分德者．不知公性之本然．但有不可分之本元．故全然在各特一．則其可在特一之容德．亦全然一容德．但因各所結之特殊．始見其有所分耳．

所謂爲由德能出．德能不受損云者．曰．德之總有三端．一、是物之所以可施其用．如主見主動之德能．是也．一、是物之所以可受其模．如氣受照．水受熱之容德．是也．一、是物之所以可受分．如此一幾何．所以受分爲若干．是也．一義二義所指之德．從其所施之爲．不緣受損．況屬全成．若第三義所指之容德。既得其爲。卽無容德。緣公性所可在賾之容德。本卽所可受分以自傳之容德。故既有其爲。卽無其德也。又公性既爲一特殊所拘。卽不復可以受分。因而失其自傳之容德。若所謂特性。各有在此特一之分德。良然。但其分德。不爲公性所以可在賾。而但爲公性所以可在於一者之容德耳。就此推之。則知此之分德。與其爲。並在。不相滅之故也。緣其德。既非公性所可受分受傳者。而但是分性所以結此一模者。此模指特殊故如第二端所言。氣受照。水受熱。其德能與之並在。不受損也。

脫境之性正謂公者六支

公性。循其明悟脫其特殊之際。乃切謂爲公者。是亞利與諸窮理者之通論也。蓋亦有謂公性。獨境與拘性。可爲公者。然未有謂脫特殊之際。不可爲公者。證此說云。凡可謂公者之性。所須有三。一、是模一。二、是脫一。三、是可以在賾之容德也。今居脫境之性。兼有三者。則爲公者可知。

或曰。物之爲界。不因我所懷之臆之一。而爲一界。乃是反我所懷之臆。以就其物界之一。而於是乎有爲一者。則公性。不能就明悟之臆。以取其一之義。可知也。況使就明悟所造之臆。可謂公者。則各人明悟所表人性之臆無數。其爲人類之公性亦無數。而甚不然。

曰。物。與表物之臆。各有兩一。一、謂模一。一、謂數一。模一者。以我表此物之臆。就此物以爲界而取之。緣物。乃吾臆外模之準所以然。故雖有多物。而但屬模一之一者。明悟皆能就其所共之一。造成一臆。表其所共之性。其臆。必統括其有之模一。此屬於有界之臆也。若其數一之臆。則不着於界。自起一臆。或由初所以然之指焉。或由次所以然之施焉。或感時觸事。有他端以動發其臆焉。爲界之公性。所有模一之一。乃其公性之固然者耳。而其公性所以自爲一界之一者。則由明悟所使脫於賾者之臆也。蓋明悟既能取物之同以爲別。亦能取物之分以爲同也。

所謂臆無數。其爲人類之公性亦無數云者。曰。雖其明悟之臆。與其臆造之脫一者。無數。然人類之公性。不因此亦無數也。何也。模雖多。而模所依之底。不多。則其多模之合成於底者。亦不多。如多人共見一墻。墻界之見用雖多。不因此可謂多受見者。而但可謂一受見者。又如一人挾有多技。不可據其技。謂多人。而但可謂一人也。明悟之臆。與脫一之視公性。其理亦然。故明悟之臆。與脫一。雖可以爲多。而公性不多。

或問公性之脫一。既由明悟之功。則明悟所攝公性之臆爲幾。其脫一亦幾乎。或所攝之臆雖多。

其脫一不因而亦多乎。曰。此有二解。一、然。一、否。然者之證有二。一、凡實有者之現在有幾。其實有者亦幾。則思有者之現在有幾。其思有者亦幾。今脫一。爲思成之一。循明悟之臆。而成其現在。則所臆爲幾。其脫一亦幾矣。二、設謂公性之脫一。不由明悟之殊臆而有所殊者。則從古至今。其脫一恆不能異。卽今之人。與天神。皆不能別作脫一。是皆不然。否者之證有三。一、明悟所以成其思攝之臆。不關其所思攝者之內。惟關其外。則不因臆之爲幾。而可謂思攝之有亦幾也。二、設思成之有。循明悟之臆而多。則明悟屢次所發之臆。不得共指一思有。而一憶爲一思有。思有亦不勝其多矣。而今不然。三、凡非也者。循各所非之模。與所依之底。有別。今人性之脫一。其所非之模。與其模所依之底。底指人性。恆一。則其脫一亦恆一。而非因明悟所造之不同。以爲不同也。欲明此難。當知理學之所謂臆。其義有二。一、是明悟所造成之臆。由明悟以生。又依明悟以存。謂曰模臆。一、是明悟所懷想之物。其生其存。皆不係於明悟。謂曰對臆。假如見人見馬。明悟所成見人見馬之臆。是乃明悟之模之臆也。其模臆所懷之人馬。是乃對其臆者也。又見某某皆共人性。明悟攝取所共。脫於某某。是乃模臆。而其脫於某某之人性。是乃對其臆者也。今問脫一者一否。非論明悟所懷脫一之模臆。而惟論模臆所表之對臆焉耳。

權兩論。各有可取。次說尤確。若第一說所舉實有思有兩者之現在。殊不相稱。何也。凡實有者之現在。與其實有者之內義。必有所關。故其現在爲幾。其有者亦幾也。若思有者之現在。則不關於內。惟關於外。豈可因其或一或多。以推定夫思有者之一與多乎。所謂從古至今。脫一恆不能異云者。無害於理。蓋脫一之基。與所非之模。旣恆一不異。則其脫一。從何而可以爲不同者乎。

或曰。凡謂爲界者。固先於其向界之德。與其德所施之用。何故界也者。本爲向界之德之準所以然。而凡爲所以然者。固先於其效也。今公者。乃明悟所向之界。則豈由明悟而成者哉。曰。公者爲界之義。有二。一、謂質義。一、謂模義。假如舉生覺者而論。據其爲某性。是乃質義。據其爲一而其以在賾者。是乃生覺者之模義也。循質義而言。則公者在明悟之先。循模義而言。則公者在明悟之後。謂界在於向界德能之先。是但舉質義而言耳。

或曰。公性脫賾之際。但有脫一。與容德。二者不足以稱性之爲公也。何也。謂爲公者。爲其可舉之以稱賾也。若上性與下性不相結。因不可舉上性以稱下性。緣凡以模稱底者。必須據其模之在底。模之在與不在。卽其稱之當與不當。則夫性之脫於賾也。旣不在於特一。固不可以稱爲賾。亦奚可以謂爲公者。

曰。公性脫於賾。不可稱現在於賾。良然。然而可稱之爲公者。何也。性居脫境。必有公者所自宜有之諸情。宜有諸情。卽前所謂爲一者。容德者。互視者。而其現結於賾者。乃其向界之所自須者耳。公者所向之特一。是其向界。蓋公者。與特一者。互視互向。若特一不得公性。不成其爲特性。故公性可不須現在之特一。然特一自須公性也。況依前論。公德在賾之爲。有遠有近。循固然之結而在賾。是乃近爲。依鄧第大得 循現然之結而在賾。是乃遠爲也。因額細鄧細亞 玆舉宗。類。殊。獨。四者。其在現結前。皆有近爲。若依也者。雖其未現在賾之前。無固然結於底者。故其脫賾之際。未得其爲。宗。類。殊。獨。皆有兩爲。其固然之結。不係于見在。惟依者固然之結。係于見在。故云未得其爲。然既見有可以在賾之德矣。豈不亦有可以稱賾之德。由此推之。可知公性之容德。與其爲不必其並立於一境也。

解薄斐略前設三難七支

公者之性情既明。宜釋薄斐略前設之難。一曰。物之宗也。類也。或實在世物乎。或但在於明悟之臆乎。二曰。屬形體乎。或不屬形體乎。三曰。合於可覺之物。乃得見在乎。或離於諸可覺者。而自現在乎。欲釋此難。先當定其爲。不循模義者。蓋其模義。既但是或非也。或思成之互視也。矣必問其屬形否。與其離於可覺者否乎。則惟循其質義。卽是所謂公者之實有者也。而又非論凡屬公者之實有。惟論凡屬於自立而可覺者之宗之類耳。若爲純神之體。則亦奚必更問其爲形與否也。

今釋此疑。當知物之在於明悟。其義有二。一、物之依在。一、物之對在。依在者。明悟所發作用。所受物象。所蓄習熟。皆依明悟。如諸依賴者之依其底然。對在者。明悟之臆所顯。對我而立之諸物也。所問在物與在臆者。惟舉後義。故曰在臆否。而不曰在明悟否也。對在者。其總有四。一、自有可謂在者。如此人此靈魂。與諸實之依賴者是也。二、自無可謂在。而循其底以爲在。如凡非也者之類是也。三、雖自不實在。又非循其底以爲在。然可用以稱實在之物。如凡思成之有是也。四、實爲明悟之所能攝。然不可指爲實在之有。如愚俗所臆載地之鰲是也。

今釋第一疑曰。凡自立之體。其宗其類。不可謂明悟之臆。一則可以稱實有。而因所稱之實有可謂現在。如生覺者。可以稱此人此馬。而因此人此馬可謂現在。一則。其宗也類也。雖不能實別於特一。以謂爲本自在者。然可謂之實有實在者也。上論已具。

釋第二疑所問有二。一、宗者類者。屬有幾何否。凡有幾何之物。乃切謂之形體故。一、宗者類者。屬有質否。物有形體。非必切爲質之效。本爲幾何之效。然而質也者。乃幾何之所依。以施其效之底賴者也。今據題問。先釋後義。其說曰。宗也類也。論其實有。皆由質而成。若論其超義。未必皆由質而成也。何謂由質而成。蓋宗與類。非實異於倫屬之特一者也。特一者。既必由質模之相合而成。則其宗與類。豈得不由二者而成乎。何謂超義之未必由質。試如有幾宗。有幾類。或舉其實有。或舉其超理。固皆不能脫於質。如人爲生覺者。舉其實有。不得脫質。緣質乃人之一分故。然舉其超理。則明悟所懷。既能顯示夫生覺者與人性者之臆。又豈不能顯示質模合成之臆乎。至若自立之爲至宗。所統有形之類。有形之殊。雖各有質模之合。但爲亦統自立純神之有。神則超質。故論其超義。不可謂含質模之合也。釋前義之論幾何者。曰。屬形體之宗與類。皆自有幾何。緣幾何。乃質模合成所發之情故。然其宗類所有之幾何。亦但就其倫屬所統之諸特一者。而以爲有幾何者耳。特一所有之幾何。卽其宗其類所有之幾何也。

就上諸論。可以釋第三端所疑者。蓋既證上性與下性。非實相別。又證其無模之別。明乎宗之與類。不能別於特一者而獨立也。蓋既無模別。而又謂可離而獨立。得毋謂一物也而可分於己。亦可離於己乎。以上所解。皆就薄斐略所摘舉之奧義而論。若廣其義。直問各宗各類。爲屬思臆者否。爲形體者否。爲獨立者否。問屬思臆。則就前所答已備。若夫形體者。與獨立者。則宇宙內外所函之宗之類。或是形體之有。如謂宗。則有生覺者。謂類。則人也者。或是無形體之有。如純神而自立者。與凡依賴者。或不能脫於可覺。如諸有形之自立者。與屬形之依賴者。或超於可覺。而本自在。如諸純神自立之體。或超於可覺。而非本自在。如諸依賴於神體者。若舉公者之模義而言。則所謂公者。不必實在於物。而惟就明悟之作用而立也。然而可用以稱其實在之物也。

名理探五公卷之三

○公性就何德之用以脫於賾辯五

脫也者之義一支

脫也者。乃此一物所別於彼一物者也。總義有二、一謂實之脫。一、謂識之脫。實者。兩實有者之相別。如靈魂之別於肉軀。識者。非實有之別。而惟就明悟以爲之別者也。凡繇實之脫而別者。脫後。兩物俱在。設其一者存。一者滅。不可謂之實脫。如光之別於空。又如諸依賴者之別於其底。是皆不實之脫也。識之脫。復有二。一、謂非脫。如云水非冷。火非熱。又或云水非熱。火非冷。不論所非之是否。皆非之脫也。一、謂取脫。明悟所見物情。多有相關。而就中但取其一。如以目見果。但取其色。不取香味。又如以明悟視人。置其特殊。取其公性。是也。理學通論所云取脫無詭。正舉此義。蓋見有多端。但取其一。不遂非其他者。豈有詭之可譏乎。

公者所須之脫。非實之脫也。何故。宗也。類也。殊也。其脫於特一者。不屬實別。獨也。依也。間亦實脫於所依之底。顧所擬爲公者。不但宜脫其底。且宜脫其特一者。夫特一者之於其上性。實合於一。豈可謂有實脫而別者乎。亦無非之脫也。何故。凡非之脫。容或有謬。而公者之脫。無謬也。凡公者之脫。乃在取脫。但下焉者。不能脫其上。緣下性由上性而成。設無上性降在於下者。則亦安得謂有下者。故上者。可以脫其下者。而下者。不能脫其上者。

問。凡希德之類。亦似能爲取脫。如目見果。希德向味。不向於香與色。其取味者。可亦謂取脫否。曰。非也。凡愛德。固與知德不同。知德所用以明彼物者。必先取彼外物。爲己內象。象入識受。靈知遂啓。希德不然。其發愛時。愛從自己躍出。投入所愛之物。故凡云愛者。在彼受愛之物。而不在於愛其物者。今夫取脫。乃是就其絺合於一之物。爲分別而攝取焉。惟主知之德能之。豈希德所有哉。

公者之脫何以成二支

五司而外。別有在內二識。其一、在腦之前分。名總知識。外司諸界。皆屬所總。其二、在腦之後分。名形想識。西云凡達細亞亦統外司諸界。與總知埒。但總知所知。第在五司現知之物。而形想則現在不現在皆屬所知。此皆依屬肉體之司也。其靈性所有之知德。亦有二焉。一曰作明悟。一曰受明悟。作者。作萬象以啓受明悟之功。受者。加以光明。因象而悟其理。作者。能爲可得。受者。隨而得之也。此明悟知識之用。與內外諸司不同。內外諸司。屬形。其所知。惟特一者。如此人此白之類。明悟。則純神之德。不着于形。特者。公者。皆屬其界。如云人之公性。白之公性。皆屬明悟。非內外形司所能攝也。何也。公性之所以爲公。宜先脫其特殊。以但存諸固然之名義。夫脫特殊而存固然之名義。惟明悟能之。則取脫之功。固明悟之功矣。

問。取脫從何而作。曰。外司之接于某特一也。試如見一白者。彼白射象以印吾目。吾目受之。作一見彼白者之用。從此見用。旋卽發一白象。以通總知之竅。俾受知焉。從此又轉一象。入形想識。以作明識其白之用也。而此識用。又宜遞生一象。以成明悟本用。但緣其識屬於有形。則其所出之象。亦屬有形。明悟不能以其純神之德。受彼有形之象。於是乃有作明悟之妙用。助其形想。以共作。夫表彼白者之神象。而後受明悟者。乃得濕此神象。以發明暢彼白之用也。

作明悟者。共形想識所作之象。其所表者。有二說。一、謂其象但表特一之形。二、謂此象已脫特一諸情。惟表特一者之公性。其詳。見於靈性之學。今循其說而論之。其一、設謂作明悟與形想識所生之象．但表特一之形乎．則彼象．非可以基公者之取脫者也．緣其作時．公者未脫於特殊．故．則必俟受明悟者．或就其象．以明識其特一．而後脫公性於其特殊．以成一表公性之體．或識幾特一者．而後取脫其所共之性．以成一表公性之體也．據是．則公者之取脫．非作明悟之功．乃受明悟之功矣．其二、若謂彼象自能表公性．則公者之初脫．本作明悟之功也．初脫云者．蓋作明悟所生之神象．雖自能表公性．悉超特性．然而但呈其象．未有其體．必待受明悟者．乃用其象．以成公性之體．此屬次脫．而其所表．乃更上更廣之公性也．論此受明悟者之所以成其爲體．亦有二端．或明識幾類．而取脫其所共之性．或但明一類．而置其殊．以成總性之體．其爲次脫．亦與前論相同．

明悟所顯公性切爲公者 三支

作明悟受明悟．各有所生之象．顯其公性．問誰切爲公者．釋此有三說．一、謂未受以前．未可謂公者．而加以受明悟之功．乃得謂公者．二、謂就其作明悟之用．卽爲公者．三、謂作明悟之象所表者．舉其固然相宜之稱．西云觀物尼恩西亞誠可謂公者．舉其現在而論．西云因額西鄧際亞則待受明悟．而後可謂公者．

欲明此說．宜繹前論公者之二義．一曰非．一曰是．非者．乃公性之脫一．與夫可以在賾之容德．所論在虛之非也。是者。乃公性與特一者之互視。及脫一。及容德。所論在明悟思成之模。爲實之是也。今就兩端論之。

一。舉公者之非義而言。則受明悟之前。公者見于作明悟所生之象。如諸非也者之在物然也。何也。彼象所表之性。既已全脫特殊。則脫一。與容德。已無不具。是公者之非義全備也。所謂如諸非也者之在物云者。蓋非也者之在物。其義有二。一、模既不在物。則非其模之非也者。固在于物。二、明悟攝想其非。而以爲實模。因而能去他模。如瞽在於目。而明悟以其非見之非爲實模。以去其見用之模是也。茲謂公者。現在作明悟之象。如非之在物者。循前義而言。蓋彼象所表之公性。其于特殊之拘。既脫于無。則其于特殊之非。現在爲有矣。

二端。舉公者之是義。互視也。脫一也。容德也。據其爲思成之模。則受明悟以前。三者皆不現在。然而就其作明悟者。公性既已顯脫於特殊。則受明悟之前。便可以有其三者也。就此二端論之。三說無弗合者。蓋第一說。謂受明悟之前。象之所表。不可謂公者。則主公者之是義。第二說。謂公性由作明悟之用。則主公者之非義也。兩說同歸一義。而其第三說所謂作明悟者。卽第二端之說。其所論受明悟者．俟後辯詳證之．

○公者之互視辯六

釋思成之有一支

凡欲辯類．先宜究宗．公者之互視．既爲思有之一類．則釋公者之互視．宜先釋思有之性情也．思成之有．其成其在．皆明悟之爲耳．係於明悟．其義有三．一、作然而係．二、依然而係．三、思然而係．凡一切藝成之功．與夫明悟之臆．皆以明悟爲其作所以然．是謂作然而係．凡明悟所蓄物象．與所懷諸臆．皆亦爲依然而係．緣其底賴．皆在於明悟故也．論此二種之有．雖係明悟．然既自實在于物．直謂之實有者．惟夫明悟所想．原無實有實在．而但循攝想之所對立．謂有謂在者．此則所謂思然而係焉者耳．今謂思成之有．係於明悟．指其思然而係焉者．如明悟所想上性與下性之互視．及所想瞽在于目之類．皆是也．循此可明實有思有之所以別者．蓋思有所以爲有．但係明悟．若明悟之想一止．則其有卽隨而滅．實有者．則不然．其有既爲實在．明悟雖止其用．其有者．不因而遂可滅也．

或謂凡有始有者．必有始有之作者．物不自成．有造其成者故．夫思有．既始爲有．則不但係于明悟。必更有作之所以然者。豈可謂虛想所造乎。釋此詰。其說有二。一、謂思有。莫爲其作之所以然也。何者。凡作物之成。乃實之作用。凡實之作用。本向現在之實有。今思有者之在。非實在也。第因明悟而可謂在。則不能爲實作用之所向者。故不可謂有作之所以然也。二、謂思有者。有現在之作所以然也。何也。明悟所想。必着某象。始成其想。今明悟既能作象。以顯示其物。則亦可謂作成思有之現在者矣。此二說。義不相悖。各有所取。首說。謂無能界其實之作用。則亦不能有其造成之所以然者。但舉思有之對義而言。其理固確。二說。謂有能界其實之作用者。則舉明悟想有之象而言。就其想有之象。既爲明悟所造。則明悟者。固卽思有之作所以然也。

或又謂。明悟固能造成其有。然愛德亦能造有。則不可謂夫有之第係於明悟也。何者。凡能用所作爲使之向其性所不向者。必能界其所爲所向。以互視之理者也。本性所向者。由發之互視。爲實之互視。本性所不向者。我使之向。乃思成之互視。今愛德。圖獲所愛。勉狥所以得之之由。因或向於本性原所不向之事。如強爲善行。以博聲譽之類。則是愛德亦能成其界然之有矣。或謂強爲善者。雖邀聲譽。何可謂之性所不向乎。曰。善行之報。在眞福。不在世譽。凡性之有所求而欲得者。其所欲得。必當貴於所用以求得者。今論世譽。固甚賤于善行。以善求譽。是乃以貴博賤。豈本性所向者乎。夫明悟所成先無後有之互視。爲思成之有。則愛德所成先無後有之互視。不亦可謂愛成之有乎。額斯各多審辯前論。謂想有之成。不但愛德所能。卽外司亦或有之。然謂界有但屬明悟。於理尤審。何以故。亞利論有之種。惟二。一、乃實有。是宇內諸實在之有。一、乃想有。是思想所呈寓於靈性之有。今愛德發用之時。不能作物象。則不能俾其物爲寓於靈性之有。則想有之所以成。固不屬於愛德之用矣。次明悟所想。其知德所向。如向實有者然。故亦謂之有。若夫愛德之向界。惟向所善。不向於有也。又凡希德之用。如出己之有。以入於所希之物。而主明之德。則俾所受之物入而寓我靈明之內。故凡希德。不能俾其所希之物。以先之無。爲後之有。惟明德乃能之耳。

所謂凡能以其所作爲使之向於性所不向云者。曰循所由得。而使之由此向彼。此其功非愛德之功。而明悟之功也。愛德爲彼而愛此。因而循所由得以圖之。此因明悟指引。先識其由次乃得施其用。則夫作想成有。其功豈不係明悟乎。

又問明悟所想之有。循何用而在乎。釋此義。有二端。其一、明悟所懷無實有如實有之臆。是卽想有所由肇。其在之始者。蓋明悟所以成其想有之用。亦如實有者所以肇始其有之用。今凡實有。必循所以受有之實用而始在。則想有所以受有之用。卽其想有之所以受其在焉者也。如明悟屬想某樣之非也者。如實在其底之模者然。此其爲用。卽爲非也者所以在其物之用。又如明悟之想。雖未有實可互視之兩物。卻如實相因而有者然。此其爲用。卽爲互視所以在于其物者之用也。

其二、思成之互視。現在於其相比之臆也。證之云。明悟所由攝其思互視之用。循夫所想實互視之用。攝想實互視者。必函彼此之兩比。乃能顯其兩實有者之互視也。則其所表思視之臆。亦必函夫彼此之兩比。此之謂比臆者也。但其比臆。有二。一者。舉其互者之兩基而較。二者。舉其受較之兩基。以攝較也者之模義。今謂思成之互視。顯現于比臆。於二者何居焉。曰。不在於表兩基相較之臆。而在於表其兩基之模之臆何也。凡思成之有。惟現在於表有之臆。夫思之互視。既爲思有。亦但循其表有之臆。謂之現在耳。今第一臆。但表兩基之質之較。而第二臆。能表其較也者之模義。則互視之切理。特顯于表較之臆。可知。

思有之類有幾二支

思有之類有三。曰互也。非也。缺也。互也者。相因而有之物。所兩相視之理也。非也者。其物不可以有斯模。因而非斯模之非也。缺也者。物本可以有斯模。而缺此一有者也。三者。皆思有也。何以言之。明悟。能想兩相向之物。而其兩物相向之互。或非實有之視也。因而就其兩物所有之基。以作其視。如用我之明悟。以想人之公性。與夫屬公性之某某。而以爲相因而視者。又如明悟明彼受見之物。爲見用之所向。乃想此二端。以爲相向而序者。此公性與特性相似之序。非實之序。乃明悟所成之序。緣其上性下性。非有實在之別故。此受見與見用所有之序。亦出明悟所序。非實之序。緣彼受見之物。受見以後。與受見以前。其勢常一故也。此互之說也。非也。缺也。其證亦然。如舉瞽以稱人。凡人既有生覺。必有見用。今以不能見者稱人。是乃以缺也者稱人。明悟想此虛而無見用之缺。似能去其見用之實模者然。去實模。有虛模。是其虛模之有。乃由明悟造成之有也。

或疑所別思有之論。有贅。有漏。蓋凡實在之物。不可謂思有。明悟所想。其外更有實在者故。如論非也。缺也。雖當明悟未施以前。自在於物。如虛中之暗。不待明悟思索。光之不存。便可謂暗。又瞽者實自爲瞽。豈待明悟施功。乃始謂瞽。則非光之非。缺見之缺。皆非待思而有者也。況謂之思有。雖亦近似。然不足以分爲二端。蓋此非者缺者。原本模義。皆屬於無。第因明悟所測。乃成一類之有。其所相別。亦就其底而論。而謂可有缺之模者。不可有非之模云耳。則其別。乃由外之別。而非關思有之內義者也。

則二端之論贅矣。漏者。蓋明悟假合之有。非必據其物所自有之基。惟任我意所想。可以倏成其有如想各獸不同之體合成一獸。似茲幻想世無眞有。蓋其所想各分雖俱實有。至於諸分假合之全。非屬可有。然而明悟能幻作焉。就此假合之有。前設三端。俱未及論。則其有漏。可知。

辯曰。思有之別而爲互爲非。爲缺。不可以贅漏疑也。謂非與缺爲一乎。此論有二。若論非與缺共有之義。則其模但爲絕無。不可謂有。就此義而謂非也缺也之實在於物。乃是謂其所非所缺之模。實不在于其物耳。若論非也缺也。爲明悟所有之想。如以此一實模去他實模者。然則非與缺之所以在於其物者。固由明悟各想之所作也。而二者得無別乎。夫所以別爲二端者。緣夫缺也者。缺其物所可有之模。故明悟知爲當在此物者也。非也者。非其物所不可有之模。故明悟知爲不在此物者也。則雖所非所缺。總是一模。而在物不在物。其旨不同。須分兩端而論。

其謂有漏。亦非也。假合之有。論其切義。雖亦可謂思有。然既非世物所本有。則明悟之發。無可以造成此類之基。乃理學所不論。茲所論者。第其實有及可用以稱實有者耳。

互視顯在於何象 三支

論公者之互視。顯在何者。其說有三。一、謂公性甫脫特殊。卽已得互視也。蓋互視之近基一在。則互理隨卽發露。今云脫于特殊。既爲互視之近基。則公性方脫倫賾。互理固卽此而顯也。

二、謂明悟未攝公性及互視之前。或論現在。或論現宜。皆無可與公性爲互視者也。論現在者。凡思有。當受想際。乃謂之在。今公性雖脫特殊。而顯於作明悟之象。乃明悟未攝其互。豈可謂現在者乎。次。凡互視現在。本須比臆。夫所顯之象。但顯公性。未有比臆。則亦無現在之互視也。又公者。特一者。乃相因而有之視。今公性。雖脫其殊。而顯於其象。然其特一者之互視。不可謂現在。則公者之互視。亦不現在也。謂特一之互視不現在者。蓋凡互視之現在。必須其基之現在。今夫顯公性之象。不能顯其爲基之特一者。則亦不能顯其特一者之互視也。

論現宜者。凡稱與底之相關也。或從稱與底所有之模理而發。如稱人爲能笑者。人爲底。能笑者爲稱。二者雖不現在。固屬相宜。故能笑者。爲人所宜有之稱也。或從各所以然之作。令稱與底相結而發。如稱人爲白者。人爲底。白爲稱。二者既已結矣。亦屬相宜也。但前稱。爲固然之稱。而後稱。屬可不然之稱。今論思成之有。未曾現在之前。非能有固然之相宜者。何故。自無其有。必待明悟爲有。豈得謂有固然之宜乎。亦非有可不然之相宜者。何故。其互視之所向者。既未曾有定界在明悟內。何謂能由明悟之用。與公性相宜乎。凡思成之稱。所係於明悟者。猶夫屬可不然之實稱。所係於實作用者。今凡可不然之實稱。必待各所以然之用。方可謂宜。則思成之稱。亦待明悟之用。方有所宜也。

三。謂作明悟之象。其所顯脫特殊之公性。雖比臆未作。不可謂現有互視者。然一顯脫。則特與公。卽可謂有互視之宜。卽可以稱其公性也。謂比臆未作。無互視者。就前諸論可證。謂一顯脫。卽可有互視之宜者。蓋凡底也者。若其所須以得實模者。既皆俱備。則雖其模之未結。而其底必自求模。因而便可舉以稱其底。如有物體於此。既自有其白也者所須四情之和合。則雖初作者姑止其用。未以其化生施于彼白。而其體與情之和合。自求白也者之化生。則就其本性當然。卽可指白以稱其體。緣其白之視體。如諸因性之情之視其底。然而凡因性之情。皆可指以稱其底也。茲論脫隨之性。顯示有象。其所須以爲互視者既備。而但無互視之現發。性於是時。固必自求互視之發也。又如以造物主視受造者之互視。誠爲吾人思成之互視。其互視。雖待明悟而在。然其視之宜在。則無待於明悟。蓋天主造物。不假思想。自宜有此相互之理。緣其所須造物之用。以爲互基者。無不備故。則夫公者之互視。雖待明悟所成之比臆．而後謂在．然而公性一脫於賾．便可謂宜有其互視也．

權前諸論．第三論爲當．今釋第一論所駁．有二．一曰．論因性之常施．凡實模之近基既在．其模必在．緣其模之生．固由于基之設也．若論思成之互視．則不然．何者．近基以外．又須明悟所成之比臆．然後始在耳．二曰．思成之互視．有兩基焉．一、是其物所以可有互視之基．名曰可也者之基．一、是互視所以在其物之基．名曰在也者之基．夫公性所以脫賾之用．是乃可也者之基．若互視所由在也者之基．必待明悟之攝念．成其比臆．然後乃在也．

第二論之駁．有三端．所謂互視不現在者．與第三說合．所論不現宜者．則有辯．凡思成之有．所以有關於其底者．成由固然．成由可不然．兩端皆可以相宜也．固然者．如屬一類之兩特一．其所以爲同之互視．據其兩限而論．或一現在．或一不現在．或俱在．俱不在．而其互視．莫不各有相宜者在焉．可不然者．如明用與受明之物．見用與受見之物．所可相視之互．皆是也．今論公性與互視所以相宜者．第就可不然者而論之．緣其既有明悟之用．以爲之基．能俾其脫於倫屬．則豈必更借他用．乃謂宜有其互視者乎．所謂凡實之模．從其所由受化之作用．以有其所宜于底者．亦弗盡然．蓋其所以有宜于底者。不但其模所由受化之用。更有先於化用之諸用。而其受化之用。爲與其先諸用有關。故先用既備。而化用亦備焉。如白也者所由化之用。是模之所由受化者。而其四情和合。令具可以生白之諸用。更其先用也。至論思成之互之所由生。則無關於立基之用。故立基之用雖在而互視之用未必在耳。其論一也容德也。俱爲思成之有者。義亦如斯。蓋公性方顯脫於特殊。則一也者與容德。雖無現在而有現宜。況就此二者證之。更明緣二者。乃虛之缺。原已在乎脫賾之公性。而一加受明悟者之臆。卽以顯其思成之缺也。由此推知凡非也者之思有當其未現在之先。就其先在之非。固必自有相宜者。在其所稱之物也。

公性當稱賾時爲公者否四支

公性在何境。循何德之用。謂爲公者。前辯已明。茲問稱賾之爲。或礙公者之理乎。是問公性稱賾之時。亦可謂公者乎。欲釋此詰。先釋公性現稱賾時。其理如何。若謂公性必結於特殊。乃可用以稱特一者。則公性現稱之時。不可以爲公者。若謂公性稱賾之時。已存特殊之脫。則稱賾。無所妨于公者也。一說。謂公性現稱賾之時。結於特殊者。未脫。不可謂公者。證之曰。公性若受限定。不得爲公者。今凡現稱。必其性之結於特一。不然。則其所稱。乃不實之稱耳。蓋稱其底時。必其與底合一者。故則現稱之時。

公性不可謂公者。

二說。謂明悟用公性以稱特一之時。公性之能脫者。自在也。證之曰。明悟設任作一想。能表夫脫賾之公性者。又另作一想。能表某甲者。此時明悟固能用第一想所表之公性。以稱第二想所表之某甲。而其第一想所表之性。雖着第二相。顧其脫拘之理。與前無異焉。則明悟未曾稱賾前。公性既脫其賾。稱賾之際。其境豈獨不然。

次設。謂公性稱特一之時。不脫而結乎。則或結于所稱特一之殊。或結于他特一之殊也。循前所稱。則其稱爲本稱。若執後稱。則其稱爲謬稱。因其所稱。乃是謬指某乙以爲某甲耳。就此而推。則稱之爲。與公者之義。無所相礙。此說是也。

或曰。此論舉稱之謂。則是舉斷之謂。則否。如曰某爲人也者。明悟爲作二想。其一表人。其二表某。因而以人稱某。是稱之謂也。明悟既知人與某之相關。乃復作一純想。斷其爲然。是斷之謂也。蓋稱之謂。既函二想。則其爲公性也。據其後想所表。雖受特殊之拘。而其所顯示於前想者。則已脫於結。而可以謂之公者也。若以斷之謂而論。惟一純想。豈有可分別者。而謂脫謂拘乎哉。則論公性。於其稱。雖或可不妨其脫。若論其斷。公性非可脫於結者矣。

曰．公性之脫．就稱而論．更顯於斷．然而稱斷二謂．其爲脫．則一也．何故．斷謂之想．雖本爲一純之何似．然其所表之稱與底．非能渾然爲一者也．必有爲稱爲底之別焉．如天神所有之象．並顯公性與特性．然而二者．自必相脫．如各有一象者然．

所謂公性．受限定．不得爲公云者．限定有二．一、謂內．一、謂外．由內限定者一．凡作一思臆．能顯公性與特殊之相結．以全成其特一者．是由內限定者也．由外限定者二．作兩思臆．一顯公性．二顯特性．而以其一臆所顯者．稱其二臆所示者．是由外限定之一端也．作一思臆．能並顯公性與特性．然公特二性．必有所別．因而可以相稱者．是由外限定之二端也．內之限定．必有妨於公者．緣能使公性屬受拘．故．外之限定．無所害於公者．緣公性現脫特拘故也．夫明悟舉公性以稱某特一．其時之所爲限定者．亦但由外而限者耳．故無損於所爲公者也．

○公者之析辯七

析爲五者盡否一支

公稱惟五．曰宗．曰類．曰殊．曰獨．曰依．顧有謂不盡者．又有謂爲不及者．不盡之證有五．一、公者凡幾。與稱初體之凡幾。初體者。凡特一之體也。詳有本論。其數互證。稱初體之種有十。則公稱者亦十也。稱初體有十云者。凡所稱。必據所有。有之爲種凡十。故窮理者定爲有也者之十倫。則其公稱。豈五者可盡乎。

二。就固然。與可不然之類。以稱初體之各種。而定爲五公稱者。則如循內而稱。循外而稱。循可離而稱。循不可離而稱。皆爲不同稱之種。其與固然可不然之別。無異。今固然也。可不然也。既各立一公者。則內也。外也。可離也。不可離也。豈不亦各自一公者乎。

三。舉何立者。以稱不同類之賾。亦以稱同類不同數之賾。立二公稱。爲宗。爲類。或舉諸特一所共之全性。或但舉其性之分。以稱特一者。是謂舉何立以稱也。假如問某因何而立。可以答云。某爲生覺者。某爲人也。謂生覺者。則舉性之一分而稱。謂爲人者。則舉某某所共之全性而稱。皆爲何立之義。則舉何傍者。以稱不同類之賾。亦以稱同類不同數之賾。皆足以立二公稱也。舉物之本殊。或舉獨與依之諸模而稱。是謂舉何傍以稱也。如問人何所傍。可以答云。爲能推理者。爲能笑者。爲白者之類也。謂能推理。則指人之所以別于諸生覺者。謂能笑。則指人之切情。謂白。則指依模。皆爲何傍之義。況殊也。獨也。依也。亦可以稱不同類之賾。亦可以稱同類而不同數之賾。不又當增公者之三類乎。

四。明悟用遊移之特一者。可以稱其同義之賾者。如指某甲爲一人。某乙爲一人。夫一人乃遊移之特一者。而明悟可取用以稱某甲與某乙。則凡遊特一。自可立一公稱者。

五。凡義有相對而立者。其名稱有若干。彼此自宜相稱。夫公者。與特一者。相對立者也。特一者既無數。公者宜亦無數。豈可謂止於五哉。

謂五爲不及者。其説云。宗也類也不足以分二端。何故。宗也者。以生覺者而稱人。乃生覺。不指人之全性。故謂之不全之稱。類也者。指人以稱某甲。乃人。亦不指一某甲之全性。緣其不函特殊。則亦可謂不全而稱者。夫宗與類。既皆屬不全之稱。豈宜就全與不全。作兩公稱乎。若謂人也者。指某甲所接公性之全。故謂全稱某甲者。則亦曰生覺者。亦指人所接宗性之全。盍謂之全稱人者乎。

雖然。公稱惟五。不容加損也。證之曰。欲知公者之爲幾。當究公性之所合於特性者。其端有幾。公性所由結于特性。其端惟五。則公稱亦五矣。何故。蓋凡此之有所結於彼者。或其本元者。或非其本元者。謂爲本元者乎。則或其本元之全。或但是其本元之一分。謂爲全者。是乃類也。謂爲分者。則其分或當質乎。或當模乎。謂當質者。則爲宗。謂當模者。則爲殊也。若謂非本元者。則或固然而結乎。或非固然而結乎。謂固然而結者。是之謂獨。謂非固然而結。是之謂依也。

又。凡可舉以稱特一者。或答其問何立而稱者乎。或答其問何傍而稱者乎。若答問何立也者。則或指特一者所共之全性．或但指其全性之一分．謂指全性．則爲類．謂指一分．則爲宗也．若答問何傍也者．則或爲特一者之內分．或但關乎其外．謂爲內分者．則爲殊．謂但關乎外者．則或屬可離者．或屬不可離者．謂屬不可離者．則爲獨．謂屬可離者．則爲依也．

所謂初體之種有十．公者亦十云者．曰．五公之義．與十倫之義不同．蓋公者之切義．或在於容德．或在于互視．謂在容德．則凡論德能者．就其所施之爲之不一．知其德能之不一．夫公性之結乎特一者．是乃公者之爲也．而其爲．惟五．則其德能．亦五耳．謂在互視．則就其互視之基之不一．而其互視亦不一．夫容德．乃公者互視之基．則互視．與容德．其數相符．今就容德之爲．一一別之．其爲既五．則其容德亦五．互視亦五．故公者之五．不得而加損也．至於十倫之義．非論上性下性之結．但舉其可稱初體者．以定其屬于某倫．與公稱之旨各別．

所謂內外可離．不可離者．其所稱者雖則不同．然而不能使其稱之結于其底者．亦有不同也．夫留作者．循內之稱也．往作者．循外之稱也．顧所以稱其底者．均之其爲可不然之屬者也．論可離不可離者．義有二焉．一、不論可離不可離．皆屬于可不然．二、其可離者．乃可不然之稱．而其不可離者．乃固然之稱也。執前義乎。則其理。與內稱外稱爲一。固皆第五公者之稱耳。執後義乎。則固然者。爲獨。可不然者。爲依。非卽第四第五公者之稱乎。

所謂何立何傍云者。曰。不同數與不同類之稱。本不分二類。然舉何立。以稱不同數不同類者。則足以分公者之二類也。何故。因問立以稱不同類者。謂非全稱。以其不挾受稱者之全性。故因問立以稱不同數者。謂之全稱。以其挾受稱者所共之全性。故而其全稱不全稱。乃宗與類之所由分者。如用生覺者。以稱某甲。是論其生覺者之模義。非指其能推理者。故謂之宗。舉人以稱某甲。是論其人也者之模義。正指其能推理者。故謂之類也。其三四五公之論。則又不同。或稱不同數者。或稱不同類者。其所稱。常有不全。蓋其模義。但指或殊。或獨。或依。而其三者之於特一。皆非其全稱故也。問曰。舉全與不全。足以分公者。舉不同數與不同類。則否。其故云何。曰。舉全以稱。乃指諸特一者所共之全性。舉不全以稱。但指諸特一者所共之分性。夫因全而合。其接結也大于因其一分而合者。故舉全與不全。足分宗類也。若稱不同類與不同數者。則其所指之接結。惟一焉耳。如以文藝稱人。又以白稱生覺者。夫文藝之稱。可用於同類不同數者。白之稱。可用于生覺而不同類者。然而其接結。則一皆爲依然而結者。

則同類同數何足以別公者之稱乎。

所謂遊移特一云者。曰遊特一之不可謂公者。其故有二。一、凡謂爲公者。當必爲本然之一者。若遊之特一。兼包公性。與夫不可定指之特殊。夫不可定指之特殊。其與公性之相結也。不能成本然之一者。則游之特一。豈可以爲公者哉。二、凡兼特殊者。不可謂公者。今游特一所兼之殊。雖不可定指。然必爲特殊。則不爲公者。明甚。

所謂凡相對者。其名稱之若干。彼此宜相稱者。舉模義而對。則是舉質義而對。則非。如白者之與黑者相對也。非論其白物爲幾。其黑物亦幾也。是舉質義而對者。而但論某爲白之類。某爲黑之類者也。是舉模義而對者。夫公者與特一者之相對。非必舉質義。而但舉其模義。若舉質義。各類之特一者。夫豈可以數計。但舉模義。則公者之類若干。特一者之類若干。亦第論其大凡焉而已矣。

所謂宗也類也。不足分兩端云者。曰宗者本自不挾特一之全。故謂不全而稱類者。自挾公性之全。故謂舉全而稱也。特殊不全。雖非類也者之所挾。然其類之所挾。不因此而即有不全。蓋窮理者惟以諸特一者之所共。爲其本元者。而不以其特殊者爲特一者之本元者故也。則雖不挾特殊。而既已挾夫公性之全。亦可謂之舉全而稱者矣。或曰。理學之論。雖自不論特殊。但論公性。故惟以公性爲特一者之本元。然而特殊。乃諸特一者所以全其本元之一分。亦如類殊。爲類也者所以全其本元之一分也。則舉公性。不舉特殊。豈可謂舉全而稱者乎。曰。解此有二說。一、謂特一者。其所函類性以外。更無特殊。以爲其本元之內分。而但就所由受造之用。自有可以爲特一者。是其各本元之分別也。二、謂類性。因特殊而受接。以成特一者。如宗也者。因類殊而受接。以成類性之本元者也。則夫特殊。必爲特一者本元之內分矣。就前說。足以定公者之析義。蓋其所謂類者。自挾特一者本元之全。故謂舉全而稱。而所謂宗者。但挾宗性。不挾類殊。故謂舉不全而稱耳。乃後說更有進焉。依此作解。當曰。所謂舉全而稱者。第舉其特一者本元所兼之諸稱。而置其所爲特殊者。蓋特殊之義。雖亦特一者之所函。然而既爲特性類性之所由別者。則類性豈能挾之以稱特一。如以稱特一。則其稱非有所別于其底。乃本稱。豈類稱乎。所謂舉不全而稱者。非但不挾特性之所殊于公性者。仍不全挾特一者所共之公稱也。總而論之。凡函公性所函之諸稱者。謂爲全稱。如類也者之諸稱是。凡不函公性所函之諸稱者。謂爲不全之稱。如宗也者之諸稱是。

公者爲五者之宗否二支

公者爲五前辯已明。茲論五者之於公者。可爲類否。又公者之于五者。可爲宗否。謂不宗。不類者。證有三。一、凡屬公者之類。其所共之公性。必均今宗。類。殊。獨。依。五者。雖共而不均。故不可謂之類也。何謂不均。蓋能在于賾。乃公者之所以爲公。今共宗之賾。多于共類之賾。則豈可謂均而共者。二、凡眞爲類者。其所共之理。名義皆同。若宗類等所共者。其名其義。固皆不同。何故。凡本然之稱。與依然之稱。其所共者。名義皆異。宗也。類也。殊也。皆爲本然之稱。獨也。依也。皆爲依然之稱。則五者不可以爲類矣。三、謂公者爲宗乎。則其宗也。顧居屬類之下。且居自己之下。皆甚悖理。謂居屬類之下者。宗也者。惟其爲公者之屬類。故明悟能舉宗以稱凡爲宗者之性。如謂公者爲宗。是乃舉宗稱公。而公者顧爲宗也者之一類也。緣凡所用以稱者。如全。而其受稱者。如屬分。然則公者之爲宗。豈不在其類之下乎。又凡居在何類之下者。亦必居其倫之宗之下。則設謂公者爲宗之宗。公者豈不在自己之下哉。

欲知正義。須知凡爲公者所函有三。一、是公性之質有。二、是脫一與容德。三、是思成之互視也。循此以設三論。一、舉公者之質有而言。公者。視宗類諸稱。不可謂其宗。一則。其公者之爲物。或爲自立體。

或爲依賴。二者名義不同。不得歸于一倫。一則任舉一物。可以當二公者之稱。如舉白也者。以視此白彼白。其稱謂類之公。以視白玉白乳。其稱謂依之公也。則論物之質有公者。豈足爲宗。而宗類等稱。豈足以爲其類乎。

二。公者。或專舉容德。或專舉脫一。皆不可謂同名同義。故亦不可謂之爲宗也。謂專舉容德。專舉脫一者。蓋總舉二者。既爲依然之合。其非同名同義。不辨自明。故今但專論之。試舉容德。凡就德能之所爲。可以推其德能之何如。今五公稱在賾之爲。其名其義。皆異。推知容德亦異。何故。公性之合結于倫屬者。乃公性之爲也。而其結也。在宗類殊。爲本然之結。在獨依。爲依然之結。豈可以爲同名同義者。

次獨也依也之相似。視其與宗也類也殊也者之相似。較爲更近。緣宗類殊之爲。皆本然之爲。而獨與依乃依然之爲耳。則夫三者之與二者。其義甚遠。不得合而爲一宗。夫凡屬一宗之諸類。其所爲相別。寧有如此之遠甚者乎。

舉脫一者。凡缺也者之屬。就所缺之模而別。夫五公者之脫一。其所缺諸模。乃不同義之模也。則其諸脫一。亦皆不同義者矣。何謂不同義之模。蓋上性與下性之結。乃脫一所缺之模。而其結也。在宗。

類殊。為本然之結。在獨。依。為依然之結。其模既非同義。則缺其模者之脫一。豈可謂同。

或謂宗類殊三者之為。既皆本然同義之為。則公者之視宗類殊。可為眞宗。而三者可為眞類乎。曰。或可後有詳論。

三。公者與倫屬有互視之理。則公者為宗。而屬于公者之五可以為其類也。何故五公稱所共之互視。據其本理。其名其義皆一。則五者皆公者之類矣。又公也者。舉其一名一義也。就其問何立也。其可以稱不類之五者也。亦正可以為宗。

所謂共之公性必均云者。曰舉為公者之質有及其容德。其脫一。謂五類共而不均。則是舉互視之理而論。而謂五者之不均則非也。宗之視類殊獨依。可謂之更總公者。而不可謂之更公者。如數有函三有函四。均宗於數。然其函四之數。可謂更多數。而不可謂之更數也。何以故。數之所以為數。惟在于合併諸一。既過于一便可謂數。四之視三。雖函多一。非關數之本理。公者在賾。其理亦然。可以在賾。乃公者之所以為公。賾之多寡。豈其公否之所係哉。

所謂五公者之名與義皆不同者。曰舉公者之質有及容德與脫一。而謂不同義者。則是舉五者所共之互理。而以爲不同名不同義。則非也。或曰。凡所謂互視者。就其所由立之近基。必有所別。今容德與脫一。乃互視之近基。而五者不同一義。則其互視。豈得爲同義乎。曰。互視之近基。論其五者所須彼此之一。不若論其互倫所同宗之一。亞利分互視之總。爲三類。其一者之基。是作爲。其二者之基。是一也者。如白與白。爲同于一者。又如白與黑。爲不同一者。是皆一者之爲基也。其三者之基。是準則也。德能與向界之互。此可以度量測揣者。所謂準則。三者各一其倫。非關同義。又四所以然之互視。皆共一義。而近基不同。或是自立。或是依賴。固不得共出於一義也。則知公者之互視。其近基雖不同義。非可因此而謂互視之亦不同義矣。若論凡互視所以分別取類者。是在十倫之四論。今姑置之。所謂其爲宗也居類屬之下云者。曰。謂宗在類下者。若謂實之宗與類。彼此互相統乎。則不可。若但謂明悟所成。以屬宗之五類。各爲其宗之模。因而用其類以稱其宗乎。則謂其宗之居于類下。又爲其宗之見統于類。而謂居自己下者。亦無害于理也。今謂公者之爲宗也。在其類之下。但循明悟所成之義耳。

公者之五類下視特一者爲最盡之類否其上視夫公者爲無隔之類否 三支

所謂最盡之類者。其下更無他類。而惟有特一者也。所謂無隔之類者。其類與宗之間。絕無他類隔之者也．如人之爲類．亦爲最盡．亦爲無隔之類云．論爲最盡者否．有謂宗也類也．爲公者最盡之類．而殊也．獨也．依也．各可分作二類．不可以爲最盡者．其說曰．就凡問立而稱者．分作二最盡之類．一、用以稱不同類者．爲宗．一、用以稱不同數者．爲類．則殊．獨．依之三者．就問傍而稱．其稱不同類不同數者．亦可分作二類也．若是．則殊獨依三者．非最盡之類矣．又有謂宗也類也．亦不可爲最盡者．其說曰．論宗也者之脫一．與容德．其類必二．以容德論之．生覺與倫屬之相結．幾何與倫屬之相結．是宗生覺宗幾何．所可在賾之容德之爲也．而其爲．乃不類之爲．緣生覺之結．是體結．幾何之結．是依結．二者不一類．則容德亦不一類．凡爲德能者．固皆就其爲而別焉故也．以脫一論之．生覺與倫屬之相結．幾何與倫屬之相結．是乃脫一所非之模也．而其模．亦分體分依．則非其模之非．亦不得合於一類．緣凡非也者．皆就其所非之模而別焉故也．則宗也者．當分二類．豈可以爲最盡之類．

雖然．謂五者爲最盡而不可更分多類者．乃理學篤論也．何故．夫以數一之各宗性．乃是以數一之各公者．如以覺者爲一宗．生而不覺者爲一宗．此其爲數一也．不可謂爲不同類之公者也．論類與殊以下．各所分析．皆然．則論五類之互視．各所以不同于他類之互視者．亦第就其數一之不一而別．

而非就其類之不一而別也。故五者。爲公者最盡之類。

所謂就問立而稱云者。曰宗也。類也。不緣所稱之不同類不同數者而別。惟就所稱之全與不全而別。若殊也。獨也。依也。皆就問何傍。舉不全而稱。亦不就其類與數。而取爲不類之別也。

所謂宗也者之脫一與容德有二類云者。曰。凡宗性。雖極不相似。顧其脫一。其容德。皆同類者。玆謂體性依性各所結于倫屬之不類。良然。況且不同類之體性。不同類之依性。其所合結于倫屬。亦皆不相類之結。然不因此而謂夫脫一與容德。亦不相類也。何故。脫一與容德之類。雖就合結而別。然不別于合結之質義。而惟別于合結之模義。其模義或挾全者而結。或挾不全者而結。今凡或體或依之宗性。皆挾不全而結。知凡宗性之合結。皆一最盡之合結。凡或體或依之類性。皆挾全而結。知凡類性之合結。亦皆一最盡之合結也。則其合結之容德與脫一。所以分其最盡之類者。亦但論全不全而已矣。

論爲無隔者否。有謂公者。初只分爲兩無隔之類。但其兩者。又有不同。或稱之曰本曰飾。本者。分爲三最盡之類。宗一。類二。殊三。皆物所以全其本有者也。飾者。分爲二最盡之類。獨一。依二。皆物所以文飾其有也者。或稱之曰何立。曰何傍。立者。分作二最盡之類。宗一。類二。皆以答其問何立者。傍者。分作三最盡之類。殊一。獨二。依三。皆以答其問何傍者。或稱之曰固然。曰可不然。固然者。分爲四最盡之類。宗一。類二。殊三。獨四。皆物所固有者也。可不然者。惟有一依。乃物所偶受之模也。循此而推。可知五公者。不可以爲無隔之類也。又宗也者之解。爲就固然。就本元。就問何立。就挾不全而可以在賾之公者也。今除最下之特殊。（指宗解之特殊）其餘上之各殊。如固。如本。如立。皆可以作本類以上之一類。則宗之爲類。與公之爲宗。其中間初有固然之宗。次有本然之宗。三有問立之宗。而其挾不全而稱者。乃可謂之宗之特殊也。如解人也者。乃有形。有魂。有覺。有靈。自立之體。推知人與自立體之間。除靈爲人之特殊而外。倘有三宗在。形一。生二。覺三。不得謂無隔之類也。

雖然。公者之五類。皆無隔之類也。就前所定五類之理。可以取證。又若謂公者當分二端。亦必指據何理而分。假如欲分本飾。不欲分立傍。苟非確有可據之理。則或本飾或立傍。任意皆可。而一類之物。可混置于不相屬之兩宗以下。如殊也者。可以本然爲宗。亦可以何傍爲宗。顧二者。絕非相屬。凡舉傍而稱者。豈悉可舉本而稱。凡舉本而稱者。豈悉可舉傍而稱者哉。

所謂餘上之各殊云者。曰。在人與自立之間者。其所稱。皆各相屬。各自一殊。因而可以各爲一宗。若宗與公者之間。則否。總舉。則但成宗也者之本殊。分舉。則各一不同義之稱。不得爲次宗也。前謂可在不相屬之兩宗以下云者。卽其辯也。

○屬公之特一者辯八

特一者之義一支

物理之相對待。以吾知識會通之。俱關一學。故既知公者。卽當論其相對之特者。窮理者。論特一之名目有三。一曰無分之一。二曰孑一。三曰特一。三者。泛義皆同。而切義不同。舉切義而言。無分一與孑一之所指者。皆不涉於公性者。無分之一。本指分傳于賾之非與公者分傳之容德相對。孑一。本指私獨之意。與公者之公共相對。特一者。雖亦不離前二之所指。然就窮理者之常用。本指屬于公者之物。而不論其爲公性之一。與夫無分之一。專舉之一否也。就此義而論。如以某甲視人。及以人視生覺者。皆可以特一稱之。無此義。復分有三。與前公者之三義相配。其一、指其受特一之稱者。如謂某爲人。是也。其二、指特一所以可屬公者之容德。其三、指特一所向于公者之互視也。前釋公者三義。此釋特一。義皆相準。故就公者。以解特一。當云。是向于公者之互視者。是可屬于公者之一者也。

論公者所切向之特一者有五。故就五公者之名。以別其特一之名。一、謂舉何立。及不全者。二、謂舉何立。及全者。三、舉何傍。及本然者。四、舉何傍。及固然者。五、舉何傍。及可不然者也。此特一者之析。若舉其質義。與其容德脫一之義。則五者不可以爲同義之析。故以特一視五者。不可謂眞宗。而五者視特一者。不可謂眞類。若舉互視之義。則特一之析。正爲同義之析。固各具有宗類之本理矣。特一可爲宗。五者可爲類。夫舉質義。容義。脫義。不可爲宗類。而舉互義可爲宗類。其故云何。前論公者之于五稱。有不可爲宗類。有可爲宗類。正與此論互相證云。

屬公者之特一所須何　一二支

特一所宜有者三。曰一者。曰可屬者。曰宜爲賾者。次第釋之。先論公者所須之一何如。定有二焉。曰本一。曰脫一。茲所論在特一。則脫一非其所須也。況特一與脫一相悖。緣特一者之本元。須上性之結而成。固非可以相脫者耳。本一者可分有二。其一、爲模一。其一、爲畸有之一。模一之義。前論已明。茲論畸有之一。有二者。一、獨。一、純。純者。無所綿合而成。如天主與天神是也。獨者。雖有綿合。然但函其必須之內有者。不兼多模。如言此一馬。言此一白者是也。是皆所謂畸有之一。其言一室。一軍。一堆石。皆不可謂畸一。緣皆合衆全有以成其有者故也。凡一質一模之物。謂之畸一。其兼有多模相依者。不謂畸一。夫論特一所須之一。在本一者。爲模一乎。爲畸一乎。曰。特一者必須之一。非模一也。何故。不分之一。正謂特一。而凡不分之一者。皆不屬模一。況二者固屬相悖。舉模一可自傳之義。

然則特一之一。須畸一乎。有謂其不須畸一者。所據有二。一、明悟能就人類公性之一名一義。以稱白人與黑人。夫以人類視二者。正其公者。而白人黑人。乃皆結合而成之稱。非畸有之稱。則畸一無所須焉。合成之底。豈有礙于人性之純稱者乎。

二。以人視天主耶穌。眞爲類。而天主耶穌之視人。眞爲特一。顧耶穌非畸一者。何故。論其爲人。雖亦可謂畸一。緣其以人之性。合于天主之位而一之。然而析論人性與天主性。固不可謂畸一者。蓋天主降生。非使兩性化成一性。而但使二性自在於一位也。凡靈體所不係于他物。而本自在者。謂之爲位。亦名爲自在。西云素細等際亞。詳有本論。則特一所宜有之一。豈必其爲畸一乎。

有謂必須畸一者。證云。謂公性必屬畸一者。此指脫一之公性。蓋苟無其一。卽不免爲多之屬。既已爲多。

則可以傳此一分．亦可以不傳彼一分．如指白人．謂爲公者．其人．雖自傳．而其白可以不自傳．則其所謂公．非其倫屬之賾所得而共焉之公也．特一之理．亦然．使特一者非畸一．能函諸殊有者乎．則循此一有．可屬公者．循彼一有．又可不屬公者．若是．則公者之所傳．與其所屬之賾．彼此皆不相準．而上下之互視．亦何由而發乎．

茲列正義．有三端焉．一、凡有循本然而共夫公者之特一．皆畸一也．宗類殊．皆本然而共者．何故．凡此特一．皆由公性與特殊合焉而成．夫由公性與特殊合焉而成．卽不可謂非畸一．緣凡循本然以受其所共者．皆各就所相稱之特殊．以自傳．而凡由相稱之殊受拘以成特一者．莫非畸有．則知就本然之共而成也．固屬于畸一者矣．此論．不但以證宗者類者．合于相稱之殊所成之畸一．亦證公殊．特殊．相合所成．皆爲畸一．蓋雖宗也類也．本謂受拘而公殊也者．但就已拘之性．以受特殊之拘．然而論其所成之爲畸一．則與宗類所成．一而已矣．

次類也者所居之倫．與其類屬之特一所居者．必一．故不畸之一．不可謂本然之特一者．設謂人性．可爲白人黑人所共之類．而白人黑人可爲人性所析之特一．則其倫．固有不同．緣人在自立之倫．

而白者黑者之於人則皆依合而成者故也。又若使不畸之一。可作人類之特一者乎。則旣可用人以稱白人黑人。卽可舉類以稱不同類之賾者。於理均悖。蓋白黑之於人也。旣謂爲二。必分二類。而凡類也者。惟可稱不同數之賾。不可稱不同類之賾。則苟非畸一。不可以爲特一者。二端。凡依然而共公者之特一者。獨也。依也。爲依然而共公者。不須畸一也。何故。其爲特一。非直接公依以成厥有。惟是其有旣成。乃就公依賴者以受稱焉。今凡合成而不畸之底。皆可就公依賴者。以兼受其稱。則合而成者。自足謂之特一。無須畸一矣。顧凡爲合成之特之公依也者。必宜直稱其合成者之全。若或其所依賴者。就其可不然。可稱一分。而就其固然者。又可以稱其他分。如木石合成之物。以冷稱之。冷之在石。則爲固然。冷之在木。則爲可不然。旣合于固然。以成特一。何可謂依也者之特一。緣依。乃可不然者耳。則此兼有固然之特一。不可謂屬於公之依者。又或公依賴者。可以稱其諸分。而其諸分之在於合成內者。可與其公依相宜。其在于合成外者。亦可與公依相宜。則此兼有內外之相宜之特一。亦爲固然之依。而不可謂屬於公之依者。緣其合成之全。就固然之依。而屬於獨之公稱者。非就可不然之依。以屬於依賴之公稱者。故不可謂依之特一者也。如木石合成者。其石在合成之內。可稱爲冷。在合成之外。亦可稱爲冷。則其冷。乃固然者。不可以爲公依者之特一。蓋固然者。乃獨之依。非依之依故。

三端。凡屬公依者之特一。雖不須其爲畸一。然大都皆自有畸一者也。試舉依賴之各倫證之。凡內且實有之依賴者。（就性之結而依其底者。爲內且實之依賴者。如火熱水冷之類。）可以稱畸一之底。不可以稱合而成全之底。何也。公依賴者。就專依賴者而得在於其底。夫專依賴者。不得依多底。而但能依一底。緣夫各依賴所爲依其底之依。惟可有一。不容有多。而凡合成之底。固爲多底。不爲一底。則知凡內且實之公依賴者。但可以稱畸有之特一者。

論外依賴者。則時也。所也。所依之底。皆本然之底。而爲畸一者也。（一質一模之底。是爲本然畸一之底。）蓋凡現時現所合成之底。其因時與所而受稱。不可謂其全者之受稱在先。而分者之受稱在後。況其全者。原本循其分者。以在於現時現所。故亦循其分者而受稱焉。則先受時與所之稱者。本在於其諸分耳。其分者既皆本然之底。則其外依賴之特一。皆畸有之一也。或曰。論時與所之稱。固可謂屬畸一者矣。若夫作爲之稱也者。（作爲之施與效。皆爲外依賴者。）不可謂畸一者。緣凡作爲。必由初所以然。與司所以然之相合而成。既非出於一者之效。則但可稱爲兩同之效。不可就二者而先指其一。以稱之爲所以然。曰。作爲之稱其所以然也。與時所之稱其底也。其理正同。作者所施之效。固與初與司。兩所以然之合。然而舉效以稱作者。自不須兩者之合。而但稱其一者。如欲以施照稱太陽。以推理者稱人。豈必並舉初所以然與司所以然之合而稱之。亦舉其一焉而足矣。由此推知。凡公依賴者所稱之特一。大都皆畸一者。辯第一說執特一之不須畸一者。所謂明悟能舉人性。以稱白人黑人也。曰。人性旣脫特殊。卽可謂同義之公者。但以人性而論白黑與人之合成。則不可以爲同義者也。何故。同義之稱。與就同義之義以稱他有者。其指不同。謂生覺者爲人。謂有幾何者爲人。斯二者。指其爲人性所自有。固爲同義。可謂公者。然而生覺者之稱人。有幾何者之稱人。乃是以其分而稱其全。不可謂同義之正稱。則白人黑人。雖亦同義。而稱其人之白與黑者。豈其同義之稱乎。蓋白人黑人。不可謂人之兩特一者。緣人性。不就白黑之依類而乘之以爲多。況白與黑。設就造物主之能。或可使並在于一底。或就性力。亦可使其先後遞在于一底。則豈足以分不同之特一者。或曰。人爲白者。人爲黑者。或不能有公者所須之乘。然謂某甲爲白者。某乙爲黑者。二者合成其爲特一。則固有公性之乘者矣。則人性。可謂此二者之類。而二者。可謂人性之特一者。曰。人性之乘而多也。非必由其依賴者而成也。雖無依賴之結。而其性之就特殊者。未嘗不自乘。故不可以人性。而稱某與黑。某與白。所合之全。但可以人性。而稱某甲之爲人。稱某乙之爲人耳。

人性之稱。但當就其本然者而稱。無所係于依賴之黑白也。

所謂以人視天主耶穌爲類云者。曰以人視耶穌之爲類也。良然。但謂耶穌非畸一。則不可也。雖其所函兩性。各自一性。不混於一乎。然所謂耶穌。不指兩性合成之一。惟指兩性之本自在於第二位者。兩性之結合於第二位。乃其所以成畸一者耳。天學自有詳論。

或問。若天主之性。與人之性。可以合而成畸一者。則設以某甲特一之人性。合於某一天神之性。以共爲一自在。而因可另立一名號。以表其二性之共一自在者。則其天神性。可稱神類之特一。而其人性。可稱屬人類之特一。（自在者。自立之卽。是自立之體所以全自在。使無所拘于他物者也。此自立者所以全其自在之體卽。與依賴所以給底之依卽。其效正反。二者俱非物之所以全其性。而但加乎其性者耳。）若是。則前所謂凡特一。必循其全有。以屬於公者。似非確論。緣其合成者。舉某甲之特性。則不屬天神性。而舉天神之特性。則不屬人性。如耶穌舉其天主之性。亦不可謂屬人之公性者然。

曰。所舉之論皆是。而所推者則非也。蓋前之所謂但指全特一者。爲屬于公者。而非謂就其所有之諸模。以屬於公者也。試如謂人爲有模者。而舉其模。以爲宗爲類。則倂其人之全者。皆舉之以爲有模者之屬。夫就模而屬者。豈其兼就質論。而後可以爲屬者乎。

各公者所統之特一必宜多否三支

論公者之性。不問其現統之多特一者。而惟問。凡不能並有多特一者。或不能遞有多特一者。亦謂公者否乎。

有謂公者。自不須特一之多。況如天神之類。各類各一神。無同於一類者。何故。凡具有幾何之質者。是物之所由以分其類者。天神無質。則不得分乘。故各類自屬特一。無庸爲多。天神每類。其神不一。辯在默達費西加。或謂公性特性之別。以其特性所函。乃數一者。不得分傳。而公性則全脫特義。可以自傳於在下之諸特一者。則謂宗類諸公性。不可在於倫蹟。於義爲悖也。加益大諸釋之云。凡謂公性。有兩義焉。一、就其性之固有與吾明悟之所攝。二、性自不能公。由明悟而得謂之公。夫其自能在於多特一。又循明悟以脫。是就前義而謂之公性者也。必以明悟攝之。使脫特殊。而但可專在於一特一者。是就後義而謂之公性者也。後義之謂公性者。其證云。凡性之結合。所不拘於或一或多者。正其所以謂爲公者。今用吾明悟。攝取某一天神之性之公義。而置其所函諸特義。則就吾明悟之功。亦可謂不拘於結之一與多者也。其多者之不可現在。固無害於公性之超義者也。

正論云。凡類性。皆可分傳於多特一者。況亦不得不傳於多。何故。公性所以爲公性者。本在其可分之爲多。則凡不可分乘者。固不可謂之公性矣。次性之不可分乘者有三。一、如天主妙性。不可分乘。緣其無量美好。非結合所成。不屬可分乘故。二、如天神之性。設其結於一特殊。固不能復結於他殊。是故不可分乘。三、如天神之性。其在未結之原先。雖可以受各殊。及既結於一殊。卽不得更有結他殊之容德。如天質可受某模。及其既受。更不能受他模也。

就前三義。凡不屬可以分乘之性。皆不可謂公性。論第一義。天主之性。雖不緣特殊之合。以爲其特性。然而其性之全。固爲特性。故不可以分乘。則凡如此之不分乘者。不可以爲宗類也。又爲宗爲類之性。其美成皆有限際。故皆可有與相肖者。以爲其倫屬之特一。若夫無量無對之美成。豈得有相肖之特一者。

論第二義。則其性。或內函特殊者乎。或其殊雖在性外。而固爲相宜而結者乎。謂內函殊性。則非公性也。緣凡特一之所以爲特一者。爲函特殊耳。謂固相宜。亦不可謂公性也。緣固然而結於特一之性。明悟不能攝想而以爲可以受賾之拘也。蓋謂固宜而結於一者。又謂可以受賾之拘者。二義相悖。論第三義。則當其原先。亦可謂不拘所結之多否者。然非公者所求不拘于結之義也。蓋彼性之不拘。但是所結或此或彼之不拘。若公者之不拘。乃是分傳于賾者之不拘也。何故。凡爲公者。就其本元之分乘。可在于倫屬。如謂不可在于多者。豈其可以受分乘者。則不拘于或此或彼之結者。非公性之不拘者也。而況其性之原先。豈能自爲不拘彼此之結者乎。

辯加盒大諸之論。凡公性之所以可謂公者。其義有二。一、非。一、是。明悟之攝思公性也。因其有在賾稱賾之不悖。此非之義。因其有在賾稱賾之容德。此是之義。今凡有分乘之拒者。不得取是非兩義之一端。而謂爲公者也。不由非義者。凡明悟攝想公性之時。雖但舉其所有固然之義。顧其固然所發之諸義。亦顯然結象于明悟之中。今其分乘之拒。或因性之本有。原不可分。或因固結之特殊。不復可分。皆從彼天神類性之所有。以呈其象於明悟。則明悟雖脫其特殊。固不能使有分乘之不拒也。不由是義者。明悟雖能取脫其性。而以爲公。若無自傳之能。亦非公性之謂也。設謂無自傳之容德。而惟是明悟之取脫。足以謂公。則以明悟攝想天主之性。以爲有分乘之容德。亦可謂之公性乎。然而天主實無分乘。其爲無量之美成。惟一純之特有而已耳。旣謂是無量之美成。又謂可有相肖之特性。其義悖也。所謂明悟攝想之性。惟其不拘於所結之或一或多。乃謂公性者。則是。其謂某天神之性。不拘所結。則非也。併所謂攝想某天神之性。而悉置其特義。亦非也。緣謂有自傳之拒。又謂悉置特義。二者相悖。況且設無特義。其性之結。但有不拘彼此者。而非有不拘於多者。終不可謂之公性也。

各特一之性必有別于他特一否四支

謂爲非者。證曰。亞利之解公者云。是可以在賾之一者。夫公性。當其不受分乘。亦可謂能在于賾之一者。則是公性者。無所須于分乘者也。何謂雖不分乘。亦可謂在賾之一者。假如造物主之能。使一白也者。依在于三石。又使初所以然。與司所以然。同施其用。以共爲一作者。夫三石可謂三白者。而初所以然與司所以然。亦可謂二作者。則以一白色之公性。而視三白者。又以一作者之公稱。而視二作者。雖不分乘。亦可謂之公者也。況其特一之物。亦可謂公者。何故。凡可用以稱多者。皆可謂公者也。夫在三石之白。夫從初所以然。與司所以然。同出之作用。皆特一之物。而皆可用以稱多者。則豈不可謂公者乎。

謂爲是者。以爲在諸特一之性。非一特性。乃公性之分乘。而在各特一者也。其證曰。公性以脫賾爲一。乃理學之通義。則當其在賾。其爲多也可知矣。若在賾之時而可謂一者。何必舉脫境而後稱之爲一哉。次公者之一也者。與特一者之一也者。正屬相悖。今特一者之一。悉非可以分乘。則公者之一。必有分乘之容德也。又設謂公者之在諸特一。不須其公性之分乘乎。則天主一純性。全在于三位之各位。亦可謂之公性矣。顧天學諸儒皆云。元有之妙性。可謂自傳者。而不可謂公者。三位。共天主之一性。故謂自傳者。位雖有三。性一不三。故不謂公者則性之分乘於諸特一。乃公者之所必須者也。又宗也類也殊也。皆其倫屬之特一所用以全其有者。固爲特一之所函。然而其特一者。皆相歧別。則宗類殊三者。其在於此特一也。必其歧別於在彼之特一者矣。

欲正第一說。宜知名目。或爲自立之名。或爲依托之名。自立者。復分有二。一、謂脫自立者。如謂智德也者。但指智之爲德。不指智所依合之靈性。謂白色也者。但指白之爲色。不指白所依合之底也。一、謂合自立者。如謂人。謂馬。各指其性。與性所結之在。而其性雖與自在結。亦與本自在有相似者也。性之未結于自在。但謂人性。謂馬性。而不可謂人。謂馬。惟其結于人之自在。乃謂之人。結于馬之自在。乃謂之馬也。顧其性之相結。非有依賴之義。故仍與本自在有相似。依托者。亦指其模與所合之底。而其模。則全係于底。悉無本自在之義。如所謂爲義者。非指本自在之義。而指依人之義。所謂爲白者。非指本自在之白。而指依石之白。此名目之別也。凡名爲合自立者。若所指之模惟一。則所依之底雖多。而明悟不得用一模以稱多底。緣其模。非就其底以命名。而惟自就其所有。以立所命之名。故設如天主使特一之人性。結于人之三自在。（西云素細等際亞）不可稱爲三人。緣所指爲模之人性者。不係於其所結。故在雖有三。而其爲人則一也。若夫依托之名。則不然矣。所指之模雖一。所依之底或多。明悟固可舉其模以稱多者。設如天主使特一之白色。依托三石。則三石。可以謂之三白者。緣凡依托之模。悉係其底。無本自在。故其底雖多。皆可就一模以受稱也。今論公者必須分乘。並舉自立與依托兩義而言。而其要義。則在自立者之分乘也。

第一說之論所云。亞利惟謂公者可在於賾。非謂必受分乘云者。曰。窮理者釋亞利之義。皆云。所謂可在賾可稱賾者。舉一賾義。包函公性之分乘。未及顯言。是其省文。

所謂有一白色之三石。作一施用之兩所以然。皆可以謂之多者。此非就自立之義而爲多者也。是就依托之義而以爲多者耳。此義尚有詳論。

所謂特一之物亦可謂公者。曰。此義。如謂凡物之皆一者。其謬正同。夫公者與特一者。義正相悖。若特一之模。爲其或能在於多底。而謂可爲公者乎。則公與特。無所分別。豈不混凡物而爲一也。

名理探

（二）

傅汎際譯義

李之藻達辭

漢譯世界名著

名理探五公卷之四

〇〇五公之篇第二論宗

此薄斐略次篇大凡有三。一、釋宗之二義。二、詮其旨。三、證其所詮之不謬也。

（古）宗義有二。誕生所肇。各類所屬。

（解）名目不同。則疑似爲礙。故薄斐略之論首公稱也。先釋其名。云宗字之指有二。一、是生所自來之宗。一、是類所共屬之宗也。前者宗字原義。後者借用。以指其爲第二公稱之所屬。

（古）名理云宗。惟取次義。以稱屬類。據問何立。

（解）論宗也者之原義。乃文藝詩藝史藝之事也。今但辨論理學。乃其次義耳。故置原義。釋其次曰。宗也者。乃就問何立。可用以稱不同類者也。如舉生覺者。可以兼稱人馬諸類也。

（古）凡可舉稱。或但稱一。或可稱多。稱一者一。卽特一者。稱多者五。卽宗類殊及獨及依。生覺爲宗。人性爲類。推理爲殊。能笑爲獨。黑白爲依。

（解）欲證宗解之確。而先就其可用以稱者析而舉之云。凡舉稱者有二端。一、爲稱其一者。一、爲稱其多者。稱一者。凡爲不分一者。如稱某甲某乙是也稱多者。如云生覺云馬云不靈云能斷云白者。凡五。

（古）宗者稱多。特者稱一。稱多稱一。乃其所別。宗所稱多。異於他多類之所稱。數異類同。而宗所稱。數類皆異。夫獨云者。但稱一類。及其倫賾。而宗所稱。類固不一。殊也。依也。可稱異類。非挾物性。只指何傍。宗就何立。指物內性。

（解）專證前解之確。其解有三端。稱多者一。不同類者二。就同何立者三也。其一、別於凡特一之物。其二、別於類與獨。其三、別於殊與依也。卽此可知其義之確矣。

○宗解之當否辯一

解義一支

宗也者之首解云。是類之所屬者也。其義有二。一、據其向於類者。二、據其能界夫類之向者。就前義釋云。宗也者。是向類之公者。就次義釋云。是能界其類所向之公者。

第二解云．是可用以稱多不類．是就問何立者也．謂稱多者．乃解中之宗也．謂多不類問何立者．乃解中之殊也．蓋五公者．皆可用以稱多．而獨此稱不類者．與就何立者．是則宗之所以別於他公者耳．但此解中之殊二句．先後之序未協．所云問何立者．當在稱不類者之先．蓋物別之解．當先乎其迴別者．而後乎其別之稍近者．宗之距殊．獨．依也遠．於其所距乎類．則宗之別於殊．獨．依．宜先於其別於類者．今何立之問．乃宗之所以別於殊．獨．依．不類之稱．乃宗之所以別於類．則稱何立者．固宜先於稱不類者矣．

所謂就何立而稱者．曰．凡物之稱．就其本元之一分．而不就其依附之義．是謂就何立而稱者．如以生覺者稱人．是就其本元之一分而稱者．若其不關於本元之一分．凡屬獨與依．如能笑．如白黑．皆不關於本元之一分者也．或雖爲本元之一分．而但就依附者以稱．如謂人爲能推理者．是謂就何傍而稱者．

問何立何傍之別．曰．凡吾所用以稱他物者．有脫名．有合名．有指名．若以指名稱合名．則其稱爲何傍之稱．如稱某人爲白者．某人爲合名．而白者爲指名．又如稱人爲能推理者．人爲合名．而推理者是指名．皆專舉其所依傍者而稱也．凡兩合爲一之物．吾用一名以表之．是謂合名．如白色合於底．而謂之白者．人性合於在．而謂之人．皆合名也．合名所表．一當模．一當底。若所名者直指夫模。而傍指夫底。則爲有所指而名者。如名爲白者。白之爲模。非底不存。與底相附。指白色。亦兼指其爲底者。是兼指以顯其所合之名者。謂之指名也。當知指名之別。有二。一泛。一切。若其模全係于所依之底。則爲切指。如以白者之依模。稱某人。又如以能笑者之獨模。稱某人。皆實指其附底而存者。爲切之指名。若其模不全係於所依之底。但不免附着于底。如稱人爲能推理者。論其推理之性。本非依賴。然不免附人而立。此泛之指名也。緣凡切指之模。論其本有。論其所托。二者皆屬依賴。而泛指之模。則其本有元非依賴。但論其所托于物。不無依傍之義。故亦謂之指名。　若以合名稱合名。則其稱爲何立之稱。如稱人爲生覺者。其生覺之性。本合於生覺之自在。又如稱白者爲有色者。色是宗。白是類。是皆合名。專舉其本立者而稱也。舉合名者。舉其相合。而不相依托者。如人性與自在相合。然性自爲性。自在自爲自在。無依附義。今稱相合者爲人。是專合名。而非指名也。凡以宗稱類。以類稱特一。此等本然之稱。皆是合稱。如以生覺之宗。稱人之類。以有色之宗。稱白者之類。及以白者之類。稱此白彼白之特一。皆爲何立之稱。緣生覺自生覺。白自爲白。而此白彼白。亦各自爲此白彼白。雖云相合。實非相托故也。若夫殊獨依之爲模。則皆與所結之底。相合相托。固是指名。前例已悉。　若以脫名稱脫名。如以生覺性稱人性。以色稱赤與白。人性脫於人。赤白色脫於赤物白物。亦何立之稱也。

所謂稱不同類者。曰不同類之義有二。一、各自一類。如人性與馬性是也。二、自不爲不同之類。然而屬於不同之類。如此一人此一馬。不自爲類。而各自屬於本類也。宗之可以稱其類者。兼舉二義。

若問何以知其物爲不同類者。曰一宗所屬之庶性。各有限解。若限解各自不同。固爲不同類者。凡指其物之本性而解者。謂限解。若但就其情而解者。則爲曲解。　若其宗所分之各類。又可分而爲他類。則其受分於類之類。謂就其所屬之隔類而異者。若不復可分爲他類。則謂就最盡之類而異者。

惟夫宗也者之爲公。其稱有二。一、至一屬。其上無他宗。如十倫之總宗。是謂至宗。若其至宗之屬類。又可以稱其倫屬之各類。則謂屬宗也。至宗之異於他宗者。就其各自爲宗者而別。其諸屬宗所異於共一倫之他宗者。則非就其爲宗者而別。但就其不類者而別也。緣凡至宗。皆不同義之有。故就其爲宗之全以別於他宗。若夫屬宗。本皆同義之有。固不得就其全而別。但就各所受拘之殊而有所別耳。凡公性之因殊受拘者。皆類也。則兩宗之屬於總宗者。非可謂就不同宗而異。惟可謂就不同類而異也。

駁前論有四。其一曰。公者。不可就不全而稱倫屬。若宗就不全而稱。則宗固不可以謂公者矣。何謂公者。不可就不全而稱。蓋不全之稱。惟指其物之一分。而凡分者之稱。不可以爲公者之稱。緣公者之視倫賾。謂全而賾者之視公者。爲分故也。則公者。非可就不全而稱者也。

曰。就不全而稱。與指一分而稱者。其義不侔。蓋所謂不全而稱者。雖其爲稱。不顯指其底之全性。然而顯指其分。隱括其全。若夫舉一分以稱者。則專指一分。而其餘絕無所涉。如專謂人爲靈魂。或專謂人為質．是皆顯指人之一分．而不兼指他分者．夫宗．雖舉不全而稱．然非舉其一分．如謂某一人為生覺者．論生覺之模義．雖未顯及於其能推理者．然而隱義該焉．蓋云．夫某亦為有生覺者．於義不謬．

其二曰．凡物之模．皆就何傍以稱其底．夫宗乃屬類之模所以然也．則以稱屬類．就何傍．非就何立矣．曰以模論宗．又有二義．一、舉其分．結於殊．以成屬類者．則宗可謂質．而不可謂模．緣宗．為殊底．因殊受限．如原質．為諸體模之底．因體模以受限也．二、宗者為全包函屬類．故如屬類之模．然緣凡全者之視屬分．如其模．故然而此模之稱．非就何傍者．何故．凡模有加附之模．又有自在之模．加附者．就何傍而稱．而自在者．則就何立而稱者也．宗之視屬類也．乃自在之模．其為就何立也．庸可疑乎．

其三曰．宗也者．非盡可以稱不同類者．亦有但可以稱不同數之賾者．何故．明悟之攝取宗性也．若但就某一類而攝．不就多類而攝．則其宗性．不可以稱不同類者．但可以稱不同數者．而其以宗性而稱不同數之賾也．非能異於以類性而稱不同數之賾也．又作明悟者．就某一生覺者之形像．作成其神象．其神象所顯之生覺者．豈可謂之非宗乎．然其為宗．不舉其為不同類者之所共也．亦但顯其在於不同數者而已矣．則所稱不同類之於宗．豈可謂為宗之本殊哉．

曰。凡爲宗者。不但須脫於類。及諸特一者。以呈顯於公象也。更須明悟之用。知其性爲多類之所共。而不止爲一類所脫者。據彼所舉兩駁論。其公性既已脫於類。及諸特一者矣。但其明悟。既不以爲多類之所共。則雖可謂之公性。而不可以爲宗性。可以稱不同數者。而不可以稱不同類者也。緣其非實有在多不類之容德。而但有相宜之容德。非實有視多不類之互。而但有相宜之互。不切謂宗性耳。

其四曰。亞利云。宗之所有。或時而函歧義之稱。則宗。固不可謂公者。此難昔賢有解。篤瑪云。舉明悟所成之容德與互視。則宗之稱下類。其義俱同。若舉宗之實性。則有不能均者焉。豐塞加云。宗性甚廣。故明悟間或以歧義之性爲同義者。故曰有時而函歧義之稱也。

論二解爲限爲曲二支

第一解。爲曲解。乃理學之通義。緣凡作解。不函眞宗眞殊者。皆爲曲解宗也者之第一解。第就宗公者與情界類之所向者而解。故不謂之限解。

第二解。有謂爲限解者。所據云。此解。有眞宗。卽所稱多者是。又有眞殊。卽所稱不同類者是。故爲限解。

有謂爲曲解者。所據云。可稱者之視公者。與可稱各類者之視宗者。其理則一。夫可稱者。但是公者之情。則可稱各類者。亦但是宗者之情而已。作宗解者。舉公者以爲宗。舉宗之情以爲殊。則非限解。惟曲解也。此說更允。

茲宜追舉前論。公者。可稱可在之二解。就此二端。或舉其容德。或舉其互視。若舉容德。而就其所有相稱之爲。則其解爲限解。若偏就互視而解。則但爲曲解而已。此義。凡論公者五稱之解。其證皆同也。謂就相稱之爲者。欲用限解。以釋在賾之容德。當舉在賾之爲。不舉稱賾之爲。乃謂相稱。如解宗者之容德。則當解云。宗者是一。是可以在於多不類者。是就何立者。此舉在義。乃限解也。若其作此解也。但就稱之爲。不就在之爲。而云可以稱多不類者。此乃舉其稱義。止爲曲解。非限解矣。緣可以稱多不類者。乃可以在賾之容德所發之情也。

或問。設其宗者之解。不解可在賾之容德。而但解可稱賾之容德。云是一者。是可以稱多不類者。專舉稱義。可謂限解乎。曰。否。凡限解。須有限解之本宗。與夫拘其宗之本殊。今解所云一者。以一爲宗。此宗者。卽所謂公者也。然此所云公。非卽所云可以稱者之本底。而但是其底之宗。稱多不類之本底在宗也者。而不在於公之一者。公之一者。乃宗也者之宗。故云底之宗也。緣可以稱多不類者。乃宗之獨情。而非公之獨情。故第以宗也者。爲稱多之本底。故解可稱者。不可指謂解中之本宗也。此如欲解能笑者。不可謂能笑者。是可以發笑之生覺者。緣其所指生覺者。是以生覺者爲其宗。顧生覺者。非能笑之本底。其能笑之本底。自在於能笑之人性也。生覺。爲人性之宗。人性。爲能笑之宗。多有生覺而不能笑者。故不可指生覺爲能笑之底也。今云限解。必其所解之宗。不以公者爲宗。而以其可稱多者爲宗。可稱不相類者爲殊。斯爲限解耳。爲其有稱者之本宗。與其所以別於他四類之本殊故也。稱者之本宗。卽可以稱多者。別於他類之本殊。卽可以稱不相類者。

或曰。舉模義而言。宗乃公者最盡之一類。則豈可以稱不同類者。惟可以稱不同數之特一耳。曰。前解初釋宗之爲模。卽容德與互視。次釋其模之底。卽宗者之性也。夫容德與互視。乃宗性所以可在可視之理。而在賾視賾之爲。從宗性之本有而呈焉。比如生者之宗性。據其容德與互以在以視。或呈現於有生有覺之多類。與其不同數者。或呈現於有生無覺之多類。與其不同數者。皆各挾其本有而呈也。蓋約略言之。受解之理。固有二者。一、謂由理。一、謂訖理。容德與互視。是乃由理。而其爲宗之性。是乃訖理。有由理。而宗乃以之在焉。以之視焉。至其在賾視賾。則宗之訖理云爾。故舉模義而言。則宗爲盡類。舉其就本爲呈現於多類者。則固可稱多不類者。

○凡謂有者皆可爲宗爲類否辯二

問可爲宗與類否。其義有二、一、非實之有。如諸非也。缺也。及凡思成之有。一、凡爲實有者。兹先論非實之有。後論實有。

非有不可爲宗類一支

有謂凡非之爲有。亦可爲宗類。所據云。非之有者。或就所非之模。或就所依之底。固有相別。而舉其總理。又必有所相同。豈不可以謂宗類者耶。而況非也者。可以爲獨爲依。則亦可以謂宗類也。何謂可以爲獨爲依。窮理者。常指非實之情。爲依於實底。如謂有也者之爲一者。如謂自立體有可受悖情之容德者。此皆非之依與獨也。又罪也者。乃正善之非耳。而有作孽之罪。有詿誤之罪。亦可分作二類。則非也者。亦有可取爲宗類者。

雖然。理學通論。其於非也。缺也。皆不謂可爲宗類。亞利云。非有者。無宗類之義。又云。缺也者。爲虛有。無殊之可論也。篤瑪云。罪之義。乃虛之作。不可分作宗類。據理推證。凡爲宗類。必有某是者在。然後可以受殊拘。以成倫屬之下性。故凡超形性之合成者。或就殊與宗。或就殊與類。相結而合。凡形性之合成者。亦就模與質。相結而合。乃以成其殊也。若謂宗與類。爲虛。非。無是之有。則豈能受殊之拘。以限定於某一倫乎。況殊也者。若使無是之可論。亦豈可謂能規其宗者。則非之與缺。其爲空虛無是之有也。不但不得謂宗類。亦不可謂殊者矣。

所謂非之有。有相別。有相同者。曰。其所同之總理。不爲宗理。亦不爲類理。緣其總理。不得就正殊以受拘。則其所以相同之理。與明悟所取在乳在雪之白之理。略相似也。夫乳之白。與雪之白。非正接於白。以成白類之特一者。第各依其不同之底。而謂屬於公白之特一者。又如謂石之非人與木之非人。其理亦然。非能各有接乎總理之殊。以加乎非人之總非。而但就其所指之不同底者。以謂不同之非耳。再取殊者觀之。其義更晰。夫明悟能脫人與馬之生覺者。以立生覺者之總理。而其人之生覺與馬之生覺。不可謂接於總生覺者。蓋總生質。不就人之生覺馬之生覺以受拘。而各就其推理者之殊。與能斷者之殊。以受拘。故總生覺者。不可謂人馬生覺之宗。而人與馬之生覺者。不可謂總生覺者之殊也。茲論特一之非也者。既非所以拘總非。而但就其所依之底。以接之。則其總理。豈可謂爲宗爲類者哉。

所謂非也之可以爲獨云者。曰。凡爲宗爲類之性。必須就本倫之殊而受拘。以成其爲下性。若泛論公者之性。（雜論五公者爲泛論）則但須同義之性。就一義一名。以爲倫屬之所共耳。不必就殊而受拘。以成其本然之有也。則其謂可爲獨爲依。乃其可爲公者。豈遂因而可謂宗類乎。試觀公殊之視下性。凡其不由本殊而接於我者。則其上焉者之殊。但可爲公。不可爲宗。如以能推理者爲類殊。視某甲某乙之特殊。各受函其推理之公性。顧其所拘能推理者。非就本殊以拘。而但各自接於其生覺之宗性。其生覺之宗性。既爲能推理者之所拘。則凡拘其生覺者。亦謂拘其能推理者也。夫下倫之非之拘上倫之非也。理亦同此。俱不就本殊而接。故雖可爲獨爲依。而不得爲宗爲類。

或曰。公性各受殊拘。乃以分傳下性。特一者之受分而傳也。既自接或宗或類之全性。則亦卽其宗類所接之某殊。緣其殊。乃宗類之一分。故則宗殊類殊。皆受統於特一。爲其本原者也。今謂兩非所指之底。不關於總非者之內理。但關其外。則石與木既實各有一非人之非。必亦各有所以非者之殊也。

曰。非也者之得以分傳也。其所須者。頗少於實有之所須者。故殊也者。雖必須爲或宗或類之一分．乃可就其宗類而受接．而非也者．則不係於底．亦可以就底而分傳也．又所謂石與木各自一非者．亦不盡然．在石之非．可謂非其在木之非．而不可謂石木各自有一非人之非．如指某甲與某乙．俱爲能推理者．不可謂兩推理者．各因其數異而異．爲就其是者之異．而但可謂此之能推理者．非彼之能推理者．爲就其非者之異也．何故．所謂各自有一非．與其數之有異者．皆是者之別之稱．而凡是之別．必由有其是者．作其別．非也者．無是之可論矣．又其爲類之推理者．既非就本殊．以受拘於兩特一者矣．則亦安有所以基其是之別者耶．若所謂非其在木之非．與非其彼之能推理者．皆其非也者之別．而不必有何是者．以爲之基．故可謂此非也者．不爲彼非也者．而不可謂其此之非．彼之非．爲因數而有異者．

思成之有之宗類二支

謂思成之有．皆可謂宗與類者．證云．思成之有．雖非實有．而明悟之所攝想．則固以爲屬於有者．今明悟能成多許思有．而取脫其所共之總理．如取脫其實有所共者然．則其總理．若可用以稱多類者乎．則可謂宗．若惟可用以稱異數者乎．則可謂類也．亞利與篤瑪所云非之不可爲宗爲類者．只論虛非。不論其爲思有者。

問思成之有之屬類。其等序何如。或謂思有之總宗。分作二端。在一。互視。其二。泛非也。而二者。又爲彼總宗之屬宗。以分屬類。則互視之宗。分多許互視之類。泛非之宗。首分二類。一爲缺者。一爲切非者。二者又分無窮之類云。

正論云。思成之有。論其總理。雖可以爲互視泛非兩類之宗。然欲就實有之理以推之。則思有之論。宜謂不可以爲宗也。緣夫以實有之總理而論。互視之有。與夫不相互之有。不可指爲同義故。

論思成之互視。可以爲宗者。蓋其互視。亦有屬類。不異於實互視之屬類。如所以然與其效之互。合給者與分析者之互。度與受度之互。三者皆實互視之類也。而思成之互視亦然。故思有。亦可爲宗。其詳在第四倫。

論泛非也者之屬類。無當於理。蓋缺此模之缺。與非此模之非。二者之別。不能有本然之別。何故。缺與非。本然之別。固不就其底而別。但就所缺所非之模而別。設使其模惟一。則其缺與非。何從得有本然之別。而分二類乎。則其所指以爲別者。第各因其所依之底。如論見用之無者。在石則爲非。在人則爲缺。緣石。乃不可有此模之底。而人。乃可有此模之底故也。夫思成之缺與非。所爲不別以底。而別以模者。蓋就模而論。亦自有宗有類。其所缺所非者。或在有所定指之模。如人之非見之非者。或在無所定指之模。如第論非與缺之總理。而不及所非所缺之爲某模者。無定模之泛非。可以當宗。而有定模之非與缺。可以當其屬類焉。夫所以謂當宗。不直謂宗者。蓋非也者之總理。與所非之總模。二者或有不同之義。若其模之總理包涵依體二倫諸有。不得謂同義者。則非其模之非。亦似義。非同義者。故謂當宗。而不謂爲宗。

其有定模之非與缺者。則受非之模有幾類。而非其模之非亦有幾類。或屬非宗之非。或屬非類之非。或屬非特一之非。皆其類也。凡有模可論者。皆歸於十倫。而十倫之論。悉歸於宗。於類。於特一者。故論非義亦不外於三者之非。所以謂之有定模者。而此非其定模之非。皆爲最盡之類。不相係屬。茲義所據。卽前所舉非上模之非。不可謂爲非下模之非之宗。非下模之非。不可謂爲非上模之非之屬類者也。

或云。設非也者之指非人也。謂其非人之總理爲類。謂在天與在神之非人爲其屬之特一。則此兩特一之非人也。其所函者。必有所多於非人也者之總理所函者。緣凡特一。固多一本殊。以接於公有之有故。今夫兩非人者之所函。若多於總理。則可謂爲非之特殊。然而神之非人。與天之非人。兩者所非。無異。又兩者所非。與總理所非。亦無異。則其特一之非。絕無所增於總理。不可謂爲類屬之特一也。

曰。兩特一之所函。固必有所多於總理之所函者。然不可謂其所函者。爲非之殊也。蓋非也者之謂類。非指其虛非。而指其明悟所成之有。有是之何論。而乃覺其爲非也。故其所加之殊。不得以爲非之殊。而由於明悟之所是。此其爲殊。猶夫加於某一白者之殊然。夫白之總理。就其全者而論。迴非黑之總理。而某一白者。又加之以本殊。就其殊者論之。亦必非彼黑之總理。故某白可謂總白之類之特一也。天與神之非人也。其論亦然。所函總理而外。各函本殊。顧其爲殊。亦各就其分者。以爲現在有據之非。而此之爲非。卽以非其非人之全理。所超然而非者。故可以爲其類屬之特一者也。

或云。凡兩不相屬之類。不可以相稱。設非人者爲一類。非某甲者別爲一類。則兩不相屬。豈可相稱。今所稱爲非人者。卽所稱爲非某甲者也。既可相稱。卽是相屬。豈可分爲兩類。曰。謂兩不相屬之類。不可以相稱。若就何立之稱而稱者。則是也。若就何傍。而謂不可以相稱。則不盡然矣。就何傍而稱者。

如謂非人者．爲非能笑者．本係兩類之稱．然而人也者．乃笑模所依之底．設去其底．則模不獨存．是人之與笑．乃相因而有者．故亦可用以相稱也．推此以論非人之非人也者．乃某甲特殊所依之底．既非人．則亦非某甲．故謂其稱非人者．即其稱非某甲者．此非以某甲之非．稱人之非．而但以某甲之非．稱非人者所指之底．是故可以相稱．不礙於二類之義．

實有之宗類三支

凡全成厥有．如生覺也．人也．有形之幾何也．何似之依賴也．皆可爲宗類．不待證而自明也．至論不全之有．如凡超形性之殊也．（上性所受拘于下性之殊）自立者之舉其脫義也．全形之各分也．諸有之卽也．則其說不一．論超形性之殊．與自立體之脫義．本屬超形性之學．各有詳解．玆但講全形之分．與夫諸有之卽．或各自可立一倫．如作．如所．如時之類．或不足以立一倫．如本自在．（西云素細等際亞．乃自立體．所以各自圓成之卽）如合結．（全者之諸分所相結之卽）如施用之所以施者．（四所以然所施其用之卽）之類．凡各自可立一倫者．皆可爲宗爲類．乃理學之通說．玆論其不足以立倫者．

諸卽之有．苟非他有所礙．皆可自爲宗類．蓋凡思有．既皆可爲宗類．卽之比思有．更可謂有．夫思有之可以受拘而成其超形性之合者。既可爲宗類。則卽爲宗類。亦何不可乎。

何謂非他有所礙者。有謂凡特一之物。所以圓成其本有。及所以自立而無所依托之卽。不得爲宗類。緣其卽本隨特一之殊而有。而其殊。皆非同義。乃似義。豈能俾其爲卽者。有其所無之同義乎。有謂物所現在之卽。亦不得爲宗類。緣其各隨倫異。絕不相屬。亦不能同一義也。此論。非名理探所詳。玆姑論其二倫之卽。可以各取一同義之倫者。蓋明悟之用。能脫自立圓成卽之總理。于諸萬自立圓成之卽。又能脫現在卽之總理。于諸萬現在之卽。皆如脫人性之總理于諸人之特性者然。則亦各爲同義之倫也。何也。論圓成之卽。雖爲凡特一者所以各全其有。故謂隨特殊而有。然而公性就拘於特殊之時。亦自求其圓成之卽。則雖隨其殊性。或不同義。而隨其公性之所求者。蓋亦有同義之理焉。論現在之卽。可爲宗類者。非謂能統絕不相屬之倫。而但謂各倫有宗有類。如明悟之用。以所攝取諸圓成體所現在之卽。視夫下類各圓成體之卽。爲宗。以所攝取人類諸現在之卽。視其特一現在之卽爲類云。

形有者之分。其倫有二一、謂內有全成之分。一、謂形體全成之分。形體之分。如首也。心也。肢也之類。內有之分。二種。一、爲形性之分。如質與模者是。又如線之諸分所相結於無分之點者。時之諸分所相結之頃。動之諸分所相結之倪。皆亦略肖形性之分者。一、爲超形性之分。如凡宗與類所受拘之殊者是。此理別有本論。茲舉形性之分。其論數端。一端。形性之分。可爲宗類。如以質之總理。視上域與下域之質。可爲其宗。以模之總理。視不同類之模。亦可爲其宗也。蓋凡此之分。皆屬同義。如無他礙。則明悟能取其上下兩質之總理。以爲兩質之宗。能取其不相類之模之總理。以爲諸屬模之宗也。

非此說者。曰。宗也類也。謂其爲全者。若質與模。皆其分者耳。豈可爲宗類乎。又類也者。乃指全而稱者。質模皆不全之有。則雖或可以爲宗。然不能爲類矣。

曰。以質與模。視其所合成之全。有謂其不可以爲宗類。良然。若視其倫屬。則固可以爲宗爲類矣。就此作解。其一曰。以質與模。視夫其縮合之全者。則爲分。若舉元質之總理。以視所該上下之二質。則爲全。猶夫生覺者之視其倫屬也。論模亦然。其二曰。偏舉質與模。以稱夫縮合之全者。則爲舉不全而稱。若以稱其或質或模之倫屬。則皆就其全而稱者也。蓋舉物之全者。與舉全而稱其物者。其義不同。直謂爲全者。必其不爲他有者之分。而舉全而稱者。第取挾有倫屬之渾性而已。固不論其性之或爲全。或爲不全也。

二端。肖形性學之分。亦可爲宗類也。此端。從前所證。同爲一論。若更詳之。則云。點也者。視諸線之凡。點爲最盡之類。頂也。倪也。視諸神與形之頂之倪也。各自可爲一宗。

或問。無分也者之總理。視點也。頂也。倪也。可謂宗否。曰。有是有非。兩說皆可。然是說更確。何以故。常然之幾何。（形體之幾何也。恆一不變。故謂常然。）與流行之幾何。（時與動之幾何也。變移不恆。故謂流行。）在幾何之總理。彼此同義。則其無分也者。亦未嘗不同義。故可謂宗也。或曰。點也者。非受統於常然幾何之宗者也。則常然與流行之幾何。雖或同義。無分也者。豈亦同義哉。曰。點也。頂也。倪也之所以別者。就常然流行二義。更爲顯著。此義在兩幾何。不妨其同。則點。頂。倪。三者。亦何礙其同義乎。

或曰。凡屬二形有之模。能作二類之無隔。以屬一宗者。則其模所成之二類。亦必爲無隔。以屬一宗者。此如人模與馬模。無隔而共宗於生覺之模。則人與馬。亦無隔而共爲生覺者之屬類也。今論無分者所成之三種。其爲常然流行之幾何。雖同一幾何之宗。而其無分者之義。固不屬於幾何之宗。（無分者。不可分而爲幾何。故不屬於幾何之宗。）則此三種。豈可謂同義之類乎。曰。夫諸形有之模之中。固有總模。可以作其宗者。

故凡其模所作之類。亦謂無隔以屬之宗者。若無分者。本卽在於恆然流行之二類。非可以爲先在宗。而後在類。緣此二類。但以幾何爲其所共之宗。而幾何之本理。自屬可分者。非所涉於無分者故也。則其三者所成之類。雖無所云無隔之宗。在乎其上。然必爲同義矣。

三端。形全者之分。視無他形相背之諸分。不可爲宗類也。蓋凡爲宗者。皆本然之有。而其分。則非本然之有。但爲依然之有。如首。如心。如肢之類。其質其模以外。又各有某形像。有某形像。然後顯其分者。固皆依然之有耳。依然者。不謂宗也。（如取此一形之首。視他各形之首。此等皆係依然。）卽或不論分者依賴之形。而第論其爲質模之所成者。亦不可以謂宗。何故。宗者之稱。自受其殊者之拘。而其相背之諸分。惟各自就其全而受拘。故不可以爲其宗。凡論諸物有生者之分。與不生者之分。皆同一理。

○舉宗稱類之理如何辯三

宗之稱類可謂全否一支

玆所論宗有三義焉。一、指脫乎屬類之總性。如生覺者。指其脫乎人馬之生覺性。主此義。則宗爲全。不爲分。言乎其爲兼有生覺性者故也。然其全非實而全。但爲超而全。蓋不指其依於特殊而已受其成者。指其可依乎特殊以受成者。緣凡可以受成之性。本有可以得其所無之能。故謂超全者也。二、指屬類之一分。就此義。則宗。不得脫乎屬類。三、其爲分也有二。一、現結於殊。以成下類之全。一、不現結於殊。而但其可結於殊者。循此三義。其說亦三。

一說。宗也者之稱其屬類。舉其爲現分者也。所憑者二。一、亞利云。全解。舉全解之分。皆可用以稱受解者。今解也者之分宗分殊也。就其現結之分者而稱。不就其可結之分而稱。則宗也者。舉其現分之義。以稱倫屬之類也。

次宗也類也。就全與不全。以別其稱類。乃舉全而稱者。宗乃舉不全而稱者。夫宗旣主不全以稱類。則是指其現分者。凡不全者。是分者故。

二說。宗之稱類。就其爲可結之分也。其證云。凡正當之稱。自全括其所稱之底所括者。今夫宗也者。謂其現爲分。固不能括夫他分。（他分者。類之殊也。）若但謂爲可結之分。則渾然能括他分矣。蓋明悟攝想宗性。謂其可結殊以成類者。不以爲現合於某殊。而但以爲可合於某殊。則宗之超義。乃全括乎可結之諸殊者矣。循是而論。可謂括其屬類所括之全者。而其全者之分。一爲實然而括。（宗性）一爲就其超義而括。（類殊）故曰。宗之稱類。據其爲可結之分。而非據其所現分者也。

三說。宗之稱類。循其爲全者之義而稱也。篤瑪云。設使生覺者。非括屬類之全。則何可以生覺者而稱人乎。緣分者。不得稱全故。此說。是也。證此論。須知者二。一端。類之全性。所受於宗與殊者。義各不同。類之受宗性也。原夫宗之理。非能自成者也。必依類性以受成。若殊。則類性自所攝受以成其爲有。且以限定其類者。如生覺者。人之宗也。人類旣受生覺之宗理。又就其推理之殊。彌顯宗之美成。而且以其殊者。限定其人類之全性也。由此推知。宗與殊。皆指其類之全性。而宗。則指其可受拘以顯其成者。殊。則指其能接宗以成其類者。二端。宗也者。舉其超義而謂全。與其謂現分。謂可結之分者。義甚不同。舉義之全者。不但指夫屬類之一分。又指其類全性之未曾得成。而可就特殊以受成者。若舉其分義。則但知其分之或現結。或可結。而不指其類之全性也。何也。超全者之就總理以脫屬類也。如生覺者之總理、脫人與馬。故能指人馬之全性。所總合於生覺者。若但爲屬類之分。則非就公者之脫以脫屬類。而其所脫。但如手足之或脫於身者然耳。

由此二端。可推二論。以證宗之所以稱類者。就超全之義而稱也。其一、宗也者。據其爲脫乎屬類之公者。以稱屬類。蓋凡脫乎下性之公者。總括所脫下性之全。如類之爲義。乃指夫類所脫於諸特一者之總性。而非指其所從而脫之各特性也。則以宗稱類。據其超全之理。而非據其分以稱之也。緣凡爲分者。不得就公者之脫。以脫夫特一者。而但能就分割之脫。以脫其全者。如肢體。或被分割。以脫於全身者然。

其二、凡正當之稱。其所稱者。不但須爲其底之所括。如僅爲底之所括而已。則是可以分者稱其全者。而必不然。則又須全括其底之所括也。何故。舉此稱彼。便是謂此爲彼。若其底之所括。未必全括於所稱。則其所指以爲彼者。豈不爲謬稱哉。由此而推。則知何以不可舉分以稱全。蓋此之分者。既不能括其全者所括之他分。卽不可謬舉其全者。而以爲分者故也。此全與分之辯。或論超形性學之分。宗與殊或論形性學之分。質與模若歸一理。雖超形性學之分與全。無有實別。但有率基之別。然而明悟所攝。既已作其全與分之別矣。設舉一分以稱其全。豈不謬乎。

解第一說。亞利謂全解與全解之各分。皆可以稱受解者。其所謂分也者。非謂就其分之實在而可以爲宗。但因其有超全之義。有宗之理。故用以稱現前之類耳。

所謂宗與類。就全不全而分者。曰、不全之義。有二。一、舉其物之本性本屬不全。二、舉此物以稱彼物。而其所舉爲不全者也。循前義。則宗也者。誠舉不全。緣其舉生覺。以稱下類者。是偏舉其爲生覺者也。循後義。則所實有者。雖不全。然而宗之所舉。自是其全者。蓋所舉生覺之性。非據其爲分。而據其超全。可由特殊以受限。而成其爲下倫之特有者也。

解第二說。宗之舉現結而爲分。與可結而爲分。此二義之所以別。非爲其現分者。但結於一特殊。而可結之分。則可結於諸特殊也。蓋皆就其結於某一特殊者而論之。所不同者。謂在現分者。則現結於某特殊。而爲可結之分者。雖非現結。而可以結於某一特殊者也。由此推知宗之爲義。若據其爲可結之分者。固不能兼統特殊。不得就此義以稱屬類矣。

就何立而稱爲宗所異於殊者否二支

謂非者。所據有二。一、亞利云。解也者之兩分。宗與殊皆就何立以稱其類者。又云。凡解之所函者。一爲宗。一爲殊。然所由舉之以稱類者。皆就問立而稱者耳。循此論。則問立問傍。非宗與殊之所以別也。二、稱物理者。由物所固有之理而出。今殊之在於類也。就其固然者。比宗更貴。緣宗當質。殊當模。

模貴於質故．則就殊而稱所成之類之理．貴於以宗而稱類者．今就問立而稱者．貴於就問傍而稱者．則以殊稱類．乃就問立．不就問傍矣．何謂問立之貴．踰於問傍．問立乃自立之體所稱．若問何傍．則依賴者之所就以稱其底者耳．依賴者賤．自立者貴．所就而稱者．其貴賤準此．

雖然．薄斐略以問立問傍．別宗與殊．其論是也．證有二．一、亞利云．殊．依傍於宗．宗不依傍於殊．蓋能走者．必爲生覺．而生覺者．非必能走也者．則知宗與殊．據各所挾以立稱．固自相別也．

二、宗也者．舉其爲本自在者．以稱屬類．問立者．本自在者之稱也．則宗．固就問立而稱矣．又殊也者．舉其模而稱．凡模非本自在者．乃依合於質．以成其全者．故不依問立．但依問傍也．循是兩端．可知問立問傍．爲宗類之所以分矣．或疑獨也．依也．亦舉問傍而稱．則殊與宗．何能就問傍而別哉．曰．獨與依．雖亦主問傍．然於凡物之本元者．不爲其內分．而但或由其本元而發．（獨者）或依附其本元而有．（依者）若殊與宗．則俱其本元之內分．但有立與傍之別．故謂殊也者．就問傍而別於宗者也．茲當爲加一解云．就本然之問傍而別也．此乃殊與獨依之所以異也．

欲解前引亞利之論．當知其義有二．一、是用此物以稱彼物．一、是所據以稱彼物之理．前義乃稱者之質義。故不可以取五稱之別。後義。乃稱者之模。五稱循此別焉。謂非者。所引亞利之論。蓋舉前義。緣宗與殊。皆類也者質有之內分。故謂就何立以稱其類。若夫正論所引。則屬後義矣。故就其問立問傍。以爲宗與殊之別也。

所謂稱謂之理。由物所固有之理者。曰固有之理。二、一物所實有。一、明悟之所攝想也。用此稱彼者。惟舉後義。論所實有。則殊貴於宗。論明悟之攝想。則宗貴於殊也。

○○五公之篇第三論類

此篇有三端。一、釋類義。二、略論十倫。以解類性。三、詮不分一者之義也。第一端。類有二義。一、是屬於宗之性。是宗也。乃舉不全與問立所稱者也。一、惟舉可用以稱者。是可以稱多不同數者。就其問何立者。第二端。凡物倫各有三者。一、倫之至宗。二、宗之最盡類。三、在至宗與最盡類之間者。至宗者。其上更無他宗。最盡類者。其下更別無類。在宗類之中者。是上者之屬類。而下者之上宗也。第三端。解不分一者。云是但可稱一者。又云是不可分析者。又其所有之諸情。不能兼有所他屬者也。

(古)明悟所置。在宗下者。是之謂類。生覺色形。皆各謂宗。若人若白若三角形。是乃屬類。前釋宗性。

就類作解。茲究類義。舉宗設論。相因而有。故相爲解。

（解）薄斐略設五公者之論。依物性爲序。故以殊先類。緣凡論分者。固當先於其論全者。茲釋各公者之本義。則依教人譚理之法爲序。先解類義。緣宗與類。相因而解。則設類解者。當在宗論已徹之後也。

釋類之初義云。是乃明悟所置於宗之下者。如人也。白也。三角形也。皆各爲一類。而生覺者。色者。有形者。則各爲其宗者也。或謂薄斐略先釋宗性。就類爲解。今欲解類。又取宗義。如儱侗畫一圈。然宗類之性。不得盡明。薄斐略自爲之釋曰。凡相因而有者。亦相照而解。宗類相因。則二者之解。正當相引而解矣。

（古）又解類義。是屬宗者。是宗所稱。是依問立。舉問立者。以稱異數。是亦謂類。末解數異。是最盡類。謂屬謂置包盡與隔。

（解）茲又設類之二解也。前一解。加益大謂非一解。當分二解。屬宗者。其一、宗所就問立而稱者。其二也。然擬亞味之論。則謂兩句共成一解。何故。薄斐略前解類義。謂是明悟所置於宗下者。今亦謂是屬宗者．若非又增一義．云是宗所可稱者．豈可謂又解乎．緣屬宗之義．非有增於置宗下者之義也．次．若除所謂是宗所稱云者．安知其屬於宗者．爲何立．爲何傍．則其解．未免有闕．

所謂舉問立以稱數異云者．是設第三解．以明類之第二義也．此所異於前二解者．有二．一、前解．指類爲屬於宗者之特一．茲解．謂可以稱數異者．則指類之得名．所以爲第二公稱者也．二、前二解．包函最盡．及有屬類之諸類．茲第三解．則但是最盡類之解耳．

(古)十有之倫．各括有三．上至宗一．下盡類二．中宗類三．上更無宗．是謂至宗．下更無類．是謂盡類．在中之倫．兼宗類義．視上則類．視下則宗．如自立體．謂爲至宗．下有形體．形下有魂．次爲生覺．次列人靈．某甲某乙．又居人次．是諸等倫．夫惟自立．可謂至宗．不可謂類．人謂盡類．不可爲宗．若夫形體．爲自立類．爲魂體宗．有魂體者．爲形體類．爲生覺宗．夫生覺者．視有魂形．則爲厥類．視生覺靈．又爲厥宗．惟生覺靈．居特一先．視厥上下．固爲盡類．特一無隔．皆謂盡類．絕無宗義．自立之體．緣其最先．故謂至宗．不可謂類．生覺靈者．緣其最後．只爲盡類．非能爲宗．在其中者．視上爲類．視下爲宗．皆各二互．至上最下．各僅一互．

（解）此第二端。詳論物所相序之倫。謂凡物倫。皆各有三。一者至宗。其上無他宗者。二者盡類。其下無他類者。三者在至宗與盡類之間也。獨取自立一倫爲例者。一則其倫最貴。爲他諸倫之基。一則其義與名。比他倫更顯耳。

（古）至宗視下。必有互理。上則無互。盡類視上。亦必有互。下則無互。視上視下。非有異互。上則受統。下則所統。皆以類互。

（解）此再解至宗之與盡類。各僅有一互視。蓋至宗無上。故但有視其以下之一互而已。或疑以此論盡類。則尚有疵。緣盡類不但有視上之互。亦有視其特一在下之互也。曰。薄斐略此解。不論諸互。但論此一物所以爲宗爲類之互。盡類。雖實有二互。然而論其所以爲類之互。則一互而已矣。

（古）若解至宗者。是宗。不爲類。又上更無宗。若解盡類者。是類。不爲宗。亦不更分類。能稱多異數。其在中間者。於上則爲類。於下則爲宗。若論由盡類上推至至宗。如從孫遡子。上逮于曾高。是之爲至宗。

（解）依前所設物倫作宗類解。又取人生之系。以釋至宗。盡類。與在中之序也。由高視曾。由曾視祖。以至子之視孫。皆爲父而不爲子。由孫視子。歷父祖而上。則爲子而不爲父。其在中間四葉。視上則爲子。視下則爲父矣。凡物之倫序。盡然。

(古)若論世代。皆歸一原。如彼四世。歸於高祖。至論宗類。非歸一有。蓋論一有。非萬有宗。是故亞利。爰立十宗。爲各初有。雖彼十宗。俱亦稱有。然第名通。而義則歧。設若爲有。爲萬有宗。則萬有者。當同一義。

(解)人代與物倫之喩。有不盡同者。世凡某性之人。固皆歸於一宗。十倫不然。各自有一至宗。雖或亦謂十有。然非卽以總有。爲其所共之宗也。以總有而視十倫之有。但爲名同義似者而已。(西文亞納落我)證舉二者、一亞利定十倫之十至宗。緣總有也者。不得爲總宗。故二、若總有之視十倫。可以爲宗。則可就總有之同義。以稱十倫之諸有。然而總有。但可就其同名爲有者。以稱諸有。其義實各不同。故不可指以爲宗也。

(古)至宗惟十。至最盡類。必有定數。不得無窮。盡類所屬。不分一者。則數無窮。故覇辣篤命從至宗。別其類殊。推至盡類。而論卽止。其不分一。不及置辯。非確知故。

(解)萬有之倫。總惟有十。謂之至宗。推至最盡之類。必亦俱有定數。但非人所盡知耳。至論盡類之下之爲不分一者。則無數可紀矣。故霸辣篤謂欲究物理。宜推至宗而降。歷最盡之類而止。不及論至特一。緣特一無數。非確知所及故也。或疑薄斐略所云。最盡類有數。而不分一之無數者。但若就現在言之。則最盡類與不分一。固皆有數。若論可以現在。則盡類與其不分一。均之可以分傳無窮。豈可謂盡類有數。而不分一爲無數哉。有謂薄斐略舉第二義可在者而言。但取自立體一倫爲例。緣此倫之或現在。或可在。皆有定數故也。此說未盡。一則。薄斐略蓋舉通論。豈以一倫爲限。一則。論司所以然之能。其所造雖有定數。然論造物主之全能。則其盡類。其不分一。皆可相傳而無窮者也。故又有謂薄斐略舉第一義現在者而言。其謂不分一之無數者。義云不分一。自無本解。故不可爲限也。此解亦非。繹薄斐略本意。蓋因不分之一無數。故謂不屬確知。而謂不屬確知。便是謂其不可限解。緣限解者。正吾所由得以確知之具耳。有謂薄斐略誠舉現在之不分一而言。但所謂無數者。但謂其非可限定。蓋既常生常死。數不可定。與類之恆然而不易者。固自不同。

(古)從上推下。循厥衆有就殊而析。從下推上。則取厥衆合而爲一。宗之與類。合衆爲一。若夫特一。則取上一。散以爲衆。衆人在類。總惟一人。一人在衆。則謂多人。

（解）兹論從下而上。從上而下。以吾明悟推論者。推下。則分一爲多。推上。則會多爲一也。蓋由宗以降者。析宗之一。以成屬類。及諸不分之一。而其推而上之。則其不分一。皆合而歸之於類。諸屬類。皆合而歸之乎宗。故云。衆人在類。總惟一人。如人馬牛類。共屬生覺之宗。可謂皆會於一者。

（古）舉宗稱類。是謂正稱。舉類稱宗。謂不正稱。蓋凡上者。可以稱下。若其下者。不可稱上。凡稱他物。或彼此均。馬亦稱嘶。嘶亦稱馬。或所舉稱。廣於其底。如舉生覺而以稱人。謂生覺者廣於人底。若夫生覺。豈可稱人。凡類所稱。統類之宗。統宗之宗。升及至宗。皆可以稱。皆固然稱。如指某甲。某實爲人。人實生覺。又實自立。則謂某甲。爲生覺者。爲自立體。其稱亦允。

（解）兹論各倫物之相稱也。云舉宗。可以稱類。舉類。可以稱其以下之諸物。然而不可舉類以稱其上焉者。何故。凡可舉以稱他者。或彼此所統維均。或稱者廣於其底。可舉統以稱偏。不可舉偏以稱統也。宗。爲統者。類。爲偏者。故可舉宗以稱類。不可舉類以稱宗。類爲統者。不分一。爲偏者。故可舉類以稱不分一。而不可舉不分一以稱類也。第其偏之不可舉以稱全者。但論正稱。全稱。若就不正之稱。則亦可稱生覺者之爲人。又若就不全者之稱。則亦可以人爲知文藝者。斯皆舉類以稱宗。舉文藝之偏。以稱其人之全者也。

（古）不分之一。只稱一者。如瑣加得。如稱伊人稱瑣復尼子。皆不分一。

（解）凡舉稱不分一者有三。一、舉其本名。如云瑣加得。云霸辣篤者。二、舉其名之公。以指其獨者。如指此人彼人是也。三、但舉其特有之義。如謂瑣復尼之子。所指在瑣加得也。舉斯三例。皆所以稱不分之一者。

（古）不分之情。全而括之。則於他物必不相宜。如瑣加得所統諸情。特繫於己。非他可貸。論人類情。固可在賾。

（解）前所舉之三名。乃不分一者所有諸情。皆不得並合于他。故依此以解不分之一。言其別所有之諸情。亦不得並繫乎他也。

（古）不分一者。爲類所統。宗則統類。故宗爲全。而不分一。惟謂之分。類之爲義。兼全與分。視上謂分。視下謂全。

（解）前釋不分一者本有之義。蓋指係于所稱之底者。茲又舉其所屬之類。較而解之。曰、不分一者。

爲類之屬分類也者。視宗則爲分。視不分之一。則爲全者也。此所謂分謂全。但論分全之超義。非論現爲分、現爲全之義。

○悉類之兩解辯一

類之先解一支

謂未確者。所舉有四。一、凡作解。當顯於其所解者。宗不顯於類。則欲解類者。不宜舉宗。何故。薄斐略舉類解宗。以類爲更顯于宗。此復舉宗解類。則宗與類較。其義貞勝。宗固不顯于類。

二、欲舉宗以解類。是舉此物以解此物。何故。亞利云。立解者。或用其分而解。或更有他語。以爲其分之本解。乃可就其解而解。玆類解云。是屬於宗者。若解中所謂宗。卽可以用其宗之本解而曰宗是類所屬者。則亦可云類是屬於類所屬者。以類解類。其類性終不得明。

三、此類之解。亦可以用解不分一者。緣其亦屬于宗故。則不可以爲類之本解也。或云。所謂屬于宗者有二義。近屬一。遠屬二。不分一。乃遠屬者。類之屬宗。則其近屬也。辯之曰。不然。一則就生覺之宗。專舉一生覺者。是爲生覺者之不分一。緣其統生覺之性。與其特殊故。謂生覺者之不分一。此乃近屬。

而非遠屬一則。人也者卽自立體之一類也。然而其視自立宗。不得謂近屬者。則豈可謂類爲近屬也。

四。屬宗之類。本爲公者。則不當舉其上而解。當舉其下而解。與他諸公者一例也。

欲明正論。當憶薄斐略前謂最盡之類。必有二視。其一、上向于宗。而爲其特一者。其二。下向不分一。而爲其公者。就前義。闢啓上宗。使之顯明。就後義。限定不分一。使之現立。故此二視。名同義異。又屬類之義有二。其一、無屬類之類。其一、有屬類之類也。

正論云。薄斐略所設屬類之解。皆是也。詳之則曰。是有一名一義之一者、是依問立而近屬于宗者也。有一名一義之一者。則當宗也。其餘所詮。則當其殊也。謂屬于宗者。非言現屬。惟言可屬。以別于他諸公者。謂依問立者。以別于殊獨依之特一者。蓋彼三者。皆非就問立。以屬于宗。故謂近屬者。以別于本倫之不分一者。蓋不分之一。皆遠屬于宗者。故循此義作解。不謂限解。但可謂曲解。緣其可屬于宗。與其就問立而稱者。皆但舉其類之情故也。欲作限解。則當立特一者而爲宗。（以類對宗而論。則類爲特一者。）又或立類所向宗之互視。而以爲殊。曰是特一者。是近向乎宗者也。或立類所以能屬于宗之容德爲殊。曰是能屬于宗之特一者也。

所謂作解者。當顯於所解者。曰。凡作解者。若以闡發受解者之內藴。則此說爲是。若無關內藴。則非也。宗與類之相解也。非有關于內蓄之隱奧。惟其外有相系屬者。緣其爲相因而界。而凡相因而界者。第爲在外之系屬已耳。所以亞爾伯篤曰。凡相因而有之物。其彼此相解也。謂相向而解。則可。謂相主而解。則不可。向解。指外。主解。指內。故。據此。則駁論所謂宜顯於其受解者。可以論主解。非所以論向解也。

所謂舉宗解類。乃舉此物以解此物云者。曰。亞利所云。惟論其內所藴之分。非論其外所界之分。故其爲類解也。所舉宗者之解。但是爲界之解。不得用爲解其類之宗也。

所謂亦可用以解不分之一者。亞爾伯篤釋之曰。其爲解也。蓋指類之切繫于宗者。若不分之一。豈切繫乎宗者哉。緣夫類之爲義。合宗與殊而全宗統于類。而殊亦宗之超義所統。故類也者。可謂之全繫于宗者。若夫不分之一。雖函宗性。然其特殊。但繫質與依賴者之合。固不全繫于宗也。則所云類屬于宗。本指其全屬。而非指分屬者也。此解不盡。一則所舉特殊之論有疵。一則解中未嘗推明全屬之義。未若駁論所辯更明。緣直謂之近屬于宗。乃其相屬之要義耳。

若其所舉生覺之特一者。則有辯生覺者有三義。一、或指生覺者由所結之類。合于特殊。以成不分一者。此則直指某甲者也。二、或論生覺者無隔而結某特一之殊。三、或專舉一生覺者。而不定指爲某甲。乃游移之特一也。舉首義。則此生覺者本爲數一之有。不可謂之近屬于宗。舉二義三義。則非一之有。而但是依然之合。不得屬于宗以受其稱也。所謂人之爲類。非近屬自立之宗者。曰謂爲類之所近屬者。非謂近屬于其以上之諸宗。但近屬于無隔之宗。然而兼謂遠屬于以上諸宗。于理無礙。如人也者。近屬于生覺者。以生覺爲無隔之宗。則人也者。正可謂生覺之屬類也。

所謂類之屬宗本爲公者。不當舉上而解云者。曰論屬類。或論其物之質有。或論其所向乎宗之互。卽其模義也。舉前義。凡爲類者。當是可傳于賾之公性。當基公者之互視。而不就其自己之有。以謂爲公者。如宗。論其質有。亦非就其已有以爲公者。乃就人明悟以爲公者也。舉後義。則類也者。不但非就其已有而可爲公者。亦非必其有公者之容德。惟用一互以向界其在上之宗而已。究論其爲公之義所視于賾者。則另有解。曰是就問立以稱不同數者也。

類之後解二支

前所論。就其屬于宗者。今論其可稱不分一者。解曰。是一者。是能稱數異者。是就何立者也。所謂一者。其解中之宗也。其餘所詮。則替殊而言。謂就問立。所以別于殊獨依三者。謂稱數異。所以別于宗也。然所謂數異者。或當謂但能稱數異者。或當謂能就近以稱數異者。或當謂挾全而稱數異者。不然。亦可用以解宗。而宗類無所別也。蓋生覺者之宗。亦可用之以稱某甲某乙。然而爲其但稱乎數異者。又有類以隔之。則生覺之宗。不可謂近稱。而亦不可謂之挾全而稱。如類之于賾。能挾有其全性者。故茲云稱數異。必增或但或近或全之文。乃見類解宗解所以相別之本殊也。顧此解本爲曲解。欲作限解。則或謂類也者。是公者。是就本然。與問立。但可在于數異者。或謂是特向乎數異之公者也。

駁此解有四。一、設我明知生覺者爲人類之宗。不知其宗之下。隔有屬類。于是明悟用生覺以攝人類之賾。則宗固可用以稱其以數而異者。是以數而異之稱。不得爲類之本殊也。

二。設天主俾二靈魂。合于二不類之質。（天質與下域之質）其二合成者。既各函不類之分。固爲別類。然而皆可稱爲人之類。以皆生覺而能推理者故也。則類也者。不但可稱不同數者。亦可以稱不同類者。

三。類所以稱數異者之互視。由其上屬于宗者之互視。（類所以稱不同數者。必有以類視特一之互。類所以屬於宗。亦有以類視宗之互。）

故類之屬于宗也。乃其稱數者之互視之遠基也。（稱數異者爲近基。屬于宗者。爲遠基。）茲其所以爲類解者。既據其所異者互視之基而解。則不當但云能稱數異者。更當提其屬于宗者。然後類與數異者相稱之互。可得而明也。

四。宗之統類。必須多類。若類之統特一。則不須多特一者。但有其一。類亦可存也。則類之爲解。豈必謂其可稱數異者乎。釋第一曰。宗性已脫特義。便可有公者之互視。設或不知。而謂生覺者之宗。爲有人類中所視各各之互。此何妨于類之本解乎。蓋凡但可以稱異數者。正謂之類。若不知宗之有類。謬而稱數異者。亦惟謬而謂之類耳。

釋第二曰。設使靈魂與天質相結而成一乎。此不可以爲本然之一者。緣其質與模。非互稱。故亦何可以受或宗或類之稱也。又設使其合成者。或可謂之本然之一乎。則並指二者以爲人之類。固不爲最盡之類。而仍可以稱爲不類者。卽亦可立之以爲宗。但其爲宗。與理學所論有形體之宗。不同。蓋形體之諸宗。其各屬類。就其所有不同之模而分。而彼宗之屬類。則但就其質有而分耳。

釋第三曰。謂稱賾之互視。由屬于宗者之互視。如其情然。是也。謂必提其屬於宗者。則非也。舉其互視之近基而其義已明。卽其所云能稱數異者。是矣。此加益大諾之說。尙未盡然。夫屬宗之互視。與稱賾之互視。非必有固然之相關者也。凡類。亦有但可以下稱其賾。而不必上有其宗者。是可謂爲稱賾之類。而不可謂爲屬宗之類也。如指上域下域之質爲類。惟可以稱異數之質。不可謂爲屬於何宗之質。可見屬於宗之二互。其所關非固然。但偶然者矣。設令有關。則屬宗者之互視。或係於所稱之互。而所稱之互。必無係於屬宗之互。蓋類之屬於其宗。必先自有公者之基在其類性。前辨已明。則何必舉其屬於宗者。以爲稱不同數之解乎。

第四論。其詳。在於超形性學。茲略釋之。曰。論宗與類。姑舉三義。一、宗類之性所實有者。二、宗類就所受拘於殊。爲所得之美成者。三、第論其宗類之分傳。而不指其在容德。在互視者。循第一義。則宗之可存於一類。如類之可存於一特一也。蓋上焉者之實有。全在於各下焉者。如論生覺之宗。設但有人之一類。卽可以存。亦如論人之類。設但有某甲之特一。亦可以存也。循第二義。則類之美成。或可就其特一之一也而存。而其宗之美成。固不得以一類而存。何也。凡公性之美成。其次義在於受特性之拘。得以行其特性之諸用。今凡共一類之特一者。各殊各用之美成。其本元俱無所異。而其共宗之類。則所各接於宗之殊。所各自得行之用。固各不均。凡類性所函特一之美成。舉其廣。雖多特一者。勝於一特一者。而舉其盛。則在多特一者。無以喻於一特一者。至於宗之在類。則不然矣。其兼有多類之美成。固必盛於專有一類之美成者矣。是故窮理者。皆謂類也者。得存於一特一。而宗也者。不得存於一類。蓋循此義。

若循第三義。則宗不得存於一類。而類亦不得存於一特一也。何故。公也者。或在於容德。或在于互視。或在于其容德之全爲。今論容德與互視。非係於性之或在一。或在多者。但緣明悟而發耳。若其全爲本指公性之現在於多。則宗何得存於一類。類何得存於一不分者哉。

○宗之所向辨二

宗。不但向於類。亦向類屬之諸不分一者。蓋舉宗以稱類。與夫舉宗以稱不分之一者。其稱皆正稱也。茲論宗之所向於二者。其理何若。

類所受宗之向。爲全對向否 一支

宗與類。乃相因而視者也。宜知凡相因而有之兩物。各有三義。舉其向於他。謂之向者。舉其受向。

謂之界者。舉其復向於我。謂之對向者。又凡爲界者。有二。一、謂之初界。亦謂分界。亦謂之無隔之界。二、謂之全界。何謂初界。爲界者與向界者之間無他物隔之。如見德初向見用。次向所見之物。則見用爲其見德互視之初界也。何謂全界。見用與見用所及之物。其外更無他物。爲見德之所向者。是乃互視之全界。緣見德雖無隔而向見用。然所向不止於現發之見用。更向所見之物。故必見用與物。二者相合。乃爲得其全界。

次。對向者。或亦爲初界。亦爲全界。如子視其父。亦爲初界。亦爲全界也。父子互爲界。互爲向。中間無隔。故爲初界。而又此外無界。故爲全界也。或爲初界。不能爲全界。如見用之視其見德。爲初界。不謂全界也。合見用於受見之物。爲見德之全對向者。不可謂初對向者。若專論見用。則可謂初對向者。不可謂全對向者。

論宗之初對向。全對向者。有兩說。一、謂類。乃宗之初對向。全對向。若夫不分一者。實亦宗之所向。但其向之之互視。與所向類之互視。固有不同。因而自立第六公稱。前定五公稱之數。不提是義。到此乃當論及。此義所憑。在薄斐略之解宗也。但就類而解。曾不及於不分之一。若謂類不爲宗之全對向。則宗解何以但舉類。不舉不分一乎。

二謂宗所初向之界。亦非類。亦非不分一者。乃類與不分一之所共。卽所謂就不全與何立。以屬於宗者。是宗所向之初對向也。若類與不分之一各爲次對向耳。證之云。類與所屬之不分一。其就何立。與不全而屬於宗者。皆共一理。則此屬之公理。固在兩性分屬之先。則於分屬之先。已能界其宗之互視矣。

或有謂類也。不分一也。其所共不全何立之屬於宗者。較類與不分一之屬於宗者。所謂名同而義似。不可以爲在類與不分一者之先。蓋凡義似之上性。不得全脫於倫屬。故不得謂原先於下性者。則類與不分一之所共屬於宗之理。不得先界宗也者之向也。應之曰。斯之爲屬。眞爲同義。不可謂義似也。何也。謂屬於宗者爲義似。爲其先稱類。後稱不分一。故耳。夫生覺者之爲宗也。以稱人也者之類。及某甲之特一。則人固先於某甲。蓋人性先系於生覺。而某甲屬焉。然而不可謂人與某甲爲異性也。則屬於宗者。雖其先稱類。後稱不分一。亦豈可謂爲似同義。非同義之性也。

又類與不分一。其合而屬於公者。必爲同義。則合於不全何立之屬者。亦爲同義。何也。凡就近稱以合於似義者。必不得就遠稱以合於同義。夫公屬者。乃類與不分一之遠稱。而不全何立之屬者。乃類與不分一之近稱也。遠稱者旣同義矣。近稱寧有不同義乎。所謂合於公屬必爲同義者。理學分公稱而作五類。又分公屬者作六類。蓋不分一者所視宗者之互旣爲思有者之第六類。則他無可以爲其宗者。而惟所謂公屬者。可以謂之爲宗也。

三。不全何立之屬於宗者。雖或爲相似之義。亦可謂能先界宗者之向也。如有也者之宗。原係似義。而能界夫超形性學之所向。然而超形性學。乃學類之一最盡類。且同於一義之類也。學雖殊類。然共一明確之知。不得不然者。是謂同義。

正論有兩端。一曰。宗也者。亦向類。亦向於不分一者。證之云。薄斐略之解宗也。就其可稱不同類者。諸窮理者未嘗不以爲然。夫不但就類分類。謂不同類。卽屬其類之不分一。皆亦謂爲不同類者。則是宗之向。兼類與不分一而向者。

次。就不全何立所分傳於賾之容德。乃宗者互視之基也。今論宗之分傳。視類與不分之一。其不全何立之理。皆一。但以分傳之近遠爲別。可見宗之一互。乃先向乎類。而次卽及於不分一者也。夫非以一分向類。又以一分向不分一。而總之以一互視。全向類。復全向乎不分一。如一德能之互視。全向乎其爲而後亦全向乎其界者然。

二端。類之於宗。爲無隔之對向。但不可謂全對向。所以不爲全對向者。就第一端可證。蓋已證宗之互視。徑及乎不分之一。則其互。非止及於類者。故知宗也者。不以類爲全對向者也。所謂爲無隔之對向者。薄斐略云。宗也者。不得不就類而受解。亞利亦云。凡相互者。就其無隔之對向不得不然者。而受解焉。次宗也者。既爲倫賾之所共。固必有視其賾之互焉。若使先向所隔之物。後乃向類。則是所隔者之接於其宗。固先於其類。而豈其然乎。三、類與不分一之於宗。既謂有相共之公屬者。則亦宜謂有宗與類所共何立之公稱者。若無公稱。豈有公屬乎。四、其公屬者。既爲同義。則其公屬之總理。將謂之爲宗乎。爲類乎。若謂爲宗也。則不得界乎宗向於我之互視。緣其視公者爲最盡之類。而共屬公者之類。與夫所謂公屬之宗。不得相準。按亞利之說。凡兩相對者。必爲兩相等。則豈可以宗之盡類。與公屬之宗。爲相對乎。若謂爲類。則既爲最盡之類。又謂其所屬之類之互。與所屬不分一之互。皆是其所統特一之互。則悖於理學之通論。窮理者皆云。類也者。或論其屬於宗。或論其稱倫賾。其所謂公者無異也。又悖於理。凡兩特一之屬於一類也。其相別。未有如此兩互視者之夐然別者也。則安得有所謂公屬者。在類與宗之間哉。故類也者。乃宗者無隔之對向也。

第一說。所謂宗之不得不就類而受解者。曰凡解相互者。必舉其無隔之對向而解。若舉全向。雖於相互之性。更爲明暢，然非所必須者。故薄斐略惟謂就類解宗。爲固然之須也。顧其宗解之中。亦舉不分之一。前已有證。

第二說。所謂就不全與何立以屬於宗者。乃宗所先向。有前論足以正之。所謂稱之先後。不礙乎同義者。良然。而其所舉之證。則非也。生覺者之稱人與稱某甲。非就同義而稱。蓋物之本自同義者。與就同義以稱其底者。爲論不同。凡同義者。是其物之所自有者。若就同義而稱。則非物所自有而但就其所稱之底以謂之有。故凡就同義而稱者。必就其所稱之底以受乘焉。非止於一稱一底也。茲論生覺者之在人在某甲。非論多生覺者。而但論一生覺者。則非就同義之稱。以合其兩者之稱者也。故其論不足爲證。

或又謂。若是。則類與不分一之公屬於宗也。亦但舉其本有。雖先稱類。後稱不分之一。不妨於同義。如以生覺者稱人。稱某甲。雖非同義。然而直舉其生覺之本元。固同義之稱也。曰否。謂循先後而分傳者。若其公性。由先而傳及於後。則不妨爲同義之性。如生覺者。就人類以結某甲之特一。其所稱。雖非同義。然論其性之本有。非不同義之有也。若非就此一以及於他者。則其傳雖有先後。而必礙於同義之理。今夫公屬於宗者。其理對列兩端。一是類之屬者。一是不分一之屬者。而惟是其公屬之理。則先降乎類而後降乎不分一者。故不但其分傳者。第爲似義。而其分傳之性。亦不可謂之一者。緣其在此一類之時。亦有他分可在於別類。而凡謂同義之宗。則必全在於各類。不可以分析者也。

謂類與不分一之屬於宗。皆合於公屬者之理。亦非也。蓋凡雖有先後而非就此一以及於他者之分傳。未可謂之不同義者。雖然。間亦有二類焉。舉其遠稱。則爲同義。而舉其近稱。則爲似義者也。如由所以然而推之知。與由所以然之效而推之知。此二者。在何似之習熟。則同義。在學。則相似之義。蓋由所以然而推之知。直謂之學。而由所以然之效而推之知。不直謂學。而但循偏義以謂學。顧其二者。皆謂何似之習熟也。又設有兩似義之殊。皆接於宗。以成兩類。此兩類者。舉其上性之諸稱。或爲同義。然舉其所函之殊。固爲似義。則所謂凡就近稱而合於似義。不得就遠稱而合於同義者。其論固不盡然矣。

所謂其公屬者。雖爲似義。亦可先界宗者之向者。亦非也。前已舉其故。所謂有也者之似義。可以界超形性學者。亦非也。天主。爲超性學初且要之界。而同義自立之體。乃其次界。故超性學。初向天主之妙性。而次向乎同義自立之體。則界超性學之向者。不可但謂似義之有也。

不分一向宗之互別於類之向宗者互否二支

論此。有三。一、謂非別。證之曰。凡互視之基。惟一。則其所發之互視。亦一而已。今類與不分之一。皆有向宗者之一基。即其共所挾之不全者。可見其向宗之互。亦惟一耳。至問此一互視。爲數一者乎。爲類一者乎。則兩說皆有之。或謂類與不分之一。皆就數一以互向乎宗。顧其理。又各不同。蓋類。自爲向。而不分一者。就類而向。如語與字同出一旨。故其向乎所指之物。其互視必一。然字必依語而指。則亦依語而向。語則自指某物。故亦自向某物也。或謂類與不分一者之互視。就類則同。舉數則異也。蓋凡思成之有之互視。其現在之多寡。皆由明悟之攝想而乘。又明悟既用多攝想以成類與不分一之互視。則其類雖同。其數不得不異也。

第二說。謂不分一向宗之互。實有別於類所向宗之互。然而不分一者向宗向類之互。實惟一互。

但以之視類。則爲全屬者之互。以之視宗。則爲不全屬者之互耳。駁此者。儻爲舉全而稱。舉不全而稱。既足以分兩類之公稱。（類一宗二）則就全而屬。就不全而屬。何能合爲數異之一互乎。則解之曰。全與不全。論其在公稱者。則爲各稱之本殊。故足以分爲二類。若論其在不分一者。則其本理。專爲就全而屬於類者。緣近屬於類。乃其固然。而其就不全以屬於宗者。則謂可不然者而已矣。蓋多有不分之一。其上無宗可論。如天質與下域之質。非有兩類。則此特一之元質。但有本類而無可謂宗也。可見不分一之屬於宗。非本然之屬。而但爲可不然之屬矣。故夫不分一全不全之屬。不可據之以分爲二類。而其向宗向類之互。實惟一互也。

次。凡相向者。其相似之理。彼此皆一。宗所視於不分一者之互。無以別於其視類之互。則不分一所視其宗之互。亦無以別於所視其類之互也。況不分一。乃遠屬於宗者。則其視宗之互。必先向乎在中之他界。後向乎宗。設謂直向乎宗而不向乎在其中者。則不分一之向乎宗。不可謂遠向。可謂近向矣。故知向類向宗。必爲一互也。

三。設不分一。由不同之互。以視類與宗者。則類亦由不同之互。以視夫無隔之宗。與以上之諸遠宗。又不分一者。亦由不同之互。以視近殊與遠殊。而皆不然。

第三說。謂不分一視宗之互。與類所視宗之互。爲不相類之互。又不分一向類之互。與所向宗之互。亦爲不類之互也此正論也所謂向宗向類之互。爲不類之互者。凡互視。就近基而別。今不分之一所近基乎視宗之互者。與所近基乎視類之互者。不一。則所基之互。亦不一也。何謂近基之不一。蓋此不分之一。就不全以屬於宗。又就其全以屬於類。而全與不全。或舉在公稱者。或舉在其屬者。其能使相別者。無異。則以公稱論。既足以分兩類。以倫屬論。亦可以分兩類矣。又類也其所由授宗性於不分一。與所由受宗性於上者。其理則一。夫既就不全而受之。必亦就不全而授之。則不分之一。豈得就其全者之屬之互。以向於宗乎。三、設不分一者所全屬於類之互。亦爲所向乎宗之互。則是此一互也。亦可爲不分一者所向宗殊之互。何故。不分之一。既爲就類而得受於宗。是但有一互視者。茲亦就類而受夫宗者之殊。則亦謂一互而併視其二者。顧其所向宗殊之互。別於其所向類之互。則其所向類之互。豈不別於其所向宗之互乎。或謂一互。足以向類向宗。然而不謂向乎類。併向乎宗之殊也。蓋宗類。皆就何立而稱殊。則舉何傍而稱耳。曰。否。宗與類何立之相似。不爲同義之相似。一就內有之全者。一就內有之不全者。故不同義。固不能合二者於一互。若類之所以別於宗殊。與所以別於宗者。三者皆爲無隔。且最盡而屬於宗公者之類也。故知一互。非能以向類者。併向乎宗殊。且非能旣向類。又併向乎宗也。

所謂不分一視宗之互與類所視宗之互。爲不類者。蓋凡共屬一類之特一者。其本然之稱。彼此無異。今不分一之與類。各所向宗之互。其本然之稱。不同。則爲不類。可知矣。謂本然之稱無異者。蓋共屬一類之特一。皆共一性。而凡本然之稱。皆繫物性。則不但在性者。同一本然之稱。併其由性而發之情。無異稱也。謂本然之稱不同者。蓋不分一向宗之互。須有類所向宗之互。在於其先。若類之互。固無須於在其先者。則本有之理。各異。豈可以爲屬於一類之互乎。或謂此論。未足以爲不類之別。蓋凡屬於人性之特一。或有先後。如爲子者。須先有父。又如何似之依賴者。其諸分亦由先後而積也。然而父與子。皆一類之特一。而一何似之諸分。皆成一類之互。似則不分一者與類者之互視。雖先後有序。不因而謂不類之互矣。

曰。否。子之係於父也。何似之次第相係也。但是因性所以然。與其現在之效之相係。而不關爲子爲何似之本理。若不分一者之互視。其本理。自係於類。固必須有類互。以在其先也。何以故。互視之理。

本在所向。今不分一之互所由啓其向者。固有類互在先。則其向也者之內理。豈不係乎在於其先者。

第一說。所謂二互視之近基者。曰。類與不分之一。雖皆就不全而得受於宗者。然其得受也。乃固然之相屬。而一爲遠得受。一爲近得受。故不可謂其二互視之基。爲一最盡類之基也。所舉語字之喻。後有本論。

第二說。謂不分一之所屬於宗。惟可不然者。曰。雖有不屬於宗之特一。然其屬宗之特一。所由得受宗性。與所由得受類性。其理皆爲固然。如人之爲白。乃可不然之稱也。顧既爲白矣。則就固然與何傍。亦必屬於公依者之宗也。或謂。既有不屬某宗之特一。則舉其特一之超理。自不求向於宗。謂屬於宗。豈非可不然者乎。曰。若是。則不分一之屬於類者。亦當謂爲可不然者耳。如天主之妙有本爲特一之性。然而不可謂之屬於何類也。

所謂凡相向者。相視之理。彼此皆一云者。曰。舉其遠對向者。而執爲一互。其論非也。蓋遠對向者。所由向其遠向者之基。與所向其近向者之基。理或不同。則不得就一互而向其二者。夫不分一之向類向宗。其互視之基。不同矣。何能就一互而作兩向乎。向類與宗。雖非一互。不因而悖其對向之一理也。宗爲遠向者。特一爲遠對向者。類爲近向者。特一爲近對向者。或就全而向。或就不全而向。相向之互有二。對向之理仍一。

所謂不分一之互。先向在其中之他界云者。曰凡爲遠對向者。其職有二。或遠而界。或遠而向。夫向者之視。先及於此。然後乃至於彼。謂之遠向。而其在彼之物。則謂遠界。以能界我德能之互。如疆界然。而其所以謂爲遠者。中間尚有作用。乃其德能之所近向者。故謂彼界爲遠界也。遠而向者。其理又二、一、先向此而後向彼。二、雖無隔而向其界。然亦須有他對向者先隔其中。但爲直向。而不爲由此到彼之向也。此二者之對向。皆謂遠對向者。而有別焉。前義之遠對向。其視先所向中隔之界。亦可爲近對向者。若後義之遠對向。是就其類別。以別於近對向者也。類之向宗。乃無隔而向者。特一之向宗。乃中間爲類所隔者。故謂類別。緣其須有在其先者之互故也。謂不分一爲宗之遠對向者。是循後義。雖有在其中之他界而直向乎宗。不可謂先向乎中。

所謂類由不同之互。視其以上諸宗者。曰類也者。就不全以得受其以上之諸宗。故就一類之互。可向乎諸宗。若不分一者。則舉全與不全。以向乎類與宗。固不能挾一互以向其二者。亦不可謂由不同之互。以視近遠之兩殊者。蓋凡殊者。或是類殊。或是宗殊。皆就不全。以在於其以下之倫。而不挾其倫屬之全性。故一互足以視近遠之兩殊焉。或又謂其殊也。固皆挾不全而在。但近遠則有不同。宗殊之在不分一者。遠類殊之在不分一者。近也。故亦必有不同之互。曰。亦非也。殊所以爲公。非近遠之謂也。何故以殊而視近結之性。不可謂公者。殊與近性。其所函之廣。爲不異故。（如以人性視能推理者。相結甚近。所謂近結之性。然推理之爲殊也。不能廣於人性。故不足爲人性之公者。）則惟視其倫屬之賾。乃可謂公者。今論屬賾皆遠而得受。無近之可論。而宗殊類殊。第就多函少函以爲其別。據其所以爲公殊者。不分近遠。故不必其多互也。一互而足以貫宗類諸殊矣。

○論不分一者之性情辯三

不分一之三義一支

所謂不分之一者有三義。一、舉其模。但指可以屬於宗公性之容德與互視。而舉其質。則指其所本有者。如舉某甲之不分一者而論。視人性。則謂屬於類之不分一。視生覺者。則謂屬於宗之不分一也。其所以分屬於類。分屬於宗者。詳在前論。

二。舉其模。則指分傳於多者之非也。篤瑪解曰。是不分乎己者。是就分訖而不容更有所分。以別於其他者也。又薄斐略之解曰。其所括諸情。不能他有所宜者。第一解。則舉不分一者之性。第二解。則惟舉其情而皆以釋其不可以分傳。其所以不可分傳者。循前解。則爲其性函專殊。緣凡專殊者。乃不傳於同義之多之原始也。循後解。則總其所有諸情而解。其諸情之此分彼分。非不可以他有所宜。但總而括之。固不得併在於他之不分一也。情之要有七。面貌一。形體二。原所三。原本四。名五。鄉六。時七。皆外依之情也。又當知前一解。兼諸或屬自立之類之一。或屬依賴之類之一。其爲不分一也。皆其不分於己而特分於他者也。若後一解。則但屬自立之不分一者耳。

三。舉其模本言。或互視。或容德。以稱其爲一一者。而舉其質。則指其特一之實有也。循此義解曰。是但能稱一之爲一者也。據此第三義。則不分一者。可以爲宗。以統凡不分一者之多類焉。其類若干。或謂但有二。一、固然之不分一者。一、可不然之不分一者。蓋爲前第二解。只包依賴之不分一者。若凡自立之不分一者。但可用以自稱。而自稱之稱。其於推用名理。無所用之。

正論謂不分一之宗。其屬類有四。一、主全與何立之不分一者。如用某一人稱某一人。二、主本然與何傍之不分一者。如用某甲特一之殊。而稱某甲。三、舉固然與何傍之不分一者。如或用能笑者。或用非石者。而稱某甲。凡本然者。必是固然。凡固然者。未必同爲本然。四、舉可不然。與何傍之不分一者。如用此一白者。以稱某甲也。此四者。皆就第三義。以稱某一人之特一者也。一爲類之特一。二爲殊之特一。三爲獨之特一。四爲依之特一。若自立之不分一者。就其本稱而稱。故其用雖不甚廣。然實爲正當之稱。故亞利亦間用之。如稱善者本自爲善。稱人者本自爲人。皆爲本稱。亦各有可取之用。

夫不分一之爲宗也。有在一之四互。稱一之四互。此一指所屬四類之特一者而言。必有屬於一之四互。對而應之。能在能稱。是爲公之特一者。其受稱者。是爲屬之特一者。故云屬於一之互。一、是就全與何立以屬於一之互。即某甲所屬於某甲之互也。二、是就本然與何傍以屬於一之互。即某甲所屬於自己之特殊之互也。三、是固然與何傍以屬於一之互。即某甲所以屬於此一獨情之互也。四、就可不然與何傍以屬於一之互。即某甲所以屬於此一依賴之互也。此四互視者。論其共屬於一之理。亦皆同義。

又當知公者。或宗或類。與對應公者之特一者。既各有兩容德。兩互視。如公者有在賾之容德。在賾之互視。特一者。有接公者之容德。接公者之互視。又公者有稱賾之容德。稱賾之互視。特一者。有屬於公稱之容德。屬於公稱之互視。則不分一之爲宗者。亦有兩容德。兩互視。而屬於其宗之不分一者。亦兩容德．兩互視也．

又當知其兩容德．與互視．有爲思成者．如就全與何立．以爲在一稱一之容．在一稱一之互．及就本然與何傍．以爲在一稱一之容．在一稱一之互也．其應對之屬者之容之互．亦皆藉明悟而發．蓋此二類者．其於所稱之底．彼此惟一．無所相別．則必須明悟之攝想．爲分二限．而容德與互視之基．始備焉．若此外第三四類．皆實有爲稱爲底之別．不須明悟之攝．自有容德互視之基．苟其稱與底．或但就明悟中率基之別而別．此乃可不然者．而非此二類之所固然者也．如就本然與何傍之稱．（第二類之稱也）或其底實有所別．則其相視之互．亦就明悟而發者．（詳下論之）

駁前義（二支）

攻前解者．有五．其一曰．亞利云．凡不分一之有．不屬可確知者．故亦不屬可解．

其二曰．土與水之爲若干也．謂爲屬於土與水之不分一者也．然而尙可受分．則不可曰是不分於己者也．

其三曰．所謂總括諸情．不得並在於他者．或論某類之諸情乎．或論某不分一者之諸情乎．不可謂某一類之情．蓋人類諸情．其爲甲所有者．乙亦可以有之．亦不可謂某不分一者之諸情．蓋以數而論．凡獨一依賴者．既不可以依兩底．則豈必諸情之併括者乎．不若謂其諸情之一情．不可在於他也．

其四曰．不分一者．不但可稱一．亦可稱多．何以故．此之元質．乃不分之一者．顧可用以稱某一人．而又其人既死．亦可用其質以稱其骸．而此二者．不但以數異也．亦以類異．緣死骸之模．與生人之模．不相類故．或曰．所謂但可用以稱一者．是謂不可並以稱多者．此元質．但可遞而稱．不可並而稱．曰．此論未盡．凡公依賴者．不必並在於多底．即遞在於多底．亦足以謂爲公者．況數一之作．可用以稱初所以然．及司所以然．又數一之所．可用以稱多天神．並在於其所也．

其五曰．某甲之所以爲某甲者．由此特一之人性．合於此特一之在而成．今設就此合名．而或專指某特一之人性以稱．或專指某特一之在以稱．如謂某甲爲此人．謂某甲爲此在．其名之模義．但直指其一．而傍兼其二．此其稱．乃是就不全與何立而稱者．則是不分一．不但四類．更當加第五類矣．

解其一曰．論不分一者．亦有二義．一、乃物之質有．一、其容德與互視．舉前義．則爲孑然一物而已．不屬可確知者．舉後義．論其所容所互．則爲公性矣．固繫乎可知可論之學矣．亞利但論前義．薄斐略但舉後義。

釋其二曰。所謂不分一不可更分於他者。但謂所分之他。與我同乎一特理者耳。如此一水。與其所分一分之水。雖共一水之總理。然而不共其特一之理。蓋所分之水。各自爲一全水。旣不同於特理之初水。則豈可謂初水之分爲彼水者。彼我尙同一特理乎。如一燈點作二燈。各一燈之特理不可謂此不分一之燈。可以分作兩燈也。

釋其三曰。所謂諸情之括者。非言獨情。但言依情。蓋七情中之鄉也。名也。形也。時也。皆爲依賴而又非論某一類之諸情。惟論某不分一者之諸情也。又所謂依賴之不得依兩底者。尙有辯論。循性之結所結。於底之內依賴者。則是。如論不循性之結。所結于底之外依賴者。則非也。如原。如名。如時。此類皆爲外依。乃諸凡不分一之所能共者。

釋其四曰。謂不分一之但可以稱一者。是云可稱一。不可稱多者。如公者之可稱多。不可以稱一也。蓋不分一者。與公者。正相反對。則前云公者。旣就自立之名。以稱多者。玆論不分一者。不可就自立之名。以稱多者。則其解。當云○○自立之名。不可以稱多者也。若夫元質也。所以然之作用也。天神之處所也。皆但就其相合相托之義。以稱多者。無所害于正論。

釋其五曰。舉不全與何立。非可以稱孑一者也。故謂特一之人性。與特一之在。相合而成某甲。則是。謂所舉以稱某甲之稱。爲不全何立之稱。則非也。夫其用人也者以稱也。所舉此一人之模義。或爲亦表人性。亦表人之在。其說近理。是就全與何立之稱固歸前所定之第一類。設爲不表此人之在者。然而不能不表此人渾成之性者。亦爲舉全與何立之稱。緣凡就模義而表其物之渾性者。非不全之稱故也。夫其用在以稱者。在有二義焉。一、表其在。兼其人性。二、直表其在。而傍指人性也。循第一義。則其稱。必爲就全與何立之稱。緣在與某甲二名所表無二。若第二義。則又分二義。或以在而稱此之人性。或以在而稱某甲。若執前義。則其稱爲就何傍與固然之稱。固係于不分一者之第三類。若執後義。則其稱爲就何傍與本然之稱。固係于其第二類也。蓋在也者。雖無關于人性之本元。然而有關于特一之某所全有者也。

名理探五公卷之五

○○五公之篇第四 論殊

此薄斐略之第四篇。義總有二。一、爲殊之五析。一、爲殊之五解。皆述古義。第一析。列爲泛殊。切殊。甚切殊之三端。泛者。是模。乃物所由或于他物有異。又或於自己有異。如坐與立。老與少之類者也。切者。是在我而不可離之依模。乃此物所由異於他物。如能笑能斷者。是甚切者。是物所就本然。以異於他物之模。如能推理者。爲人之所以異於畜類之類也。第二析。列爲依然而異。本然而異之兩端。泛也。切也。依然而異者也。甚切者。本然而異者也。第三析之殊。乃其或可離。或不可離者。可離者。泛殊也。不可離者。切與甚切者也。第四析之殊。或爲本然。如能推理者。或爲依然。如知文知樂之類也。第五析。或分宗之殊。或成類之殊也。第二第四析義同

五解者。其一、殊也者。是類所由勝其宗者。其二、是就何傍。與本然。能稱多不類者。其三、是能分別一宗以下之諸性者。其四、是各物所由以相異者。其五、是物性之內分。必循是而後可別于他諸有者。

（古）殊者。有三。曰泛。曰切。曁甚切者。自異。異他。皆謂泛殊。就不可離而相異者。是謂切殊。如準高卑。如瞳碧黑。類之特異。乃甚切殊。如人與馬。就靈蠢異。

（解）切殊之總端。有二。一、物之固然。如能笑能嘶。一、乃形體之可不然者。但既已具此模。則亦不得而無。謂之既然之固然者。如目睛之特具某色也。薄斐略取喻。只舉可不然者。緣更顯故。

（古）是三殊者。能使物異。但泛與切。則依然異。而甚切殊。則本然異。直謂泛切。異於他物。是依然異。但謂之殊。若本然異。則謂類殊。夫生覺者。可加動止。可加推論。如動止殊。但謂泛殊。如推論殊。使物殊他。乃爲類殊。使殊他者。是宗所由分傳作類。亦類所由可以受解。其依然者。不可分宗。不可解類。

（解）第一析之三端。有相同。亦有相異。相同者。三端之殊。各能使此物有别於他物也。循此可作一解。以統三殊。云是模。是舉其在不同時。所或異於己。或異於他物者也。相異者。有三論。一、泛切兩殊。但能作依然之異者。而甚切殊。則能作本然之異者。緣甚切之殊。乃物所内有之一分。而泛與切之殊。則不關於物之本元者也。二、甚切之殊。本名類殊。而泛殊切殊。無各本名。獨謂之殊。三、用甚切之殊。可以析宗性。又可以解類性。若泛切兩殊。既不關乎物性之本元。固不可用之以分宗解類也。當知一名有兼多義者。直用一名以稱。大都指諸義中之要義。然間或但指諸義之觕義。如謂生覺者。雖亦指人。然獨出此名。則但指其生覺而弗靈者耳。殊之爲名亦然。要義在甚切之殊。其直謂之殊者。但指泛與切之二端耳。

(古)又殊也者。或可以離。或不可離。動靜疾遲。皆可離殊。目色鼻像。能推論否。非所可離。不可離者。復分本然、與夫依然、能推理者。可受教者。皆本然殊。而目色等。是依然者。

(解)茲指第二第三之析也。第二、總包諸殊。第三、但包不可離之殊。分作二端。一、本然之殊。二、依然之殊也。當知就本然而相宜者。有二端。一、屬性之本元。如生覺者。本屬人性之全成者也。一、由本元而發。如能笑者。由人性而發者也。薄斐略但取前義之宜。謂之本然之宜。然其所指可受教者。亦是由性而發。今以爲人性本然之殊。姑引爲例。不爲確論。

(古)本然之殊。固繫物性。使殊於他。若依然者。不關物性。不殊他物。又本然殊。不可積增。不可退減。若依然者。雖不可離。皆可增減。宗殊類殊。論其所稱。非多非少。成性恆一。何可增減。若睛碧黑。自容多少。其狀有異。

（解）本然之殊。所異於依然之殊者有三。一、凡本然之殊。皆可用以解所成之物之本元。爲其屬本元之一分故也。依然之殊。則否。二、凡本然之殊。能使其所成之物。就本元以別於他性。若依然之殊。既不關乎物性。不得使其物就本元而別。但使其物或有變易而已。三、凡本然之殊。恆不增減。依然之殊。可增可減。蓋本元者。舉其本分而言。原不增減。若依然者。其所爲殊。非能與增減相逆者也。雖或有數種之德能數種之互視。不容增減。亦但是各德能各互視本分所宜。而非其依然之殊本分之宜也。凡可稱多稱少者。謂之增減。如謂多白少白。多熱少熱。皆依然之殊也。若論物之本元。恆然爲一。無容多少。所云本然之殊。皆關本元。故無增減可論。

（古）本然之殊。一成物性。一分物性。生魂覺魂。或推理否。是生覺者本然之殊。而生而覺。是生覺者所以成殊。推理不推。是生覺殊。所歧人畜。凡分宗殊。即成類殊。如夫生覺。就推理否。以分厥有成人馬類。又如有魂。或能覺否。皆自立宗所分之殊。有魂能覺。接自立宗。而成動類。有魂無覺。接自立宗。而成植類。

（解）又分本然之殊。爲二端。一、是能分其性之殊。一、是能成其性之殊也。此析有二義。一、專論宗性。其殊必有兩端。如生覺者。有所由成全其生覺者。有所由分人分蠢者。原具兩端之殊也。二、兼論宗與類。則其殊之用。雖不同。實有則一。蓋生覺者所由分人類。分蠢類。及人蠢二類所由成全其有者。其爲殊。惟一也。

（古）殊之第一解。舉其成厥類。能俾類勝宗。如人於生覺。多一能推理。夫生覺宗者。非謂絕無殊。亦非現具殊。苟其絕無殊。則類從何有。苟現具殊者。則豈此一物。而現函相悖。蓋惟循超義。宗乃統萬殊。

（解）此置泛殊切殊。而按古者五論。以解甚切之殊也。其一、舉其所以作成厥類者而言。是類所由勝其宗者。所謂勝者。是就本然之稱而勝。以別於切殊。蓋凡切殊。亦可謂類之所由勝其宗者。如人論其能笑。亦勝於但有生覺者。然非就本然而勝。但就固然而勝也。何謂勝其宗者。類之爲稱。由宗與殊相合而成。如諸具形之有。由質與模相結而成。宗。當質。殊。當模。則類所函者。本多於其宗。如具形之全有所函者。本多於其質之所函者也。卽以此質爲喻。可釋所云宗之超義。能統賾之萬殊者。蓋凡形而不靈諸有之模。爲其皆就司所以然之功。以出於質。故謂皆爲質所函者。則夫萬殊。雖不實在於宗。然爲就人明悟所攝。謂出於宗。又爲夫宗自受殊。如質之自受其模。故謂就宗之超義。可統諸殊也。謂宗之不得現函相悖者。義指不得於本元之內。現函悖情。若就宗所接於下性者而言。則宗與類。皆可函相悖者。如就黑人與白人可並謂爲黑生覺者。白生覺者。就推理與不推理。可並謂爲人。爲蠢也。

（古）殊之二解。是能稱多不相類者。循問何傍。蓋設有問人何以立。則可答云。是生覺者。若設又問何等生覺。則答云。能推理者。形物所成。皆必有二。一質一模。質乃所立。模則所傍。如人也者。脫於特殊。所函亦二。一宗一殊。殊傍宗立。

（解）茲立本然之殊第二解。乃殊之所以爲第三公稱者也。所謂循問何傍者。義言循問本然之何傍。以別於就固然與依然。以稱多不相類者。

（古）殊之三解。一宗以下所統諸性。是殊所別。如人。如馬。在生覺下。分爲二類。其能推理。不能推理。是其所殊。

（解）第三解。舉殊爲物所由別而言。謂能別者。言能使其共在一宗以下之諸性。各就本然之別而別也。

（古）殊四解云。物之分異。各有所由。人馬在宗。不得有別。加推理否。乃有殊別。

（解）四與三語雖不同。義則無二。所謂分別。亦就本然之別而言。

（古）更詳殊義．在一宗下．所能分者．非卽謂殊．繫物本元．乃謂之殊．如謂生覺．或能操舟．或不能操．能操舟者．可指謂人所與蠢別．顧能操舟．非謂人殊．止謂人獨．非關內性．第由內發．

（解）此本然殊之第五解也．曰．是能別夫在一宗以下之物．是關其物之本元者也．此義．比前四解．更詳且切．蓋前諸解所指．皆可與泛切二殊相通．故釋其義者．必加一語云．就本然而別．此第五解．則顯指殊也者所由就本然以勝其宗．又解各類所以成類之本理．及指類與他類本然之別也．

〇解析之確否辯一

駁解一支

據薄斐略前論．作殊之總解．曰．是模．是凡物此時所以別於彼時．或此者所以別於彼者．駁此解爲未確者．四端．一、所謂模．乃此解中之宗也．模與殊．其義無二．蓋模．乃其所模之物．所有別于他物之所以然．則其解有疵．

二、夫人也．就其生覺．以別於石．夫天也．就其質．以別於四行．顧生覺者．非人之所以殊也．而天之質．豈可謂天之模哉．非模．何以謂殊．則前解．可以汎論其不爲殊者．

三、人也線也。不可謂就不同類而別。何者。人之所別於線。與自立之體所別於幾何。其理一耳。自立與幾何負絕。不可謂就類而別。則人與線亦負絕。不足分二類也。顧人與線皆合於有也者之至宗。則尚可就各所有之殊以相別。而今不然。則殊之解不盡。

四、以數而論。物之一者。不能有別。則豈可謂有彼此之別者。又如某甲。就其知文藝。就其知樂藝。卽在一時。固亦有別。何必在不同時。方謂有別。又凡相向者。並在者也。無原先後。玆就某一人論其在一時。豈可並謂老謂少。則豈能有相殊之互。爲現相對者。

欲釋前論。須知殊也者之本義。與推理者所指不同。論其本義。則殊乃脫名。言乎兩物相別之互視也。如肖也者。亦爲脫名。以表甲肖者所視乙肖之互也。若問此相別之互視。以何爲限。以何爲基者。曰。比如人靈與物蠢。爲相別之互之兩限。而其能推理不能推理者。乃其遠基。就其能不能所作之別。是其互視之近基也。又相別之互。以其使別之模爲基。（能推理者。能笑者。是乃使之別者。）故其模亦稱之謂殊。而用以指物別之互。則謂模殊。用以指作基之模。則謂質殊。

若舉合名而言。則殊也者。亦言乎其使別者也。循是則其殊之模義。言乎其使別者之互。而兼指其使別之模也。如論推理與否。兼指靈者。論白與否。兼指白之爲物之類。

論理學所指之義。則殊。乃第三公稱。而就使別之基模。以定其名也。本兼質與模而合名之。而其切義。則或言在賾之容德。就本然之何傍。或言容德所發之互視。而指其容德與互視所依之質。有如宗與類之論然也。薄斐略於此篇之上半。專論公殊之義。卽使別之基模也。但使別者之互視。何限何基者。其說不同。試如靈蠢之別。謂模然而受別。亦謂基然而受別。就別也者之互而解。則謂之模然而受別。就其能推理與否而解。則謂之基然而受別也。互視爲模。而能推理者。乃其模之基也。故謂就互。則模然受別。就能推理者。則基然受別。故有指別也者之互。爲人與馬使別之限者。如肖也者之互。是使人馬相肖之限者也。蓋其使人與馬相肖之互。本以稱其肖者所發之互。則其使人與馬相別之互。亦以稱夫別者所發之互耳。或有指別也者之互之基。卽能推理者爲人與馬使別之限者。如兩白相肖之互。本稱兩白各所依托之基。而以爲其限然。

若夫受別者之互。其限何在。有謂別也者之互。爲受別者之互之基。而卽其限也。蓋凡受造者之互。本在於其受造之效。有受造者。必有造之之者。受造者爲效。而造之者爲所以然。凡效與所以然。有互視之理。然其造之之互。在於所以然者。其受造之互。則不在於造之者。而在其受造者。故云在於受造之效。今論人與馬受別之際。固必有造其別者。顧夫受其造者。非在其人在其馬也。而在其別也者之互視。就此互視者。即其爲受造之效者。則亦即其爲受別者之互之限者。蓋其人其馬。既不爲限。又人也馬也。與夫人馬所具之互之間。既爲他物。則他無可爲受別者互視之限也。

或以別也者之互。爲使別之互之基且限。而以人與馬。爲受別之互之基且限。緣人與馬。乃其受別之互之所稱者。其中間。別無可稱之底以隔之也。或以人與馬。爲受別之互之限。而以別也者之互爲基。所據云。人與馬。乃受別之互所稱之最盡底。則人與馬。爲受別者之互之限。緣限之謂限。本在於受互視之稱。故又人與馬所由可稱之爲受別者。在別也者之互。則別也者之互。乃受別者之互之基也。

權前諸說。要於其當。曰。使別之互。以質殊爲基且限。（如云能推理者。是爲質殊。蓋使別之模之質有也。）而受別者之互。則人與馬是其限。別也者之互。是其遠基也。今辯釋諸說。而正論可定焉。所謂使人馬相別之互。本稱別者之互。而爲使別之互之限者。曰。此論。但闡別也者之互。與夫人也馬也。中間尙有以模視底之互。緣凡模之視底。皆有所以然之互在焉。顧非此處所論。乃互視公論。詳辯諸互視之基與限者。今第論其兩物相別之互。爲從何而發者耳。

所謂別也者之互．爲受別者之互之基且限者．曰受造者．洵不在其人其馬．顧別也者之互．亦不可謂爲受造者．亞利云生物之用．亦非生其底．亦非生其模．乃是生其底與模之合成者．蓋底質者．元有者也．模也者．雖非元有．然凡生物之用之所向．不向乎生其模．而本向其底模所作之合者．茲論人馬爲底．別也者之互爲模．則受造者．非其人馬．亦非其別也者．而但是人馬與別也者之合．故人與馬．乃受別之互所稱之限．而非可專以別也者之互爲限也．

所謂人與馬爲受別之互．所就無隔而稱者．故即以人與馬爲其互視之基．曰若可以別也者之互．爲使別者之互之限．則此論或是．然右論已辯其非矣．

諸論既定．可釋駁論．當知所謂模者．則當解中之宗義．云結乎某倫之性之模也．凡倫屬相別之兩物．必於其性有共焉者．共一性．各一模．乃謂之有所殊焉．義云凡物各有一模．爲相別之所以然者．

所謂模與殊．其義無二者．不盡然也．夫宗．乃其倫屬諸類之模所以然．豈可謂其類之殊哉．

所謂人與石就生覺而別者．亦非也．凡論此物所由別於彼物之殊．不宜統及其爲兩物所共者．若兼統兩物之所共．此非就其殊之全而別者也．乃但就其不相共處而爲之別耳．今生覺者．就其爲有形之物而論。乃人與石之所共。則何得指生覺爲人石之所由別者乎。謂天之就質以別於四行者。亦非也。凡兩物所由別。非卽謂殊。惟有模理相別。是之謂殊。又天。非就質以別於下域諸形物。蓋四行所成。莫不有質。但皆可壞。惟天質則不可壞。以此別於下域諸形物。是所謂模。是卽所謂殊也。

解第三論。當知理學所謂夐絕與所謂相別。其義不同。凡兩物。非有公理相通。彼此全別者。是謂夐絕。如凡至宗與夫在於有也者以下之諸倫。絕無相共之殊者。是也。在有也者以下。性有所共。而但就其模以結於所共之性。因而成其各別之兩物。是所謂相別者也。如形體與神體。共一自立之體。而就各特殊有別。黑人與白人共一人性。而就黑白有別也。

由此推知相別之物。必有所共之一稱。其一。或是宗一。或是類一。或是數一。若其就肖義之一而一者。不足以爲相別之物所共之稱也。蓋雖肖義之物。就其所拘有也者之肖殊而別。然而其爲殊也。不盡脫乎有也者之總理。不可直謂殊。但可謂之肖殊。故就此等之殊而別者。謂夐絕。不謂相別也。

或曰。上下兩物。就無隔而合乎肖義者。以無眞殊。不謂相別。則就有隔而合乎肖義者。旣有接本宗之眞殊。可謂相別。如線也。知也。皆合於有者。而線也者。就所拘幾何之殊。知也者。就所拘何似之殊。

各謂相別也。曰。無隔而合於肯義。與有隔而合於肯義者。正謂負絕。不可謂相別者。線也。知也。非能各于有也者之外。自有所爲全殊者而別也。緣其所爲殊者。統於所拘有也者之內。不全脫其有之總理。而凡接上性。以成下性之兩殊。彼此旣相剌謬。不得統其所接之上性。如能推理不能推理。各拘生覺者以成某倫之性。而此二殊者。不但自不相統。亦不能受統于生覺之宗。及屬可壞不屬可壞。各拘形體以成某倫之性。而此二殊者。不但自不相統。亦不能受統於有形體之宗也。今謂人線負絕。不可謂相別者。蓋其爲殊。各統其所拘之有。不得全脫。而殊也者之解。其所謂別。擧相別之義而言。豈擧其負絕之義而言乎。

所謂數一之不得有別者。曰。別也者。或謂本然之別。或謂依然之別。數一者。惟一性耳。固不可謂就本然而別。若論依然之別。則但別于所依之模。數一者。旣可結于多依模。則就其所結諸模。亦必自有彼此之別矣。所謂卽在一時。固亦有別。何必在不同時者。曰。數一之物。在此一時。就其有所不同之模。可謂有別于己。然其所別之模。非切殊也。夫惟相悖相非之模。可謂切殊耳。文藝學藝。不相悖相非。故不能爲使別者。老與少。疾與不疾。皆相悖相非之模。然而不能同時並在于一物。此所以謂之切殊。

所謂凡相向者。無原先後云者。曰。就某一人而論。固不可謂其老其少。並在一時。若謂二者。並有相向之視。亦奚不可。蓋明悟之攝想于某一人也。因其有相向之兩限。而想其為老。並亦想其為少。但舉相向之理。並在一時。可謂相向者之無原先後也。豈必云老與少。實並在一時者乎。

駁析二支

論所析之未確者。或謂其闕。或謂其贅。證其贅者云。第三公稱者。是此析之總理也。泛殊切殊。不專係于第三之公稱。或係于四。或係于五者。以其皆為或可離或不可離之依賴者。故。則殊之總理。固不得統泛與切。而其析為贅。

證其闕者。云某甲與某乙相別之殊。不可謂泛殊。不可謂切殊。以非依賴者。故亦不可謂甚切殊。據薄斐略所論。凡甚切殊。皆為類殊。則類以下之兩特一。其有所別也。豈可謂類殊哉。故其析者不盡。贅即闕。

三、凡析也者之端。當是相對。二者謂相對。三者不謂相對。蓋一惟對一。則殊不宜析而為三。故非

四、就甚切之殊而別者。亦就泛切二殊而別。何也。凡由類殊（甚切之殊）而別者。其由性之情。（即切殊）與夫

所依賴者。亦皆有別。則甚切殊。可以一端而兼三端。

五、共一宗者之類。其析爲數端也。當各有別。不得相同。今泛切甚切之殊。總爲一殊之有。何也。論能映散人之見力者。乃白之殊。顧其視在白色者。則爲甚切殊。視在雪者。則爲切殊。視在懼而面白之人。則爲泛殊。是其所析之三端。總出于一殊。無相別也。白色本然之有。最能映散見力。是其甚切殊也。若雪之白。則固然而不可離者。故其映散。屬於切殊。恐懼之色。依然之有。可離者也。故爲泛殊。

六、各類之本情。如能笑能嘶。皆能使其類。就不可離之依賴者而別。顧其情。不爲切殊。則不關于所析之何端。蓋既不爲類殊。卽不屬第三端。又不爲可離之依賴者。卽不係第一端也。謂不爲切殊者。薄斐略云。切殊可以受增減。而凡類殊之情。非可受增減者。

謂殊也者之析。不贅不闕。乃理學定論也。證云。凡物所有與性相宜之模。能使別于他物者。或關乎其物之本元。或不關其物之本元。其關于本元者乎。則爲甚切之殊。若不關本元者乎。則或不可離于其物。或可離于其物。謂不可離者乎。則爲切殊。謂可離者乎。則爲泛殊也。可見三端以外。更無彼此所由作別之模也。

謂泛殊切殊。不係于殊之總理者。辯之曰。泛殊切殊。有二義。一、但舉其爲某一倫之依類者。此本係于第四第五公稱之論。二、舉其可離不可離之依模。以爲物之所由別。則此三端者。皆係第三公稱宜有之論也。蓋第三公稱之義。非必如此分析。而所分析者。乃其泛切甚切所共之總理。故雖公殊所由立者。本指甚切之殊。然而欲闡其性。亦須兼闡泛者切者之性。不爲贅論。

所謂某甲某乙之殊。不關于三端之殊者。或闢之謂某甲特一之殊。本關某甲本元之稱。緣夫苟無其殊。亦無某甲明悟所成攝想某甲之臆。不得脫其殊。故凡不分一者之特殊。俱關乎其甚切之殊也。此說有辯。凡有關于本元者之稱。必從本元之何級而發。如稱能推理者。由靈級而發。稱能覺者。由覺級而發也。今不分一者之專殊。不由本元之何級而發。則固不關不分一之本元矣。謂不由何級者。本元所有之最盡級。即能推理者之類。是最盡類所由以受成之最盡殊。夫既已有最盡之殊。則其全成無所關于不分一之殊。而不分一之殊。但爲限定類性。以成其爲不分一者。故謂不關本元。不係乎第三端之甚切殊也。理學所論。皆恒然者。不論其屬變者。類殊屬恒。特殊屬變。故類殊以上。爲本元之有。而特殊則不關於本元也。

二說謂凡不分一者之殊。但爲自立之。即在其所限定類性之外。故雖爲不分一者所由成。而不關本元之有．則其爲殊．不可直謂甚切之殊．但爲其能限類性．頗似類殊．故其論．亦與甚切殊相關耳．此說．是也．若謂苟無其殊．亦無某特一．是固然矣．然不因而可謂其關某特一之本元．而但可證其爲自立之卽．能限定其性者．以卽而論本元．則卽在本元之外．以卽而論特一者．則卽在特一之內．而爲限定其性者．如相因相向之物．此無．則彼亦無．而明悟欲想此物．固不得不兼想於彼物也．顧其二者各所實有之本元．初非相因爲有無者．故不足以證特一之殊．爲其本元之有．

所謂析也者之端．當爲相對者．是也．然不可謂凡分析者．但可爲兩端之相對．蓋所顯揭于此者．雖僅一端．而其所對列于彼一端者．固悉括乎此一端所非之諸有．故析雖多端．而略歸二者．以是．對非．其非之中．又有可分析者．如殊也者之或爲甚切殊．或非甚切殊．又其非甚切之殊．或爲切殊．或爲泛殊也．此等分析．不可以爲不相對．不然．窮理者析公稱爲五端．豈亦可以爲不確哉．

所謂就甚切殊而別．亦就泛切而別者．曰．論析者相對之端．不就其相統者而論．當就其相脫者而論．三者之殊．就質則相統．就模而論．則非不能相脫者矣．故雖甚切之殊．兼有泛殊切殊．但此一質有．不得據一模以統三殊．三殊各自有一模理也．

所謂此一殊。並可謂泛。謂切。謂甚切者。曰舉殊也者之質有。則一殊。誠可以兼泛切甚切之殊。若各舉模義。則不然。如能映散見力者之爲質殊。視白色則謂甚切殊。視雪則謂切殊。而視恐懼色則謂泛殊也。質有雖一。模義不同。

問此一殊也者之質有。以視三不同之底。既可並謂泛殊。切殊。甚切殊。則其所視三相別之互。爲一乎。抑爲三乎。有謂爲但一者。所據云。白物所別于黑物之模。白色所別于黑色之模。皆一模而已。則其相視之互。亦一而已。緣凡互視之別。皆據其基而別也。何謂其模皆一。凡白色黑色共色之宗。而白色所別於黑色之模。乃白色所加乎宗色之本殊也。夫白物與黑物既共色之總理。則其別。亦就白色與黑色所別之模以爲別。而三者之互。總之亦惟有一互。第以論白色則爲甚切殊。以論白物之不可離者。則爲切殊。以論白物之爲可離者。則爲泛殊耳。

此說雖可然。謂一殊之質有循所不同之模。必有不同之互者。其理更確也。一則。窮理者。多謂舉一殊之質有能可合泛殊切殊甚切殊於一物。然究其模義。三者不同。今謂別也者之互視。本繫於殊之模義。則互視之爲三可知也。一則。釋十倫多端之辯。此說更順。所據云。凡互視。雖據其遠基而別。然非據遠基之直義。乃據遠基所承載之近基而別也。互視之近基有別。則互視亦必有別矣。何謂近基有別。如白色映散見力之本殊。就其所作於白色。而爲本然之別者。是甚切之互之近基。就其所作于不可離之底。而爲固然之別者。是切殊之互之近基。就其所作於可離之底。而爲依然之別者。是泛殊之互之近基也。近基有別如此。所基之互。豈得無別乎。譬如謂初所以然也日也。某甲也共生某乙。三者作用惟一。然而究作用之所由來。原各不同。則某乙受造所由。視三所以然之互。不能無相別也。

又甚切殊之互視。所須本然之相別以外。又須所基之二模。爲相合于一宗者。如白能映散見力。乃黑能映聚物力。白黑二色之本殊也。而白物黑物。是其爲基之模。相合于色之一宗。乃有其互。而切殊泛殊之互。其基但在模與底之合。不必二底之合一宗也。或謂白底黑底之相較。非舉各底之本性而較。若謂舉底性而較。則黑白所使之別。第爲依然之別耳。夫底之相較。乃各挾其所有之模以相較。而有模之底之相別。無以異於其模之相別。今論黑白二模。既據本然而別。則挾其模之底。亦就本然而別。何嘗不合於一宗乎。曰。舉兩底所挾之模而較。而不論其模所依之底。則與專論脫底之模。其義無二。皆爲就本然而別。此其爲別。正甚切之殊也。其所以分泛分切。亦但舉其模之殊者。或有可以離底。或有不可以離底者。犂爲兩端耳。

所謂互視之別。皆就基而別者。良然。但白色黑色本然之別。雖爲白物黑物所由別之基。然而但可謂遠基耳。凡論互視。非就遠基之直義而別也。惟就遠基之承載夫近基者而別。近基不同。已具前論。

所謂凡類殊之情。不可受增減。故無關乎切殊者。曰。論諸類者之情。有二說。一、謂其情不關前設各殊之析。何也。薄斐略之論切殊。但舉不分一者所有相別而不可離之情以爲例。則不以類情爲切殊可知也。二、謂諸類情本關甚切之殊。何故。薄斐略作第四析。以論本然而不可離之殊。舉可以受教者爲例。凡本然不可離之殊。正爲甚切之殊。而可以受教者。乃是人類之情。則類情爲甚切之殊矣。

正論云。諸類之情。本統於殊也者之析。但不爲甚切之殊。僅謂切殊。故本係於第二端也。何謂僅爲切殊。凡不分一之情。爲其爲不分一者所由相別而不可離之情。故謂切殊。今論諸凡類情。俱就不可離之依而能使其類之相別。安得不爲切殊乎。何謂非甚切之殊。薄斐略云。凡殊以加某物能使其別。但泛與切使之變別。而甚切者。則使之別而爲他。夫類情能使變別。而不能使爲他。故但爲切殊。不爲甚切殊也。謂使之變別者。凡變別者。依然而別。蓋變也者。乃何似之依賴所成之動也。類情。爲何似之依賴者。故但能使物之爲變別也。謂不能使別而爲他者。凡物就本元之不同而別者。是乃別而爲他之別。夫類情。不能使其類之就本元而別。但就其依賴而別。故不可爲甚切之殊也。又甚切之殊所使之別。乃莫更大之別。卽本然之別也。類情。不能使其類就本然而別。則非可謂莫大之別。故亦非甚切之殊也。

所謂切殊可受增減者。非論凡切殊。而但論不分一者不可離之切殊。故薄斐略舉例。但言不分一者之情。而不言類也者之情也。泛論切殊。舉其總義。可增可減。故凡切殊。亦或可以受增減。或不可以受增減。然非其所必須者。

舉使別之總理三端之殊同名同義否 三支

有是非兩說。一、舉殊也者之質有。則三者惟就同名肎義之一。以合乎總義。何者。殊也者。或爲自立之體。如能覺者。能推理者。或爲依賴。如能笑者。白者。或挾不全而稱。如能覺能推理之各稱者。或挾全而稱。如稱能笑稱白者。自立也。依賴也。挾全。挾不全也。不能同義。則殊也者之質有名雖一。義不一也。故但可謂就肎義之一者而相合。原皆合于有也者之總理。而又能使其物之相別也。如能使其物或就本然而別。或就固然而別。或就依然可不然而別。皆能使之有別。而要不可謂同義之別。

二、舉殊也者之模義。模義者。使別之互視也。則三端。皆同義者。證之曰。公者之互視。以合結爲基。如殊也者之互視。以分別爲基。今本然之合結。與依然之合結。亦不同義。如本然之別。與依然之別之不同義者然。則合結之不同義。既不妨乎公者之互之同義。夫使別之不同義。亦不礙乎殊者之互之同義者矣。或曰。公者之互視。較殊也者之互視。不相準也。五公者。皆共夫稱賾者之一總理。若殊也者。所共使別之總理。則多寡有不能均者。其泛義。略于切義。而切義。又略于甚切義。則就泛切甚切而共。豈可謂均共者哉。

次。薄斐略云。甚切之殊。爲本然之殊。若泛與切者。但依然之殊耳。凡本然之有與依然之有。不謂同義。乃理學通論也。

三、公者之互視。皆思成之互視。故可同義。使別者之互。不然。其互視之兩限。一爲殊者之質有。一爲殊所結之底。此二者。若係有實別。如能笑質有之于人。所結之底白質有之于雪。所結之底則其所由相視之互。爲實互矣。若無實別。如能推理者之于人。能映散見力者之于白色。則其所由相視之互。爲思互矣。實思。

二端之互。豈能同一義乎。

解其一曰。殊也者之三端。均共使別之總理。第其總理。超於本然依然之外。固非多別少別之謂也。若泛殊切殊之名。舉其所共之總理。非謂二者之不足于殊。況薄斐略云。凡直謂殊者。本指泛切二端之殊。則亦但用其名。以析殊也者之三類耳。究其原義。第是或爲本然之殊。或爲固然之殊。或爲可不然之殊也。

解其二曰。理學所辯本然依然之有。不得同義者。謂通共一模之兩物。其一自受其模。其一依他而受其模。則二者。非能據同義。而謂共其模者也。如幾何之面。謂之廣。而自立之體。就幾何之面而亦謂之廣。論此幾何之面與所依自立之體。雖共有廣模。但面自爲廣。而自立之體。不自有其廣。而就幾何之面以爲廣。則二者之共有廣模也。乃是就先後而共。而非就同義而共者也。今論三端之殊。本自共一使別之總理。而其分本然。分依然。則第論其受別之底。而非論其所共之殊理也。

解其三曰。凡使別之互。皆以質殊爲限。夫使別者與質殊之合于一物也。不得有實別。卽不得謂之實互。故俱能同于一義。

問曰。若使受析之三端。不論質有。而但論其模義。以爲別也者之互。則三端之互。可謂就同義。以共夫別也者之互之總理乎。曰。否。惟就肖義而共耳。何也。其互視之或實有或思成。義不能同也。夫以別也者之實互而論三端之實互。可謂同義。以別也者之思互而論三端之思互。亦可謂同義。若欲釋互視之何者爲實互。何者爲思互。固不繫于此論。

○專論甚切殊辯二

所解當否一支

薄斐略所舉甚切殊之解。要義云。殊之爲公者。是就問何傍與本然而能稱諸不類者也。駁其解之不礙者。曰。凡云依傍何物者。是就所依傍以稱其物者。今殊也者。不可謂依傍于類。亦不可謂依傍于類屬之不分一。但可謂依傍乎宗。則不得就何傍而稱各類稱各不分一。但能就何傍而稱宗耳。顧夫以殊視宗。不可謂殊爲其公者。殊乃五公稱之一也。豈可以稱宗。若是。則無所謂就何傍而稱者。生覺者爲宗。推理者爲殊。生覺者。就何立而稱人。能推理者。就何傍而稱人。推理者。傍乎生覺者。故云依傍乎宗。不依傍乎類也。合生覺與推理而成人性。合宗與殊而成類。

所謂不依傍于類者。凡有所依傍于物者。必其所依之物。先已成全。乃有可依。夫殊。乃類與不分一所由全成其有者。則豈可反謂殊為依傍于類者。次不但隔類受全受成於殊。即最盡之類。亦受全受成於殊。夫隔類之殊。既能稱不類之多者。最盡類之殊。亦能稱數異之多者。則所謂能稱諸不類者。其解不盡矣。

欲釋此論。當知此解所釋。乃據殊之所為第三公稱者。故舉其解之模義。本指在多之容德。及所視乎多之互也。茲舉二端。而其義可明焉。其一云。凡就問何傍而稱者。宜有二。一、依傍於某物。如其模然。二、其稱名也直表此模。而兼指其模所依之底也。又測類殊之性者。或可視其所分之宗而論。或可視其所成之類而論。或可視其所稱不分一者而論。視其宗之分者。其為類殊。就明悟之功。從宗之超能而出。如其模然。而其模挾其美成。先加飾於其宗。後及分布焉。以成在下之類。但其所分於宗。非謂分宗性之本有。宗性不得受分。以其全者。布在於各類。則其所分。但是宗之超能而已。故宗也者。雖有在諸類之容德。而據其結此一殊。則但能在於此類。據其結彼一殊。則但能在於彼類。此分宗之類殊也。又殊也者。就因性且正之稱。以問何傍而稱夫宗。如模之稱其底然。顧殊之視宗。既不可謂其公者。則亦無關於五公之某一稱者也。論其以殊而視類者。其殊能全成夫類。又使之別於他類。又可用稱所成之類。然欲謂殊爲類之模。欲謂就何傍以稱類者。不須論其依傍於類。而但可謂之依傍於宗也。何故。凡爲分者。就其所由共成其全者。以謂之在於其全。殊之傍宗。因而共成下類。如模之傍底然。則其在類。固亦如類之模。試觀質模合成之有。模也者。模質以成其有。故模不但視質而謂之模。而視其合成諸物之全者。亦謂之模也。顧就殊稱類。亦不可謂其公者。緣殊與類。其義均廣。故至論不分之一。又與類殊不同。以不分之一。較最盡類之殊。則最盡類之殊。廣於不分之一。又以最盡類之殊。較隔類之殊。則隔類之殊。亦廣於盡類之殊。固皆可以謂爲公者。依此可辯第一駁論之義。

其二端。窮理者。有謂惟宗也。就純且眞之殊而受拘。純者。純一之殊。非兩合而成之殊。眞者。同名同義之性所受拘之殊。如形體之爲宗。就有魂者。有覺者。而受拘。此爲本殊。若最盡之類。則非就本殊而殊。但就公性之多殊。相錯以別於他類。如人也者。據其爲有靈者。及能壞者。以別於諸類。蓋靈乃人與天神所共。而能壞者。乃人與鳥獸所共。人合二以爲一。則上與天神殊。下與鳥獸殊也。所據云何。薄斐略之解殊也。但云是就問何傍。能稱多不類者。又亞利云。欲解最盡類之性。當舉多殊。而其多殊之各殊。宜廣於類。然並舉之。則與類相稱。又云。殊也者之所稱。廣於類之所稱者。則亞利與薄斐略之所謂殊。但是宗性所由受拘之之殊耳。

然謂最盡類。本有純殊。以全成其有者。其說更當證有三。一、最盡之各類。各自有一本元。因而別於共一宗之他諸類。此一本元。儻其不由本且純之類殊而有。何從而有哉。蓋宗性之殊。但能全成宗性。不能成類性。則凡最盡之類。各自有一本殊也。或曰。宗性之一殊。固不得作成類性。而但成宗性。然而合兩宗之殊。固能另成一性。異於一宗殊之所成者。曰。否。若是。則問夫二殊所合之二宗。乃一倫相屬之宗乎。或不同倫不相屬之宗乎。謂不同倫。則一最盡之類。而居於兩不相屬之宗之下。謂同倫相屬者。則其最盡類之所函。當必多於以上無隔之宗之所函。而今論二殊所合。其爲無隔之宗者。固已先有盡類所受成之二殊。則其最盡類之所函。不能多於在上無隔之宗之所函者。可知兩宗之殊。不能合而成一類性。而類性固自有本殊也。

二、宗性。在於最盡類之時。已受拘矣。但其宗性之殊。不能拘宗性。使結而成類。則固自有類之本殊也。

三、最盡之類之視隔類也。如下宗之視其上宗。然下宗有本殊。因而拘其上宗。則最盡類。豈無本殊。以拘其隔類者哉。其亞利所云解類。當用多殊者。但云用固有之依情以解類者。當舉多依情。緣獨舉某情。未足以盡類之性故也。所謂殊所稱。廣於類所稱者。論宗性之殊耳。

難曰。然則薄斐略所解。但言能稱多不類者。不言能稱多異數者。得無闕哉。加益大以爲薄斐略之解。盡包宗類諸殊，釋其義云，薄斐略言能稱諸不類者，不言但能稱諸不類者。蓋謂稱諸不類者。非逆於殊之性者。以此爲是。未嘗以彼爲非。是故云不逆其殊之性。此其所解。不但包宗性之殊。而亦包最盡類之殊也。何故。舉殊者之模義。宗類相同。設其稱多不類者。有所逆於類之殊。必亦逆於宗之殊。夫既不逆宗殊。則亦不逆類殊也。薄斐略此篇論殊。但舉其能分宗以成類者。故不暇及於能稱下性者耳。此論未確。一則此解之本旨。在釋五公稱。若此處不舉其可以稱賾者。何處釋之乎。一則物之受解。不就夫不逆我者而解。但就所固有者而解。若但云不逆。則人之解。馬之解。俱可以解生覺者。緣皆不逆於生覺者之宗理也。如是則馬之解。可爲人之解。何故。凡所用以稱宗者。亦可用以稱其以下之類。設謂馬之解。不逆於生覺而可用以解生覺者。則亦不逆於人性而可用以解人性。人性馬性。將不混而謂一性乎。

第二說。謂薄斐略所云。凡殊。皆可以稱諸不類者。非云殊所稱者。各各爲類也。但云或自爲類。或爲屬於其類之賾。蓋以一類之賾自相視。雖不可謂不類者。若以視別類與屬於別類之賾。誠可謂不相類者。緣凡或有宗殊。或有類殊者。皆就不同類。以別於他有者也。此說。亦非。一則。薄斐略尙有說。其所舉稱多不類者。宗與類無異也。一則若如斯論。則最盡之類。亦可謂稱不相類者。緣其不分一者。亦各就其類。以別於他有故也。

正說云。薄斐略此篇。但解宗殊。不及解類殊也。其故或有二端。一、薄斐略所設之諸解。皆引古者。不自作解。古者但提宗殊。故薄斐略亦不及於類殊也。二、窮理者在乎窮物之總理。緣其理愈超。其學愈確。茲欲爲作正解。以括最盡類之殊。則當去夫所謂不相類者而云殊也者。是可用以稱多者。就本然與問何傍也。

殊也者可分形性之殊超形性之殊否二支

宗所由受拘之殊。類所由受成之殊。或所謂超形性之殊也。質與模之合成形有者。是所謂形性之殊也。謂不可爲殊者。所據云。凡關於第三公稱者之殊。宜依結何宗。如其模然。而限定之。今質與模。不能依結於何宗。以成其拘。則不得爲殊也。所謂不依結何宗者。模可以模元質。不可以模何宗。若夫質。既不能當模。亦不能謂殊。殊如模然。依結乎宗故也。前所論。皆超形性之殊。今辯形性之合。可為殊否。而形性之合。惟在質模二者。故論之。

謂可以為殊者。所據云。用合名以表質與模。曰質者。如云白物黑物　曰模者。如云白色黑色　明悟可以為本然之何傍。且同義之公稱。而用以稱諸合成之形有也。謂本然者。質模乃形有者全成之內分也。謂何傍者。質模就依附而稱者也。謂同義者。元質視上下二類之質。可以為宗。模也者。視諸不相類之模。亦可以為宗也。今論物性。凡脫義之名所表者。可以為公且同義。則合義之名所表。苟別無礙。豈不可為公且同義者乎。所謂質模。是脫義之名也。蓋質。惟言質。而非指所結之模。模。惟言模。而非指所依之底也。所謂質者。模者。是合義之名也。蓋不但表其質與模。又指其質所結之模。暨模所依之底也。故知質模之合名。皆可以為殊也者。窮理者辯此。列為三說。一、謂用有質者有模者之稱。以稱人稱馬。其稱也。雖挾本然而稱。而但可謂肯義。緣非關於第三公者之稱也。前論超形性之三殊。皆不涉於質模之合故。　故以視合成之形有。不足以謂之公者。此說非也。質模之稱。本為同義之稱。又合名之義。無所礙於公者之謂。則何以為非公者哉。

二、謂此合名之稱。固為同義。可為形性學之或宗或類。然而不可謂殊也。謂不可為殊者。就前所云不關第三公稱之論可據。所謂可為宗類者。蓋就本然而稱。又既為自立之體。亦可就何立而稱。故也。此說。謂質可以當宗。於理頗近。薄斐略之論宗。亦嘗以質相比。其謂有模者。可當宗類。則其義難通矣。若謂模也者。爲形性學之殊。則於理亦近。緣形性學之模之視質。如超形性學之殊之視其宗。然。但宗之與類。皆舉何立而稱。而質者模者之稱。皆就何傍而稱。則其說亦非也。

正說云。質模視其所全成之形有。雖無薄斐略所論三殊者之義。然其二者之稱。卽第三之公稱者。前舉可以爲殊者之論。乃此義之證也。謂無三殊之義。而不謂悉無殊義者。蓋雖無薄斐略所論之三義。然尙有多義。如質模相合以成有形體者。此有形體者之殊。能拘自立體之至宗。以成形體之屬類。其有形體者之視質模。兼舉其二。可謂遠拘自立體之全殊。若舉其一。可謂遠拘而不全之殊。至於超形性學之三殊。則其理不同。緣皆超乎形性之殊。各自爲全殊。以近拘其宗也。顧殊之要義。在乎能勝其宗。與夫別於他類。今論形體之爲類也。就質與模。多於自立之至宗。又就質與模。模別於神體。則各有殊者之要義。由此推之。孰謂其不可以謂殊也。

○○五公之篇第五 論獨

此。篇設獨也者之四義。而第四義。更爲全且切者。其一、畸與某類相宜。而非徧與全類相宜。如以某藝論人性者是也。其二、偏與全類相宜。然不畸與一類相宜。如以有兩足者論人是也。其三、舉全類固相宜。畸舉某類亦相宜。然非常有相宜者。如以白髮論人是也。其四、既與全類相宜。亦與畸類相宜。又常相宜。如以能笑者論人是也。四義俱謂之獨。然第四義更切。

（古）獨分四端。茲舉其一。第在畸類。非涉全類。如醫算藝。人類獨有。但雖人類。不必俱有。

（解）薄斐略既舉凡物之本元。以釋其所具公稱之三類。茲舉其在乎本元以外之二類也。先論獨。後論依者。獨與依相較。則獨更關切於物性故也。所謂在一類者。但指最盡之類而言。凡四獨之所謂類者。其義皆同。所謂全類。指凡屬於最盡之諸特一。通有此獨者而言也。

（古）獨之二義。全類俱有。不止畸類。如有兩足。實關人類。然鳥非人。亦皆兩足。獨者之三。畸類所有。全類徧有。顧非常有。如人之髮。至老乃白。論其四者。畸類自有。又關全類。又所時有。如能笑者。一人能之。衆人盡能。而又常能。即不常笑。笑能具備。

（解）釋獨者之二三四義也。所謂關於全類。但論無所礙之不分一者。蓋人亦或有生而無兩足者。是其質之有缺故。或有終身而不白髮者。以殀死故。所以亞利云。第二倫之獨。謂之因性之獨。但任物性之自然。則無不皆有者也。

（古）凡爲人者。卽爲能笑。凡能笑者、固卽爲人。彼此轉應。故正爲獨。

（解）四端之中。惟第四之獨。正可謂獨。緣與所依之性。相應而轉。凡並設並除者。謂相轉應。如云凡有人在。必有能笑在。凡非有能笑在。亦非有人在。彼此相因。故謂轉應也。蓋獨之四義。皆舉各與公有所相悖者。儻其物之於我。所關愈切。則愈可謂獨。今第一獨。只有關於某畸類。非關全類。第二獨。有關全類。不但關於畸類。第三獨。畸類全類。咸所有關。然非常相關者。若第四獨。則兼與諸義相關。故於獨義更切云。

○獨析與解當否辯一

論析一 支

獨義有二。一、名稱所發。一、推理者之用所定。名稱。則指其所獨繫於我者。如舉模義。則謂與我相宜者之互與他物相宜者之非。舉質義。則指其所獨有者。如能笑能嘶者也。茲推理者之所定。是指其爲第四公稱者。所舉專在模義。則謂就依然之固然。可在賾之或容德。或互視也。薄斐略循前義。以設獨之四論。今辯其當否焉。後義自有別論。

證四獨之析。所未允者有五。一、亞利論獨。但設三端。一、本然之獨。二、恆然之獨。三、時有之獨也。則不可更加第四獨。二、第一義之獨。可分二端。一、其所恆有。如以兩足論生覺者。一、非所恆有。如以知醫知算論人性。則其析不盡也。三、論夫受析者之宗理。非兼統其第二義。何也。獨之宗理。不但自挾與我相宜之互。亦挾與他物相宜之非。今第二義之獨。非但關于一類。則不挾他類相宜之非也。故不屬於獨之宗理。四、謂第三義之獨。非所常有云者。其云非常。或非獨者之現在乎。或非獨者之相宜乎。不可謂非相宜者。緣髮白之于人。未嘗見其不相宜。亦不可謂非現在者。緣第四義之獨。不必現在。而後謂之相宜。雖不現在。亦有相宜。況就造物主之能而論。人雖現在。其能笑者。可以不現在乎。又四行冷熱等情。乃四義之獨。然就其本性之所以然。皆可以相離者也。五、見聽有覺諸德。皆爲生覺者之獨情。而四義未括。若論應屬何等。既恆有相宜者。必當係於第四。而今不然。多許生覺之物。於五覺缺一缺二。又人亦有失其視聽之德者。則其德非能與生覺者恆相宜也。可知獨之四義。尚有不盡矣。

雖然。薄斐略所設四析。正且確也。亞利之論獨也。其義無異。蓋云有本然之獨。有恆然之獨。有比然之獨。有間或然之獨也。本然之獨。卽薄斐略所指第四義之獨。恆然之獨。卽第一義之獨。比然之獨。

卽第二義之獨。如云有兩足者。非第可謂人類之獨。但與四足者比並論之。則兩足。乃人之所獨也。間或然之獨。卽第三義之獨。亞利但分三論。義非有關。其謂間或然者。已於第一第三義括之。緣有第一之非涉全類。第三之非能常有者。故又立一間或然之倫耳。據薄斐略所指第四獨者之三要。可以推證所析之確。曰全。曰畸。曰恆。備此三要。乃爲全成之獨。闕一。則不全。要既有三。則有闕之獨。亦三也。由此推知獨者之析。非同義之析。而但爲肖義之析。緣第四獨。旣兼三要。豈能與有闕之三獨共一義哉。況其有闕之三獨。亦不共義。惟就肖義而同耳。第二義之獨。旣惟比然之獨。故所與第一第三獨之共義。更有不均也。據此而析獨。有直謂獨者。有比然而謂獨者。夫惟全具獨者之模義。（模義。乃與我相宜之互。與他相宜之非也。具此兩端。模義乃全。）乃是直然之獨。此獨分爲三端。一、是在畸類。亦在全類。常有相宜者。二、是畸與全皆宜。然非常有者。三、是畸類所有。非全類所徧有。而或常有。如生覺中之恆有兩足者。或不必常有。如人類之不必盡知文藝者。此之或常或不常。不足別爲立端。此外。不全具夫獨者之模義。乃是比然之獨。比於他物之無此獨者。乃可謂獨耳。謂亞利論獨。惟指三端。據上所論。可知其與薄斐略同一義也。

所謂第一義之獨。亦可分二端者。曰。夫恆有與不恆有。不足分兩端也。設謂與全類相宜。不但與畸類相宜者。亦可據恆與不恆之義而分兩端乎。則二者絕不相協。何也。舉全類固相宜。舉畸類亦相宜者。其稱皆與其類相宜。緣在其類中之特一。皆有其獨。而又止此畸類得有其獨。故切謂此類之獨。而就恆與不恆。可分兩端也。若第關畸類。非涉全類。則其不恆有關者。是謂但與畸類相宜。乃卽第一義之獨者。其恆有所關者。是與某宗之某類有相宜。乃卽第二義之獨者。而二者皆類之獨。非其所屬之宗之獨。故不復分爲兩端。

所謂受析之宗理。非統第二義之獨者。曰受析之宗理。超乎直然比然之獨之外。故第二義。亦獨之宗理所統者。

所謂其云非常。或非其現在。或非其相宜云者。曰非其獨者之現在。若辯所舉白髮之論。則髮之爲物。非時時可白者。蓋雖常有可白之容德。然而非有可以常白之容德也。若第四獨之所謂常者。則指時時可有其獨之容德。緣其獨與底之相宜。不是某時可有之相宜。乃是時時現有之相宜也。

所論見聽等有覺之德云者。曰生覺之宗性。其在五司者不一也。觸味二司。凡生覺者皆有之。是爲第四義之獨。其見聽臭之三司。惟具有全體。飛走之生覺者。則亦有之。亦謂第四之獨。若論甚蠢微性之動。與凡不能動移之生覺者。則不可以爲第四之獨也。所謂失其見聽之德者。亦有二說。一曰。生覺諸德。常在不滅。但或體具有礙。故德能不展其用。亞利謂老年之人。設借少年之目。則兩人之見用無異焉。二曰。不但覺具有壞。雖使併其覺德而盡滅焉。不遂可謂非生覺者之獨情也。蓋雖不現在。非不現宜。固眞可謂第四之獨矣。凡如固然而宜之模。雖未現依於性。亦可用之以稱其性。則諸覺德雖既滅後。亦可用以稱其前所依之底。蓋其固然之宜。未嘗不現與相依故也。

論解二支

薄斐略解第四義之獨。云是與全類相宜。亦止與畸類相宜。又所常有。而其所謂類。惟指最盡之類者。駁此有三。一、能生覺者之視生覺宗。實爲第四義之獨。不爲最盡類之獨。則其解不盡。二、所謂常相宜者。或指其現在之相宜乎。或不拘現在而時常有所宜乎。若時常不拘現在。則所謂常相宜者。非能異于固然相宜者。然此兩義。皆非也。論現在者。如鴉也。雪也。其現在之時。與黑白之色。固是相宜。然黑色白色。豈可謂鴉與雪第四義之獨乎。論常相宜者。薄斐略謂擧第四獨。與不可離之依賴者相較。此二者。均之常與其物相宜。但就畸與不畸而別。夫不可離之依賴。與其所依之物。非固然而宜者也。

則常與固然。非必爲一義矣。謂不可離之依賴。非固然而宜者。蓋有形也者。乃凡有幾何者之第四獨。然而非其固然之稱。則凡其爲第四獨者。非必爲固然而宜者也。謂有形也者。乃凡有幾何之第四獨者。蓋形乃幾何之限界。既不可謂有無界之幾何。則亦不可謂有無形之幾何。又幾何乃形也者之本底。既不能有不着本底之依賴。則亦不能有具其形。不具其幾何者也。謂有形。非幾何固然之稱者。凡有幾形之類。若皆就可不然而稱其底者。則其統類之宗。亦不能挾固然而稱。必就可不然而稱。今凡幾何之形之諸類。皆就可不然而稱其體。緣物形。就其性力。多是可以不然。況循造物者之能。更皆可以使其不然。則形也者之宗。固但就夫可不然。以稱有幾何之形者也。

三、熱冷濕乾。乃四行第四義之獨。顧非畸非常而有相宜。則解所謂畸。所謂常。非所論于第四之獨也。謂非畸非常者。熱不但在于火也。而雜者亦或有熱。又水既變熱。卽亦無冷。緣凡相悖之情。不得並在彼也者。乃此也者之非。故則初情亦不但宜於畸類。亦不能常有宜于四行矣。

欲明正義。當知薄斐略所謂獨者。惟論純獨。非論合獨。蓋但舉其可以爲公者。而凡可謂之公者。皆純之有也。專主此義。故多許相悖之情。如奇耦之於數。直曲之于線。皆非其解之所括者。次前所解者、但括類之獨。未解宗之獨。然而由類獨。可推宗獨。故但解類獨耳。三。所謂常者。其說未定。一曰。常也者。言乎其物所現在之時也。所據者。卽二駁之義。二曰。常也者。言乎其固然而宜者。蓋凡第四義之獨。皆係于第四公稱。玆論第四公稱之獨。不但現在之時有相宜。雖不現在。亦必相宜。則凡第四義之獨。皆與其底固然相宜者也。薄斐略提獨者之要義。其所云常。似指此義。若夫則論所舉。亦未足據。蓋薄斐略舉殊與獨而並較。謂二者皆常在於本底。然不遂謂凡常有所宜於物之現在者。卽可謂甚切之殊。則不可離之依賴者與第四義之獨。其爲常在者雖同。顧非可謂凡常在於物者。雖不固然而宜。而亦可謂獨也。

正論曰。所謂常者。究其原義。及薄斐略與亞利之意。蓋指現在之全時也。薄斐略舉獨。與不可離之依賴者。而相較。則其旨可知已。蓋既同一常在。又不可離之依賴之常。既但指其物現在之全時。則獨之所謂常。亦豈有異乎。亞利之意。就篤比名理探一種論第四篇。可以推知。彼處所責於凡爲獨者。但爲與其底轉應之依賴。而凡物之相轉應者。其現時之常。必一也。由此而推。可知亞利薄斐略之意。並謂凡依賴情。其就全與畸。與常。以宜於底者。皆由物之本元而發。所以爲固然相宜者耳。依此。則解第二駁論。當曰。常也者所舉現在之義。即指全時。所舉常在而不拘現在之義。即指固然之宜也。解現在者之駁。當曰。黑與白雖常有所宜於鴉與雪。然不止畸類之相宜。故雖常宜。非即第四之獨也。解不現在者之駁。當曰。獨與不可離之依賴者相較。非舉常在者而較。但舉現在者而較也。

所謂凡有幾何。必亦有形者。良然。蓋幾何有幾何之界。如謂有幾何。又謂其無界乎。豈不悖哉。然謂凡有幾類者。若就可不然而稱其底。即其統類之宗。亦不能挾固然而稱。則非也。蓋就各類形而論。其爲幾何。雖皆可不然者。若就其爲宗者之形而論。其爲幾何。未有不挾固然者。何也。形也者之爲宗。雖幾何者所不可離之情。然而宗所本有之效。必寄之於類。故論宗形之所施。與兼論諸類之所施。皆爲固然之效也。所由分舉各類而論。則爲可不然之效者。以其皆屬可變者。故譬如以體模論元質。非模則壞。有模則存。自模就模。此固然者。但不拘何模。皆有能存元質之效。則元質雖希有模。非必希就某倫之某一模。此則所謂可不然者耳。又如某甲所有之一笑能。乃固然相宜者。然此笑能。但爲就可不然而相宜。蓋設使初所以然者。用其全能。除此一笑。則必默定所當與之某能。以從彼人之性而發。而其司所以然之效。不得而參焉。如馬能生馬。顧其生此馬。不生彼馬者。不係於生馬之馬。而獨係初所以然之所主也。夫此笑能。就其爲人性所發之效。既非此人所能自主。則論其從性而發之情。亦必非此人所能自定者也。故曰。挾可不然而發者。

所謂能生覺之爲獨。非最盡類之獨者。曰。就前所云。但解類獨。不解宗獨者。可斷此義。今欲詳之。又當知。獨也者。由宗與類之相結而生。如其子然。蓋凡類殊。既爲本元所有之成。必自挾有依賴之成。以爲其行用之具。反能顯現其內成者。不然。明悟之識。既由凡物外所顯現者而生。而其物非憑依賴。何以呈顯其本元之所有者乎。今不但最盡之類。結於上性而成。即諸隔類。皆結於上性而成。故皆各有由性之本情。以爲其獨。若論至宗。既無上性所拘。自不得有何似之實情。以成其獨也。所以謂實情。不直謂情者。蓋凡至宗。不能有諸實情。諸實獨。而亦可有非之情。非之獨。如自立者之至宗。有能受相悖之非之容德也。謂何似之情。而不直謂實情者。蓋幾何與何似之兩至宗。皆或有互視之實情。爲其獨也。

或曰。如是。則不但類與宗。各有本情之獨。凡特一者。亦可有之。皆由上性下性相結而成。故玆謂宗之結於類殊者。能生獨情。而類之結於特一者。不然。似無可據之理。況特一之殊。貴於類殊。豈顧不能生獨情乎。

曰。以宗與類殊之相結。較類與特一殊之相結。不相同也。前論獨情之所由生者。足證此義。蓋性之所以發而爲情者。欲顯諸物內有之不齊。欲使諸物能各致其本分之用也。今夫一類中之諸特一。其內有相等。其作用亦相等。此特一所能行者。彼特一亦必能之。但有或多或少之別。何必俾其各有特情乎。

次。設類與特殊相結。別有各特所生之情。則其情或皆可類。但不同數者乎。或爲不同類者乎。不可謂但不同數者。一則。類情之在各特一。其數既異。何必又謂別有數異之情。一則。此數異之情之總理。先在其類而相宜。蓋其總理。就其散在倫屬者。既與某類之特一。有所相宜。必有所以相宜之理。在其特一者。而其所以相宜者。惟其一類而已。則凡特一所有之情。必先有所宜於其類。後乃就其類而宜於其特一者。不必論及於數異也。亦不可謂不同類。一則。諸類皆就內有之所成以相勝。而特一者之情。彼此無所相勝。蓋凡物所以有相勝者。由有各殊之不同。而特殊之貴。彼此相同。一則。凡屬一類中之特一者。俱爲一類。蓋就其情之不類。推知所依之性之不類。而屬於一類之諸特一。則皆一性之特一故也。則其情之相類可知矣。此論。但證此特一者。非能各有實情。別於彼特一之實情。若就非之情而論。諸凡特一。又各自有不相類者。

所謂特殊貴於類殊者。曰物性雖更貴。非脫於其質。及現在之拘者。皆不得有發情之能。特一之有拘。不可與類殊之無拘者例也。

論初情。固爲四行之獨。若謂非畸非常。則不然也。篤瑪云。熱之在火。由本元內始而發。又加益大云。獨依賴與共依賴所由別者。獨者由物之內始而發。共者則否。欲知熱之何以獨宜於火。當知凡論熱。其義有二。一、是熱極。一、是熱減。（不能更熱者。謂之熱極。熱極以下。謂之熱減。）而熱減者。不可謂火之獨情。雜物亦可有之。惟夫熱極。乃火第四之獨耳。蓋凡物各有宜然之性。雜者之於極熱。非所相宜。若有相宜。豈可謂雜者。設有熱極在於雜者。如在熾鐵之熱。此非鐵性本元之熱。乃是外來易失之熱。故不得爲雜者之獨情也。如在日之光。可以傳照於物。然而至明之光。但是太陽之獨情。不得而傳於他物。雜者所有與熱之相宜。第爲其厥火性而有。然而甲之所有。偶在於乙。雖其情不但在甲。而不遂可謂非甲之獨情也。緣其情雖亦在乙。而論其情之至者。則甲之所獨有耳。正如篤瑪所云。自有者與初所以然者。彼此轉應。

緣凡謂自有者。不得不屬於初所以然。而凡謂初所以然。不得不謂自有。其他諸有。悉非自能爲有。皆初有之所傳。故天主之爲有也。雖與他諸受造之有相通。而其謂爲自有者。則天主之所獨有也。

所謂水既變熱。則必無冷者。曰舉現在而論。水熱時。非現冷之謂舉固然之宜而論水熱時。非不冷之謂。謂四情爲四行之獨者。惟論其固然之宜。故熱之是與冷之非。無相悖也。

或曰薄斐略云。獨也者。不增不減。夫初情皆可增。皆可減。則豈可謂四行之獨情乎。曰所謂不增不減。惟論獨情與其底固然之相宜耳。如以固然之宜論水者。其冷或有二分。或有六分。冷雖不同。所稱爲冷者皆一。則謂水爲冷者。非據其現有之冷。而但據其本所宜有之冷耳。況獨之所謂不增不減者。乃舉其一類中之兩特一者。而較本性所共有之獨情。彼此必無增減也。

獨爲公者否三支

以爲非者所據云。獨有與衆共。其稱相悖。公者。衆所共之謂也。則獨豈能謂公者。次謂獨爲公者。或視類而爲公乎。或視屬類之賾而爲公乎。以獨而稱物者。二者之外。無復有依然之正稱矣。今用獨而稱其類。不爲用上而稱其下。緣獨情與類性相轉應。故而凡謂公者。必與其所稱之性。有上下之秩。

以廣于其所稱者。是不可用獨以稱其類也。謂用獨而稱屬類之賾乎。則獨。非就獨之在己者而稱也。乃就原所宜於其類者而稱。而今但就其在己者。以辨其可謂公者否。則獨豈得謂爲五公者之一也。

以爲是者。其據云。獨也者。是可用以稱賾。就何傍與依然及固然之稱也。謂何傍者。乃獨之所由別于宗類者也。前解已明。所謂依然而稱。則舉其不關本元。而但依其物。如模之依底然。而用以稱其物者也。就此可知。獨與殊之別。緣殊。乃物性之內分。是其本元所函者。故而獨之與依。則就其固然而別焉者也。但固然者。有二義。一、由內發。一、從外至。內發者。復分爲二。一、其固然之稱。關於其物之本元。如笑能與人性固然相關。二、其固然而發之稱。兼函他稱。亦謂固然之稱。如笑能本函何似之宗理。則不但能笑者爲固然。併其所函何似之宗理。亦就固然而稱者也。從外而至者。非其本元之固然。而但從因性之司所以然。相合而成。如雪之謂白。鴉之謂黑。皆由外至之固然而稱。統究性力所能。其生雪生鴉之所以然。卽其生黑白之所以然。而不得相離也。

今論獨也者之解之固然者。爲由內之固然乎。爲從外之固然乎。謂從外至者。所據有三。一、第四獨之固然。足謂第四公者之固然。顧第四獨之固然。但是由外至之固然。則第四公者。亦不越于外至之固然也。二、凡就外至之固然。而謂固然者。直謂爲固然。蓋凡可以推論而知者。皆直謂固然。而凡由外至之固然。皆可推而知者。如天之運。地之靜。此類皆是。則外至之固然。乃第四公者所須之固然矣。三、石之非人也。人與馬同一生覺者之互也。乃人性第四稱之獨。顧不從其人之本元而發。蓋非也互也雖固然而在物。而非其物性之所發者。則獨也者之固然。非必由物性而發者也。

謂獨也者之固然。爲由內發之固然。於理爲允。證之云。薄斐略舉獨與依而較曰獨也者。先與類有相宜。後乃就其類而相宜於所屬之諸特一者。依則反是。先與特一者有相宜。然後就其屬與類之特一者。而可用以稱類也。凡先與類而相宜者之稱。俱從其類之本元而發。則獨也者之固然。亦必爲內發之固然矣。又薄斐略以雪之白與鴉之黑。爲第五公稱之依賴者。而不以爲第四義之獨者。夫黑白之于鴉雪。乃由外而至之固然。則知薄斐略所欲指爲獨之固然者。必非外至之固然。乃由內而發之固然也。

二、凡非其獨也者。必亦非其獨也者所依之本元。如謂非能笑者。亦謂非人也。若夫非依者。則不然。依者雖壞。其底者不即壞。今挾外至之固然而相宜者。雖或非其依。不即非其所依之物。如非某物之現在者。豈卽併某物之本元而非之乎。而凡固然相宜之就外至者。皆憑據其物之現在。則雖非之。不能卽非其物之本元也。則外至之固然。非獨也者所須之固然也。

三、由前而推。凡物之現在。惟就可不然而相宜。則凡據其物之現在而相宜者。亦惟就可不然而宜也。今凡就外至之固然而宜者。皆據其物之現在。則皆就可不然而相宜。若夫獨也者。直謂固然而宜。非就可不然而宜。則自須由內發之固然矣。

所謂第四獨之固然。但是由外至之固然者。曰。獨也者之解。所言常有所關者。乃指由內而發固然之常。前證已明。故宜謂凡第四義之獨。皆係于第四公稱者。然而凡係第四公稱者。不卽爲第四義之獨也。如以能明悟者稱人性。其稱乃第四公稱。然非第四義之獨。但是第二義之獨耳。

所謂凡屬可推而知者。皆直謂之固然。亦非也。凡就因性之所以然而相宜。非可直謂固然者。但可謂就因性之所以然。以爲固然者耳。故不可直謂之獨。而但可謂因性之獨也。況凡物之色。亦未可謂物之獨情。其爲黑白等色。大都係于飲食地氣。與四情之何者相合。若是者。皆非常然。不足謂第四義之獨也。

所謂非也。互也。乃第四獨云者。曰窮理者。謂獨也者。從本元而發。蓋其獨。不係於物之現在。亦不係於物以外諸因性之所以然。乃是無隔而依憑其物之本元者。顧所謂憑有二義。一、由內而發。如凡實之獨情。一、雖不由內發。但既有其性。亦有其稱。如非也。互也。與諸外稱之類也。

獨也者。一謂宗之獨。一謂類之獨。宗之獨。其解云。是依情。是可用以稱不相類之賾。就何傍之固然者。類之獨。其解云。是依情。是可用以稱數異之賾。就何傍之固然者也。問宗之獨之視其倫屬也。常爲宗乎。抑可以爲類乎。又類之獨之視其倫屬也。常爲最盡類乎。抑可以爲宗乎。曰宗之獨。非常爲宗。類之獨。非常爲類也。蓋能見者能覺者。皆謂宗之獨。爲其可以稱不同類者。故然舉能見能覺之物。皆爲最盡之類。則能見能覺之在類。亦爲類獨矣。又能明悟者。視作明悟與受明悟。則爲其宗獨。顧其所稱之人性。乃最盡之類。則能明悟者。亦可爲類獨矣。

今釋前諸駁論。所謂獨有衆共之相悖者。曰二者若在一底。則相悖。若視夫不同底者。則不相悖也。夫一物而謂之獨。又謂之公者。非以視一底而以視其不同底者。蓋其視宗性類性。則爲獨。其視宗性類性所統之賾。則爲公者。如能笑者之視人性。則爲獨。以視某某之各性。則爲公者也。

所謂獨也者。但因原所相宜之類而稱者。解此論有二說。一曰。獨也者之與公性相宜也。非與虛公性相宜。而指其在於倫屬之相宜。故就其在己而直謂可以稱賾者。二曰。獨也者。雖先稱公性。顧次就其在賾之公性。亦可以稱其賾者。則不可謂獨之不自爲公者。而但據公性以爲公也。一則據第二義之獨。而就自己以稱其賾。一則凡依他而稱者。不卽可謂非自爲公者。否則生也者之於人。亦不可以謂宗。緣人據其爲覺者。以稱之謂生者故。

○○五公之篇第六論依

設依也者之三解。一曰。是可在。又可不在。而其底不卽壞也。因此而分爲可離之依賴者。與不可離之依賴者。二曰。是能在此一物。亦能不在此一物者。三曰。非宗非類非殊非獨。而常在於底者。

（古）依者云何。或在或否。其底非損。一可離底。一不可離。物之有動。是謂可離。黑在於鴉。則不可離。明悟所用。脫黑非黑。鴉性不損。

（解）依賴之要理有三。一、凡依於底之物。如幾何冷熱。舉此義。乃依賴與自立之所由別者。二、凡依賴之情。或就固然而宜。或就可不然而宜者。三、凡就可不然而宜之稱也。此第二義。復分二端。一、其本元是依賴者。又就可不然而宜。如黑白之類。二、其本元是自立者。但就可不然而宜。如受服受飾者之類。薄斐略所解之依賴。但舉第三義耳。

所謂明悟之用云者。薄斐略之解依賴云。或在。或否。又析之云。一爲可離。一爲不可離。二義非自相悖也。所云或在或否。而底非卽壞者。但論或就明悟之脫。或就明悟之非。以爲可離者。如非雪之白。豈卽非其雪哉。所謂不可離之依賴者。則論其不可實別。緣白與雪。究論性力之能。不得實相離也。

(古)依之二解。是可在此。又可不在。依之三解。非宗。非類。非殊。非獨。常在厥底。

(解)此設第二三解。所云可在可不在者。舉其容德而言。視第一解所云。或在。或否者。其義更顯。緣舉爲而解。不若舉容德而解。爲也者。乃可不然之稱。而容德者。則固然之稱故也。在者。在於其底。卽前解所云。其底無損者。蓋此一依賴。旣可在此一底。又可不在此一底。則知雖或有離有滅。而其底未必損也。第三解。指他諸公者之非而解。謂常在其底。非言不能離底。義言旣有依賴者在。不能不依底而在。蓋底也者。雖無所係於依賴。然依賴者。必有所係於底故。

○依也者之義辯一

駁前解以明其確一支

所設之三解。駁其有闕者。五端。一、薄斐略之論依。其大旨所向。在論其爲第五公稱也。顧前設三解。皆未及公者之義。二、第一解所謂或在或否。其底無損者。或謂依賴者離。而其底之現在不損乎。抑謂依賴者離。而其底之本元不損乎。不可謂現在不損。蓋物之死。器之焚。論其物與器之所遭。豈非依然而至。然既已至矣。其物其器。豈得不損。謂可離而本元不損者。則或論實之離乎。抑論用明悟而離者乎。不可謂實之離。一則依賴者。多爲不可離者。故一則。依賴者雖或實可離。然不特依賴有之。卽獨。亦有時而離其底。如冷。亦可以離於水也。若謂用明悟而離。亦非依賴所專有者。蓋用明悟。則獨亦可離。於本元亦無所損。如明悟或以非其人之能笑者。不卽非其人之本元也。緣爲底者。原先於其獨。則舉此原先其獨未在此際。可以受非。於本元者無損焉。三、白也者。若舉其脫義而論。不屬第五公稱之依賴者。緣脫底之白。不可用以稱物。既不可以稱物。卽不可爲公者。然而白也者。可在底。亦可離底。則第二解有疵矣。四、第二解所謂可在云者。亦非也。若舉可在底之容德而解。則以白而論。幾十年後所生之白人。亦有可在彼人之容德。可謂第五公稱之依賴者乎。顧五公稱之依賴者。必能實稱屬己之賾。而白也者。不得實稱其未現在之人。則不當舉在底之容德。爲依賴之解矣。五、何似者視人。亦謂依。亦謂獨舉白之何似。則就可不然而稱人。舉能笑之何似。則就固然而稱人。故何似者。爲依。亦爲獨。則獨也者之解。不可就他公稱之非而解也。

雖然。薄斐略之解。皆是也。第一解就爲而解。第二解就容德而解。其旨無二。總言依也者。是公者。是可在其底相結於倫屬之賾者。是公離其底。但挾可不然而稱者也。欲明此解。當知所謂可在者。非指其依賴所結於底之切依。而但指其可不然之結。如有模者着衣者之稱。皆爲第五公者之稱。顧不能就切依之義而結。緣模與衣。皆自立之體故。

次解依也者之所謂底。非言切依所結之底。而但指依也者之倫屬。緣凡公者。皆就倫屬而解。固知薄斐略所舉依賴。爲公稱而解也。雖然。謂依是公者。是可用以稱多者。就問何傍與依然。及可不然之稱也。其解更爲明悉。

釋第二論曰。謂依賴可離其底者。言其可就明悟之非而離。蓋依賴者。既就可不然而依。則或實可離。或就明悟而可離。其物性恆然無易。獨也者。不然。就固然而宜。設有非其物之獨情者。其本元併亦受非。何故就某一稱之非。以非其本元者。從有也者而下。至於不分之一。中間。爲宗。爲類。爲殊。爲獨。隨其所舉。皆謂之稱。各級不同。故曰某稱。其義有二。一、謂直非。一、謂曲非。所非在於能推理者。是乃直非。緣能推理者。乃其直指人性本元之內稱故也。所非。在於能笑者。則爲曲非。蓋能笑之非。雖不直非其人性。不涉內稱。但由內稱固然而出。則其非笑能者。必亦非其所由發之內稱也。亞未則納云。人也者。舉其爲生覺而能推理者。乃其笑能自然之始。則非其笑能。亦必非其生覺而能推理者矣。但所謂非。乃獨與性所相宜之非。不指獨所現在之非。蓋凡非獨之現在。不卽非其物之本元。前論已明也。由此而推。可以知人性而視獨情。爲其性之有原先也。故用我明悟。可以攝其性。而姑置其獨。然不能攝性。而遂非其獨。緣獨也者。乃由人性本元所發之情故。

所謂脫底之白。不可用以稱物云者。曰。解之所云可在于底者。乃其妙合于倫屬之賾者。若白色雖能結于底。然非就一妙合于賾者以爲結。故就其脫義。不關于依者之解。

第四疑。後有本論釋之。

所謂何似爲依爲獨者。良然。但謂以之視人。兼有依與獨之義。則非也。雖此一稱。以視各不同之底。可以爲獨爲依。況可以爲宗。類殊。然而以視一底。則不然矣。蓋依與底。能不相宜。而獨與依。不得不相宜。二者相悖。則夫何似者之視人性。固爲獨。不爲依也。或曰。何似者之一類。固然與人相宜。故就固然而稱人。則因何似者之他類。挾可不然而相宜。亦就可不然而稱人。曰否。挾可不然而稱者。本有固然而稱之非。則何似者。旣固然而稱人。不得復就可不然而稱人也。

依與底之相宜須其兩現在否二支

第五公稱之依賴者有三端。一、爲實之依賴者。如黑白幾何之類。一、爲思成之依賴者。如明悟所成之互。一、謂非之依賴者。如非也缺也之論。

凡內且實之依賴者。非現在于現在之底。不可謂與底之相宜也。論外且實之依賴。則須依賴者之實現在。與底對之現在。乃可謂相宜。內依賴者。如火之熱。水之冷。外依賴者。如時如所之類。如以愛德愛某物。以明德明某物。固其皆以外物爲界。故我之發愛發悟。亦爲外依賴。其證云。凡內且實之依賴。所有與底之相宜。必在其現所依結者。若其依賴與底。旣不現在。不得就現依而結。則亦何得有相宜者乎。何謂相宜者。在現之依結。依與獨之所由異。緣獨之與性。本有相稱。而依則否。但有可不然之相稱而已。夫性相稱者。無須兩界之現在。而可不然之稱。必須有現施之所以然。則必由于兩界之現在矣。緣凡現施之所以然。固須有現在之底。以受其施也。何謂外依賴者。須依賴之現在。又須底之對現在者。蓋明悟之用。與夫愛德之用。不但可以用現在之底。亦可以用于不實現在。而但對現在之諸底。如天文所懷交食之知。學者所懷利祿之希之類也。知依明悟。希依愛欲。而交食利祿。皆其不現在而對現在者。

次。凡就可不然而相宜之思有。但須依賴所對之現在。又須其底或實或對之現在也。蓋依有所宜于底。卽可用以稱其底。而凡可不然之稱。須現模其底。乃始相宜。思成之有。既不由因性之相稱者而模。則須現之依結者而模。故必其底之或實現在。或對現在。乃有相宜相稱者耳。

或曰。公者之互。就可不然而宜。顧非必其現在。蓋據前所論作明悟所成之象。其性之初顯時。已脫特殊。則其互雖未現發。然于性已有相宜者。何須對之現在。乃相宜也。曰。公者之互。雖就可不然而宜。然公性已脫特一。其近基既備。則非就可不然而宜。乃就固然而有宜也。故其互雖未對現在。而先已與性相宜耳。

或又謂明悟攝公性。使脫特殊。此際未攝特一。故特一者。不可謂對現在。顧就公性之脫。不但公者之互。與性有宜。卽特一之互。亦有宜于特性。則豈待底也者之對現在。而後有相宜哉。曰對現在者有二。一、初。二、次。明悟但直攝一物。以成其對象。然或別有物焉。與明悟先攝之物有相關者。則玆物因初物之現在。而亦謂現在。明悟直所攝之現在。謂初對現在。其相關之物之現在。謂次對現在也。公性與特性。相因而有。明悟攝公性之意想。次亦爲攝特性之意想。故公性對現在。特性亦謂之對現在也。

三、凡虛之非也者。及其所稱之底。雖皆不現在。實可謂相宜者。（不涉明悟之非。是謂虛非。如空中無光。卽是光之非。若明悟以暗爲去光之模。卽屬思成之非。不謂虛非也。）蓋模不在底。卽可謂其模之非。與其底有相宜。如光不在虛空。卽可謂光之非與虛空有相宜也。謂模不在底。不須底之現在者。如謂某人非言非動。不必其人之現在。其人雖不現在。其言與動之非。亦安見其不相宜乎。

四、凡可不然。且實之缺之宜于底也。必須底之實現在。（如水之熱。氣之乾。是可不然者。水之現熱。卽冷之缺。氣之現乾。卽濕之缺。皆是實缺。）又須缺者之非之現在也。何故。缺也者。是底在當然之時。可以有模者之非也。顧其爲底。若非實現在。固不得有受模之容德。緣凡缺也者所缺之模。須有底在。乃可謂模在於底。則旣有缺某模者在。必有某缺在。有缺在。必有可容其模之底在也。謂實之缺者。以別于凡就明悟而宜之缺。如公性之脫一者然緣其脫一之際。公性不實在。而但有明悟所擬之現在也。

或曰。死也者。乃有生命之實缺。顧不但不須底之現在。且致其底之壞滅。則豈可謂凡實之缺者。皆須底之現在乎。曰。所謂死者。有二義。一、指生命之別於肉軀者。一、指其生命之缺也。又生命。亦有二義。一、謂生體。一、謂生依。生體者。卽人之靈魂。生依者。其靈魂所發之諸用。夫論死也者。若指其生依之別於肉軀者乎。則眞可用以稱某甲之爲死。緣某甲絕命之際。眞有生依者與之別也。若謂指生體之別肉軀乎。則亦可用以稱某甲肉軀之爲死。緣某甲絕命之際。其靈魂漸別於肉軀故也。就此義而言。卽今某甲與其生命之缺也者。雖非現在。然就今而追論其方死之時。則仍可謂之現在也。若其所謂死者。但指生命之缺乎。則不可用以稱某甲之死。何也。以生體之缺而論。則必其肉軀。其靈性。相合而後成其爲某甲。合成者。固現有靈性。又何能爲靈性之缺之底。若以生依之缺而論。則其缺但可依於能受模之底。某甲既不現在。不得行其生體所作之諸用。則無可以受缺之模。所以或舉其生體之缺。或舉其生依之缺。皆不可以稱夫不現在之人也。雖然。舉細搦多格之義而言。細搦多格者。乃西文中之一法。或舉一分以當其全。或舉其全以當其分。皆舉細搦多格而言固可用生體之缺。以稱某甲之死。第其所指之缺。亦就其肉軀之壞滅者而稱耳。

實且內之依賴視所未依之底可謂公依否三支

實且內之依賴。如黑白冷熱者。就前所論而推。此種依賴。若不現在于底。不得謂之有所相宜也。一說云。所謂公者有二。一、云爲公者。一、云能公者。公性現結倫屬。謂之爲公者。公性雖未結于倫屬。然而有其結之容德。是謂能公者。夫其依賴者之視其未依之底。雖不可謂爲公者。然而可謂能公者也。其證有二。一、公也者。是能在于多之一者也。如論白也者。雖未依于諸底之前。亦爲能在于多者之一。故白亦可謂爲能公者。次謂公性之須在于倫屬。乃爲公者。緣謂在多者、乃公者之爲故耳。夫公者之全爲。不論其在一在多。而論其能偏在于諸特一。則凡爲公者。豈可不並在于其倫賾乎。然而篤瑪之論公者云。不須同時在賾。但能並在。或迭在。卽謂公者。則現在于特一。非公者所必須也。此二義。古者未詳。顧似皆以爲非。亞利云。公者是在多者之一者也。所云在多者。指公性與倫賾所妙合而一者也。又云。公者。爲全爲全者。必有分。而現受統於其全者。若公者不在於賾。不謂統其分。豈可謂其全者乎。由此推知。爲也能也。不可分作兩公者。蓋設謂性之與賾。原非相結。則其所有在賾之容德。不能俾其性爲公者。但能俾其性爲公者之容德也。

正論曰。凡實之依賴者。視其所未依之底。不可謂公者。證之云。四公稱所以別於第五公稱者。四者之容德。或爲本然。或爲固然。而第五者之容德。但爲可不然者耳。夫論白也者之視其所能依之底。非可不然之容德。乃本然之容德。蓋凡依賴者。所視於底之互。而以爲所能依之質所以然者。乃其依賴之所以得爲依賴。則其所視質底之容德。豈得不爲本然之容德乎。有謂依賴者所挾本然之容德。非視各特一之底。而惟視其底之宗理。視夫宗理之依賴者。非公者也。論其所視各底之容德。乃是可不然之容德。緣依賴雖挾本然而向於底。然但挾可不然者而向其底。而此可不然之德。是乃所以爲公者之德者也。曰。否。依賴者視底之宗理。與視其某某之底者。其容德無二。如元質視體模之容德。先向體模之宗理。然後向於某某之體模也。向之所至。雖有先後。其爲向。則一耳。又依賴者所用以向底之容德。先向底之宗性。後乃就宗性以向特一之性。而第五公稱之依賴者。先向特一之性。而後就某特一者以向乎公性。則依賴所以爲公者。非以向底本然之容德。而以向於倫屬可不然之容德也。

所謂公者。是能在多者之一者。其義云。能在倫屬之多者。如全之在於分者然。今白色未曾依在何底之前。非可謂有倫屬之特一者。則亦非可謂有在特一者之容德。如全之在其分者。而但有其本然之容德。如模之能在其底耳。

所謂以公性爲須在倫屬。始謂公者。緣在多者。乃公者之爲故也。良然。篤瑪所云。亦不越此。蓋彼處。但論類者。而論類之爲。乃就本然之妙合。以在於特一者。故不須多者之現在。第須多者之相宜也。若夫第五公者之爲。既非由本然之固然。設非現在於特一。則何以爲相宜乎。但雖須現在於多者。而非須徧在於諸不分一者。緣夫公者之本理。須特一者之不止於一。然而多寡之數。於本元固無所關。

○○五公之篇第七五稱同異

(古)五論義已悉。玆別同與異。可用稱多者。是乃五所同。宗者稱屬類與類諸特一。而殊亦如之。類之所可稱。所統不分一。獨也稱其類。惟稱所由發。及稱類所函諸不分一者。依能稱諸類。及類諸特一。譬如生覺宗。稱人稱馬牛。及其特一者。不推理之殊。以稱馬牛類。馬牛諸特一。人性之爲類。但稱不分一。能笑者爲獨。則以稱人類。及所統某某。依有不可離。如黑之稱鴉。與其各特一。可離爲動者。兼稱人與馬。併其諸特一。宗與殊與獨。先稱在公性。後乃及特一。依也則不然。先稱特一者。以及於公性。

能統多類者。殊宗之所同。但宗之所統。廣於殊統者。推理不推理。百類所由成。皆屬生覺宗。而推理之殊。但統神與人。故宗廣於殊。可用稱宗者。亦可稱諸類。用以稱殊者。亦稱所成類。如舉自立體。有魂與有覺。皆稱生覺宗。亦及生覺倫類與諸特一。據理能立論。可稱推理者。此但指神與人而言。天主之靈。以一照通萬理。不必由推。併及類與特。若非宗性者。宗下亦必非。殊也若非在。殊下亦即非。如非生覺宗。即非人馬類。若非推理殊。即非神人類。

宗所可稱者。多於餘四稱。又宗者之義。能超統其殊。如生覺之宗。超類推理否。而殊則不然。不能統宗性。殊能分宗者。有宗在其先。故設無宗者。則亦無殊者。然雖無殊者。宗性不即無。如無生覺宗。豈有推理否。推理不推理。雖或除不論。然其自立體。有魂能覺宗。非即可除卻。又能推理否。皆傍於生覺。人馬各生覺。自立無所傍。所以宗稱下。則挾問何立。而殊挾何傍。宗之在一類。一類不二宗。比如生覺宗。人惟一生覺。論殊在一類。其類包多殊。如人有靈才。及其可受教。皆與禽獸別。其殊非一殊。宗如類之質。殊如宗之模。是皆宗與殊。所爲有差別。

宗之與類。皆可稱多類之所稱。但在數異。數異類異。宗可兼稱。宗在類先。以視其倫。皆可謂全宗也統類。類不統宗。緣宗所括。廣於類故。宗受殊拘。乃成屬類。宗固原先。故設無宗。必無屬類。然雖無類。宗非卽無。如有類在。必有宗在。然宗雖在。類非必在。宗下諸類。用宗可稱。類上諸宗。非可類稱。緣宗統類。其廣勝類。緣類函殊。其貴踰宗。宗或爲類。然宗未嘗可謂盡類。盡類未嘗可謂至宗。是宗與類所同所異。

宗獨兩公稱。其根皆從類。蓋凡爲人性。亦爲生覺者。亦爲能笑者。宗獨均所稱。譬如人與馬。均謂爲生覺。又如某與某。均謂爲能笑。以宗而稱類。名義俱相同。以獨稱類者。名義亦不二。宗在獨之先。獨在宗之後。如先有生覺。乃有殊與獨。以別其屬倫。宗所統多類。皆宗所能稱。獨不兼多類。惟稱所由發。獨與類交稱。其義轉相應。如凡謂人性。亦謂能笑者。如謂能笑者。亦必謂人性。若宗之與類。非可兩相應。蓋凡謂人性。雖亦生覺者。生覺卽非人。亦非卽能笑。獨通全類。有畸有亦常有。宗則通各類。而又常有關。但非畸一類。故雖除其獨。而宗非卽除。設除宗性者。豈復有類獨。是乃宗與獨所同所異者。

宗與依也。皆可稱多。或其可離。或不可離。如覺之動。如鴉之黑。論其稱賾。理則惟一。類所全成。固由於宗。宗在類先。依雖不離。第爲類飾。固在類後。宗性下降。成全各類。所傳於類。惟一宗性。依之所傳。

賓成其質。惟關其外。多寡不一。依可增減。而宗則否。依先在特。後稱宗類。宗類降特。固有原先。宗挾何立。依挾何傍。是宗與依。所有同異。

以殊而視類。所傳各均一。均之謂人類。則均謂推理。又各在特一。恆然不可離。某恆有人性。亦恆謂推理。以殊稱其賾。所挾在何傍。以類稱賾者。是挾何立稱。殊非數一類。如謂四足者。兼稱獸多類。若類所稱者。惟在倫屬特。類由殊全成。殊在類之先。故設無殊者。卽亦無類者。殊之所以成。非從類所致。故雖無類者。而殊非卽無。殊與殊相合。而可成一類。推理屬壞者。兩殊合成人。若夫類與類。則不能相合。以更成他類。牡馬與牝驢。相配而生騾。馬驢二類物。但可爲作者。作騾內分故。是詳殊與類。有同亦有異。

殊也與獨。在賾俱均。凡推理者。凡能笑者。彼此均能。無偏多寡。又殊與獨。常通全類。獨之所有。或非現在。非不現宜。殊結多類。皆可以稱。如推理者。稱人稱神。獨稱一類。是所由發。殊所成類。恆不得離。然不相應。緣凡爲人。卽謂推理。然凡推理。非卽爲人。若獨與類。彼此相應。故能相稱。是殊與獨。同者異者。

殊與依相提．皆可以稱賾．又皆於全類．常關不相離．此所謂常關全類者．但論不可離之依．殊也統諸類．而不受類統．蓋稱推理者．統稱神與人．神人各所能．非可以相統．依也在於賾．可謂統諸賾．底受匪一依．亦可受多依．故謂依也者．亦受統於底．殊也無多寡．則亦無增減．而依則不然．可增亦可減．凡殊相悖者．不能相交合．以成其物性．依雖有悖者．亦可相交錯．以共文厥底．是殊與依者．所別同與異．

類之與獨．所別云何．蓋類與獨．彼此相應．緣凡謂人．皆謂能笑．又凡能笑．皆亦謂人．類之於特．是其內分．故不離特．獨之於類．由類而發．亦不離類．類若最盡．不可爲宗．隔類爲宗．爲有下性．獨與類異．未嘗謂宗．類在獨先．獨在類後．緣先謂人．後謂能笑．類之在賾．皆爲現在．獨之在性．或現在焉．或固相宜．如指某甲．可常謂人．不常謂笑．惟謂能笑．是所固宜．凡異解者．厥性亦異．類解獨解．二義迴絕．則知理異．

類也與依．皆可稱多．是所相同．類挾何立．以稱其多．依挾何傍．以稱厥底．自立之體．各在一類．不兼他倫．若依賴者．依於特一．異類同依．非拘一類．又類也者．爲依之底．固在依先．依也依底．方可謂有．固在類後．屬類之特．均共類性．依在特底．雖不可離．所共非均．是類與依．所由相異．

獨於宗類殊。所別前已悉。茲以獨視依。而辯其同異。夫獨與其性。不得兩相脫。性在獨亦在。夫依亦如之。有鴉卽有黑。是人卽能笑。獨也關全類。而又常相關。依之在於底。其不可離者。亦同此理論。是皆。獨與依。相同不異者。獨但關此類。依則關多類。如稱曰黑者。烏鴉與烏樠。總皆謂之黑。故獨與性應。依與底則否。有獨之特一。均共此獨性。有依之特底。所共不能均。獨也性恆一。不增亦不減。若夫依也者。時可增減。論是知獨與依。於此迥然別。

亞利曰。思想物理同異。大能裨益所學。故薄斐略旣釋五公稱之性。復舉同異而較。亦欲學者一覽而悉公者之理也。前設總義。後提兩端較之。舉此五公。括於十較。不能多。不能少也。蓋五者之一。可與二三四五相較。其二但與三四五相較。其三但與四五相較。其四與五相較。其五互義已在前四。不更有較。故總惟十較耳。首舉宗與殊之較者。一則本然之序。殊先於類。蓋殊也者。類所以成全其性之內分者。一則宗之所與殊同者。多於其所與類同者。又薄斐略所謂殊與獨。但論宗也者所由受分之殊。與夫最盡類之獨也。

又五公稱之同異。約略言之。以宗而較殊類獨。所同者三。較依。所同者一。又以較殊。所異者六。較類。所異者七。較獨。所異者五。較依。所異者四也。殊與類獨依相較。所同者二。又畸與類較。所異者四。與獨較。所異者二。與依較所異者三也。類與獨較。所同者二。所異者亦二。其與依較。所同者一。所異者四。獨與依較。所同者二。所異者三也。

所當解者。兩端。一云。第五公稱之依賴者。先與特一者有相宜。次乃因其特一。而與類性有相宜也。比如有此一馬之動。所以謂馬之有動。有某人之白者。所以謂人爲有白者。此皆論實依賴。非論思成之依賴也。何故。凡實依賴者。其於物性。非有固然之宜。必待外所以然之施。使我有此依賴。乃可謂與我有宜。而凡所以然者之實用。固必向於現在特一之物。以立其界。若夫明悟所施之用。則不必然。用其思想。能直向其公性。如爲宗爲類之互皆然。

二云。兩類者。不得合而更成他類也。欲明此義。當知薄斐略非論形性之合。而惟論超形性者之合。義見前　又所謂兩殊相合以成類者。非論同等之殊。而惟論相屬之殊。蓋同等之殊。非有上與下。爲與受之義。不能相接。而相屬之殊。雖其下焉者。不自能拘其上。但既能拘宗。則亦能拘宗所結之殊。以成下類。故下殊之視其上者。如模之視其質。如爲之視其受。然若兩最盡之類。非有上下爲受之義。固不能相接。以成一本一元之理也。由此而推。可以解或者所云。下域之質。與人之靈模。各爲最盡之類。顧能相合以成人類。又幾何之線。與面。各爲最盡之類。顧能相合以成幾何之諸類者。蓋此之相合。俱爲形性之合。而薄斐略所云兩類。義匪宗殊。自不能就超形性者之合。以別成夫他類也。

名理探

（三）

傅汎際譯義

李之藻達辭

漢譯世界名著

目錄

名理探一學統有五端大論次論有五卷

卷之一

卷之四

第三四五端之論待後刻

名理探十倫卷之一

遠西耶穌會士　傅汎際　譯義
西湖存園寄叟　李之藻　達辭

總引

十倫者。西言加得我利亞。譯名。則稱謂。譯義。則凡物性上下諸稱之位置也。亞爾既大初分萬有爲十至宗。因立十倫。亞利更演其論。古今窮理者悉遵焉。原本皆三通之所藉。以具明悟推辯之規者也。是書也。有謂爲超形性學之一分者。有謂非特關乎一學。乃種種學所由之以推辯者也。謂超形性學之一分者。蓋超形性學。在測有也者之總性。故以有也者爲本界。從而分析萬有。定爲最至之十宗。緣推測性理。須測其性所剖析處。剖析者。推測之要也。亦亞利就物之稱謂何若。立定十倫。而凡稱謂之何若。必就其有也者之何若而知。緣有之何若。所以載其稱之何若者。故夫測有之何若。本屬超形性學。則測稱之何若。亦屬超形性學之論也。又名理探不推各物之質有。惟脫其質有。超測其模義。以成推論之諸法。則究物倫之多少。與其何性何情。非名理探本務。自關超形性之學也。

謂非特關於一學者。凡種種學。分而論之。各有所究之專質所向之專界。非能總測各倫之性者。今十倫之論。乃是總萬物之倫而備釋之。實諸學之所共藉。豈專係於某一學者乎。

正論云。十倫之論。亦關名理探。亦關超形性學。然其義不同。當知凡論各倫之物者。其論有三。一、論其本性。如舉自立者。及諸有形體者。而測其何性是也。二、論其超有。舉各所脫乎特一之理也。三、舉各所有稱與底之容德也。所用以稱。謂之稱。所稱之物。謂之底。論本性者。不拘某一學。凡研析實理之學。皆取資焉。此乃第二說之所據也。然而第云十倫。不即可謂諸學之所從辯者。其所以有資諸學。緣十倫之論。非第指其本倫之性。又指所稱上性下性之位置故也。論超有者。本係超形性學。乃第一說之所據者也。論容德。則正屬名理探之事。緣凡推辯之規。其所向者。皆關名理之學。故。此三論。凡推物理。皆不能離。舉人而論。就其有肉軀。有靈魂。有質。有模。則爲性學。西言斐西加也。論其有宗。有殊。則爲超形性學。西言默達斐西加也。論其有爲底爲稱之容德。則爲名理探。西言絡日加也。謂人爲推理者。人爲底。推理者爲稱。謂某甲爲人者。某甲爲底。人爲稱也。餘可准此而推。準此三義。可以釋前二駁。

以十倫之論。較他諸論。其緩急之序云何。曰。尋知者有三通之次序。一直通。二合通。三推通。直通者。直透各物之義。所務在位置十倫。以剖凡物之直義也。合通者。西言伯利額爾默尼亞。合而斷之。其所務相合成文。以成諸題論者也。推通者。西言。一名亞納利第加。一名篤比加。務在推究討論以成諸辯之規者也。

凡辯論。所資於此學者甚大。蓋其書。分別宗類殊。以具明悟所成能析能解之資。又釋各物之性。各性之情。以具諸學推論之理也。其要。分爲三節。一爲十倫之先論。凡四篇。一爲十倫之論。凡五篇。一爲十倫之後論。亦凡四篇。

先論之一

（古）物倫首辯。同名歧義。活人塑人。皆謂之人。厥名雖同。體義則異。

（解）此論分別十倫。從幾端物理。推較而定。所較有三。一、舉十倫與總有而較。二、舉各倫與其屬之下性而較。三、舉自立者之倫與他諸倫而較也。舉總有之較。則十倫之諸性。皆同名歧義者。同爲有者。故同名。各自一理。故歧義。西云額計勿加者是也。舉下性之較。則十倫之諸性。皆同名同義者。西云悟尼勿加者是也。舉自立與諸倫之較。則九倫之稱自立體者。皆非就同名歧義而稱。緣各挾其同一於依賴之義而稱。亦非就同名同義者之稱。緣皆非挾本然而稱。則但就由他稱之義而稱。西云得諾靡納第勿者是也。蓋凡論各物之性。有此三義。一舉其所由受成之上性。二舉其自所全成之下性。三或舉其物之所變。或舉其所由受變於他性者。亞利準此三較以析十倫之義理云。

又兩物相較。其同異有四。一、名與義皆同。如人類中某某之特一者。二、名與義皆異。如天地火氣之類。三、名雖同而義不同。如黃金之金。金星之金。雖皆謂金。體旨則異。四、義一而指義之名目則多。如稱頭與首。目與眼之類。亞利茲論釋其一者三者。餘於此論無涉。故不及詳。又所謂同名不同義者。二餘較之論亦然。又有二端。一、但指其名。二、指其名所命之物也。亞利所解。舉命物之義耳。所謂不同義。非指悉不相同者。如稱海狗走狗。但據其居於某類以爲不同。而其餘諸稱悉同。是其名之所命者。爲不合於一義也。所謂體者。非特指其自立之體。亦指各物所有本元之理。所謂義者。或指表物之想。或指其物之元理。蓋總爲一名之物。乃其本元則殊。是所謂同名歧義者。

(古)外名內義。皆合斯物。是謂同名而亦同義。由彼他物以成厥名。是緣底模合成而謂。如德與人。皆稱謂勇。人之謂勇。由德而謂。

(解)就前同名歧義之解推之。可以明夫同名同義之理。不必再悉。茲論緣底模之合以爲稱者。所函有三。一、是其模如白也。二、是其模之底如雪也。三、是緣模與底之合成者。如稱白者。在模謂之稱底。在底謂之受稱。此緣模與底之合成者也。西言得諸靡納第勿。譯云合稱之名。

同名歧義之義辯一

分析一支

論同名歧義者。本在超形性學。茲欲洞徹十倫。故略提其義焉。亞利析而爲兩端。一迥相離。一有相似。迥相離者稱爲偶同名歧義者。有相似者。則云擬同名歧義者。西文均謂額計勿加。然有別焉。偶同名者。以公名爲名。而直謂之額計勿加。擬同名者。別謂亞納落加也。偶同名歧義者。解云偶共一名。顧其名之所指不同。如甲冑之甲與科甲之甲。又如北斗之斗與升斗之斗。其音其字雖一。然所指之義迥別。蓋雖北斗升斗。亦就同名同義合乎形者之宗。然論其各所專指明悟自知其爲迥不相合者也。擬同名歧義者。解云其名共一。其義肖一。然而實則不一。如活人塑人皆謂之人。皆共人之義。顧活人所共者眞。塑人所共者假。則兩所共於人之理者。迥乎不一也。推知擬同名者。介乎偶同名與同名同義者之間。蓋其義肖一。則與同名同義者相似。其義不一。則與偶同名者相似。然既迥乎不一。則與偶同名者．更切相似也．

亞利又析擬同名者爲三端．一、挾不均而謂．二、挾所係而謂．三、挾比例而謂也．挾不均而謂者．解云．其名其義切一．然其在賾．則有不均焉．如凡謂宗者．論人明悟所攝乎賾之宗理．雖不得異．而直謂同名同義者．然因所受於殊之拘者．未免不均．則宗在諸類．其美成亦有不均．獨瑪云．宗也者．就其所實有而爲不同義者．緣其就所受拘相勝之殊．以爲各類之內成者．有不均．故亞勿落云．宗也者．挾不均而稱所結之諸類．而凡挾不均而稱者．皆就肖義而稱者也．或云．若是．則類之受拘於特一之殊也．亦挾不均而謂乎．曰．釋此有二說．一云．凡拘一類之性之爲特殊者．其本元之所成皆相等．故其各所加於類性之美成．皆亦相等．則非有不均之可論者也．二云．一類之性．各所拘特一之殊．其貴賤不均．故所加乎類性之成．亦各不均．如宗之在諸類者．然則類亦就不均而謂者也．顧此不同義者之理．但顯著於諸不分一．所以不及詳究．緣凡不分之一．理學所弗論．故前說更當．

挾所係而謂者．解云．其名惟一．若究其義．以視夫界．則一．論所視其界之名理．則不一也．何謂視界則一．蓋凡一倫所有之某模．各有最初所擬之名．而此所名之物．與之相係而謂．如火星．火病、火性．

皆共火界中之一模。而謂之火也。何謂視其界之各理。如火之謂火。則其火之本底。病之謂火。則從火所觸發之效。星之謂火。則爲火之所以然。性之謂火。則又火星稟賦之效也。四者共一公理。然本理各自一端。故云視其界之各理則不一也。

夫初所命之擬同名者。乃諸視我而謂者之所以然也。或爲其爲所以然。如飲食。如藥餌。謂之和劑。緣爲調和四液。故四液之和乃飲食藥餌之爲也。或爲其作所以然。如醫者。爲治病之要作所以然。而所用之藥之具。乃其次作所以然。故就醫者之稱而稱藥物爲醫具也。或爲模所以然。如活人爲塑人之外模所以然。緣造塑者。準活人之外模而成也。或爲質所以然。如自立體之爲有也。爲諸依賴者所由命名之質所以然。蓋自立之體。本自爲一有。而諸依賴者。則視其自立之所載而後稱爲有也。

挾比例而謂者。其名相同。其義則比例之有所相似者也。如肝。如泉。一生血。一生水。其理相似。皆稱之爲始也。挾比例。所以別於挾所係者。蓋挾所係者。其相視本皆一理。而挾比例者。則各自一理。但非逈絕之理。如偶同名者。而皆爲就比例以相似之理也。如泉謂川始。心謂生始。點謂線始。但各所由始。則各一其理耳。又自立之體謂之有。依賴者亦謂之有。然所由謂有者之理。各不同焉。

挾比例而謂者．又分兩端．一爲切比例．一爲借比例．切比例者．共本初擬同名者所指之模．如心如泉如點．皆共所指肇始之義者也．借比例者．不同其一．實共其模．其次非實共其模．而但借義而共．如爲人笑花笑．皆共笑義．然在人．則切爲笑．在花．則借謂之笑也．此擬同名歧義者之要析也．

駁論二支

凡挾所係之擬同名．所以別於他之擬同名者．緣挾所係而謂者．視乎某模初命之擬同名者而謂也．其駁有二．一曰．凡謂之有所和者．本視其所受稱者而謂．夫和之所由受稱．在於所和者之模．則凡或初或次之和．並視和也者之模而謂．非視夫和之初者而謂也．況明悟之用．欲識所係同名者之何性．必據其模以識之．則豈非視其本模而謂者乎．二曰．塑人活人．挾比例而謂人．顧塑人之視活人．本爲其外模之所以然．若謂挾所係之同名者．非視乎本模．而必視其初有之同名者之模．則奚別於挾比例而謂焉者．

又凡挾所係之擬同名者．其初與次所共之模．爲內所各有者乎．抑但初者有其模在內．而其餘第就初擬者之模而謂乎．謂皆有其模在內者．則有辯．凡謂挾係之擬同名．皆就初擬同名而謂者．非為其於所擬同名者。有所相似而謂。惟為所視於其初模者而謂也。則非各有初模在其內者也。若使各有初模在內。何必就外而稱。惟挾其內模而稱之。謂有似于初擬同名者可耳。若是。則何異於挾比例而謂者也。謂就初擬同名者之模而謂乎。亦非也。有也者。舉其為造物者與受造之物之所共。又舉其為自立體與依賴者之所共。眞為挾所係而擬同名者。顧造物者與受造者。自立者與依賴者。皆實有乎有也者之模在於其內。則是次之擬同名者。皆各挾其內有之模而謂。豈必挾其初擬者而謂乎。

挾比例而謂之駁有三。一曰。凡初擬同名者。不可為其下焉者之並而共者也。若並而共。則眞為同名同義者。豈可謂之擬同名者哉。窮理者云。擬同名者所就其總理而稱。必有先後。非並而共焉者。又亞利云。凡在一宗以下之諸類。並有並在。無原先後也。由此而推。凡性之不就原先後而屬乎某公性者。其公性若非最盡之類性。則其所屬之性。必為屬彼公性之諸類。則夫無先後而共者。眞謂同名同義。豈可謂之擬同名者哉。今凡挾比例而謂者。俱共初擬者之義。如泉也。心也。點也。無所先後。而共夫始者之義。又幾何也。何似也。無所先後而共夫依賴者所函有者之義。則所云挾比例而謂者。皆同名同義之稱也。

二曰。凡擬同名者。須有不同之命。而又須有不同之想。以應此不同之命者焉。緣夫擬同名歧義者。所以別於同名同義者。本在同義不同義之間耳。今所云挾比例而謂者。固非屬於不同名之命。其所命之名惟一。而第論所函乃有諸義。如命名但謂一始。而兼指夫凡可謂始者。則實同名。豈可以爲擬同名者哉。

三曰。若挾比例而謂之擬同名者。但須比例之相似。而無須相係之理。則凡共宗諸類。皆可謂之擬同名者。緣各所視於宗之比例。必有所相似者故。

此論之於前論。攻而不克也。所謂凡有所和視其所由受稱之模而謂云者。辯曰。夫挾所係而謂擬同名者。不由脫底之模而受稱。但由合底之模而受稱。蓋凡夾擬同名者。皆視初模。而或以爲其所以然。或以爲其效。論夫脫底之模。固不能有所以然之義。惟合底之模。乃可謂所以然者。緣凡施用不由脫底之模而發故也。又脫底之模。不能爲效。而惟合底之模。可謂之效。緣凡所以然之施用。亦不以脫底之模爲所向之界。而但以合底之模爲其界故也。如以藥而視和也者。而謂其效。以醫而視和也者。而謂其爲所以然。此二者。豈視和也者脫底之模而稱哉。亦視和也者之合於其人者云爾。夫模與底之合而成也。乃其所謂初命之擬同名者。緣其模。先在於此。而諸次擬之同名者。皆從此而傳焉。故也。所謂欲識所係同名者之性。必就其模而識者。亦非也。就脫底之模。非能識其性者。必就模之合於底者。乃有可測之性耳。

所謂無所別於挾比例而謂云者。曰固或有一模而能爲二倫擬同名者之基。然論模義。則其在各倫者。自一也。如論塑人者有二義。一、舉其與活人相視爲模所以然之效。則爲挾所係之擬同名者。緣效必係於所以然故。二、舉其與活人有相似。則爲挾比例之擬同名者。緣二者有相比之例也。

解此難有兩說。一曰。擬同名歧義之模。雖或亦能兼在於其一倫之諸擬同名者。如有也者之理。兼在於凡爲有者之內。然其次擬同名者。所由就其模而受稱。非舉在我者而受稱。乃舉其所向之初擬同名者而受稱也。故篤瑪曰。依賴者。非爲所自有而謂之有。乃爲所依之有者自立之體而謂之有也。霸辣篤之釋有也者。其意亦然。曰。有也者。固爲造物者與受造之物之所共然。必備萬美好無闕者。乃眞謂有也者。又聖經中天主自稱云。吾乃有也者。言凡物之有。非自謂有。而可以自謂有者。惟吾已耳。循此義也。宜謂受造之物。非挾本有爲有。而但就初有者之超有而謂有。又依賴者。亦非挾本有爲有。而惟視所依自立之體而謂有也。若是。則凡次之挾所係而擬同名者。豈非但就初擬同名者而受稱者乎。此說近是。

正說。謂挾所係而謂者。其次命者。第須就初命者而有其模也。顧就初命而有其模者。有兩義焉。一者其模專在於初命者。而次者視初者以受其模之稱。一者其模實爲次與初之所共。但次擬者有所係於初擬者而共也。此兩義。皆可以顯次者之係於初者。

欲解前論。當知挾所係而謂者有兩端。一、並爲挾比例。一、但爲挾所係。而挾所係與挾比例者有同有異。相同者。其模之所共。皆係乎初擬同名者。相異者。則挾比例者之所視。不在與初擬同名者所共之模。而視其各所異於初模之特理。以受其稱。若夫挾所係而謂者。其所視。正在乎所共於初擬同名者之模。而其次擬之模。係乎其在初擬者。第在初者直謂相宜。在次者。則挾其所視於初者而相宜也。所謂挾所係之擬同名。皆就初擬同名而謂者。其論。非謂不能挾其在內之模而謂。但云。雖無模在其內。而第就初擬受稱。亦足立。夫挾所係而擬同名者之理耳。況其擬同名者之稱。既是互視之稱。雖或挾內模而發。不免外向於初之所命。故云就初擬同名者而謂也。

所謂挾其在內之模者而謂之相似。無異於挾比例而謂者。曰挾所係者與挾比例者。雖或並在一物。然其兩者之模。不無相別也。夫挾所係而擬同名者。但以所視初擬者爲基。豈因其與挾比例者同在於一物之內。而遂以比例之相似者爲基哉。其引篤瑪所謂。依賴者非爲自所有而謂有。又霸辣篤所云。美好無闕者是之謂有。則又有辯焉。夫有也者有二義。一、至美好而無所係之有。一、由他有而有所係之有也。霸辣篤之所謂有。指其無所係者。經義亦然。其有所係之有。亦有二義。一、自立而在者。一、依他物而在者。篤瑪所云依賴者非自謂有。但云非自立之有。不云非依他而在之有也。

所駁比例者之論。近是。然謂挾比例而謂同名者另立一端。以別於彼二端。爲更當也。亞利云。凡美好之總理。其在諸美好者。非就同名同義之一而一。又非就偶同名歧義之一而一。又非就挾所係者之一而一。則必爲就比例之一而一者也。蓋諸美好各有所以爲美好之內美好各無相係。故第就比例而相視。非就所係而相視。如形之見德。神之見德。各自有見力。無所相係、故但就比例而相視云。

如謂挾比例而謂者。卽同名同義者也。故不當分兩端。夫挾比例者與同名同義者。其理不同。不能並居於一倫也。何也。凡同名同義之性。當其脫於多之際。不得統其多。亦不得爲其多者之專殊所統也。今挾比例而謂之公性。不得全脫其所受拘之肯殊。如有也者。不得全脫自立體與依賴者所以拘有之肯殊。設謂其能脫之乎。則其所表有也者之意想。不能統其殊。既不能統。豈可謂有而今固實謂之有。則亦必爲有之所統。不能相脫也。可見凡挾比例者、不可以爲同名同義之性矣。

所謂凡擬同名皆並而共者。有二義。一云挾理之一而共。一云無所相係而共。執前義。則謂凡擬同名。不能並而共者是也。而謂泉也心也點也皆並爲一始者非也。蓋三者雖並稱一始。無所先後。然各所挾之理不同。不得合爲一義也。執後義。則謂凡擬同名。不能並而共者非也。蓋挾比例之擬同名者。其所共之原理。各無所相係也。若理學所謂擬同名之總理。其所稱必有先後者。非云有或時或原之先後。但云有貴賤之先後耳。如謂凡有也者之屬。自立者貴。依賴則賤。作之始則貴。他諸謂始之物。則賤也。亞利所謂凡在一宗以下諸類。無原先後者。是也。顧其所推無原先後之性。爲同名同義云者。則非也。蓋凡下性所以爲何宗之屬類者。不但在於無原先後之共。更在於各挾本理之全爲妙合於一者也。夫比列之擬同名者。雖所共者無先後。然其理則非妙合於一者。

第二駁之辯見下支第三駁。所謂凡在一宗以下之諸類。皆可謂擬同名者。曰凡擬同名者之比例。不但須公性爲下性之所統。更須公性。受統於其下性所以各別之理也。何故。共一公性之兩下性。相較。若其公性。不在於其兩相別之殊。則其兩性之在公性也。無乃爲渾而不分者乎。若兩下性所共之公性。誠亦受統於其相別之殊者。則其爲殊。既已就其本有之全。而使其下性之別。推知受統於殊之公性。固亦使其下性之相別者也。則其兩下性之在一公性者。其較不得全同於一。而安得謂之同義乎。可見同名同義者。與挾比例而謂者。理迥不同矣。

同名歧義者之解三支

駁。其解者有三。一曰。亞利云。凡同名歧義之物。先宜剖析。後可解釋。蓋同名岐義者。舉質義。則爲多物。舉模義。則爲多互而凡多而不一者。不能就一解而解也。以其各一本元。故則同名歧義。先宜析。然後可以解矣。

二曰。名之所謂一者。不但因其言之一。更因其義之一也。言乃其質也。義則其模也。今所云同名歧義者。其言雖一。其義則多。豈可謂一名哉。

三曰。所謂歧義。或指物性之歧解者乎。抑指明悟所想之歧者乎。夫不可謂指其解之歧也。蓋凡至宗與超形性之殊。皆爲擬同名者。然而不得就正解爲解。緣至宗。無他宗之在上。超形性之殊。無他物以爲其殊者。而凡正解。則固必由宗與殊以成者也。亦不可謂指明悟之歧想也。蓋雖偶同名者。屬明悟不同之想。然而擬同名者。不須多意想如明悟。但用一想以懷諸有而卽可攝合於其有也者之宗理。則擬同名者。義豈必盡異乎。

雖然。前解誠確。無以難也。釋第一駁曰。擬同名者有二義。一超於諸倫。一拘於一倫。夫超諸倫者。乃受拘各倫者所共之公稱也。亞利謂先宜剖析者。論其擬同名之拘各倫者也。如此者原爲多物。故宜先析後解。若超諸倫之擬同名者。非指多物。惟指多物所共之公理。故不必先析而後解也。或曰。凡依然之合成者。不得就一解而解。今凡擬同名者。或是超諸倫。或是拘一倫。其合成。非本然者。皆依然者。緣非一質一模之合成。乃一質多模之合成者。故不可就一解而解也。曰。凡依然合成者。雖不得就眞宗眞殊之解而解。然亦可就曲解而解。夫擬同名者。既不脫合成者之義。固當就曲解而解之耳。

釋第二駁。當知論名者。有三說焉。其一、以三者論名。一是口出之聲。一是所詳之言。一是所指之義。而謂聲乃名之質。言乃名之模。義則質模相合而發之情。不關於名之本元者也。此說有辯。一則亞利釋名。云是函義之聲。則義豈可謂不關於名之本元者。一則名。乃表意之號。而義則其號之所以爲號者。正其本元也其二謂聲也言也義也。皆關於名之本元。故皆爲名之所直指者。其三謂名也者。直指其義。傍指其言。如白者直指白色。傍指其底耳。今依一說三說以爲第二駁之解。凡爲某一倫之擬同名者。實皆可以謂爲一名者。就第一說。聲也言也乃名之所以成其名者也。三者之理。恒然不易。則義雖異。名固一耳就第三說。則凡傍指其底之名。雖直指多模。若其底一而不多。固不可謂爲多名。如人爲一人。其能則多。不可卽名其具多能者爲多人。而但可名爲一人之具多能者。名之指底。既但爲一。雖直指多義。豈卽可謂爲多名乎。

就第二說。則多義之名。不可謂一名者。何故。設有兩模通結一質。其所成者不一。則實謂之多也。譬如甲靈模締合乎丁質。又乙靈模亦締合乎丁質。斯甲模丁質之人。豈可謂乙模丁質合成之人哉。故夫謂名之模義。指其言與義之合成者。則其義既多。其名亦不得不多矣。

論同名歧義者之名。其所命各倫不同。凡偶同名者。所指之物有幾。所命之名與互。亦有幾。如斗指星。又指器。則命名與互視。皆不同焉。若挾切比例而擬同名者。則其命名。其互視惟一而已。如有也始也．各一命名．以包括諸有諸始．各有一互．以通視凡有凡始．如此者．所舉在相似之物．故其物雖多．皆成一界之理．而其名與互惟一也．雖然．挾比例而擬同名者之一互．與同名同義者之一互．其理不同．擬同名者之互．所無隔而向者．實爲多物．而就其多之中．舉其有所相似者．以謂之同．若同名同義者之互．則就無隔而向其在賾所共之一性．又旋向夫分載其一性之多者．故不同耳．

論挾所係與不切之比例者．命名與互視．各有二、一、謂初擬之命．所向初擬之互．一、謂次擬之命所向次擬之互．蓋凡擬同名者．其立名之原意．在指本有其模者．然後推之而指其與原義相似者．此所推者之命名．謂之次命名者也．

雖然．偶同名者之多命名．與挾所係者之多命名．其所命名不同焉．蓋雖二者．各有多互．各屬多意想．然在偶同名者．命名與互視．皆非相屬．在擬同名者．則皆相屬相係者也．當知次擬而有所係以同名者．其義雖多．而其命名不卽多．緣次之挾所係者所向乎初之同名者．理則皆一耳．

釋第三駁有兩說．一云．所謂義者．非指其物之解．亦非指明悟懷物之想．乃指其物之本元也．循此而解所云同名歧義者．謂名同．而本元有不同者耳．但所謂本元者．包函依托本元之諸卽．如十倫之於有也者。皆同名歧義之物。顧不皆切謂有其本元。但可謂依托於本元之卽者。二云。所謂義者。言乎明悟所懷表物之想也。以上兩說皆可。前說更當。

所謂明悟但用一意想以懷凡有也者。曰不但偶同名者。有不同之意想在於明悟。卽凡挾所係之同名者。與挾不切之比例者。各有多意想。應其命名之不同者也。何以故。人欲顯示所懷之意想。乃始立爲凡物之名。則既有一名之多命。豈得不有多意想。在其明悟中乎。又夫挾所係而謂者。非能悉相似者也。緣夫初者挾內模而謂。次者挾外模而謂。固不能受統於一意想也。論挾不切之比例者。亦然。初者挾眞模而謂。次者惟倣效眞模而謂。二者豈能合於一意想乎。

至論挾切比例而謂者。其說不一。一謂凡擬同名者。有二想在其明悟。一爲全之想。一爲不全之想。全者。是表某物之本想。以論本物。如表自立體之想。以論其自立體也。不全者。是表某一端之物之想。以論夫他端之物。如表自立體之想。以兼論乎幾何之物也。蓋凡自立者。與幾何者之各倫。無非有也者之所統。而皆爲相似之比例。則此一端之想。因其所似。可謂表有也者之想。而彼一端之物。因其亦合於有也者。固亦有所相似。則此一端之想。亦可以爲表彼一端之想也。亞利所云不同義者。指此二想耳。

二說。謂有也者。誠有全不全之兩想。然所謂全不全者不同。謂不全之想者。乃明悟渾攝萬有。以爲舉皆有所相似者也。謂全想者。乃明悟所爲析而攝其各倫各有者也。亞利所云多義而共一名者。非論渾想。但論析想。析想既多。眞可謂同名歧義者矣。至於同名同義者。則不然。舉一析想而凡合於一宗者悉無不統焉。

三說。謂不但因析想之多。可謂有也者之歧義。卽一渾想之所函。亦有岐義焉。蓋意想之所爲一者有二義。或挾一物而謂一。或挾一旨而謂一。挾一物而一者。是專一何似之想。如明悟所懷表某一物之想是也。挾一旨而一者。但就其一旨而兼表多物。如表人性之想。爲專一之何似。又就一旨而表其兼在某某之人性者也。挾一物者。固爲專一之何似。但既非挾一旨。則其所表不一。緣所表之總理雖一。而所函多旨。則其爲一。惟有比例相似之一。如明悟所懷有也者之想。亦爲專一之何似。而其總理所指。固不能一。亞利所云歧義。指此挾一物不挾一旨之想也。以上三說。皆可。若夫辯其孰是。詳在超形性學。

第三說。可駁有二、一、設有挾不一旨之意想在於明悟者。則不但物名歧義。即明悟之意想。亦可謂屬歧義者。何故。物之名。所以謂歧義者。蓋其名固一。而所指之物則多不能合於純一之性也。今彼不一其指之想。雖其在專一之何似爲一。但所表既多。豈能合於一有也者純一之性耶。則不但物名歧義。而倂其表物之想。亦歧義矣。若是則亦可謂明悟所成之一想。能並表走狗與海狗。舉本元之不同者。悉歸於一想之所表。如其名之同者然。豈不眞可謂有偶然歧義之想者哉。乃窮理者之論。但謂惟物之名。可云歧義。則彼不一其旨之想。似必不爲明悟所能成者。

二論明悟。雖或能成不一其旨之意想。亦不可稱爲多義也。何則。名之所表者亦多矣。然而亞利直以一名稱之。則所謂歧義者。非謂不一其旨之意想也。不然。解中所謂同不同者。不更棼乎。

釋第一曰。所謂同名歧義者。不但括夫名之聲。而更括其名之從人所命者。凡就人所自主而命之。然而有不同之旨。是謂偶同名者。凡就人所擬議。就其相異中之相似者而命之。是謂擬同名者。今夫明悟已成之臆。固皆從其自然而指。而非就夫人所自主者而指。則奚可謂意想爲同名歧義者乎。雖然。若謂能指絕不相似之物。或就肖義相似之物。便可謂之同名歧義者。則夫明悟。既能作如此想。

以指其物。雖云自然而指。謂爲同名歧義。亦奚不可。實有一想。能表絕相異之物者。今不暇及。

釋第二曰。名之言。名之旨。各自一理。原不相統。設其言既爲一。雖函多旨。亦可就其言以命其名。而謂爲一名也。明悟之意想。則否。乃自然神象。神象之所能表者。設可謂多。豈直可謂之一想。不謂歧義乎。

論同名同義及由他而稱者辯二

同名同義一支

同名同義者。析有兩端。一謂通。一謂共。就一名一義。而通傳乎下性之上性。是通傳之同名同義。如以生覺論人與馬。以人性論某甲與某乙也。就一名一理。而共屬上性之下性。是共屬之同名同義。如以人與馬論生覺者。以某甲與某乙論人性也。又析二端。或謂本內。或謂依外。有關於物之內者。謂本內之同名同義。如以生者。論植物動物。以屬可壞者。論四行與雜成之物也。無關於內。而但依於外者。謂依外之同名同義。如以白者論雪與白人。以黑者論鴉與黑人也。

亞利前所設之解。括兩析之四端者乎。抑非能盡括者乎。論前析者分兩說。一說云。兩端。皆解之所括也。但就通者共者之內。取其一者相較。而以辯其所通共之名。如取生覺之通者。與人之共者相較。而知生覺者之於人。人之於生覺。二者皆一名。其名之旨。皆一義也。

二說云。亞利之解。但論凡共之同名同義者耳。何故。亞利之所解者。並共一名一義。無所先後。今通傳之同名同義者。或獨論之。或較論之。不可謂共一名一義者也。不謂一名者。蓋凡生覺者之名。先指生覺者之公性。而後指共公性之諸下者。則夫其爲名也。或獨舉其通而論。或並舉其共而較。不可謂公之名也。緣獨舉其通。則其名固爲本名。不可謂公名。若舉夫共者而較。則先用以稱通。後用以稱共。亦不切謂之公名也。亦不可謂共一義者。緣其立名。非指通者共者所能共之他性。而但指通者所傳之性也。又所謂同義者。蓋指凡有兩物相較而共爲一義者耳。夫上性之在下性。惟可謂一性。非可謂多性而同義云者。乃是共上性之諸下性。自相爲較。而豈其上性與下性。有可以相較者哉。此說是也。

第一說。所謂上性下性相較。皆一名一義者。曰。凡爲同名同義者。宜有四焉。一、其共一名一性之物。宜爲多物。二、其名所指之公性。宜爲一性。三、公性雖一。然在賾則乘而多。四、下者所共之上性。其理惟一。四者闕一。不可謂一名一義者也。如鴉與黑人。雖共爲黑。不謂就一名一義而共。緣鴉就依然而共。人挾本然而共。是闕其第四者故。在天主之三位。雖共天主之一性。亦不謂就一名一義而共。緣天主之性。在三惟一。不乘而多。是闕其第三者故。凡挾比例而擬同名者。雖皆無先後而共一理。如諸公者之倫屬然。但其理非可謂一。直謂之多理。是闕其第二者故。上性下性。非同名同義之性。以其一性而非有多物之性。是闕其第一者故。

論後析者。亦有二說。一謂本內依外。皆其解之所括也。蓋人之在生覺者。與鳥獸之在生覺者。皆一名一義之性。則雪之爲白。與乳之爲白者。皆一名一義之理也。豈可謂本內者屬其所解。而依外者。不關於其解乎。或謂據前說。則所謂同義者。惟指物之內理耳。依外者雖同名。非切謂同義者也。則爲之辯曰。謂物之內理有二。一、乃物所自有。一、雖非物所自有。然既有某名所指之模。卽亦有某模所函之理也。依外而同名者。雖不得挾自有而謂同義。然就其所函某模之理。亦可謂同義者也。顧此說。可證依然之同名同義者。爲其解之所括。而非可謂亞利之解。欲舉本然依然之兩端而括之也。蓋亞利分析諸稱。而作不相統之三端。一爲同名歧義者。一爲同名同義者。一爲由他而稱者。今所論依然之同名同義者。止皆由他而稱者也。設亞利之解同名同義。而可以統其依然同名同義者。則何所別於由他而稱者乎。

由他而稱二支

由他而稱者。在其所稱之物之模。與其受稱之物之間。故欲究其理。宜舉兩界而推。視其各與所由稱者有何相宜也。視其物之模以論所由稱者有二。一、兩者之名。在始則相合。在末則相異。二、兩者之內理。論其皆有。則相合。論其何如而有。則相異也。比如智爲模。智者爲其所由以稱人者。論啓口所稱之智。惟一而已。譯其末。則有指德指人之異焉。又爲模之智。與所由稱之智者。內理皆一。然爲模之智。則脫底由稱之智者。則直指模而傍指其底也。視受稱之物而論其所由稱者。亦有二。一、能挾其一名而稱。二、非就本然而稱。但挾可不然而稱。如舉智者之稱以稱某人爲智者。是就其一名而稱也。然智非本然之稱。乃其依賴之德之稱。是爲不可然之稱也。

由此推知。凡由他而稱者。在同義歧義者之間。蓋同名同義者。皆共一名。義同名歧義者。皆共一名。不一義。而由他而稱者。則名與義。皆有所同。有所異也。但三者相比。其理不同。蓋同名同義。與同名歧義者。各視本倫之他者而相比。若由他稱者。則視其所受稱之模。與所稱之物而相比也。

解之所云由彼他物者。則指其所稱者。與所由肇此稱者之模之相合。所云。以成厥名者。則指二者之名之相合也。亞利欲釋傳名而不傳內有者。視其名所由肇之模。其理何若。故特舉此二端而解之。如云白者。是所稱者。是傳名者。如云白色。則其稱所從生之模也。如以白者稱雪。是傳白之名於其雪之底。傳其依模。而非傳其雪之本元。緣雪之本元。固非稱者之所能傳者。故只言模之相合。名之相合也。但所謂傳名者。非謂由他稱者。但傳其名於受稱之物。而不傳其名所指之模也。凡舉某名以稱某物。未有不併舉其名所指之模者。況明悟用其名以稱其物。正為其名所指之模耳。則其所不能傳者。但是其物本然之有也。

先論之二

(古)凡稱名者。或合而謂。或專而謂。馬馳人辯。皆合而謂。云人云馬云辯云馳。則專而謂。凡謂有者。或不在底而能稱底。如人稱某。非謂在某。或實在底不能稱底。如某一識。實在靈性。某一白者。實在形體。但識與白。特一無屬。非能稱底。或在於底。又可稱底。如識為宗。論在靈性。又可分稱某一種識。或不在底。又不稱底。如諸自立。不分一者。不得賴底。亦不稱底。云在底者。凡在何物。非其內分。但離於物。不免卽滅。是謂在底。

〔解〕欲剖定諸等之物。以置於十倫。故設兩析。一析物之名。一析名之物也。析物之名者云。凡屬可謂者。或合而謂。或非合而謂。言凡指物之名。或爲合成之名。或爲專一不合成之名。合成者。如人辯馬馳之屬。不合成者。如偏舉人。偏舉馬。偏舉辯與馳之類也。

但名理探之論名。非論其聲之實有者也。聲之實有屬何似之倫。乃形性學之論。茲但論其號物之名。故就其名之所指而辯其合者專者。所指若一。則謂專名。如言人言天。皆專舉之名。所指不一。不謂專名。如言白人。言天星。皆相合以成名者也。大都不以言之或一或多。而定名之或專或合。如生覺者之爲名。雖有兩言。不謂多名。而但就自立倫揭指一本元之物。又如無也常也之爲名。雖止一言。然皆謂之合成。緣其旨必匪一義。而函有多義故也。（言無者。必指無物。言常者。必指常時。雖是一字。然明悟必函兩義。或函多義也。）

就吾人表物之意想。亦可以知名之合成與否。蓋凡名之所指。由意而指。故名之專否。亦必由於意之專否也。若其以意命名。並時起念屬想非一。兼合多指。則其名爲合成之名。屬想設一。則所名。亦是專一不謂合成之名也。

析名之物.所云在底.乃依合之實結乎底者.如白之實結乎雪者也.所云稱底.乃稱其倫屬之物.如以生覺者稱人.與稱某甲者也.就其所析者釋之.凡物.或可稱底.然不可在底.如以人而稱某甲.人之在某甲.非就依賴者之合而在.但就自立體之妙合而在.故非可謂在底也.或在底.然不可稱底.謂凡專一之依賴者如此一白實依合於雪.故能就依然而稱雪.然無可以受其稱之屬賾.故不得就可不然而稱其倫屬也.或亦能稱底.亦能在底.謂凡能脫其倫賾之依賴者.如色稱白稱黑.又依人依雪也.或不在底.亦不稱底.如諸自立之不分一者.蓋某一馬.既是自立者.不得依賴於底.既是不分一者.非有倫屬.何能稱底.

亞利玆論.總釋十倫之物.奚性奚情.釋性者云.物或在底.或不在底.緣在與不在.乃自立者與依賴者.所以相別之本理也.釋情者云.或能稱底.卽諸公性.或不能稱底.卽諸不分一之特性也.

先論之三

(古)凡稱稱者.稱所指底.亦其所稱.舉人稱某.人是稱者.某是其底.凡所稱人.亦必稱某.又如生覺.挾本然者.用以稱人.則亦稱人.所稱之某.緣某爲人.並爲生覺.

（解）物或有在底．或有稱底．在底者．前論已釋．茲釋稱底者．以基分剖十倫之諸論也．總設二端．一明各倫從至宗以至最下者之序．一明各倫傍出之諸殊者．此節論宗以下之序．其說云．凡用某稱以稱某底者．其所用以稱其稱者．皆可用以稱其底者也．欲明此義．宜先辯其所云稱者．或但論其固然之稱乎．或亦論其可不然之稱乎．釋之有三說．一謂．所云稱者．乃本然何立之稱也．依此義．則言凡用本然何立之稱．既可以稱某底．則凡稱者所有本然何立之他稱．皆可就以稱其底．如舉本然何立之生覺者．可以稱人．則亦可舉生覺者本然之諸稱．以稱其人也．如云生覺者．爲自立者．爲形體者．爲有者．皆諸本然之稱．亞利此篇所謂稱底者．似與前篇一義．而茲申詳其說．前云稱底．乃挾本然之何立而稱．此篇之義亦然．又亞利拈此一端．欲明從至宗以至不分一者諸稱相屬之序．則所謂稱底者．必其就上稱下本然之稱耳．

二說．謂亞利但論本然之稱．然非專論何立．亦論何傍也．其義云．凡或就本然何立．或就本然何傍．而稱某底者．其稱者諸本然之稱．亦卽底者諸本然之稱也．何以證之．亞利釋自立之倫．謂殊也者．可以稱不分一者．緣可用殊以稱類．故則亦論本然之何傍矣．

三說．謂所云稱者．不但論或本然何立．或本然何傍．亦論依然可不然之稱也．但從此說者分二義．一謂凡用何稱而可稱某底者．則凡就何立而稱其稱者之諸稱．亦可挾稱者所稱底之理．或就固然．或就可不然云者．而以稱其底也．比如有色者．就本然之何立而稱白者．而白者．就可不然之何傍而稱人．則以有色者而稱人．亦就可不然之何傍而稱耳．二謂凡用何稱而稱某底者．不必拘於稱者所稱底之理．而凡所可用以稱其稱者之諸稱．皆可以卽稱其底也．比如人爲底．可以推理者爲稱．而推理者．又可以能笑者而稱．則能笑之稱．既可以稱推理者．亦卽可以稱人者．不復拘其固然可不然之理也．顧此兩義．有辯焉．辯第一義．白也者．可以挾可不然之何傍而稱人．色也者．可以就本然之何立而稱白也者．顧豈可舉色而稱人乎．色爲脫底之依賴者．故不得稱其底．辯第二義．生覺者．可以稱人．宗也者．可以稱生覺者．顧豈可用宗而稱人乎．故欲從第三說．須增三者正之．一、凡所用以稱稱者．宜稱其全稱．二、其所關於底．不宜更切於所關乎其稱者．三、宜不舉其稱之所別於底者也．闕第一．故如所推論．人爲生覺者．生覺者爲不靈．則人亦爲不靈．其論有礙．夫不靈．乃不全之稱．而豈可以稱夫函生覺之全者哉．闕第二．故設其所推論者云．夫人也．既就可不然而爲白者．其白也．既就本然而爲何似者．則人也者．亦就可不然而為何似者。論亦有礙也。蓋何似者。舉其為人之獨。則其所關於人者。豈不切於白之何似之所關者哉。闕第三。則所舉以辯第三說兩義之論。皆亦有礙。蓋其稱者。皆必有所別於底而受稱。如白者。舉其所別於人者以受色之稱。故不可以色而稱人。又生覺者。舉其所別於人者以受宗之稱。故不得舉其宗也者轉而為人之稱也。

由前論推。可別立二論。一云。凡用何稱而稱何底。其不可舉而稱稱者。亦不可用以稱底也。如用色而稱白也者。既不可舉幾何而稱色。亦不可舉幾何而稱白者也。（指脫底之白。）此論宜補入於前三論。不然。未免有闕。

二云。凡用相係相接之稱。而稱相係相接之底者。亦可用最後之稱。而稱最先之底也。如曰。設為人。必為生覺者。設為生覺者。必為有形體者。設為有形體者。必為自立者。則設為人。必為自立者也。

（古）凡宗別者。若非相屬。則所別殊。必有類別。如生覺者在自立宗。及知識者在何似宗。兩足四足。飛虛浮水。乃生覺殊。所以分類。而知識者。於足浮殊。皆非所涉。夫相屬宗所有之殊。必可通共。緣凡上者。皆可稱下。故夫稱者。其殊有幾。則底所有其殊亦幾。

（解）此節論各倫所有傍出諸殊也。當知宗之相別，其義有三。一、各自一倫之宗。如生覺居自立之倫，知識居何似之倫。二、共居一倫之宗。但甲不在乙之上。如動物之生覺者，與植物之有生無覺者，皆共自立之倫，而各自爲一性也。三、共居一倫，又乙在甲下。如覺者之與生者。但覺者雖統生性，而生者非具覺性，故亦有別也。今亞利所謂不相屬之宗，舉第一義之不相屬乎？抑舉第二義之不相屬乎？釋此有兩說。一謂凡有兩宗，而甲宗在乙之上，則二者皆謂相屬之宗。如生者覺者是也。又凡有兩宗，而甲乙不相爲統，以並居他宗之下，如動物植物，共在自立下者，或不共在他宗之下，如十倫之各不同倫者，是皆不相屬之宗也。

二說謂不但相下之兩宗，即共他宗之兩宗，皆謂相屬之宗。故所謂不相屬者，但是不同倫之宗耳。此說是也。何以證之？亞利云：凡共一宗之兩宗，而此宗居彼宗之下者，必有所共之殊焉。如能走之生覺，能飛之生覺，皆共兩足之殊也。又云：不相屬之宗，不得共一殊。則共一宗之兩宗，直謂相屬之宗也。

次據亞利所云，凡不相屬之宗，不得共一殊者，則凡居一宗以下之兩宗，苟其皆共一殊，則雖彼此不相下，不可以爲不相屬之宗也。何謂皆共一殊。如幾何之至宗。分立兩宗。一、流變之幾何。一、恒然之幾何。不相爲下。而其二種之幾何。各又分爲二類。一、離析之幾何。一、通合之幾何也。則離析通合之兩殊。固流變與恒然兩幾何所共矣。

至論兩宗所有之殊。或可相通否。當知殊也者。或謂全成之殊。或謂分析之殊。如能覺者。既爲全成生覺者之殊。亦爲分析生者之殊也。又殊也者。一謂上。一謂下。如有形體者之於生者。謂之上殊。能生覺者之於生者。謂之下殊也。茲謂可相通否。非論諸上殊與全成之殊。但論下殊與分析之殊耳。

有謂凡共一倫之兩宗。不相上下。而但並居他宗之下。則二者不得共一殊也。何以證之。亞利云。宗之所能稱。多於殊之所能稱者。又云。類也。殊也。其數相準。若謂共一他宗而不相上下之兩宗。能通共一殊者。則二論皆有礙也。蓋設分析生者之一殊。能爲屬生者之兩類所通共者。則夫生者之宗之稱其類。亦其殊之所可稱者。豈可謂宗之稱。多於殊之稱者乎。又二類既通共一殊。類多殊少。豈可謂類與殊。數相準乎。

次一類不能居兩宗之下。如不分之一者。不得居兩類之下然。設謂兩宗通共一分析之殊。即有一類居兩宗之下。何故。凡分析某宗之殊。亦全成夫宗以下之類。如能推理者。乃分析生覺者之殊。而全成其生覺以下之人類者也。設生覺者與有生無覺者。兩宗通共一殊。是其爲殊。必能全成兩宗以下之一類。則此一類。豈不並爲動植兩宗之屬類者乎。

茲設五端。以明正說。一、凡有兩宗。而甲宗居乙宗之上者。俱能共其全成上宗之諸殊。如屬形體者。爲全成形體宗之殊。而生者覺者兩屬宗。皆共屬形體者之殊也。何故。凡在上諸宗皆能以稱在下之他宗。則全成上宗之殊。亦能稱其下宗者矣。

二端。夫相爲上下之兩宗。雖亦能共其所析上宗之幾殊。然不能徧共其所析上宗之諸殊也。何故。兩宗以上無隔之宗。所以受析之殊。乃其兩下宗所以全成之殊。則兩宗各自一殊。不能通共。

三端。非上下相序之兩宗。而並居他宗之下者。皆能通共全成諸上宗之殊也。如動與植之兩宗。皆共形體者之上宗所以全成之殊也。

四端。非上下相序之兩宗。亦或能共其所析上宗之殊。但未必能悉共其殊。如生覺者之宗。分走生覺、飛生覺之兩宗。而二者。皆共生覺者所受析於兩足之殊也。又幾何者。分流變。分恒然。非上下相序之兩宗。而二者。皆共夫幾何之上宗所受分之離析通合兩殊也。

五端。凡不同倫之宗。卽亞利所謂絕不相屬者。不能通共一殊。如幾何與自立者。絕不相屬。無通共之殊也。

釋前所論不相下之兩宗。不共一殊者。當知四端。一、非上下相序之宗。而並居他宗以下者。其所或通共之殊。非爲全成其宗之竟殊。蓋凡全成何類何宗之竟殊。固能使其類其宗。別於他類他宗。今其兩宗所共之殊。不能使相別。則不爲全成其宗之竟殊可知也。如通合與離析者。乃恒流二幾何所共之殊。故不使恒與流相別。而但使通合與離析之幾何相別也。緣其殊。但爲全成通合與離析之竟殊。而非爲恒與流之幾何所以全成之竟殊故。

二、殊也者。或爲公殊。或爲偏殊。能盡析全倫之諸物。謂之公殊。如屬形體者。不屬形體者。能盡析自立之倫之諸有也。不能盡析全倫之物而但能析其一倫中之一宗者。謂之偏殊。如分析生覺者之殊也。維宗亦然。分公分偏。能統其一倫所系之物。謂之公宗。如形體者爲宗。盡包凡有形體之物。神體者爲宗。盡包凡無形體之物也。不能統其一倫所系之諸物。而但能該其一系之某性。謂之偏宗。如生覺宗。有生無覺宗。各不能包其自立者全偏之有。而但能統其某一系之某性也。今論某一偏殊。雖能爲某兩宗之所共然。而公殊則否。何故。凡公殊也者。彼此相非不得合於一。若偏殊。則可謂不同。不可謂相非。故爲兩宗所能共者也。又所謂兩宗能通共一殊者。非論公宗。但論偏宗。緣其兩公宗。亦彼此相非。不得合一故也。

三、謂非上下相序之兩公宗。而並屬他宗以下者。不能共一殊而兩偏宗能共一殊者。非論全成其兩者所屬宗之殊也。蓋凡並屬何宗之兩宗不得不共夫全成上宗之殊。如形體神體之公宗。皆共自立者所以全成其有而別於他倫之殊者也。蓋凡上稱所統者。必亦爲下稱所統。今全成上宗之殊。必受統於其宗。則亦必爲諸下宗所統者矣。故所謂不能共一殊者。但論分析上宗之殊也。

四、夫兩屬之宗。其所通共析上宗之殊。非各宗之全殊也。但爲不全之殊。故更有他殊能全成其宗者。如兩足者。乃飛走兩生覺所通共之殊。但非全殊。別有所以能飛能走者。乃其所以全成之竟殊也。

所謂宗所能稱多於殊稱。與所謂殊與類其數相準者是也。然所謂兩宗共一殊。而二論皆礙者。

則非也。蓋其兩宗所共分析上宗之殊。既在其宗之下。則其所能稱者。必少於上宗之所稱者。如兩足者之所稱。必少於生覺者之所稱也。亞利所云宗所能稱多於殊所能稱者。但論析宗之殊。非論全成宗之殊。若夫全成宗之殊。其所能稱。無以異於全成之宗之所能稱。如能覺者之爲殊。其所能稱。不少於生覺之宗之所稱也。至論類與殊相準之數。則有辯。雖其在他宗以下之兩宗。能通共一殊。顧其殊非全成兩宗之竟殊。而各另有本殊爲其所以全成而別於他宗者。又其爲殊。雖不能爲全成其宗之竟殊。而另有竟其全成之本類。如兩足者。不全成能走之生覺與能飛之生覺者。然能全成其爲有兩足之生覺者也。由是而推。則知雖有兩類共一不全之殊。非卽可謂類多於殊。緣各類別有所以全成之竟殊又各殊別有所全成之本類也。

所舉兩類在一宗之下。與不分一者在兩類之下者。例不相協。蓋不分一者之專殊。其性之限定。既全且竟。故不提限定兩類。若類殊既爲公稱。則能挾不全而成兩類。故爲二類之所能共也。

先論之四

(古)不合而謂者。或指自立體或指幾何者或指何似者。或指互視者。或指切所者。或指何時者。或指體勢者．或指受飾者．或指作爲者．或指抵受者．自立如天人．幾何如丈尺．何似如白黑．互視如彼此．切所如舍宅．何時如歲月．體勢如坐立．受飾如服作．爲御如施感．抵受如承應．十者皆專稱．無是非可論．蓋惟相合成而後有是非．

（解）亞利前析名稱．謂有二端．一爲合稱．一爲不合稱也．此篇復取不合稱者．分立十倫云．

有也者之析辯一

析受造非受造兩端一支

總析有也者．一、謂無限而無受造之有．一、謂有限而受造之有也．造萬物而爲無原之元有者．是不從他物受造．謂之無限之有．有所從受造者．其受造有時．是謂有限而受造之有也．無限而無受造者．惟一．有限而受造者則多．無限而無受造者．兼萬美好．全備無闕．有限而受造者．各自一美好．不能統他有之美好．故不免有闕也．無受造者．既自無始而有．故爲自然不得不然之有．有受造者．既有所受而後有．則皆可不然之有也．無受造者．無質模之合．無宗殊之結．乃至純之爲．有受造者．或由質模之合．或由宗殊之結．先屬能．然後屬爲也．無受造者．神妙幽深．非肉目所能覩．有受造者．分居二倫．有可目視。有不可目視也。無受造者自生而萬生由之有生。有受造者。或無生。或有生。然而非自有其生也。無受造者既無始之所由。亦無終之所滅。有受造者。論性之本力。或終滅。或終不滅。然既皆有始。論元有者之能皆屬可使滅也。無受造者至靈全靈。無古無今無遠無近無不洞達。有受造者。或靈或不靈。卽靈者。亦非能自爲靈。其所知。必有限也。無受造者其德能隨可隨願。憑所自主而行。不受制於他物。上天下地萬物萬事。皆其主宰。有受造者。或有可願之德能。或無可願之德能。而其有可有願之德能。無非受制於元有者也。無受造者。或舉本有。或舉所知。或舉所肯。恒然不變。有受造者。舉斯三者。皆有時而可變者也。無受造者。爲天地萬物之初所以然。又爲萬物所向之爲所以然。有受造者。爲物之司所以然。不可以爲終爲者。而但爲萬物所以得向其終爲者之由也。

詳無限而無受造之有。乃超形性學之事。姑置以待本論。茲論其有限而受造者。以備明悟三通之資。其詳亦在超形性學中。

析自立與依賴者二支

有限而受造之有總分二端。一爲自立體。一爲依賴者。亞利第二篇析有也者云。凡謂之有者。或在於底。或不在於底也。既復取此二端。析爲各端。顧其所云。或不在底者。常用以指自立之體。所云或在底者。常用以指依賴者。此析盡括有也者之總理。又指各端之所以相別。蓋自立依賴各就所挾之本元以爲別。自立者成全之性。非有藉於本倫以外之他有以得謂有。而依賴者則爲不全成之物。須托他有然後謂之有也。謂非藉於本倫以外之他有。而不直謂非藉他有者。蓋亦多有自立而不全之體。須托於他體。然後謂之有在者。如質之不結於模。在也者之不結於性。皆不可謂之有在。其不全之體。所須以得謂有在者。亦是自立之體。而非越乎本倫之外。別能得其所求之藉也。若依賴之所須以謂有者。則非本倫之有。而須傍乎自立之體以爲其終底。雖幾何之依賴。亦爲多依賴者之底。然而不謂終底。惟謂中底。惟自立之體。乃諸依賴者之終底耳。

駁諸有之分自立分依賴者有二。一、有也者與十至宗之間。非他有物焉以在其中也。顧有也者。設先爲自立依賴之兩端。然後分依賴爲九倫乎。則夫有也者與九倫依賴者之間。必有公依賴者在焉。是有也者之分自立分依賴。未得爲確也。何謂非他有物在其中者。欲明各至宗之性。但須明有也者之總性。與各宗之本理。如欲明自立之體。須識總有與其自在之理。欲明幾何者。須知總有與其展拓廣狹之理也。則有也者與九倫之間。非有公依賴者在。不然則須先論其公依賴者。而後乃推論夫九倫之依賴者也。

二、物固有不可謂自立。而亦不可謂依賴者。則有也者之分自立。分依賴者。所析不盡也。謂非自立非依賴者。見乎凡物所以受造而出無之作用。其作用也。亦不挾本有以居自立之倫。亦不卽他有以居自立之倫。則豈得謂之自立者哉。又其作用。不可謂托底而有。緣旣是從全無造物有之用。固無底之可依者。則何得謂之依賴乎。

雖然有之析爲自立依賴也。盡而無所不包也。證舉相反之兩端。凡相反者。彼此相非。則分有也者。而舉所相反其所析二端。不得不全括諸有也。蓋凡諸有。或依托他有而有。卽依賴者。或但挾本有而有。不依托於他有。卽自立者。凡物。未有外此兩端者也。又詳論之。夫有也者。或借在外之他有以爲有。或不借外之他有而自爲有。借外者依賴者也。不借外者自立者也。又在己在他義正相反。自立者在己。依賴者在他。無他物在其中者。故所析。盡包諸有也。

論有也者。第舉二義。一、受析之有。乃受造之有。統諸全與不全之有而論者也。循是。則自立一端。

統諸全與不全之自立體。依賴一端。亦統全與不全之諸依賴者也。二、受析之有非受造之總有。而但是全有。循是則自立。但包全之自立體。而依賴。但包全之依賴者也。何謂全。何謂不全。後有本論釋之。茲謂有也者之析盡包諸有。則舉前義而云。

所謂有也者與十至宗之間。非他有物在其中者。但論同名同義者。非論同名歧義者。蓋凡同名同義之稱。既原先於其倫屬者。故凡在總有與某倫以下不分一之間者。皆可謂之中稱也。若夫同名歧義之稱。既不能脫其下者。不得謂原先。固無可謂中稱矣。有也者既分兩端。其稱依賴。乃九倫所共同名歧義之稱。不得脫其倫屬。故不以爲在總有與九倫之間者。

所謂欲明各至宗之性。但須舉總有之本性云者。曰。欲解九倫之各宗。非舉依賴者爲其解之宗。則其解不確。但其稱乃同名歧義之稱。必受統於其下者。不得全脫。故欲明九倫之各宗。不須另作公依賴之想。緣其各宗之想。自不容脫其依賴者之想也。

所謂物所以受造而出無之作用云者。曰。釋此當知論依賴者之本理。非必向其所依結之底。但或向所能結之底。就受依之效而言。或向所能稱之底也。就作依賴之所以然而言。而此向。乃依賴所以爲依賴之向。如作用之依賴。所以稱其爲作始之向者。不向其作依賴之所結。而向其作依賴之所稱也。（如太陽照物。其物爲受照之底。太陽爲受稱之底。此兩底者。皆爲依賴所向。）亞利謂在底云者。包此二義。蓋受飾之稱。亦爲在底云者之所包。乃其爲稱。惟舉外就而稱。非必其依結於底內者也。窮理者所云依賴之本理。在能依結乎底。非必指實依結。如白之結於雪然。而通指依賴者所視乎或結底或稱底之向也。苟必實指依結之底。此論依賴者之大凡所須有者。則可耳。而豈種種依賴之通論哉。夫物所以出無之作用。眞爲依賴之類。雖無可能依結之底。固有可能稱之作始焉。則亦足以顯依賴之理矣。

依賴之想。緣其各宗之想。自不容脫其依賴者之想也。

所謂物所以受造而出無之作用云者。曰。釋此當知論依賴者之本理。非必向其所依結之底。但或向所能結之底。（就受依之效而言。）或向所能稱之底也。（就作依賴之所以然而言。）而此向。乃依賴所以爲依賴之向。如作用之依賴。所以稱其爲作始之向者。不向其作依賴之所結。而向其作依賴之所稱也。（如太陽照物。其物爲受照之底。太陽爲受稱之底。此兩底者。皆爲依賴所向。）亞利謂在底云者。包此二義。蓋受飾之稱。亦爲在底云者之所包。乃其爲稱。惟舉外就而稱。非必依結於底內者也。窮理者所云依賴之本理。在能依結乎底。非必指實依結。如白之結於雩然而通指依賴者所視乎或結底或稱底之向也苟必實指依結之底此論依賴者之大凡所須有者則可耳而豈種種依賴之通論哉夫物所以出無之作用眞爲依賴之類雖無可能依結之底固有可能稱之作始焉則亦足以顯依賴之理矣

論第一析自立之體三支

第一析統括凡受造而自立全與不全之諸體者總解云是不在於他有之有也欲明此解當知所謂自立之體泛有四義一指物之本元二指凡非依賴之物或全或不全者三指居於十倫全自立之體四指凡現在不分之一之自立體也第一義亦屬依賴故不關於此論第三四義係自立者之本論在彼詳之今且論第二義所謂凡非依賴之物者皆指非在於底之有也循此義言乎其自立之體是不就依結以合於何底之有者也則自立固別於依賴者夫惟依賴者乃能就依結以合於何底之有耳

亞味則納非此解謂不足以釋自立之性其論云凡就非之義以受解者宜有與其本性相別之何稱以立其非之基今自立之體未見有別於本性之稱則不可擧非而解矣何謂無別於本性之稱

蓋設使欲取別於本性之稱．則必取夫有也者以稱之．而自立與依賴之共在於有也．固非同義之稱．於本性仍無所別．則謂自立者．為非在於底之有．不足以釋其性之別矣．

篤瑪為此論．又就是義而作一解云．自立者．是本在之有也．但釋本在．有二義．一、言非在於他有者也．據此．則篤瑪所云本在．與前解所云非存於底者．無異．而皆非指自立之內理．但指自立者之情耳．二、謂本在者．直言自立者之實在也．度覽多辯此．謂本在者．非所以論自立之內有．乃天主所獨有之稱也．則篤瑪所云本在者．固在受造者所有本元之外．非可以解諸凡受造之物者矣．

玆繹本在之正旨．則云為是且實之在也．然而必有非之在．隨其是之在者焉．蓋自立者．緣其自足以在．故必有依他物之非也．舉其是之在．則或言非就依結而有所係於底之在也者．或指自立者所拘總有之肯殊．以成全其本有也者．

各解所舉本在者之義．皆眞且當．但不可為自立者之限解也．謂為眞且當者．夫解也．用以別所解之物於他物．今所云本在者．明指自立者所以別於依賴者之要義．則其解之當可知．謂不可為限解者．專而無合之物．非有質模宗殊之相結．而凡限解．必由質模．由宗殊而成．則自立者．本不容限而解者也。雖然所謂本在。乃自立者所以拘有也者之卽以成其本有者。則其解。與限解相近。緣有也者如宗。而分其有以成自立者之卽。如其殊也。但非眞宗眞殊之義。不可直謂限解耳。

若所指本在。以爲非就依結以係於底之在者。此解但是曲解。緣但舉自立之情而解也。亞味則納所非之解。其旨亦然。其謂凡就非而受解之物。宜有別於本性之何稱。以爲所非之基者。良然。但所解者。若是切限解。則其別稱。宜爲同名同義之稱。若但是曲解。則不同義之稱。亦足以爲其非也者之基。而其稱也。雖無同名同義所以別於倫屬。爲率基之別者。而不可謂其無所別也。緣凡擬同名而歧義之稱。雖不得全脫其下者。就人明悟。亦有率基之別故。

或曰。凡公性之在。必係於特性之在。又元質與模非謂本在。必相合相係。然後謂之在。則豈可謂自立者乃本在之有耶。曰。謂自立者爲本在。卽云非在於他有者。顧非就依結而在底之在也。凡自立者。皆無就依結而在何底者。公性在特性。則謂在於所稱之底。元質在於其合成者。則謂分者在所成之全者。模在於質。則謂在於所模之底耳。皆非就實之依結有所係於底者也。

爲有公性在特性。模在質。質係於模之論。乃爲分別自立諸卽之在。與依賴之在者。而更詳之云。

自立者。是或全自在者。或關於全自在者所由成之有也。所謂全自在者。則指自立之全體。所謂關於全自在者。所成之有。則指凡自立之卽。以別於諸依賴之卽也。蓋明悟。欲別自立之卽。與依賴之卽。當別其卽於自立之全。爲有關否。如元質所結於體模之卽。何知其爲自立之卽。以其爲自立體之全所必須者。故又如人之靈性。所視造我者之互。及視其在所之互。何知其皆爲依賴之卽。以其卽。在於靈性受造已成之後。乃有其卽。而非其全成之所須故也。

論第二析依賴者四支

亞利第二先論所解依賴者。云凡在何物。非其內分。但離於物。不免卽滅者。其駁有三。質體之諸模。皆謂之在於元質。自立體之殊。亦謂在其宗之所統。天主在於六合內外。又凡已受造與可受造之物。謂在天主明照之內也。但其物不爲其所在之物之分。亦不得離其物而在。然而皆爲自立之物。則此解。不但依賴。亦兼及自立之體矣。

二、所也。往作也。受飾也。皆爲依賴之倫。在於所稱之底者。然而皆可離其底也。又明悟與愛慾之在人也。以人爲本底。人死後。不可謂在人。但可謂在靈魂。則後底與前底不同。又在活人之白者。其人死後。白在其屍。活人與屍。亦豈可謂一底哉。又香乃依賴者。依托香物。顧亦留乎弄香物之手。則豈可謂依賴者。不能離於所依之底也。

三所謂在底者。與依結於底者。其義似一。今多有依賴而不切可謂依結於底者。以其爲合一於底者故。如互視。與諸凡依賴之卽也。蓋依結者。乃依模所以得合於底之卽。而凡合一之結。固切於依結之結。則凡依賴之合一而結者。不可謂依結乎底也。如冷熱之合於底。有爲合之者。以居於冷熱與底之中。是爲依結之結。若互視。與凡依賴之卽。則同一之合。不可謂結也。

雖有此論。然依賴之解甚當。欲明其義。當知所謂在於他有者。其義有九。一、分者之在於全。如手之在身。質模之在於其所合成之物也。二、全者之在於其分。如由質模合成之物。謂之在質模也。三、類在於宗。如人性在生覺者之下也。四、宗在於類。如生覺者在人也。五、模之在質。或爲體模在元質。或爲依模在次質也。六、效之在於作所以然動者之在於施動者。如光之在日。民之在於王者所統也。七、物在於所向之爲。如饕者之向其嗜味也。八、物之在於處所。九、物之在於現時也。所謂依賴之在底者。但舉依模在於次質之義耳。

依賴之解函三、一在於其物、二非其物之分、三不能離其物而在也。第一者、如解之宗、指言因性而在於是之物也。執此義、則二、三、六、七、九、皆非其解之所包緣其諸義之在、非切謂之在物者也。蓋全者、因其不在諸分之外、故謂之在於其分。如此一物、不在於己外、因而可謂在於己也。顧其在之謂、則非可切謂之在矣。若類、亦不切謂之在宗也。況宗爲類之所統、但因類爲宗之屬分、故謂之在宗。且在宗之下耳。又效之在於其作所以然者、非謂實在、但因受統於作者之德能、故謂之在於作者。若其在於所向之爲、更不切謂之在。如云愛在於我、因其用愛、似從彼而出、以投入於我、故謂之在於我也。所謂因性之在云者、以別於天主之三位、所有超性之在也。謂在是之物、以別於造物之主。所以在於諸天以外之在也。蓋靜天以外、天主雖與以無限之廣大、然而天主之在彼、非可謂之在於是也。天主設欲又造一寰宇於靜天之外、此寰宇、天主隨在充塞、豈必移此而後在於彼哉。但今茲實無此物、故所云在彼、非在是之在。必其彼寰宇者之已受造、而後始可謂之在於是也。

所謂非其物之分者、如解之殊、釋云、不爲所依底之一分、亦不爲依賴合底而成者之一分也。以別於一、三、四、及第五端體模在元質之在也。蓋全成之物之各分、皆正謂之在其物。如體模之在元質、合而成其本然之有者也。依賴者之合於其底。固與此異。不能合成本然之有。緣其二者。不係同倫之物。若其同倫。則本自爲一。豈可謂之依托乎。既不同倫。又豈能成本然之有乎。至論體模之在元質。雖不爲其質之一分。然既相合。成一本然之有。固不同於依賴者在底之在。

所謂不能離其物而在者。釋云。凡切謂之在底者。雖可別底。然不可別底而生也。以別於八與九在所在時之在也。論所與時之在。設我天主。悉取世物。以置之於靜天之外。不可謂有所居之處。所存之時。然亦可以暫存不滅。如魚之置于水外者然。故與不能離物而在者有不同也。就此而釋前解。則可盡包諸依賴者。而凡不屬依賴之物。不關此解矣。

但此解之本意。所首及者何在。或解依賴之實有乎。抑解依賴者所以結底之依卽乎。欲明此疑。當就依賴而分四端。一、是依賴者之本有。二、是依賴者所以拘其有而別於自立者之卽。三、是依賴之有之現在。而其現在也。或爲非有何卽加乎依賴者之本有而但是本有之出其所以然而在。又或另有一卽加乎依賴者之本有也。四、是依賴者所以結於底之依卽也。

釋前問曰。作解者。舉依賴所以結我之依卽而解。如解自立者。亦舉所以本在之卽而解也。但所謂在他者。非言現在。而言可在於他者。若是。則其所解。不但包現結於底之依賴。而亦兼凡可在於底之依賴者矣。又若其所謂在他者。本指或現結底之依。即或指可有其依即之容德。則其解但是曲解。緣現在之即。乃可不然之稱。非關內理。而夫可以有其依即之容德。乃其依賴之情耳。若其所云在他者。爲指依賴所以拘有而別於自立之肯殊。則其解。雖無切宗切殊。非可謂之限解。然與限解相似。如前所論自立者然。

釋第一駁。所引模在元質自立之殊在宗。皆謂之在物者。其在。如物之分者。所以成其物之全者。非依模在底之在也。謂六合內外。天主無所不在。良然。假使六合既滅。雖不可謂天主尚在六合內外。然而天主本在無損焉。故經云。從無始以至無終。爾指天主言。惟奠爾位耳。所論受造之物。在天主之明照者。不切謂在惟界然而在。凡物或現在。或不現在。皆爲天主明照所向之界。故謂界然而在。如人以明悟知某物。亦謂物界之在其明悟也。而今所論者。則實在者耳。

第二駁。諸所謂在底者。皆舉泛義而言。故亦包就外而稱底者。夫作者。不得不有所稱之作始。況論因性之力。不得易此一作始。而係於他作始。則豈得謂離其底者乎。論外所與受飾者。其謂依賴。不得離其所稱之底。離則何以爲依賴也。若論內所。旣爲內體所以居外所之卽。絕不可謂離體。其於本解所指依賴諸義。固更切矣。

其論明愛之在靈魂與白在於屍之依賴者。辯曰。所謂底者有二。一、謂無隔之中底。一、謂有隔之終底。靈魂者。乃明悟愛德在中無隔之底。而靈魂與身所相合而成之人。乃其終而有隔之底也。又元質。舉其着於某幾何者。則爲白色諸依賴者無隔之中底。而其幾何之質。與靈性合成之人。乃其依賴者之終底也。今論明悟與愛德所依之終底。雖有時壞。然而中底不壞。論依賴者之白。其所依之終底。雖亦有損。然而中底不損。緣靈魂與元質。皆爲永在不滅者。故夫謂依賴不得離底而在。但論中底。豈論終底耶。

釋香物之論有三。一謂菓之香。實離元底。而在於或氣中。或手中。但亞利所云不得離底者。非言不得離某底以結別底。惟言絕不能離於底耳。此說非是。理學通論。依賴者。固不得離此底以結彼底也。二說謂在菓之香。非離本底而結他底。但元底之香。自又生香。相生相傳。在中分。在手。而元底未嘗離焉。此說近之。三說謂香。亦不離底。亦不傳生他香。但同其底之細分。透出於中分之氣中耳。試觀香棄久藏．內乾皮皺．是其細分與同香竄於外也．若是．則依賴者．可謂乘底而過．不可謂離底而逝矣．此說爲是．

釋第三駁曰．依結於他者．有兩義．一是之依結．一非之依結．依賴與底所實相結之依．卽謂是之依結．其本無實結．而但因其非離於底．故云依結乎底者．謂非之依結也．凡實相別於底之依賴者．皆挾是之依結而結．凡爲卽也者．而但就模別以別於底者．皆挾非之依結而結．如互視諸依賴之卽也．其妙合於底之合．切於實別之依賴者所結底之合．故不切謂之依結．而第可謂爲底之所承載者云．解所謂在底者．則包是非兩結．

復析有也者立爲十倫辯二

論凡在倫之有所須名稱三要一支

有也者．析而爲自立依賴兩端．其所統者．多於分爲十倫之所統也．自立依賴之總有．兼統一切受造之有．全者．如指一人一馬之屬．不全者．如指質模卽殊之屬．其分立十倫之有．則第統屬於全者之有耳．所須之要有八．三者關於其名．五者關於其物云．超形性學敍列十倫．獨論物性．名理推論性．

又舉其爲某名所指者。故亞利首篇。論同名歧義者，又論同名同義者。其大旨。取同義者。而置歧義者。二篇。論合成之名。與不合成之名。其大旨。取不合成者。而置合成之名也。窮理者。依此以取各倫名物兩端之要焉。

論其關乎名者。一、其名也宜爲一名。所謂一者。非一聲一言之名。乃一旨之名也。以別於擬與偶之同名歧義多旨之名也。二、其名宜不爲合成之名。以別於合成而出。如云生覺而能推理者之類也。三、其名若指自立者。宜合底而指。若指依賴者。宜脫底而指也。

此第三要有辯。一、分立十倫。在明各物之性。夫依賴者之性。合於底而更顯。緣其所視乎本底之向。正所以全成其爲依賴者。則依賴之名。與其指脫底。不若指合底矣。二、自立之體。與在也者相合。謂之合底之自立者。夫在也。是物之現在乎。是先有所宜於特一者之他某一卽乎。謂爲現在。則無所與於第一倫矣。緣十倫所統。皆物之本元。皆爲固然之稱。而凡現在之稱。則非固然之相宜。乃可不然之相宜者耳。謂非現在。而爲他自立之卽。先有宜於特一者。則所列各倫。非從上性以至下性。反從下性以至上性。逆其位置之序、況凡自立之性。乃自爲全之有。不須有所卽而後成其本有。則亦何須有卽。

而後可以居本倫哉。三、以在他而論依賴者。以本在而論自立者。其理無異。則二者之名。或宜並指其合者。或宜並指其脫者。四、自立者須合於在也者而後居本倫。其故或因其在也者爲自立之限。以成全一本然之有乎。則依結者。亦爲依賴之限。以全成其本然之有。是兩者皆宜挾合底而受指者也。

雖然。三者之要當於理也。一則自立者。乃本自在之有。而其合底而受指者。猶之乎本自在者。若脫底之名。則本指其將在於他者耳。一則位置十倫。將以分別物性。凡合底之名。雖直指其模。而傍指其底。則欲分別依賴者之何性。就脫底之名更切焉。

所謂立十倫在明物性云者。曰非爲明物而立十倫。更爲別物而立十倫也。合底之依賴者。既函模與底矣。則舉其名以別物性。豈如舉其脫底之名乎。

釋自立合底之駁。曰在也者。或指自立之體現在時之卽。或指他某一卽。別於現在者。二者。皆自立體之所以受限而成其全者也。凡物若無本限。不可謂全者。卽也者。乃自立者之限。則必有關於自立。以共成一本然之有矣。所謂十倫但統各物之本元者。義言居十倫之物。非須某時之現在。雖不現在時。亦可謂居某一倫者也。顧明悟雖攝自立之性。舉其脫某時之現在。以置之於某倫。而豈可謂自立之性。絕無所全所限本有之卽乎自立之物。其在時必有現在時之卽。其未在而能在時。亦有所以能在之超卽。緣其卽係於某自立性之全。又性之全。必脫乎時之現在。則其卽固超於時之在。非先有所係於特一者矣。蓋物性所以現在某時之卽。雖先在於特一者。然其所以能現時之超卽。必先與公性有相宜也。況其卽雖先有相宜於特一者。不礙十倫位置之序。設謂有礙。或因其卽與其性之諸稱。非同義者耳。緣凡與公性相宜而有所先後。非同名同義之謂。故然而公性所挾以居某倫者。其要非須必與其性之諸稱爲同一義者也。則何礙於諸稱之序哉。所謂自立之性。自爲全有。不借其卽者。非也。凡無本限之物。固謂不全。其卽乃性之本限。則苟無其卽。何得謂之全耶。

舉自立之本在。與依賴之在他而相較。亦非也。十倫之位置。既在分別物性。而所云本自在者。顯能別自立之性於他諸物。所云在他物者。既令依賴者混而托於他底。則依結之卽。有礙於物性之別。本自在者。無礙於物性之別。更極分明也。

所謂依結者與依賴相合而成一本然之有者。是也。依結之卽。亦爲依賴者之限。無此限。不能致其效於底。但此限。非依賴之所以全其內有。而但是其所以傳效於他物。故分別十倫。無取焉。或曰。凡兩有相合。以成一本然之有。其兩有。必爲不全之有。今依結之。即與依賴者。合而成一本然之有。則二者固皆不全。則苟無結底之依賴者。何得居倫。曰。論依賴者有二義。一、舉其爲能依托之有。一、舉其爲現在之有也。執前義。則脫底之依賴。切謂全有。故可居依賴者之某倫。執後義。則依賴者。必依結於底。然後乃全成其有也。

脫底之自立體。本不居倫。而就合底者論。乃謂之居倫。托底之依賴者。本不居倫。而就脫底者論。乃謂之居倫。

物性之五要二支

論關乎物者。其要有五。一、居各倫之物。宜爲有也者。蓋各倫。旣皆有宗有類。夫惟有也者。可謂宗類。故在十倫之物。皆須爲有者。以別於虛非虛缺之不能爲宗類者也。二、不但宜爲有。又宜爲實有。亞利所析十倫。惟實有耳。以別於凡思成之有也。三、宜爲本然之有。即一性之有。以別於凡同名歧義。及諸合成之名所指者。蓋十倫有宗與類之位置。而同名歧義。與諸合成之名所指者。不能爲宗類。則亦不能居於何倫矣。四、當爲有限之有也。論時論積。雖或屬無限。但所函內性。宜屬有限。何故。凡居十倫者。或是特一所拘之公性。或是公性所受拘之特一者。若論無限之有。亦不能拘。亦不能受拘。緣凡受拘者。皆就其所結之殊。以加乎其本性之美好。不可謂無限者也。夫所云拘公性者。由其拘性之殊。與受拘有限之性。相合而成其爲一。其爲殊也。謂有限之殊乎。抑無限之殊乎。謂之有限。則其所全成之物。亦必有限。緣由兩有限者之相合。不能成無限之物。設爲無限。則旣自有受拘之性之全美。何必更拘其性。以成其爲不分一者哉。故知無限之殊。不得拘公性。無限之公性不得受特一之拘。而皆不得居某倫也。

或曰。無限長之線。無限積之白。二者皆可各居本倫。爲屬幾何與何似之不分一者。則無限之有。亦何礙於十倫之居乎。曰所謂無限者。有二義。一、爲超諸倫之無限者。一、爲某一倫之無限者。超諸倫之無限者。不拘某一倫之所成。其於各倫所具超然悉備。故不能受限於某一倫也。若某一倫之無限者。則但有某一倫之美成。故可以居某一倫。而於別倫無與焉。玆謂無限之有不居於倫。但論其超而無限者。若所舉線與白之無限。乃在某倫中之無限。自可以居本倫也。

或曰亞利云。可數之多。乃幾何之屬。以此而推。則設有不可數計之多數。非可謂幾何之屬類也。

又云。凡數皆屬可算。以此而推。則不屬可算者。不可謂數也。次。凡可謂之數者。或是耦。或是奇。無窮之多不耦不奇。不可爲數。故凡無限者。不可以居某一倫也。曰。解此有二。一、數也者。舉幾何之泛義。亦可以爲幾何。執幾何之切義。則不涉幾何之屬類也。二、設謂無窮之數。亦爲幾何之屬類乎。則宜置於離析幾何之下。蓋離析之幾何。分統二類。一屬可算之數。一不屬可算之數也。亞利與奇耦之論。所舉皆有限之數。

五、居何倫之有。必爲全有。何也。凡不全之有。乃全有之一分。又凡全者與其分。不得就同名同義之理而並屬一宗。而凡居某一倫之物。皆挾一名一義以屬於一宗。則凡不全之有。不得居於某倫矣。何謂全與分不挾一名一義以屬何宗也。設有一宗。而與某一全者。及其全者之某一分。就同名同義。有固然之相宜者乎。則其宗之統乎其全者。固不免爲重複之共。一因全所共。一因全所統之分所共也。而必不然。所謂不全之有。爲全有之一分者。何以證之。明悟所以知某有之爲不全者。知其有之所向。必向於他全有者。故又凡不全之有。或是形性之有。或是超形性之有。或關於二者之有。如質與模。乃形性不全之有也。殊也者。乃超形性不全之有也。成全軀體之諸分。與質模所以相結之卽。皆歸於形性之不全者。自立之體所以現在之卽與所以自在之卽。皆歸於超形性之不全者。而此不全之二有。皆爲欲全他有而有。則凡不全之有。爲全者之分。無疑也。

然則所謂全有。其義何若。曰。凡特一之有。不能合他有以成諸本然之有者。是謂全有。如此人此白之屬。蓋二者相合。雖成白人。是乃依然之有非能合成本然之有也。又凡公性。挾何立而稱特一之全有者。是亦謂之全有。如爲宗爲類之屬是也。

或曰。宗與類各結於本殊。乃成特一本然之有。則豈可謂全之有乎。曰。凡不全之有。實相合結以成他有。若宗與類。非實成他有而但可爲特一者之全有。論宗與類之在特一也。一而已矣。非實有別。明悟攝之。乃或脫其全有。以兼統諸特一之性。要非以爲由分而合以成他有者。故或論其實有。或論明悟所俾之有。其境界無不爲全有者也。論殊則否。舉所實有雖亦爲全有。如宗類然。但明悟所攝。則以爲能拘宗類之分。以托於其宗類。而凡有所托焉以成他性者。固屬於不全之有者也。循此五論。則凡本然之有之諸分。知其皆不可以居某倫矣。

物倫有十之由三支

古之分物倫者。其說不同。霸辣篤舉一有也者。以爲統萬物之總倫。石諾加得立爲二倫。一自立。一依賴。韈蠟則分爲三。自立體一。何似者二。作爲者三也。其後或謂有四。或謂有五。或推定爲九倫。亞計大又定十倫。以統別萬受造之有。亞利然其說。故古今窮理之士。無不從焉。

但此說惟循亞利夙望以爲宗主耳。欲推本理。其證則難。夫括定萬物之倫。當推本於初自立者。乃理學之通義也。哦加摩就問初之自立者如何。以定物倫之爲十。其說曰。舉初之自立者。或問何物。應之謂自立之體也。或問若干。應之以大小多寡。或問何似。應以黑者白者。或問所向。則立互倫。或問所爲。乃立作倫。或問所受。應立受倫。或問何在。斯定厥所。或問形勢。體倫始立。或問幾時。爲定時倫。或問何飾。因立受飾倫也。此論似然。而未有所證。

篤瑪所收十倫。其論更密。曰。凡有關於初自立之體者。或關於其內有乎。或依托於內有乎。或第就外而托乎。若固然關於內有者。則爲自立之體。若不關於內有。而但依托內有者。則或超相宜。或互相宜。挾超之相宜者。或從質。或從模。從質乎。則爲幾何。從模乎。則爲何似也。若挾互而相宜。則爲互視矣。其就外而托者。則或就作德而托。或就受德而托。或非就作受兩德而托。就作德而托乎。則立作爲之倫。就受德而托乎。則立抵受之倫也。若非就作受兩德而托。則或挾度數而相宜。或否。若挾度數而相宜。則有爲幾何之度數。有爲時之度數。若是幾何之度數。則或不拘何若之幾何。應定所倫。或拘何若之幾何。應屬勢倫。若其爲時之度數。則爲時倫也。又有就外而托。非就前所列之諸端以相宜者。是謂受飾之倫也。

就此論中。取二者而辨之。厥義尙有難暢者。其一云。幾何從質。何似從模。將謂幾何但依托於質。何似但依托於模乎。抑謂幾何從質而生。何似從模而發乎。則二論皆非也。蓋凡有形之何似。皆依托於質。又幾何者。非專從質而生。更從質模合成之物而生也。解曰。謂幾何從質。何似從模者。不在其所舉爲依托爲從發之兩論也。質與幾何各相承載。模與何似。俱有作爲之施。其性相似。其情亦相似。故謂幾何從質。何似從模也。

其二、所論第五倫以後。皆爲初自立體之外模。此論未確。蓋抵受者。必依托於所抵受之物。緣凡施者。必妙合於受者之模故也。若論作爲。其往者。雖可謂之外模。留者則否。固皆就其內而托焉者。至論所也。體勢也。時之度數也。皆爲物之內卽。則但有受飾之一倫可以謂之外模耳。

今之窮理者。又別立一論。以證物之十倫。曰。凡爲有也者。或在己而有。爲己而有。或在他物而有。爲他物而有。在己者。爲己者。自立之有也。在他者。爲他者。依賴之有也。夫自立者之在。但爲一在。則其所立之倫。亦一焉耳。依賴者。以自立之體爲在。故其有在者之何若。咸就自立者而定焉。夫自立之體。所以須有依賴者。蓋或須之以得本有。或須之以傳所有。又或須之以存所受也。須以得本有者。抵受之倫也。須以傳所有者。作爲之倫也。須以存所受者。或爲保存此物之模。或爲隨物生存之模。若爲保存之模。或爲內模。而本能存其物者。或爲外模。而偶能存其物者。爲內者。或更爲質。而須以剖各分當然之條理。則爲幾何也。或更爲模。而須以施諸德能之作用。則爲何似也。爲外而偶然須者。則居受飾之倫焉。若爲隨物生存之模者。或爲超而無所視之模。或爲拘而有所視之模。超而無所視之模。或是其物居所之模。或是其物現時之模。爲居所之模者。或不拘之居。或有定之居。不拘者。則爲所倫。有拘者。則體勢之倫也。現時之模。則以多寡久暫而言。其拘焉而有所視之模。是乃互視之倫也。

名理探十倫卷之二

十倫之一 自立體

（古）凡不能稱底。又不能在底。是之謂初體。最切爲自立。

（解）亞利已詳先論。乃舉各倫之性而釋之。首論自立體。篇總有三。一、設自立體初與次之解。二、初體與次體之較。三、初體次體固有之六要也。所以先論自立。而後及依賴者。自立貴於依賴。況自立者。直謂爲有。而依賴者。惟視自立者以謂爲有耳。論自立者。其旨有四。一、指各物之本元。二、指凡不爲依賴之物。或全或不全之有。三、指全成之自立體。四、指初之自立體也。（初之自立者。即自立體之特一者。）第一旨。亦括諸依賴者。蓋諸依賴俱有本元。故不關於此論。第二旨。切謂自立者。關此論矣。第三旨。更切謂自立。第四旨。尤其切者。何故。自立體。乃本自在之有也。凡全自立者。比不全之自立。更切謂之自在。其所須以得在者。約于不全者之所須。故全自立之中。其初者。尤切謂之本自在。緣次之自立。就初者而謂之在。而初者自爲現在。不就次者而以爲在也。故謂最切之自立者。後論凡但云自立。而不加或特或初。皆指第三旨之自立者。

解初之自立者云。是有。是不能稱諸底。又不能在諸底者也。謂有者。卽能居某倫之有也。以別於凡不全之有。如質模殊卽之屬之不全者。又以別於無限之妙有。蓋一性三位。皆自立之妙體。緣屬超然倫外無限之有。故不涉於諸倫也。謂不能稱諸底者。以別於凡自立及依賴全且公之性。能稱其賾者。謂不能在諸底者。以別於凡依賴之托於底而爲特一者。

（古）次之自立體。乃是類與宗。是初者所屬。云初如一人。云次如人類。人類系生覺。人類與生覺。皆爲次自立。

（解）此次自立者之解也。釋云。是有者。是初自立體所屬之類與宗也。所謂有者。當宗。言可置於本倫之有也。以別於不能居倫之物也。所謂爲類爲宗者。以別於凡孑一且全之有。如前解所指諸特一者也。所謂初自立之所屬者。以別於凡公依賴。蓋凡公依賴。雖可用以稱諸初自立之體。然初自立者。以爲其所屬之類與宗。而但以爲其獨。或以爲其依耳。

（古）先論之二。凡稱底者。此名此義。無不傳稱。如舉夫人。用稱某人。人名人義。俱傳俱稱。而在底者。

或名與義皆不傳稱。抑或其名傳底稱底。而義則否。如白在體。名則白者。而義匪白。

（解）前言凡次自立者。爲初者之宗類。茲引先論之二而釋其義焉。先論所云稱底在底之所以別者。蓋稱底乃挾本然之何立以稱其下者。在底則依托於底而不關其本元者。今夫宗與類。皆挾本然之何立而稱。而次之自立者。亦皆挾本然之何立以稱初之諸體。則次之自立。誠初者之宗類矣。依賴者則否。或但挾名而稱底。如稱雪爲白者。或亦不挾名。如脫底之白。不可用以稱雪者。俱非挾本然之何立以稱厥底。故不得爲初自立者所屬之宗類也。

（古）一切諸有。或稱初體。或依初體。如舉生覺以稱人者。則亦可舉稱某一人。設不用稱人中一人。豈可用之以稱人類。色在於形。固在某形。設不依在形中一形。亦豈可云在於形者。故設初體若無現在。一切諸有俱亦必無。

（解）此舉初與次之自立者相較。以證凡初體爲萬有之基。最切謂之自立者也。言凡十倫所括之諸有。或爲稱初體者。或爲依托於初體者。則自立者之義。誠莫切於在初體者矣。證舉二端。一云可用生覺者以稱人。則亦可用以稱此一人。苟不可用以稱人類中之一人。亦不可用以稱人類也。舉一生覺之宗。

凡自立倫所統之諸宗。皆同一論。二云。色也者。謂之在於形體。則亦必在於孑一形之體。苟不在於諸形之一形。則亦不可謂在形體也。由此推知若無初自立者。卽亦無十倫之諸有。緣皆或稱初體。或在於初體者故。

此論有駁。一、自立體之本理。不在於能載他有。而在於能本自在。則雖初體所載多於次諸體之所載。豈可謂凡初體更切謂自立者哉。二、由上推下而是。復由下推上而非。究竟所推之法未確也。則亞利所云。生覺者既能稱人。亦能稱一人。而又云設不能稱一人。亦不能稱人類者。其推論皆非也。三、如某聖賢歿。其生前所積之德之學。皆在靈性。靈性固不滅者。則豈可謂無初體。倂無他諸有者。博斐略同異篇有云。某一倫。其諸不分一雖無。其類不必無。又某一倫之諸類雖無。統諸類之宗亦未必無也。

辯其一曰。載多有者。非自立體之本理。但就此而推。亦可以知初體之切謂自立者。蓋物彌本自在。彌克載多有。則初體既更能載多有。亦更爲本自在。更爲自立者矣。辯其二曰。由上推下而是。又由下推上而非。設其所指之下。俱指定爲某一下。則所推之論有疵。如云人爲白者。則某甲爲白者。又云某甲非黑者。則人亦非黑者。此收論固屬有疵也。若其所云下者。非爲限定之某不分一者。而爲無定指之不分一者乎。則其論必確。蓋其不定之不分一者。不但指一不分之一。而槩指或此或彼。通在某類之不分一。如云人類之公性。有白者。則人類中一不分之一者。亦必有白者。又云設此諸不分之一。無一黑者。則人之全類。亦無黑者。此其自上推下。自下推上。豈可謂之非確論哉。辯其三曰。所云無初體。併無他諸有者。義言初體之全若滅。所載之諸有必滅。若初體之某分不滅。前所載之諸有。未必滅也。靈魂乃人之一分。常在不滅。則其人生前所修之德。所積之學。必托於靈魂而在。何得謂可滅不可存者乎。博斐略之所云。類與特一設無宗與類未必無者。但舉宗與類之本元而言。其論自當。蓋論物之本元者。下係於上。上無所係於下也。若亞利之所云。設無初體。亦無所載之諸有者。則但舉物之現在而論耳。循是。則上者之現在。必係於下。緣宗類之公性。固非能脫乎賾以自爲實在者。

(古)次體之中。類比於宗。更爲自立。近初體故。設問初體。指宗而答。不若指類。如問某特。可指生覺。不如指人。人之於某。切於生覺。又如問松。指植宗答。不若指樹。樹類視松。切於宗植。又初之體。承載諸倫。故於自立。謂爲甚切。類亦承宗。則以較宗。類切自立。

(解)舉次自立之宗類相較。明類之比宗更切謂自立者。證舉二論。一、凡就所近於至然之有而爲然者。則愈近於至然。愈切謂之然者也。今初之體。至爲自立。而類之比宗。更近初體。則更切謂自立者矣。何故欲釋初體者。舉宗稱。不如舉類稱。故以類較宗。於初體尤近焉。二、物之所載者愈多。則愈切爲自立者。今類之所載。較多於宗。故更切謂自立之體云。

（古）凡但爲類。而不爲宗。其謂自立理。同無異。如問某人。答指人類。如問某馬。答指馬類。指類既同。其近初體。亦必相同。而兩初體。各謂自立理。皆不異。

（解）此舉最盡類中之兩端相較。云其所謂自立者理。亦一也。何也。欲釋初體之性。爲舉各最盡之類以釋之。無不同者。如問此人此馬。指人類馬類。其所指相同耳。此以自立爲宗。而以初體次體。分作兩最盡之類。而各釋其爲一理。先舉次體之同理。而云。欲釋特一之性。必舉最盡類之性以釋之。如問某甲某乙。必曰人類。如問騂騮騄耳。必曰馬類。此爲舉最盡類以釋也。又試舉兩初體以相較。其所謂自立者理。亦無異也。此初體之理。亞利未有所證。今以理推證。當云初之諸體。皆無所係於底者。皆承載他有而非他諸有所承載者云。無所係與所承載者。凡自立倫之初體皆一。則其謂自立者。亦皆一也。

或曰。亞利云。所載者愈多。其所爲自立者愈切也。今夫物有幾類。其所載之宗及所依賴者。多於他類。如人類與金星天較。人類所載之宗。多於金天之所載者。又特一之兩初體。其所載亦有不同。如此人所載。多於此金天之所載者。則自立之在類在特一。豈得爲同乎。曰。亞利所謂載愈多。自立愈切者。舉同倫之物而較。若舉不同倫者而較。則以此類較他類之特一。眞有可謂更切自立者矣。緣其所載宗與依賴。或亦多于他特一之所載者。故而殊不然。則但舉其共在一倫者而較之耳。夫共在一倫之自立者。所載愈多。所須以得在愈寡。故謂更本自在者。更自立者。試觀最盡之類。所載惟宗。尙須有所屬之特一者。然後成其爲類。而謂之本自在。若夫特一。旣載宗。又載類。則本謂自在。無所須于下性而在矣。故凡諸最盡類之相較也。其爲自立。彼此皆均。而凡諸所屬之特一者。彼此相較。其所謂自立。亦無不皆同焉。

(古)凡稱初體。惟宗與類。謂次自立。緣釋初體。惟宗類能。凡初之體。承載諸有。又爲諸有所稱所依。故其自立。謂甚切者。若除初體。其他諸有。所稱所依。惟宗惟類。故謂自立。於義亦切。如稱某甲稱某文藝。亦可稱人。可稱生覺。

(解)此論凡能稱初體者。何爲獨舉宗類。而以爲次自立者乎。釋舉二端。一、宗與類旣皆爲初體所載。則欲釋初體者。指宗類而答之。爲甚當也。二、初體者能載諸有者也。宗類亦然。除初體而外。其他諸有。無不爲宗類之所載。緣凡依在初體之實依賴者。皆可舉以稱其宗類也。言實依賴。不言諸依賴者。思成之依賴。雖在初體。未必可用以稱次體故。

（古）夫不在底者。初次之所共。初者不在底。又不可稱底。次者雖稱底。非可謂在底。以人稱此人。非謂在此人生覺者亦然。可稱非可在。凡在於底者。挾名可稱底。但不挾其義。若次之自立。並挾名與義。以稱其初體。故凡謂在底。無與於自立。所云不在底。以視自立者。亦不切謂獨緣殊之稱底。亦挾名與義。而非謂在底在全體諸分。勿謂非自立分之在於全。與所云在底。其義固不侔。

（解）此篇中第三論。舉自立者之六要。以詳其性也。其一云。初與次之自立者。皆以不在於底爲第一之要義也。初者不可以稱底。況本不可以依在於底。次者雖可稱底。而亦不謂在底。緣凡依在於底者。但挾名以稱其底。而次之自立。不但挾名以稱初體。且挾義以稱也。又云。此要義非但爲初自立次自立所共有者。雖殊亦有之。蓋凡次體之殊。皆挾名與義以稱其初體者。則可見所云不在底者。非初體與次體第四端之獨。而但爲第二端之獨也。緣其有關全類。而不止有關於全。且有關於殊。又有關於全自立者之諸分。故有疑全體之各分。亦謂之在於全者。如在底之在。然則夫在底不在底。似不可爲自立依賴之所以別也。亞利釋之云。所謂在底者。惟挾名而稱。不關於底之內有。全體之諸分。挾名義而稱。則有關於全者之有也。故不謂之在底。

（古）次自立者。與所結殊。其稱初體。挾一名義。夫從自立所發之稱。或稱厥類。或稱特一。初之自立。無可爲稱。次者宗類。類則稱特。宗則稱類。與屬之特。而殊亦然。兼稱類特。宗類函義初體共函。宗統于類。殊統類特。緣凡稱稱。亦可用稱。所稱之底。以此而推。知次自立。挾一名義。以稱初體。

（解）此指自立者之第二要。爲挾一名一義以稱初體者。顧此要義。不獨見於第一倫之自立。而亦爲自立之殊之所共也。證之云。凡由自立者所發之稱。或在用類以稱特一。或在用宗用殊以稱類。其稱。皆挾一名一義而稱。則是凡自立者之稱。皆挾一名一義而稱者也。所謂或在用類云者。蓋惟初體。無他可稱。若次體與殊。則各能稱其以下之有。如其類與其諸不分之一也。

（古）自立者所指。似實本自在。夫論初之體。固指實自在。若次之體者。就所用名相云人云生覺。亦似指本然。而實自在者。究理則不爾。其指更若云。何似之自立。緣人與生覺。各非一自在。用稱多自在。

（解）此自立者之第三要。言凡自立者。皆指極本自在之有也。此要義。據亞利所云。但爲名相之要。

然其義。實指夫在物者。欲顯其爲在物之要。宜改指字作爲字義云。所謂自立者。爲極本自在之有也。蓋所云極本自在者。其義。獨顯見於初之體。緣初體乃宗類之所倚。依賴者之所托。而初體。自非有倚有託。故實謂之本自在。若次體。亦似非有所借焉以爲在者。顧非實理。但因名相有似。故其所指者亦有似耳。而其實。第如何似者然。爲其所以稱初體者如其模故也。此要。乃自立者第一端之獨。緣其止有關於自立。而非有關於自立之次者耳。

（古）宗類何似。與白何似。其理不同。白者依外。不釋物性。宗類統內。能解性義。

（解）前云次自立如何似者。玆申辯其義。以免學者之惑。言謂宗類之爲何似。與白者之爲何似。義甚不同。白。乃自立者之外模。無所係於本元之義。宗類之何似。則由其有係於初體。借以爲解也。其所以謂之何似者。就其有所倚托於初體之義耳。何似之冷熱長短。必依賴於特一者而後有。宗與類。亦必倚特一而後有。故云就其倚初體之義有相似。

（古）爲自立者。咸無屬悖。人與生覺何所悖乎。但無屬悖。非獨自立。幾何亦無多寡大小。非切謂悖。

（解）此自立者之第四要。言其不屬有悖也。如云人云生覺者。何悖之有。此所謂悖者。舉切義而言。若舉泛義。則自立者亦有悖焉。如水火之悖也。但其相悖。非本體之悖。乃其所蓄之情之悖也。此要。非獨關於自立者．亦有關於幾何．故但爲自立者第二端之獨．緣有關於諸自立者．然而不止關於自立者故．

（古）又自立者．不受增減．恒然不易．非謂自立．無更切者．如言初體．切於次體．然非此論．但云各體．無增減稱．如此一人．前後自較．或較他人．所函人性．無多少別．如稱黑白．如稱冷熱．則容增減．是故其體．謂多少白．謂多少熱．終不可謂多體少體．

（解）此自立者之第五要也．曰．凡自立之體．皆不可容增減．如此一人．就其先後不同之時．以自較．又就此一人以較他人．皆無可庸其多少之稱．緣凡所謂多少者．皆其屬於依賴者耳．亞利前謂初體比次．更可謂體．故今釋此義．與前義非有所悖．前所云一體更可謂體者．但執自立者之某情．如云本自在．如云承載者也．今所云不容增減．則舉自立體之本元而論耳．此要有關於凡自立之體．然不但關於初體次體．亦有關於殊與幾何．故其於第一倫之自立者．但是第二端之獨云．

（古）凡自立之體．雖數之一者．可容相悖情．其體固不變．若非自立者．既已爲一色．不可兼黑白．既已爲一事．不可兼善惡．體則雖數一．能受相悖者．如此之一人．或黑又或白．或善又或惡．所受雖有悖．

受者非不一。

（解）此舉自立者之第六要曰。以數一之自立者。就化與依而變。可受相悖之情。如某一人之身。或爲黑。或變而爲白。或爲善。或變而爲惡。依賴則否。試觀以數一者之色。豈得兼爲白色爲黑色哉。此要之在自立。乃第四端之獨也。

居倫之自立者辯一

釋模理一支

一切諸有有二模理。一謂懷理。（所懷之理）一謂界理。（所向之理）明悟所以全釋物性之限解。是謂懷理。明悟就限解所釋之物性。卽謂界理也。物各有其性。故各有其界理。若論懷理。則苟非爲有限。爲合成之物。不能有焉。何故。凡物之限解。必由或質模。或宗殊。以作其成。無限之物。與有限而非合成者。無質模宗殊之結。則其性不屬可以限解。但可就曲解而解耳。夫懷理者。不但能指縮合不亩之限解。亦能兼指亩否各物之臆象。循此義。則凡亩無質模宗殊之物。皆屬其可有者。緣皆屬於明悟懷想之所及故也。但至亩之元有。雖亦屬於可想。然而一切受造明悟之憶。（指天神與人之明悟）不能全。不能切。惟無限無受造之明照。乃可盡之。卽論無質之靈。指天神。人生在世之時。明悟亦不能全想。暨其靈旣與身別。乃能作成全表諸靈之想也。茲尋自立者之模理。非就限解。緣所云自立之體。乃是寔有而非合成之有。不屬可限解者。則但論自立者之界理。與其所可曲解者云。擧要情而解。是謂曲解。

就要情以解居倫之自立者。當云是本自在之有也。夫泛論本自在。有三義。一、指不就依賴之結以合乎底者。二、指自立之全有。故不但不依結於底。亦非在全之分。亦非在底之模也。三、指本在而不可自傳之有也。循此義。則惟特一之物。可謂本自在者矣。茲解之所云本自在。乃循第二義。言凡居倫自立之體。爲全有之由性。與在而合成者。非在底之模。亦非全者之分也。

前解之駁多端。其詳。則超形性之學論之。茲擧四端。一曰。本自在者。乃諸畸一之物所獨有之情也。自立之至宗。與凡謂次自立者。皆非畸一之有。則不可謂本自在者也。何謂畸一獨有之情。蓋所謂本自在。乃是無所係而在者。夫惟畸一之有。可謂無所係而在。至于公性之在。則必係於不分一者之在。故惟畸一之物。乃可謂之本自在者也。何謂次自立者。不得爲畸一之有。蓋畸一之有。乃全且不得自傳之體。而次自立者。乃初自立者之宗類。則不可謂不得自傳者。故不可謂本自在者也。

二、凡謂本自在者。不能在於他物。今自立之公性。爲可在於諸特一者。則不得爲本自在者矣。亞利云。凡公性不可謂自立之體。以非本自在故。

三、人之靈魂。因非全之有。不爲居倫之自立者。顧其或與身合。或與身別。切謂本自在。則所云本自在者。非居自立倫者之獨情也。

四、所謂在者。（性所以自在之卽也。）原非謂公者。乃特一者之稱耳。則公之自立者。不能以其性與其在相合。以成其爲本自在者矣。何故。在也者乃性所以受限定之卽。既已有在。則不可以更自傳。故謂性之所以不可更自傳之理也。然而設有公之在者。必可以自傳於下焉者。如他諸公性皆然。今既不可自傳。豈得有公之在者乎。則自立者之公性。不可謂本自在者矣。

欲釋前駁。當知自立體之爲本自在。有兩義。一、自立者現有其受限之卽。因而現有不係於他諸有者。二、自立者。原與其在有相宜。然惟就特一者而謂現有其卽也。蓋公性就所現在之卽以得現合於性所現本自在之卽。（現在與本自在。其效不同。故施其效之所以然。亦不同。凡物。本其所以然之能。以得在於六合之內。謂之現在。使其性現在之模所以然。乃一卽也。從其所施之效。借謂之現在也。性之無所係于諸有者。謂之本自在。而使其本自在之模所以然。亦爲一卽。强而名之曰在云。）今性之現在。爲可不然之稱。則就現在而有之在．亦爲可不然之稱耳．顧凡可不然之稱．先有所關於特一之物．而次乃就特一以關於公性．則在也者．所爲現合於自立之性．乃是先合於特性．而後就特性得合於公性也．論固然之相宜．則其本自在之卽．先與公性有相宜．而後就公性以降在於特性．如特一之幾何．舉現用而言．先顯諸分之次序．但公幾何之性．原本先有與序相宜者．緣公之幾何．乃其各分所有之原．而特一之幾何因共幾何之公性．乃得現有其諸分．與其分之次序也．

兹釋前駁所云本自在者乃畸一之物所獨．良然．所云次之自立皆非畸一之有．則不盡然也．夫使其義．爲指不挾現用之公性．以謂畸一之本自在乎．則其說是．併所謂公性之不能無係而在．又不能不自傳者．皆是也．若言公性悉非畸一．非本自在者．則非也．夫論固然之相宜．公性者．先爲本自在者也．前已悉其說矣．

所謂凡畸一之有．乃全且不得更自傳云者．曰．畸一者所不容之自傳．非是就明悟之自傳．乃實有之自傳也．若夫宗類之所傳於下性者．乃就明悟之自傳．其於畸一之義．亦何礙焉．欲詳畸一者所非之自傳．宜知自傳者有四義．一、上性之自傳於倫屬．二、底質之自傳以受模．三、分所自傳以成夫全．

四、模所自傳以模其底也。謂畸一之不得自傳者。非論一二義之不傳也。蓋就前所辯在也者之先在公性。而後就公性以降在特一。（在也者。乃物所以爲畸一者也。）故非第一義之不自傳。又畸一者。常自傳以受諸依賴之模。故非第二義之不自傳。則但論其不爲三四之自傳。以分而傳全。以模而傳底者耳。人以肉軀合靈魂。與夫全水中之若干水。其所以合於全水。皆謂自傳。然靈魂與若干之水。非切可謂畸一者。緣若干之水。乃其全水之分。靈魂亦爲人之一分。且爲人之體模。故不可謂畸一之自傳者也。

所謂凡本自在者不能在於他物。釋之有二說。一曰。挾現用而謂本自在之不得在於他物。則是。不挾現用而但就固然之相宜。以爲本自在者之不在於他物。則非也。次自立者之謂本自在。非挾現用。但挾固然之相宜。故可謂能在於特一者也。二曰。自立之公性。不可謂或在於他物或就他物而在者。何也。幾何者雖就實相別之不分者以受限。不可謂就他物而受限。而切謂本自受限。緣其不分者乃是其本限故。（就點而論。點乃不分者。而爲線之所從以受限。就線而論。線亦爲不分者。乃面之所從以受限。然皆其因性之限。非就他而受限者。義詳幾何之論。）夫特一之在也者。爲公性之最終限。則自立之公性。其就特一之在而在之際。不可謂就他者而在。亦就本限而在耳。兩說皆可。前說更當。推知所舉亞利之論。以爲公性之非自立者。但言凡公性之自立。不能脫乎屬倫而現在以駁霸辣篤之所云凡公性可以脫其賾而獨立者也。論人之靈魂則或舉其結于形體或舉其別于形體未可切謂本自在者爲其在人乃全者之一分且爲其模故也。

所謂在者非公者之稱乃特一之稱云者。曰辯此義。當知或舉特一之自立者乎。則其所名爲在者。乃直指人性與某一在之合成者。若舉自立者之公性乎。則其所名爲在者。乃直指其性而傍及諸特一之在者。而其爲在也。乃公性所結以成各所現有之本自在者也。篤瑪云。人性統函各特一者所以全成之在是也。執此說者。皆以在爲屬於特一。而以公在之說爲非所據。云凡特一之自立者所現在之。卽各根于特一之殊。其卽迥異。如其各所根之殊。然則明悟豈能從諸特一之在而取脫公在以成公畸一者乎。特在之合特性。爲特畸一者。則設有公在合于公性。亦當合而爲公畸一者。後有正論。

雖然謂宗類之自立者與特一之自立者。其命名也。各指其性之相稱於在者。其說更當。達瑪云。言人。則指其有人性者。如言天主。則指其有無限無受造之性者也。云有人性者。指人性與所結之在。云有無限之性者。則指天主之性與其所合之位也。夫明悟能就人性之一特一。取脫其性之一總理。則亦能就各特一之在取脫其在也者之公總理矣。若是。則夫表公在與表公性之兩臆。所相合而成一公之畸一者。豈非就其所名之人而能指能表者乎。所謂特一之諸在。其卽迥異。故明悟不得取一共理者。其說非也。夫其諸在。爲人性之內限。明悟既能取人性之總理。豈不亦能取其諸限者之總乎。若以殊論。乃是人性之外限。理迴相異。明悟自不能就而取一總。以爲諸特一之殊之所共也。

又。凡有一稱而並能從其某一類之諸特一。或某一宗之諸類者。此其爲稱。必自其諸特一其諸類所共之始而生者也。今論人性之在。各從其類之諸特一者。則亦必從諸特一所共之始而生者。夫諸特一之所共。卽此人性。卽是其諸在所由生之始也。性之在諸特一。既爲同名同義。則其所生之效。豈不亦爲同義者哉。就此而可辯第四駁。曰。就明悟之功。眞有公在能與性相合以成其爲公畸一者也。其謂在之所以爲在。本由不能自傳者。則前已辯其公在者之非實自傳而爲就明悟之自傳。夫明悟之自傳。固非在也者所非之自傳也。

論自立體之至宗二支

詳夫自立之諸體。本係乎超形學。玆略及之。不然。不免有不具之論也。論自立體之至宗。有四說。

一曰。全自立者。統括受造不受造之諸體。乃此倫之至宗也。亞吾斯丁云。自立與互視兩倫。各有所關於天主。緣天主切謂爲自立之體。故亦統於此倫也。或云。天主至純之有。豈亦殊與宗相合之謂乎。曰。殊宗相合之在天主者。乃吾人明悟之功所成。于純有之義無所礙也。

二說。謂屬可壞之自立者。乃自立之至宗也。亞利云。屬可壞。不屬可壞。就宗而異。凡就宗而巳異者。不得並居一倫。則自立之至宗。但是屬於可壞者。

三說。云形之自立者。謂爲至宗。故凡非由質模相合而成者。不關於此倫也。何以證之。亞利云。凡無質模之神。謂之純爲。凡純爲者。不能由宗殊相合而成也。夫凡居至宗以下者。必由宗與殊之相合而成。則神之不居此倫可知。又篤瑪云。宗由質。殊由模。神者無質無模。則何從而有宗殊哉。次。形體者雖有質模。然而非必宗殊之合成者。凡非宗與殊之合成者。乃謂至宗也。又一至宗也。不得謂爲由質模合成。又謂不由質模合成。今自立者之在形體。必由質模而成。則設令其在神體。亦必由質模而成。夫神之自立者。既不由質模而成。則自立之一宗。專屬形體。豈得兼統神體哉。

四說。謂全且有限之自立。包形與神。屬壞與不屬壞者。是第一倫之至宗也。證之曰。全且有限之自立者。就一名一義。而爲形與神屬壞與不屬壞之諸體所共者。故咸以爲至宗。試就各倫可以取證。如何似者之倫。或屬形。或屬神。或超性不滅。或因性而屬滅。皆就一名一義。以共何似者之總理。又人與獸。俱統與此倫。而人模屬神。乃不可滅之模。獸模屬質。乃屬滅之模也。則屬壞不屬壞形與神之諸體。豈非皆挾一義。以合於自立之至宗者哉。其謂全且有限者。則以別於無限無受造之造物者。又以別於凡爲分者自立之體。二者不涉於倫。其論在前。

第一說。所謂天主切謂自立者。曰。不受造之體。與受造之體。所共云自立。非居第一倫之自立。而爲超倫特上之自立體也。第阿尼云。天主者。乃超諸自立體而上之有。故天主與受造者所共之自立。惟同此名。不同此義耳。論互視。其理亦然。居倫之互。俱依賴之屬。豈可以稱天主。惟舉互也者之超理脫乎依賴者。乃可以稱其妙有耳。天學有詳論。

所謂宗殊相合之在天主。就明悟而成。不涉於妙有之純者。曰。造物者之妙有。所以不涉於倫。不但爲其妙有之至純。更因其爲無限之有也。無限之超有。非可以倫論。前已辯明矣。況凡挾一名一義以屬于某宗之特一。皆必有肖己之他特一。與共一性者。而至於無限全備之妙有。則惟一而已矣。設使有多。豈可謂之無限。必屬有關。豈所以論無窮之純有哉。故造物者。非能與受造之有同。共一宗者。

第二說所據者。非論公稱之宗。但論爲萬模之底之元質也。義云。屬可壞不屬可壞者。就其爲宗之質而有異焉。凡有形之物。論其所共之一元質。雖無所異。然而所以能不屬壞者。就其模所結於質之合。固有異於屬壞者之模與質所結之合。（不屬壞者天也。其質模之結合。乃永不能解之合。若諸屬壞之物。則爲屬受悖情而可解之合。）故謂就宗質而有異也。若謂不能並居於一自立者之倫。則非矣。

第三說。所引亞利稱諸神謂純爲者。非云神無宗殊之合。但云無質模授受之義也。所謂宗由質。殊由模者。但指宗與質。模與殊。各有相似。而豈謂宗之必由質而生。殊之必由模而生哉。若夫特一者之專殊。則並由質模所發。何也。某與某之相別。緣質模以爲別。其質其模。不得謂其某分多。某分少。則某某所以相別之兩殊。質模並有不專屬於模也。又生覺者爲宗。必函能覺之模。爲諸作用之切始。則宗豈獨由質而生者。

所謂形體者無宗殊之相合。亦非也。蓋形體者所由實成其全。雖惟質模兩分。但明悟尋思舉其形與神之各爲本自在者。必有相合。因而可以攝取一超理以爲二者所共之至宗。而又尋思形者屬質模之合。神者無質模之屬。因而攝取其各所以異者。以爲殊。則宗殊之義。明悟本自可造。何謂無宗殊之合乎。

所謂一至宗不得謂由質模。又謂不由質模云者。曰。所云合成者有二義。一、爲實合成者。其質模。實受函於某一物。一、爲超合成者。本無質模之合。然而統其質模所合之物。亦謂之統其質模者。執前義。則自立之至宗。不可謂由質模而成。緣自立之超義。脫乎質模。故執後義。則自立之至宗。舉其合於形者。亦可謂統質模者。舉其合於神者。則固非有質模之合也。緣此一宗性。可以就其超分而合於形體。又兼合於諸神體。而在形體。則爲質模之合成。在神體。則無質模之合成耳。

自立者析初析次當否辯二

引四說而駁其非一支

亞利析自立爲初爲次。辯其析之當否。有四說。一曰。亞利非爲之析也。但計居自立倫者之有幾端耳。所據者云。初體次體。不能共一宗。則其宗。不得受析而立爲兩端。何故。凡受析之宗。必爲其下焉者之所共。下焉者。若不得共。則上宗非可受析者也。何謂下之不得共。蓋凡上焉者之性。必統於下性。

設謂上下性能共一宗。則其宗。爲兩受統於下性者。一、因下性之所自共。一、因其所統之上性也。又其上性。亦爲兩合乎其宗者。一、因本性之所自共。一、因所統下性之共也。於義均礙。故不得謂可有受析之宗。

二說云。所謂自立之體。分初分次者。義言分底分稱。初者謂底。次者謂稱也。亞利解初體云。是非在他物。非稱他物之有也。所云在非稱。乃底之所以爲底者也。解次體云。是初體之所屬者也。卽指所以稱初體者之稱也。

三說謂自立之總理。析而爲公自立。特自立。皆依然之合成者也。蓋自立之總理。舉其統乎可以居倫之八要。而公自立與特一之自立。亦舉其統居倫之八要。皆非本然之有。而爲依然之合成者。故

四說云。受析也。是全之自立體。而公特兩端。其析也。但有謂公自立者。非舉其爲公爲稱之互。惟舉脫乎初自立者之性。又所謂特自立者。非舉其屬乎公性之互。惟舉其公性與特殊之相合而成者。蓋亞利之析自立也。舉其能作自立者之倫。而凡自立者固挾本有以居倫。不挾諸依情以居倫。則其所析。乃其自立之本有者也。

右說各有可取。但亞利所析之自立者。義有不同。茲辯第一曰謂上性下性不能相合於一同義之宗。良然。但論自立者之宗理。則兩者但是擬同名者。非同義之稱。而歧義之稱也。初體次體。合稱於一擬同名者。無害於理。釋第二三說曰。亞利析自立者。非就其外賴之情而析。但就自立者固然之情而析也。解中指底指稱。惟指初次自立者外至之情耳。釋第四說曰。亞利既就自立者固然之情而析。則非就其本有而析矣。若就本有而析。則其析爲初析爲次。豈但此一倫之析。一切諸物。孰非可有公特之兩析者乎。

正釋二支

正論曰。雖自立體之本解。在於爲自在。爲能載之性。但自在也。載也。非其本理。第從本理所發之情耳。二者不相離。皆根自立。然所云自在者。必先於其載者。自立者爲自在之有。以能載諸他有。故就其載之所用。更可以識其自在。緣明悟恒就依賴者以洞識其底也。亞利釋自立者。其舉載。多於舉自在。亦因其更顯故。今舉四端以明正論。一、析初自立次自立之兩端。其析已盡。無所不包也。何故。各倫所函者三。曰宗。曰類。曰特一。茲云次自立者。以總括宗類。云初之自立。以指特一者。則於自立之倫。已無所不包矣。

二、自立體之受析。舉其爲自在者。又舉其能載他有者也。何故。所云本自在與載他有之兩義。初體次體。俱兼有之。又此兩義。皆爲自立倫所以異於別倫之依情。自宜爲初次體之所共有者也。就此而前第一說之所云。上下性不通合於一者。亦可正焉。蓋其爲一。設關上性下性之本元。則固非二者之所可共。若但指本元以外之依稱。則謂之通共。亦何礙之有。

三、初體次體。惟就擬同名歧義。以共夫受析之理也。何故。凡先與此物有相宜。而後與他物亦相宜者。是但就其同名歧義而有相宜者也。今本自在也。載他有也。先與初體有相宜。且切與初體有相宜。然後及於次體。則其所析。固就其擬同名者而析耳。問此擬同名者。挾比例乎。挾所係而謂乎。曰本自在也。載他物也。先與初體有相宜。而後就初體以及次體。則次體者。挾所係。而謂之在。謂之載者也。

四、受析之模。以論初體次體。自非擬同名而歧義之模。以論初體次體之所由以共其模者。則謂之歧義之模也。何者。在也。載也。在初次兩體。其理必一。況就某甲所以在之在。與在某甲之人性所以在之在。實惟一在耳。則夫稱各體之在。豈可謂不同義者之在歟。但因謂之先在初體而後及次體。故云所由共者之屬於歧義耳。或曰。由此而推。則凡性之獨情。皆就歧義。而與類與屬類之諸特一。有相宜也。何則。人之見德。論其固然。先有所相宜於生覺者。然論其現用。則先相宜於某甲。而後就某甲以見及於生覺者。（論固然。則由上性至下性。因我本爲生覺。先有見德。我特一亦因而有見德也。論現用。則由下性而及上性。我既有見德。則公性安得不有見德乎。故云。見及于生覺者。）則類與特一所共既分先後。豈不就歧義而共乎。曰。良然。此乃前第三端所云初體所共之載。亦就歧義而共者也。凡性之獨情。論所自有。皆爲同義之稱。緣在類在特一。其理惟一。故然論載之之現用。必先爲特一所載。乃及於上性。故亦謂就歧義而共也。

駁析也者有二。一、凡析。必有相別相對之兩端。初體次體。非相別相對者。則其析不當矣。何謂非相別相對者。次體與初體。非有實別。惟就明悟而別。則豈有相別之兩端哉。又明悟既能舉次體。以稱無實別之初體。則初體即是次體。豈可謂相對者。

二、謂自立者。或初或次。夫其受析之自立。爲初者乎。爲次者乎。不可謂爲初者。夫既爲初者。豈可又分而爲次者。亦不可謂爲次者。夫既爲次者。豈可又分而爲初者。則不可指自立之公性爲可受析者。若公性爲可受析者。則公性即次之自立者。而豈可更析爲次自立之一端也。

釋第一曰。初體與次體。雖非實別。必有率基之別。而凡夫析也者所須於下焉者之別。或實或基。皆可以爲別也。試觀宗與殊之在於類也。惟就率基而別。而其別。足以分公者之二稱。又兩端相對。不須其質之相對。而但須其模之相對。故舉其質有。雖可用次體以稱初體。然而不可謂初體之即次體也。模義各自一。以正相對故。

釋第二曰受析者。非公之自立。乃舉其自立之體。脫乎公特之兩義者也。或曰。公與特相對相非。非公則特。非特則公。其受析之自立。既非特者。必爲公者。而凡公之自立。或爲宗。或爲類。則受析者。固次之自立者乎。曰否。非初自立。亦非次自立。乃是屬模一以居獨境之自立也。就實拘可屬於專一以成初體。就明悟可屬於脫一以成次體。非次非初。則惟模一之一性耳。

初體次體之解當否 三支

初次體之所以析者。既已辯明。玆宜釋此兩端各屬何義。初體之解云。是不在底。不稱底者。次體之解云。是宗。是類。是諸初體所屬者。駁初體之解者曰。夫受解者。或是某一初體乎。或是諸初體所通共者乎。夫非某一初體也。緣其解中非言某一初體之性故。亦非諸所通共者也。緣其性。或是同名同義者。或是同名歧義者。或是依然合成者。夫不可謂爲同義者也。凡就何立而同名同義之性。但可以論初體耳。或宗或類。豈可以爲初體乎。亦不可謂同名岐義。亦不可謂依然合成者也。緣此二者。皆非可以在倫之有也。

二曰。凡游移特一。如云一人。云一馬者。皆爲初體。然而其解未括。則解之未盡也。何謂其解未括者。解云不可用初體以稱諸底。然而可用一人以稱某某。緣某與某各可謂之一人。故則似另有初體。而未括於其所解者也。

駁次體之解者曰。在某甲之人性。偶謂爲特性。固切謂之次體。然而不可以爲宗類。則次體之解不盡也。何謂切爲次體。蓋其性。雖爲外殊所拘。（特殊。不關於性之全。惟就外而限。故謂之外殊。）顧其殊。非所關於性之全成。則其性。本不圅特理。而可謂人性。況又具有在倫者所須諸要。則切謂之次體矣。何謂不可爲宗類。緣在某甲之人性。但可用以稱某甲。而凡爲宗爲類者。必其可用以稱賾者也。

兼駁兩解者曰。欲切解受析之兩端。宜就所乘於二者之模而解之。今初體與次體。非就所乘之模而解者。何故。自在也。載他有也。乃所就之以受析受乘之模也。顧解中不指此義。初體謂非在非稱。

第就二非而解。次體謂初體所屬者。第就宗類之互而解。皆不關於受析之模也。則其解不切矣。

雖然初體次體之解切且當也。釋初體之駁曰。受解者。是諸初體所通共之理也。而其理。乃同名歧義之理。蓋明悟。就諸初體之質有以造成一臆。而其臆。既不能全脫特殊。不可爲表次體之臆也。若云其臆所表之初體。非可以居倫之有。良然。顧亞利所舉之自立倫。但取各初體以置之于此倫。而非取明悟所脫乎諸初體之公理。以置之於此倫也。

釋正第二駁。有二說。一曰。游移之特一。正爲初體。但豈可舉而稱多者。舉移之特一而以稱某某之際。其爲特一。非有上稱所以統於屬賾之廣義。其所稱者。與其所受稱者。惟一而已。如云某甲爲一人。非能舉其括乎某甲之上焉者而稱之。亦但指其爲此一人彼一人云爾。二說。謂凡游移之特一。不可以爲初體。蓋游移者。公性與未定之特殊所成者也。準五公者之論。凡由公性與未定之殊所成者。非本然之有。乃依然之合成者。亞利篇中。不舉有定之某特一。而舉游移之特一。緣定特一者不足爲明悟恒然之定界。而游移之特一。則脫乎定限之殊。第存所共之性。故明悟用之以爲恒然之界焉。後說更是。

次體之駁有兩說。一曰在某甲特一之人性。既有可以在賾之遠德。正可謂次體也。若解所云。次體或爲宗或爲類者。非云凡次體之現爲宗類。而但云或現爲宗類。或可爲宗類耳。此說未允。準前諸論。公性之在特一者。悉無在賾之遠德。況公之在特。但是一性。無實相別。但是率基而別。豈可以爲次自立者哉。

二說謂人也者。舉其現在於初體。正爲初體也。但設明悟造成一表人之臆。又造成一表特殊之臆。相合而成某一人者。則其人。雖現受拘然而據彼臆之所表。必脫乎殊。可謂次之自立者也。循此以答前駁。若所謂偶特一之人。乃現拘之人。而以爲次自立者乎。則非若舉其爲脫於特殊之臆之所表。則豈不可爲次自立者乎。

釋兼駁兩解者。曰。名理探之解物性。大都不舉本然之稱。但舉其固然之情耳。初之自立。就其本自在。與載他有者。固有二非。以爲所具之情。次之自立。固有視初體爲或宗或類之互。以爲所具之情。因而各就其情。以爲之解焉。就此而推。可知其解初體次體。皆曲解也。夫論初體次體所以受析之模。本自在與載他有。既爲其非其互之基。則其所解。豈可謂非就受析之模而解乎。

容相悖者爲自立體第四端之獨否辯三

駁非第四端之獨者有二。一、謂容相悖者。不但關于在倫之自立者。則非第四端之獨也。何以證之。靈魂之與軀體別也。非可謂在倫之自立者。緣其爲不全之有故。然而能容愛與惡。確識與謬識之諸悖情。則是容相悖者。亦關于不居倫之自立者。二謂容相悖者。似不關於凡在倫之自立者。何故。凡次自立之公性。不能容相悖之情。亞利云。施用之功。原在諸特一之本自在者。非公性之所能也。則受其所施之用。亦惟屬於特一之本自在者矣。今云容相悖。乃受於他所以然之施者。旣關於特一。非關於公性。則豈可謂容相悖者爲初次自立者所共。而爲第四端之獨哉。

三、謂五公稱之六云。諸獨情先於公性。有相宜。後就公性以關於特一者。今容相悖者。與載依賴者。其德能。惟一不二。前已論載依賴者。就諸特一以關於公性。則夫容相悖者。亦就特一以關於公性。豈可以爲獨情歟。

四、謂天體不壞。則不得容相悖之情。何故。凡相悖之情之在於某體也。必爲其體變壞之緣引。則凡不屬可壞之體。必不能容相悖之情。以此而論。豈可謂容相悖者。爲居倫自立體之獨情哉。

雖有此論。然以容相悖爲自立倫第四端之獨情。乃古今窮理者之所是。欲明其義。當知二端。一、凡依賴之底有二。一謂終底。一謂隔底。終底者。無所依托。而能載諸依托以爲其底。此非依賴之所能。故必爲自立之體也。隔底者。一爲依賴以能載他依賴。如幾何之依托於自立體。而又爲他諸依賴所依之隔底。一爲自立而不全之體。如人之靈魂。乃人之一分。而爲諸無形之德與諸作用之隔底也。惟靈魂合於軀體之人。是乃有形無形凡依賴者之終底耳。

二、凡爲德能之獨情。有二論。一論其德能。一論其所施之用。德能之於性。有固然之相宜。不關於物之現在。故先與公性有相宜。然後與屬於其性之諸特一。亦有相宜也。論用則不然。但爲可不然之稱。故先與特一者有相宜。而後就特一者以與公性相宜也。夫受相悖者之德能與其施用。理亦如此。德能者。先與次之自立有相宜。然後與諸特一有相宜。若論其用。則先與特一有相宜。而後與公性亦有相宜也。

釋所舉靈魂之論。曰。靈魂別於軀體。雖本自在。然非諸德能與依賴者之終底也。緣靈魂。或合於身。或離於身。皆不爲其全而爲其分。而凡爲分者。不謂爲終底。惟全者。乃可謂之終底耳。茲謂受相悖。

乃居倫自立體之獨情者。義指受諸悖情。爲其依賴之終底者。是惟居倫之自立者。乃獨有之也。

所謂愛相悖者關特一非關公性云者。曰若云受相悖之德能。先關於特一者。則非若云受相悖者之現用。先有關於特一者。則是也。受相悖之德。先關於公性。公性又就其倫屬以現受相悖。所以泛論夫受悖。或言其德。或言其用。本爲居自立倫者之所獨有也。就此而可以釋第三駁焉。其論。但證現受悖者。必爲特一之性。而非受悖之德能。非固然之關於公性者也。

釋第四駁。當知所云相悖。舉義甚廣。凡不能並在於一底。又將有所移變。然必須時。不能一瞬而變者。是亦所謂相悖者也。如冷熱大小上下東西之類。天之體。雖不受緣引變壞諸情。然指某一分。或在東。或在西。處所相悖。亦謂受相悖。況凡相悖之在何似。借處所之相悖以謂相悖。緣何似之依賴者。就相距以爲悖。而相距之稱。非特爲其兩情之相距。本亦爲其兩所之有相違也。可見天可以謂爲受悖之體也。

或曰。設第六要所云相悖者。但舉相悖之廣義。則第四要所云。自立之體。不屬有悖者。亦宜舉相悖之廣義。若是。則自立者。亦不可謂其體之無悖。何也。火與水。論其廣義。體亦相悖。如東西兩處之相悖者然.則宜謂或有不受悖之自立者.或有屬受悖之自立者也.

曰.設兩處.所云相悖者.皆舉廣義.亦未可謂自立者之屬悖也.何故.所云自立者能受相悖.義指就本體而受相悖.所云.自立者不屬有悖.義指不就其本體而屬有悖也.自立者.挾本體而受相悖.非挾本體以爲悖.蓋火之與水.非挾本體而悖.推挾各所蓄之情而悖.乃依然之相悖者耳.論天之處所.則就其本體.而現其或東或西之處所者也.若究自立之體.何以不能有悖者.曰.論相悖之廣義.或就所依之底而相悖.緣其底.不能兼容二者故.或就本有而相悖.緣二者相克.以致相滅.故今論自立體.悉無二端相悖之義也.舉底之相悖.則自立乃本自在之有.何與於底.舉本有之相悖.則自立者不挾本體以施用於他自立者.而但各挾其依賴之情以行.則自不屬悖.第就其情而論之.有依然之相悖耳.

問受相悖之德.與載他有之德.二者何以異乎.曰.所以相異有二.一.載也者.乃自立者所受依賴.與諸上性本然之稱之容德也.受相悖者.乃是其自所獨受依賴之容德耳.二.載義甚廣.乃載諸依賴之容德.受則但指所受某某依賴之容德.乃其載容德者之分德耳.當知所云自立之能載諸依賴.而

又能受相悖者。非謂凡諸自立。皆能載種種依賴。又能受種種相悖也。蓋亦或有自立者而不能載某種之依賴。不能受某種之相悖者。故其義。但舉自立者所統之全倫。以爲能載諸凡依賴者。能受或此種或彼種之相悖者耳。

若問何以謂受相悖者。乃居倫自立體之獨情乎。曰。施用之與受施用於他作者。皆本自在者之獨能也。夫惟居倫之自立者。而後可謂之爲本自在。故獨能受諸相悖者。相悖者。皆由他物之作用而致。

名理探十倫卷之三

十倫之二論幾何

(古)凡幾何類。總有二端。一通合者。一離析者。通合諸分。着所有相。離析則否。

(解)此篇總有二論、一設幾何之兩析。二、釋幾何之三要情也。論位置有何似。貴於幾何。宜先釋何似。後論幾何。但自立與幾何。二者皆有承載。自立者載幾何。幾何者。載他諸依賴。故既論自立。即以幾何次之。又凡屬形之何似。皆就幾何而結於自立。非先釋幾何。亦難以明何似之性也。又前篇詮自立。屢提幾何。但因不宜間雜自立之論。是以未詳其義。今論幾何。其本解。乃屬超形性之學。推求名理。專務位置。以定諸倫。故獨就其屬類析之也。通合幾何。謂其諸分有共相接之結者。離析幾何。謂其諸分無共相接之結者。

(古)離析幾何者。數與言二類。通合幾何者。線面體時所。其類凡有五。數目所統分。無所相交接。各自成一數。十數函兩五。各別非續結。

(解)前析幾何有兩端。茲詳各端之屬也。離析之幾何。有兩類。數目一。言語二。通合之幾何有五類。

線、面、體、時、所也。證數目爲離析幾何之一類者。離析幾何。其諸分各不相屬。而數目固爲無所相結者。試如有十數於此。其數內之諸分。一一各不相接。此幾何之離析者也。因證此理。又取一論。凡謂之共結者。必宜有所係乎受結之兩分。不然。弗能謂共也。今試分十數爲兩五。其兩五最後之一。各不關於次五。又更無別一數。爲其所共結者。則悉無共結矣。若云別有可共之一。爲兩五之所以相結者。則兩五合成之數。非十數。乃十一數矣。

（古）短長之稱。本係幾何。言語所成。俱短長類。則幾何類。又凡言語。一一無結。故屬離析。

（解）證語之爲幾何。亦爲離析之屬也。幾何者。或屬度量。固屬幾何。而短長者。屬可度量。則言語有短長可量者。必卽幾何之類矣。爲離析之屬者。言語之際。言言各無相續。其爲離析之屬可知。

（古）線因點而續。面因線而接。體因面而結。俱謂通合者。時之去來分。須臾爲之續。形體之在所。諸分固互接。則其所居處。其分亦相接。俱屬通合類。

（解）通合諸類。其爲幾何。不待辯而自明。玆非證線面體類之爲幾何。而但證其爲通合之屬者也。云凡諸分就所共之結以相接者。皆謂通合幾何。今線之諸分。就點而接。面之諸分。就線而續。體之諸分。就面而結。故皆爲通合幾何之類焉。時與所之論亦然。往時現時。就須臾而接。現時來時。亦就須臾而接。至於處所之各分。與夫形體居所之各分。皆必相稱。是皆有所以相續之共結者也。

亞利但云。通合之幾何。有點有線有面。又云。時有須臾而未設點線面及須臾之解。今解之云。點也者。是悉不可分者。是有設相若干者也。云不可分者。以別於凡屬可分之物。如幾何與形何似之諸類。點雖在於幾何之內。不可謂幾何。緣凡謂幾何。皆屬可分者故也。云有設相若干者。以別於數之一。及以別於時之須臾。蓋皆爲不可分。而無設相之若干者也。

線之若干。是向於一路以展者。面之若干。是向於兩開以展者。形體之若干。是向於三面以展者。點展而成線。線展而成面。面展而成體。試如設爲甲點。展之以至乙點。其展拓之迹所留。必成無數點之一若干長而無廣而無厚。此爲一展。是所謂線也。又線。設向左右展之。其展迹所留。必成無數線之一若干長廣而無厚。此爲二展。是所謂面也。又面。設動而垂下。留垂動之迹。則成無數面線點之若干長若干廣若干厚。此爲三展。是所謂形體也。

推知點也。線也。面也。各有二用焉。一界兩端。一接兩分也。比如一線兩端。其最末之兩點。能界其線之兩端。悉無相接之用。若在線中諸點。則有界接之兩用矣。既界其線之前一半。又接其線之前後兩半也。以線論面。以面論體。其界接之用。皆同一理。前所云。就一二三而展者。是就界之用而解者也。欲就接之用而解。則云線若干。其諸分就點而接。面若干。其諸分就線而接。體若干。其諸分就面而接也。

以須臾論時。其理亦然。解時者。當云。是流變幾何。就須臾而界者。是其諸分就須臾而接者也。所也者。非切謂幾何者。不以受限之界而論。若夫論動而欲設爲流幾何之一類。宜謂亦有不分者界其末分以接其在中之諸分。有密移之可名焉。

（古）又幾何者。或有設置。或非設置。夫線面體。所有諸分。咸可定指各在何處。若數若時若夫言語。可謂有序。不謂設置。

（解）此幾何之第二析也。當知所云設置者。其本義。謂形體之諸分在所之相。如臥坐立之類。就其當然之序而設。亦謂形相。如首在頸上。胸在頸下也。此相所須有三、一、諸分之相序。二、諸分之相接。三、諸分之並現在。此三者。惟通合之幾何有之。故獨通合幾何之諸分。可就相設而指謂在所耳。若時之諸分。可謂相接相序。不可謂並現在。數之諸分。可謂相序。而並現在。然不相接。亦非並現在者。由此推知所謂諸分之有設置者。總括通合幾何之諸類。所謂無設置者。則括離析幾何之諸類也。

（古）右所指者。本謂幾何。他謂幾何。偶肖焉耳。如白云廣。因所依面。如作與動。謂有短長。因所與時。自非短長。非幾何謂。

（解）通合離析之諸類。卽線也面也體也時也言也。此外。非可切謂幾何。惟偶借謂之幾何耳。如謂白者之廣若干。非白所自有之稱。惟就所依之面而謂之廣也。謂作謂動之有短長。亦非作與動所自有之稱。惟就所作所動之時。而謂之短長耳。

（古）幾何無悖。丈尺寸分。固不屬悖。多少大小。亦匪幾何。惟互視謂。山或謂小。粒或謂大。以山互山。以粒互粒。乃云大小。若據自謂。山詎爲小。粒詎爲大。村稠郡少。亦就互視。若據自謂。村胡云稠。郡胡云少。故設幾何。又謂互稱。皆不屬悖。凡互視者。無悖之屬。況設大小。謂之相悖。豈此一物。而並受悖。又爲悖已。蓋凡一物。視此謂大。視彼謂小。既此一物。兼謂大小。則大小悖。是並受悖。顧世諸物。不並受悖。夫自立者．能受相悖．然不並受．如一特人．黑白老幼．不得並稱．既此一形．並稱大小．則悖自已．物無悖已．則夫大小．則夫多少．雖謂非互．亦非屬悖．或云上下．屬相悖．所地中最下．終周最上．所既幾何．則亦屬悖．

（解）此篇中之第二論．釋幾何之三獨也．其一．幾何不屬有悖．冷面熱面．亦謂相悖．然惟外情之偶然．而非其面之屬悖也．所云丈尺寸分者．乃指定之幾何．所云大小多少者．則非指定之幾何．但大小多少之稱．勢如相悖．故亞利舉兩端駁之．以明其亦不屬悖也．其一駁．謂大小多少．皆幾何之屬類也．今大小幾何相悖．則凡不指定之幾何．皆可受相悖也．釋此者有二．一曰．大小多少之非相悖者．緣其爲互視之稱也．何故．凡物不能自有而視他物．以謂有者．非幾何．乃互視耳．幾何．則直然無互．今凡謂大小多少者．皆與他物互視而謂．則豈得爲幾何哉．所謂大小多少．互視而謂者．如一山也而或謂小．一粒也而或謂大．一村也而謂人稠．一郡也而謂人少．若非各有所互．則其謂之大小多少．詎不謬歟．二曰．凡大小多少．有可謂互視．亦可謂幾何者．皆不可謂屬悖也．以互視論．凡相悖之物．其性超脫無向．自挾厥有而在乎底．致有攻克於悖已者．互視之名義．乃緣有所向結而立者．何相悖之有焉．以幾何論。每有一物而可並謂大小。並謂多少者。設大小多少可謂相悖。則是此一物。自爲相悖。無是理也。

二駁。謂上所與下所。其爲幾何。前論已明。顧屬相悖是幾何有悖也。何謂屬相悖者。凡遙相對之物。謂之相悖。地之中與靜天之最上周正遙相對。則正相悖矣。此駁因亞利未明所之性情。故未曾釋。今爲釋之曰。上所下所非切爲幾何者也。何也。若其謂之所者。但論各面周圍在所之體。其爲幾何。本自無悖。前義已明。若舉其上下相對之義。則可謂相視。而不可謂相悖也。此義乃幾何第二端之獨。緣其有關於幾何之諸類。然不但有關於幾何。亦關於自立者故。

(古)又幾何者。匪增匪減。二尺幾何。以論一尺。雖可爲大。不以增論。數時亦爾。不謂多少。

(解)此幾何之第二獨也。言幾何者。不增不減。蓋凡增減積失者。皆就其多少而論。如多白少白。多熱少熱之數。幾何諸類。不就多少而論。如以一丈比一尺。雖可謂大。然幾何之模理。只在所展。丈之與尺。俱就所展而有。則共一模理。豈必就增減而論哉。一時之比一刻亦然。此義。乃爲第二端之獨。

(古)相均與否。幾何所獨。形體數時。乃有均否。其非幾何。第論相似。如兩白物。第較其似。非較其均。

(解)此幾何之第三獨也。凡物所顯相均不相均之論。乃幾何所獨有之稱。故爲幾何第四端之獨。

詳在三辯。

論幾何之模理辯一

設兩說之駁一支

幾何之模理者。言幾何本有之切義也。釋有三說。皆以論通合之幾何。然而由此而推。可以明離析之幾何也。一說。謂幾何之模理。在爲自立體之所以受度者。其證二端。一、亞利云。數目與通合者。若屬可度。皆爲幾何之類。則幾何所以爲幾何者。在其可度耳。二、幾何之三類。凡屬於通合恆然者。皆就其所有之度以稱之者也。如云綫。則有一度。云面。則有二度。云體。則有三度。可見度量之義。切係於幾何之內理也。

此說非也。亞利之釋度者云。是人所以知幾何者。由此而推。可收兩義。一、爲度之本義。非直然者。必有所向。二、非自能成立一倫者也。何故。依賴之九倫。皆就初體而定。（凡特一不分者謂初體。）夫度之爲義。非向自立之體。惟向幾何。豈能成立九倫之某倫者哉。矧夫度也者。指其現度之用乎。抑指其能度之德乎。謂指其用。則不可以爲幾何之模理。何也。度之現用。必須兩幾何者現相較。而凡現相較者。乃可不然之稱耳。詎可以爲幾何本然之稱也。若謂此一幾何。固非彼一幾何之度。然有依於自立體之度焉。曰。併其合結於自立者。而亦可不然之稱也。則現度之用。終不謂幾何之模理也。謂指德能而言。亦非也。其能度量他物者。非幾何之性。性。卽所云模理。乃其由性所發之情。蓋幾何。乃展拓者。故可用之以度量他物。夫能度量他物者。固必後於幾何之模理者也。況幾何者。乃直而無所向之有。而度則否。乃是向於所度之物者。則其理相懸。又度物者。是欲知夫受度之物大小若干。今自立之體。其所有大小之若干。本爲幾何之若干。而非自爲若干。則就幾何而使知自立之若干。乃是就幾何而使知幾何之若干耳。非切謂之度者也。若所云幾何爲自立體之度者。義言幾何者。爲依賴於自立。能顯其體。使之就所固有之展。以現應其所滿大小若干之所也。此雖不切謂度。然與正論不相遠。故知亞利之論。不以屬可度者爲幾何之模理。而但以爲幾何之情。有其情。卽可命爲幾何。而因以知能度他物。又能使自立之體爲可度者。皆爲幾何之情也。但能使體之爲可度。比於能度他物者。更切謂情。何故。度他物者。本指自主之用。必舉兩幾何而相較。而使自立體之可度者。乃幾何之所自有。不待相較之用。故更切爲幾何之情也。

三度之論。所云以長之度論線。以長與廣之度論面。以長及廣及厚之度論體者。非指其度爲體面線之模理也。但指爲其三者之獨情云耳。

二說。謂屬可分析以成同類之諸分者。是幾何之模理也。證之曰。亞利釋幾何云。爲屬可分析之有。其諸分各自一全。如其所受分者然也。又物之模理。乃其物之所最先有者。今夫屬可分析之有。乃明悟所最先知於幾何者。故爲幾何之模理也。

此說有二解。其一曰。所云屬可分者。指夫在幾何之諸分。固有就其形體之析。可以相離之容德也。則屬可分析。不得謂幾何之模理。何故。所云幾何之模理。凡謂幾何者。俱必共之。匪獲相離。顧循造物者之全能。可以置幾何若干之形體於一點中。非屬可析。緣析之形用。非能就一點而運者。故。則夫屬可分析。詎得謂幾何之模理歟。若謂形體之居一點。誠不可現受分析。然可以分析之容德仍在焉而模理云者。非謂其在現分析者也。乃在其屬可分析者也。曰。否。凡模理在物。其模效亦在。不能止使不發。設屬可分析者爲幾何之模理。則亦必有現受分析之模效。而誰其尼之。矧凡物之模理。乃其物之所獨有。不得爲他物之所共。今論有形之何似。凡積有多分者。皆可受析。以爲何似之多分。如冷熱。白黑依

托于形物者。皆可受析。可見可受析者。詎得謂幾何之模理乎

所謂釋幾何爲屬可分析云者。曰此非限解。但爲曲解。故所舉屬可分析者。惟幾何之情耳。所云屬可分析在幾何爲最先者。亦非也。屬可受分者爲情。情所由生之性。詎不更在其先乎。

其二曰。所云屬分析者。弗指分析之形用。但指諸分之各別。似此一分之不爲彼一分也。釋此義。又有二。一、幾何之模理。在有多分。而其模效。在使自立體之亦有多分也。二、幾何之模理。不但在有多分。更在有相列之多分。而其模效。不但在使自立體有多分。更在使其有相序之多分也。循前義。此說非是。蓋其所指。謂自立體。無多分之可論。而凡見以爲有分者。皆就幾何而有也。然論自立之體。自有各別之分。後有辯證。若循後義。則正論於此說蓋有取焉。

正論二支

正論謂本自有之展。乃幾何之模理。而其令自立體之展爲相列而不相混之分者。是其模效也。證之曰。展也。幾何也。彼此相爲轉應。有幾何。則必有展。有展。則必有幾何。試觀自立之形體。屬形之諸何似。以及凡附賓之依賴者。必其已結幾何。乃始舒展爲有。則展也者。本幾何之模理也。又幾何所有

諸稱。緣展而生。夫其屬可分析者。能度自立體者。能使自立之體屬可度者。皆其由展而生之效。嘗試使就明悟之用。脫其所展之諸分於其幾何者乎。則幾何詎能受析。詎能度自立體而使其屬可度哉。故展爲模理明甚。

窮理家之釋夫展也。其說不同。當知所云展者有四。一、物所自有之展。使其全成某物者。而其諸分之各自爲一分。如人身在首之一分。非在手之一分者。乃是其效也。二、爲諸分之展之相列。所在於幾何之全者。而使其諸分相序。位置各當。如人身之首在上。頸次之。胸又次之者。是其效也。三、其有幾何之物。雖現展非必現滿所。但有可以滿所之容德。四、爲現滿其所之展。而使其全之各分。各現滿其所不得相容者。是其本效也。凡自立體。未有幾何。皆得相容受。一有幾何。卽不得相容矣。 一二展之別。非待證而自明。三四展之不同。何以證之。設造物者用其全能。置一身諸體於一點之中。使不滿其所能滿之所。顧此身體諸分。定必自有相序之展。又必自有可以滿所之展。俾其爲物各各就其本不相同之分。現於全所不同之分。而不相混於各所之某分者焉。則三四之展。其有別可知。

謂幾何之模理。在展。其模效。在使自立體之諸分展而不混者。非指第四義之展也。蓋就造物者之能。其在一點之中。有全幾何體之各分。皆相容受。而又各不現於全所之各分。則幾何之模理。固不必待夫滿所之展也。

論第一展。加伯曷落謂凡自立之質體。自無分之可論。既見以爲有分。是卽幾何之效也。比如造物者。設欲存某一無幾何之質體。其爲質體。初未有分之可論。及其既有幾何。乃謂之有分之體耳。此說非也。其駁有三。一、凡質體之分。各自爲自立體。則質體之展而爲有分者。不可謂幾何之模效也。何故。依賴者之在底。但能傳所本有。弗能更傳別有。則幾何既爲依賴。焉能傳授自立之諸分歟。二、自立之質體。當其未結幾何之前。必自有其體在焉。此際之體。非可謂渾一無分之物。何也。依賴者。不能變易其所依底之實有。設自立之質體。未結幾何。爲渾一無分之物。豈其既結幾何。遂能變而爲有分者。三、自立之體。必待結幾何之際。乃有分分之展乎。則造物者。設去滅幾何而存其自立體。固亦自有分分之展也。不然。無幾何而存之自立體。必非先所結於幾何之自立體矣。則夫渾一無分者。與夫由有分之展而合成者。不得謂爲不分一之體也。

就第二三展而定孰爲幾何所致之效。其論尤難。有指第二展爲幾何之模效者。證之曰。幾何之模之首效。乃超而無互視之效。則其效。宜現於超而無可視之形體者。卽宜現行于形體之所固有。而不於形體現在之所也。今分分而展之相列。論其全者。乃超而無所視之展。而其第三可以滿所之展。乃其必視乎外而後有之展。則幾何之首模效。固不在於第三展。而在於第二展也。

次。分分相列之展。乃依賴者最先所能致之展也。何故。自立體分分之展。固先於依賴所致之展。而若夫可以滿所之展。固其後焉者耳。緣自立體諸分。先自不相混。以各爲一分。而其爲全者。又必先有諸分相列之序。然後謂之可滿所。而以其各分。應其全所之各分也。則諸分相列之展之在幾何。豈不爲其模效乎。

有謂第三之展。爲幾何最先之模效者。當知所云可滿所之能。或指非之能乎。卽滿所之非逆者。或指實有爲其非逆之基者乎。卽能使自立體可滿其所者。此義。如能明悟者之在靈性。或指能明之非逆。或指靈性所以實有此德。爲知用之本。且爲其近始者也。今云幾何之模效。在使形體能滿其所。夫能之云者。不指非逆之能。乃指此模爲其非逆者之基。而俾自立體之諸分。不徇其性力以混於一。致失當然之序者也。則是指其可滿所之容德而論也。

證此說云。自立體諸分之相列。不論其所。但論其全。非幾何所致之效也。則幾何最先之效。固在使自立之體有所以能滿其所者也。謂非幾何所致之效者。造物之主。能除幾何而留存無幾何之自立者於有幾何之時所居之處。當是之時。自立體之諸分必自相序。如有幾何時之相序者然。試觀肉軀自立之體。諸分相序。如首之接頸而不接胸。頸之接胸而不接腹。卽除幾何。何嘗不自爲相序。如有幾何者。故謂非幾何之效也。謂造物主能除幾何者。凡物理若無相悖。皆屬天主之所能。去幾何而存自立體。何所相悖。不可謂天主有不能。又。天主能存無幾何之兩自立形體於兩處。則亦能剖一自立之形體而存之於有幾何時所滿之兩處。亦能存全自立之形體。於有幾何時所滿之全所也。矧天主能剖別自立體作兩半。而使聯居一所。則亦能仍使兩半之相接。以還之於全所。如是。則凡自立體分分之析。皆自立體之所自有。而非俟幾何而後有。而幾何最先之效。第在使自立之體有可能滿所之展耳。蓋四端之展。首是物所自有之展。四爲現滿其所之展。必在乎第三展之後。（凡德能必在于作爲之前。）而況就天主之能。其在於一點之體者。實不可謂無幾何。然而非能有現滿所之展。則夫現滿所者。豈可以爲幾何之本效耶。

駁此說者。曰天主設除其自立體之幾何。其自立體之諸分。必不能尚存其序。如有幾何者然也。必於無分之頃。或失其翼序。首不但混頸。頸不但混胸。而其各分皆混。如何似之諸分。不必就次序而相合也。所舉無幾何之兩體。與一體之兩半者。其喻未當。夫據神之自立體者之可以兩存。而謂或兩質之自立體。或一質之自立體。其相聯而不相通之兩分。當亦可以並存。此論於理無悖。若謂無幾何質之一質體。而其相接之諸分。尚有可以相序者在。此則必有依賴之模效者矣。模效者，指諸分相序之展。有依賴之模效。而謂無其模效之模所以然。模所以然者，指幾何者言。此又理之所無者也。問曰。無幾何之質體。其諸分無序而存。則其居於所也何若。曰就性力而論。其自立體之諸分。涵聚於一點已耳。就造物主之能而論。則彼體諸分。各就其大小之所而在焉。但其體之可分與所之各分。不必相應。然而論其全體在全所也。亦在於全所之各分也。如神自立之在於其所者然也。

此論有辯。一、彼質體之諸分。安得於一無分之頃而通聚於一點乎。設諸分所通聚之點。爲二十尺形體之心。其最遠之分。必須經若干處所。漸乃至於心也。若是則必由動而到。由動而到。則必須時。不得在無分之頃。隨動卽到也。若謂有幾何之形體。固不得於無分之頃而到。而脫幾何之質體。能於無分之頃而到。似性力之所能者乎。則夫神體之運。以較無幾何之質體。其動移更當無礙。顧神體（指天神。）亦必須時。豈其質體謂能不需時而到歟。

二、夫通合於一點之諸分。各既合於諸分。而除夫存彼質體之所以然以外。又他無所以然者。則其諸分相結之卽。何從而有焉。若謂初所以然者。既去幾何。宜自生諸分相聚所結之卽。顧夫生卽之用。匪超性當然之用。而切爲因性之用。緣初所以然。大抵因物之性而行者耳。夫自立體之無幾何也。其此分彼分之相係以存者。匪切於有幾何際之所係以存者。而有幾何際。其各分所以接於諸分之卽。已非物性之所求則無幾何際。豈有因物性而行之所以然。能爲生其卽者乎。

又所云諸分之相列。非幾何所致之效云者。證曰。若謂諸分序列之展。爲幾何之效。則或有作者施其效乎。抑模者之生此效乎。謂作者之效。非也。幾何之依賴體。本爲模之所以然。而凡爲模所以然者。非就作者之施而生。但傳所本有。以成其效耳。（如白色爲依模。物之白色。其依模之效也。但白色非就作用而使物之白者。惟自傳而成其模效也。）謂模者所生。亦非也。諸分之相序。本在於諸結之無間隔者。今幾何。不能爲結也者之模所以然。若謂爲模所以然。則幾何宜居自立體諸分之間。使之相結相別。而理固不然。蓋自立之諸分。或自相結。不借他物以相結。或就自立之卽而相結。緣自立體之兩分所結之卽。本係於其兩分所成之全。夫其全者。旣爲自立體。則其所相接之卽。安得別謂依賴之幾何。循是而推。可知自立體諸分之相序。非幾何所致之效也。

又屬形之諸依賴者。亦有諸分相序之展。顧非幾何所致之效。蓋幾何之於依賴。乃依賴者質底之所以然。而非其模所以然。則分之相序。焉得謂幾何之模效乎。可見自立體者。自有諸分之相序。不待幾何而後有矣。

又自立之體。爲幾何之質所以然。卽爲幾何所依之底。則全體承載全幾何。全體之各分。亦承載全幾何之各分也。夫全體。必現在於某處。然後能承載全幾何。則全體之各分。亦必先在於幾何之各分所當有之某處。如幾何。將在於一尺之處。其自立體。原亦先展在於其處也。則諸分之相序。固不必由幾何而後有矣。或云。自立之體。當其未有幾何之先。亦未拘於何大何小之展。惟結於幾何。乃受限於大小之若干耳。曰。否。幾何者。非其自立體展大展小之模所以然也。況幾何在自立體之後。自立者所有之展。胡得由幾何而致焉。則夫諸分相序之展。誠非幾何之模效。乃自立體所固有者。

權上諸論。其云幾何之模理在可滿所。以致有可覺之展之容德。而匪在於自立體諸分之序者。其說更長。緣此展從幾何而有。是從外而致之首展故也。凡前所論若干之展。與論動論時之展。其義皆一。若干之幾何俾其自立體之諸分。不並容於某所之一點。而動也時也之幾何。亦能俾其作爲變化之諸分。久暫先後之諸分。其流行。不並於一。而一一各有其序也。

駁正說三支

前論幾何之效在俾其體之可滿所者。駁有數端。一曰。自立之體。非能自有諸分之相序者也。凡可析而爲諸分者。卽非幾何之性。亦必爲幾何之獨情也。設匪幾何。則其自立之質體。豈自能受析者乎。若謂自立之體。自有諸分之展。必屬可析。則或宜謂自立體無展之可論。或宜謂屬分析者非幾何之獨情也。

欲釋此論。當知屬可析者有二。一、須有一體。體隔於他形體之中間。以析爲或二分或多分者。二、前所相接而受序於一所之兩分。後在兩所而受存。其離析或就外能所致之力以相離析者也。前析。乃幾何之獨情。不關於無幾何之體。緣凡超脫幾何之自立體。縱其展極廣。皆可通入他體而並在於一所。固不得受其彼體之所拒所析也。後析。非切謂可析者。而但屬有開展之質。盛可容焉。則自立體。亦可謂自有此析者矣。但所云諸分之受存於兩所者。惟天主能之。所云就外能之力而相離者。亦但屬於天神之所能耳。

二駁曰。可滿所之容德。非幾何之模效也。凡現托何底之依模。其模效。不在使其底有受某他模之容德。而在其模之現自傳。如白色現結於底。卽現使其底爲白者。非使其白底更受他模者。冷熱等依賴。其理皆然。今謂幾何之依結於底。其首傳之效。非使之現滿其所。而但使有可滿所之容德乎。則是有依模之在底。而不自傳其模效。但使其有受他模之容德也。以此而觀。知自立體可以滿所之容德。非幾何之模效。而必其現滿所。乃爲幾何之模效耳。

曰。謂依模之模效。不在使底有受某模之容德者。若言非在使底有可受某依模之效。則是也。緣凡依模。但就其現在於底者。以傳其模效。模既在底。豈能不傳其效。而但傳受效之容德乎。若言凡依模之模效。不在使底可以更受他模。則非也。蓋可以滿所之容德之在自立體也。本爲幾何之模效。而就其模效。亦能使自立者有可以受諸形依賴之容德也。又如何似之在自立體。傳其本效。而就其效。

亦使其體可有相似之互視．則夫受他依賴也．有相似互視之容德也．孰非幾何與何似所致之模效乎．

或云．所舉幾何．與何似之效．不爲初模效．但爲次模效．故就初效．可以致次效．而其次效之容德．未必能遽展其爲也．若夫幾何之所傳於底．而使可滿所之容德．既爲初效．何必有所待而後展其爲耶．

曰．依模所致之容德．其爲模效．初效次效．皆同一論也．依模在矣．模效必在焉．若謂容德之初效．必遽展其爲．則是次效之爲容德者．亦必頓得其爲矣．當知依賴有二．一、在底而不能俾其底向受他模．如明愛之現用．用既發矣．豈復別有向受之模．此謂終模．一、在底而俾底向受他模．如明德愛德未發之時．將使其底各有所向．以施其用．此謂中模也．幾何在體．是其中模．能俾其體更向他模．即所謂現滿所之展者．

三駁曰．設自立之體．自有諸分相序之展．宜謂自有限定之相．顧自立體自本無相．則亦無展也．所云本無相者．相之解．乃若干幾何之限所發之何似者．則無幾何之物．焉謂有相乎．所云必有相者．

設使自立之體。無幾何而存其諸分相序之展。則其體。必受限界於某一像。如塑像然。雖脫其幾何。其所留存之體。必有限界。詎得無相而自立於此。

釋此。有兩說。一曰。無幾何之自立體。亦可謂就相以受限界也。古之窮理者。不論自立體之相。而但論幾何之相。緣獨論其因性力以呈物有者故。二曰。夫相也。非由自立體之限界而成。惟就幾何之限界而成也。何故。所云相也者。本爲屬形之何似。而凡何似之屬形者。咸就幾何而結於自立體者也。後說更暢。

四駁曰。凡有一依賴者。其模效。本在使其底之可以受某稱。然而其依賴者。自不能致其稱於底。而但就其緣引所致之模。以使底得有其稱也。今幾何。旣挾本有而使形體之滿所。則其模效。在俾其現滿所。而不在俾其可以滿所矣。幾何者。依賴者也。容德者。其模效。現滿所者。受稱者也。以此相證。謂自不能致其稱者。明德之模效。在使靈性能明悟。愛德之模效。在使靈性能願愛顧明德。自不能使其靈性之現明。必須加現用。然後謂現用。愛德自不能使靈性之現愛。必須加現用。然後謂現愛。可見凡由依賴之模效。但在使底可以受某稱。而非自能致其稱於底也。又超然無所向之模者。旣已在底。則其性其稱。悉傳乎底。而其效更無所待焉。謂在底而未盡傳。則因其模。但爲其底之緣引。使爲可受。而待他模以傳致其效也。今幾何。非待別模者。惟挾本有而使形體之滿所。則現滿所之用。乃幾何之模效。豈必執可滿所之容德以爲模效乎。

曰。謂不能自致其稱於底。而但就所引致之模。以致其稱者。良然。謂幾何挾本有而使形體之滿所。則非也。現滿所者非幾何自致之模效。乃幾何形在所之卽所致之效也。設滿所之展爲幾何之模效乎。幾何在形體。雖造物主。不能止其效使不發也。何故。模所以然之模效。在自傳於底耳。模既在底。造物主第存是模。非更有作用以別施他模之效。而謂可不發其本模之效。義不悖乎。凡司作者。設其所須以行之具既備無缺。乃或有所不行。必緣天主或止其施令。不獲收其本效。若夫模既在底。又非別有所施。則亦何從而能自止其效也。則論幾何之在體。天主既可止其現滿所之效。其爲現滿所之展。必非幾何之模效也。（此論詳在超性之學。）

或曰。現滿所之展。卽非幾何之初模效。不可謂非次之模效也。蓋模在於底。其初效。誠不可止。而次效似屬可止。則雖有其止之。不可謂非幾何之模效矣。曰。現滿所之展。本爲形體在所之卽。自致之初效。但因此。即爲幾何之性所宜有者。故亦可謂幾何之次模效也。雖然。既不能知天主何由而另施其次之模效。則亦何從而知其所以能止者乎。今論幾何在底。天主既能止其現滿所之效。則現滿所者。終不可確謂幾何之次模效也。

幾何自有之展四支

前論幾何。就所致自立體之展。以別於他倫。茲釋幾何諸分之相序也。當知者有二端。其一。幾何自有諸分之相序。以爲全者之展也。一則其滿所之展。必須先有諸分相序之展。蓋凡通合所有之諸分。設將各就其序。以應乎各所之諸分。必須其將在各所之分。亦各各相別而序。一則自立之體。與凡屬形之依賴者。俱有諸分相序之展。豈幾何而獨無其序也。

其二。諸分相序之展之在幾何者。非幾何獨有之稱。乃諸屬形之有所共有之稱也。故此解。不專係於幾何之倫。而兼係各倫。但幾何相序。就其滿所之展。其證更爲顯著。故就此而解之。當論兩端。一、論此諸分相序之在。或自立。或依賴于屬形諸有者。本係形有之內理否。二、以論爲宗爲類之公性。其義何若也。

以內理論展者有二義。一、指諸分相別而序。相序而結。比如此末分。無隔而結於此中分。又此中分。無隔而結於彼末之他一分也。二、指諸分所就當然之結以相接者。不論其一分之或接一分。或接多分。或多分之各爲相接也。執前義。則展也者雖兼係於凡屬形之有。然其係於幾何者更切。不關於諸形有之內理也。謂切係於幾何者。幾何之諸分。論其性所當然。非能並在一處。故此之一分。不能就無隔而接於或多分。或他分。而此一但能接於彼一。相序相續。以成諸分之位置。若夫他諸形有之分。自能不相逆而相容。以並在於一所。各無隔而接其諸分。故設非別有施用於外。使之相序者。皆自可混居於一點之中也。謂不關於諸形有之內理者。凡物之內理。皆恆一而不可變。造物主設取一尺之幾何體析成兩半。又取其兩半而使其諸分之相結。再析再結。以至無窮。各分與所結諸分。皆相結。而不必有相序之結。然而其爲幾何體之內理。仍無改焉。則是諸分之相序而結。非諸形有不變之內理所能有者也。

執後義。則展也者諸分之相結。必係于凡由多分所合成者之內理也。蓋由質模相合而成者。不但統函質模。更函質模所以相結之卽。則幾何體合成之全本。統諸分與其所以相接之結也。則分分之展之相結。固係于多分合成者之內理矣。次凡在內理之外者。雖或有變。顧其物之內理。不得而變。天主設使幾何之形體。渾一而無各分之相結乎。卽不可謂爲各分結成之體也。則諸分之相結。必係於形有之所以成者。是爲內理。又多分相合而成之形有。試以明悟攝想焉。必不能置其諸分之相結者。蓋其物旣有此相結。不能不受攝於表物之想。而凡其受攝於表物之想者。皆其就本然而係于其內理者也。

上論所舉。在特一者合成之形有。則無可疑。至論爲宗爲類之公形有。則其義尙有難明者。夫幾何之爲宗類也。或由特一者之分而成乎。或由公者之分而成乎。不可謂由特一之分而成者。何故。凡某物全成之分。必係于其物之內理。而公有所以成之內理。固不能容特一之諸義。則公有不由特一之分而成也。亦不可謂由公之分而成者。何故。凡就明悟而脫乎多之公義。不謂多義。而但爲一義。如就明悟而脫乎多人之人性。惟一人性。非多人性。則其從開展之諸分而取脫其公分者。必爲取脫一公分。而非能取脫多公分者也。今所云合成者。非由一分而成。必須多分。然後始成。則公之幾何。不能由公分之展而成矣。

當知所云全者之分有二義。一、指相等之分。如三尺木。所以成其全度之分。其質模依像。無不相等。一指不相等之分。如首足之類。質模雖同。依像則不同也。今論宗類之公。有必由公者之多分而成否。若論不相等之分。則必由於多分而成者。何故。不相等之分。各自爲一義。則明悟非能就多分而脫一公分。固脫其多分所合成之全有者。篤瑪云。公之人性。合骨肉而成。其義非指人之內理。而謂骨肉之可爲兩物。蓋二者共爲一靈模之所模。本屬一物。第言二者所挾之依賴。爲物不同。所以明悟能就其模之一者。而脫以爲多分也。

至論相等之分。則幾何與他屬形之宗類。非由相等之分所合而成。但因其爲下性所合成所開展之根原。故公性亦可謂其所合成所開展者也。謂非由相等之分所合而成者。則就前所論公有內理。不能容特一諸義者。可以取證。所云合成與開展之根原者。凡公物之受拘于下性也。不得不函其多分之相合。而其所函之公性。卽其合成開展之根原。今觀凡共有幾何之物。或元質。或何似之特一者。無不具有多分之合成。多分之開展。則幾何。及元質。及何似之爲公性也。必爲其爲合成開展之根原矣。

右所論上性下性。若就率基相別之說。與模別相別之說。其論略不同。循率基之說而言。宜謂幾何之公性。何似之公性。就其現拘於特一之時。亦自謂之合成者。然而公性所以全成之分。即特一所以全成之分。緣舉其實現在者。上下則一。而但就明悟以相脫耳。顧明悟攝脫之際。非攝其合成者。而惟攝其能受合成於下性之公性者。

或就前論推之云。若是。則明悟所攝者。乃其無分之純性乎。則公性不可爲合成者。其諸特一者。詎能就公性而謂合成者。曰。明悟所攝幾何何似之公性。論所模函。則爲渾一者。論所超統。則爲合成者。是乃諸特一者合成之根原也。若循模別之說。則宜謂公幾何與公何似。其在特一。雖可謂實之合成者。然而公性與特性。既有模別。固不能挾內理而謂合成者也。若就其攝脫於賾者而論。則明悟所攝。其爲模函。爲超統。與率基之說一焉。

幾何之屬類辯二

釋離析諸類不足謂幾何之屬一支

幾何諸類之詳。本不屬推辯之學。乃形性超形性兩學之論也。玆循窮理者所論。先析不切爲幾何者。後論確爲幾何之類者。

亞利析幾何總定兩端。曰通合。曰離析。離析者。又分兩端。數。一言二也。數之爲類。亞利未析。其以數爲幾何之類者。謂數之二三四。乃通合幾何實相別者之所成。但不由各各之幾何以成。惟由可相接之幾何以成耳。比如畸舉一線。或一面或一體。不成三數。然三線則成三數。四面則成四數。五體則成五數也。又如畸舉恆然一幾何。流變一幾何。不能成二數。然或舉兩恆兩流。則能成二數也。又如兩動兩時。皆謂二數。一動一時則否。依此而析。則所云數者。或計恆然之幾何。或計流變之幾何。恆然者復分三端。計線計面計體。析二析三析四。以至無窮。各自一類也。流變者復分兩端。計動計時。而又各分神形兩動。神形兩時。亦分析而爲二、三、四、以至無窮。各自成一類也。

雖然離析之幾何。不可謂幾何。第肖乎幾何者耳。何故。凡諸多有若非相結者。不能成一本然之有。離析幾何之諸分。各自爲物。無所相接。豈可以爲本然之有哉。故不足謂幾何之類也。緣居倫之有。所須八義。其一。宜爲本然之有故也。或曰。論通合之本然之有。必須相接。否則不爲本然者。若離析之有。本須諸分之離析。豈必相結。乃爲本然之有歟。曰。凡本然爲一有者。原爲某一本然之結之效。離析者無結。則既無所以然。安得有其效哉。

次多全之有。不能成畸性之一者。今數所由成之各一。各爲全有。故不能相合以成畸性之一者也。或曰。一一之數以論通合者。正爲全有。以論離析者。則各爲不全之無分者。試如一線。舉所以爲線之理。則爲全有。舉其爲不分之有而爲面之所由以全成者。則謂不全之有也。曰。否。凡謂不全之有。本向乎全成他有。刴除靈體模而外。不但皆亦成他有。且皆現成他有。若夫一一者相合成數。乃是偶合。豈固然相向者哉。線之於面。則不然矣。本相相向結。是以謂不全也。

三、離析之幾何。非實之有。則向非居倫之有也。何故。離析者之命。而爲一物也。惟就其次第而謂一物。今數之次第。由於明悟之所攝。明悟攝取最盡之一者。以括其前之諸一者。以命爲總數之稱。則最盡之一之視其諸一也。如其模然。而其數乃由之以成。則數非實有者也。乃思成之有也。何與於幾何之倫哉。

古所論。皆駁離析幾何之總理。不但證數之非幾何。亦可證言之非幾何也。玆專證言之非幾何者。夫言之爲用。有六焉。一者其聲。一者啓聲之動。一者諸動相接。一者動所流歷之時。一者出言之序。

一者全句之義也。此六者皆不能成幾何之屬類。何故。聲係何似之倫。動。乃不全之有。歸于聲所由啓之倫耳。若動與時之流也接也。則成流接幾何之兩類。儻論動與時之流。各不相接者。則屬離析之有。前已證其非幾何之屬矣。至論其序其義。則皆思成之互。全屬人所自主。詎可謂幾何者歟。則知言譚中。無可析成幾何之類者。亞利以數與言爲幾何。非眞以爲幾何。就古者之意而論耳。

通合幾何之屬類二支

亞利所定通合之屬類有五。線也。面也。體也。時也。所也。超形性之論。不舉時所二類。別有輕重之論。以爲通合之屬類焉。茲總析通合之幾何。其屬或爲恆然。或爲流變。恆然者。或爲若干大小。或否。若干者。統該線面體三類。否者二類。所也。輕重也。流變者。分時分動。時動各復分而爲兩最盡之類。時。有神時形時。卽神性所現應之時。形性所現應之時也。動。有神動形動。卽神性所爲離此就彼之動。形性所爲行動之動也。

有謂前列諸端。正爲通合幾何之屬類。然謂所與輕重不爲幾何之類。其義更當也。總論所者有三。一、在所之形體所滿之空。二、其形體盡際之面。周函其形體之在所者。三、形體所以現在其所之卽也。此三也。皆非幾何。何故。形體所滿之空。非實之有。非屬可生滅。而凡無實可論者。無所與於十倫。若周函之面。論其在所之體。無幾何之模效。緣其在際。不能俾其形體之有展。而其在所之物。固自有爲幾何之展者也。論物所以現應厥所之內。卽則其模效在隨其形體之所置。而非論其爲何所。其爲何所者。已另立一倫。況夫物所現在之卽。超脫乎展不展之外。雖或有展。非所必須。其在神者乎。固無展之可論。若其但就形體之展而展者。其內理。亦不關於幾何也。

至論輕重。其不爲幾何者更明。輕重之模效。在俾其物就本性而得其所本居何似之倫也。亞利以所與輕重爲幾何。非其本旨。但借古者之義。其在別論固以爲非幾何之類云。

餘類之辯。詳在形性超形性兩學。茲略言之。證線面體之各自一類而不相涉者。其論云。幾何者展而可分之有也。今此三者。皆展而可分之有。又各所爲展與餘二之謂展者不同。則三者共幾何之總理。又各自有所以相別之特理也。所云各展之不同者。線則向長而展。面則向長向廣而展。體則向長向廣向厚而展。各有本展。各自一類也。證時與動爲幾何之屬類者。其論云。線面體之三展。因各施於恆然之物。正謂幾何之類。則時與動。因其各爲流變諸物之所以展者。亦爲幾何之屬類也。謂時與動爲流物之所以展者。白之生。熱之生。皆自可倐然而成。然而循動焉。循時焉。則非能倐成者也。亦必以漸而成者也。則是時之與動。乃白之生熱之生。漸而出展而成之模所以然也。

茲釋時與動之相別。略舉動所函之五者。一、某模所從生之授者。二、其模所容承之受者。三、模所由生未成而向其成者。四、模諸分之流歷相接者。五、模之流歷相接之有久暫也。模所由生。與模所承受各自一倫。其未成而向所成之模。則係於已成之後所居之倫。若夫模之諸分流歷相接。是則幾何者之一類。卽所云動者也。原本模所由生。未嘗不可倐然而成。然必循夫流歷之相接。則亦以漸展。以漸成者耳。其相接之有久暫也。亦成幾何之一類。卽所云時者也。當知流歷相接所以爲幾何之一類者。非指其模之諸分所以相合之中結。而但謂其有一卽焉。以使其模之漸展而成。其諸分有先後之序。非能一時並成者。如前論恆然之幾何。非謂其爲自立體諸分之所以相接者。而惟謂論滿所之容德。則自立體之展。固由通合之幾何而展者也。

茲駁若干幾何之三類。有三。一、線也面也。俱爲不全之有。不足云幾何之類也。何故。線之本向。全成乎面。面之本向。全成乎體。若其凡爲全有者。自向於成依然之有。而非向於成諸本然之有也。則線與面皆不全之屬矣．

二、設謂全有不因而可以別於其體．爲各類也．何故．凡就無隔而共一宗之兩類．其內理．各不相涉而成．線與面．本所以成全夫體之爲類者．則不能各成一類也．何謂不相涉而成者．凡就無隔而共一宗之類．皆並而共者．無原先後．設此一類．乃是全成彼類之分乎．則必有先後焉．蓋分者．原先於其全者．故今既非並而共者．焉得謂分類者．

三、三度皆通而爲一．則惟有一類也．蓋就一長也者而論．向一而謂線．向二而謂面．向三而謂體．試觀人之用度以度．用一長而可以度其三者．以此推之．一類而已矣．

雖然．恆然幾何之屬類．其可析而爲三者．無疑也．所謂不全之有者．辯之曰．線也面也．就其各爲不分者而論．則實爲不全之有．就其各爲可分者而論．則各謂全有也．所云線與面．自向全成一本然之有．則就其爲不分者而論．所云各自一類者．則就其屬可分之有者論之耳．

所謂各類自一內理．不相涉者．曰．若謂凡共一宗之類．舉各爲類．不能向乎全成他類之內理者．則是也．若謂挾他義而全成別類．則無害於理矣．夫線也．就其爲可分也者．非直向前成乎面．而惟就其爲不分者。乃向乎成其面也。面之於體。其理亦然。何故。線之可分者。似亦爲面之內理所統。面之可分者。似亦爲體之內理所統也。蓋面乃二度之幾何。體乃三度之幾何。設面非函線之長。體非函面之廣。豈可謂面爲二度之幾何。體爲三度之幾何哉。矧可分與不可分之在線與面也。非實之相別。既有不分者在。必亦有可分者在。第線之謂不分者。直向於全其面。本爲面模之分。面之謂不分者。直向於全其體。本爲體模之分。而其爲可分者。則惟質然之有之所與焉耳。所謂三者共宗。必有原之先後者。曰線面體。並共一宗。無原先後也。蓋但舉其爲幾何之屬類。則其論。不關於其體之所由成。不必謂爲在其先者。或曰。若是。則點之於線。論其爲線之諸分所以相接。線之全所以限界。雖爲不全之有。顧就其質而論。亦爲線之所以全成者。則亦可謂全有而爲某宗之屬類乎。曰否。點也者。循其三度諸理。未嘗爲可分之有也。況其爲之所以然。正爲全成幾何之宗。豈能共他宗之理爲屬類哉。

所謂三度皆通於一云者。曰雖有無數之線之相結。終不能成面。雖有無數之面之相結。終不能成體。線乃面之質分所接者。無其質分。則線無所接。何能成其所謂面。面乃體之質分所接者。無其質分。則面無所接。何能成其所謂體乎。所云用一長而可度其三者。曰。夫線也。本非爲平面深體相稱之度。而可用之以度者。但就其體之諸處。無不具線之理。故用線。而體之長之廣之深。皆可以之相度也。

幾何之獨情辯三

均不均爲幾何第四端之獨一支

前篇略釋幾何之情。玆惟辯所云均不均。爲幾何第四端之獨情否。辯其非者有五。一、凡公之幾何。非相均之謂。第爲不均者。則特一之幾何亦然。不當以均不均爲其獨情。而當專以不均者爲獨情也。謂特一之幾何亦然者。凡獨之爲情。先在公性而後在特性。相均之謂。旣無所係於公幾何。則亦不係於特一之幾何矣。謂公幾何之不能均者。共一宗之兩類。各自一美成。彼此相勝。則兩幾何之共一宗者。焉得謂適相均者。

二、均不均本互視之論。夫幾何之至宗。無他可視之宗。安所相較而謂均不均乎。況設天主但造一特一之幾何。必無從相較。無均不均之謂也。而今凡特一之物。雖各類但存其一。亦必各有公性之諸獨情。備於我者。如特一之人。豈不謂之能笑能學者。

三、無限之幾何。亦屬天主所能造。設造之。亦無均之可論也。何故。相均之理。以兩幾何度之較爲基。而度也者。乃有限之若干耳。無限之幾何。則何均之有也。

四、兩重之相較。切可謂均不均。顧非幾何之類。則均不均之謂。不但屬於幾何之所有者也。

五、論幾何因有開展之多分。可以受度。故謂之均不均。據前論質之自立體。亦爲開展之有。亦有可謂均不均者。詎謂幾何之獨情乎。

欲辯諸論。以明幾何獨情之本義。宜曉二端。一、所謂均不均爲幾何第四端之獨者。非謂凡諸幾何。現爲均不均者也。但謂皆有可爲均不均之容德。如論自立體。有受相悖者之獨情。亦惟其有受相悖情之容德耳。蓋獨情之理。在德能。不在作用。故。又雖有偶然謂之均不均。及不切謂均不均者。不因而可謂均不均。非幾何之獨情也。緣其在幾何者。則其本且切之獨情也。欲論物性。及其各所別於他物者。宜循其物之切理。與其言論之切義。乃可以闡其說也。

依此而釋其獨情之本義。曰均不均。須論其本自可謂。且切可謂者。乃是幾何第四端之獨也。云本自者。以別於自立體。蓋自立者。雖亦可挾均不均而謂。然非本自謂。惟就幾何而謂。故但爲偶然之謂耳。云切者。以別於泛均不均之物。蓋凡物就其美成。彼此相等。如兩人積德積學相等。亦謂之均。然而非切謂者也。云可者。以括凡諸幾何。雖非現有他幾何可以相較相度。而固有可以相度之容德也。

二、凡不相類之幾何。如線之與面。時之與動。非相均不相均之謂也。何故。可以相較之容德。乃所謂均不均之基。不相類之幾何。其在底之何若。邈不相同。則不能相較。安得謂之均否也。或曰亞利云。時乃動之度。動乃時之度也。今凡可以相度者。必有相比之例。則不相類之幾何。當亦可以均否論焉。曰。彼所云時與動之相爲度。與此所云幾何之均不均義不同也。彼所論者。人所以知動與時各流展之多寡。而非論二者之全有相合也。蓋謂就動之多寡。而可以知時之久暫。又就時之久暫。而可以知動之多寡。而不謂動與時。可有並在而全相配合之度也。兩現在者。乃可以爲度而相度。夫時與動。皆流變不居者。故不得用其度以相配。矧彼處。亦論就動也而可知從動而生之若干。又從動所生之若干也。而可知其動之多寡。泛論由動而生之諸模。其理亦然。皆由動之流展。而可以知各模多寡之積。如熱之甚者。推知其動之必多也。然而熱與動。非全相配合。而可以爲度者也。但就其作用所生之界。推知作用多寡所留之一迹耳。

茲釋前駁。所云公之幾何非相均之謂者。舉現用則是。舉容德則非也。蓋論各類之公性。其脫乎賾者。雖無可相較。然論其可在於賾者。則固必有可受其稱之容德焉。所謂獨情先在公性者。論獨情之爲德。則是。論獨情之爲用。則非。蓋其可受均不均之謂者。則德能也。先在公性。現受其謂者。則其用也。其用。則特性所先有者也。

由此而推。可釋至宗無較之駁焉。蓋宗循其所屬之賾而較。亦足謂有其獨情。如自立之至宗。亦惟是就其所屬之賾。而謂受相悖之情也。特一之幾何。雖非現有可與相較之幾何。必有容德以較乎將或受造之他幾何。安得謂無其獨情歟。

所謂無限之幾何。無均否之謂者。亦非也。以一無限之幾何。較他之亦無限者。謂之相均。較有限者。則謂不均。窮理者所云無限者。不可受度。但言不可以限定之度而受度耳。

所謂兩重之相較有均否者。亦非也。惟因各有下墜之何似。以借其名耳。不切謂之均不均也。其切謂之均不均者。乃幾何獨情也。所云自立之體亦有均不均之謂者。曰。凡物有開展。能致諸分之相離者。是乃均不均之基。必如是者。後可以受度。自立體之展。本自非有各分之相離。不拘或在無分之點。或在可分之處。非有可以受度之相也。安得謂有均不均者乎。

均不均之互二支

夫可以受均不均之稱者。循其質義。則爲幾何之本有。舉其屬可受度者也。循其模義。則爲可以現謂均不均之非逆也。茲宜測夫兩幾何或均或不均之互視。其理何若。爲實之互視乎。抑爲思成之互視乎。

有謂兩不相接之幾何相視之互。誠爲實互。緣全具夫實互所須之義。故若相接之幾何。其各分相較者。則爲思成之互。緣無彼此兩限之實別故也。比如舉天動一歲之周。以視一月之周。或舉一歲周中之一分。以視餘分者。皆爲思成之互。緣其兩限統於一動。惟就明悟而有別故也。

或有謂恆然之兩幾何。則彼此爲實互。若論流變。則均之互爲實互。不均之互爲思成之互也。蓋恆然者。其實互之義皆備。流變者。若其爲適均之兩動。則並始並終。兩限並在。故其相視。必爲實互之屬。若不均之動。其始爲不均之際。其一已非現在。則其相視之互。固爲思互。因其缺一限焉故也。

有謂兩幾何相均之互。與相合於一類之互。皆一互。又不相均之互。與殊類之互。亦一互也。蓋云。相合於一類之互。在自立者。則謂同一本元之互。在何似者。則謂相似之互。在幾何者。則謂相均之互。在他倫者。則獨謂相合之互。茲置自立與何似之互。專釋在幾何者。而正論可定焉。夫所云相合於一類。與相均之互。非一互也。設爲一互。則兩線兩面。旣合於一類。亦豈可謂之爲不均者乎。則可見不均之互。非以不合于一類者爲基。而必別有爲其基者。卽其度之弗能相配合者耳。次設相合。相均之互惟一互。奚必分指兩端。而以均不均者爲幾何之獨情乎。蓋凡不相類之幾何。固相殊別。而凡屬一類之兩幾何。不能不以類相合。則其必指均不均爲諸幾何所共有之獨情也。又凡各倫之特一者。皆合於一類。而一宗之屬類。顧有相別。則夫合於一類之爲均。不合於一類之爲不均者。其在幾何之倫。固無異於在他諸倫者也。而何必指均不均者。爲幾何之獨情乎。由此觀之。可見均不均之互。自另有本基。卽其兩幾何之度之全相配合不相配合者是。而夫兩度之相配合與否。旣惟見於本自展之諸分。又本自展之分。旣惟見於幾何。則指均不均之謂爲幾何之獨情也。不亦宜乎。

茲解題問有兩端。其一。夫兩恆然幾何均不均之互。未嘗不實互也。何故。凡有實相別實現在之兩實限。所基之互。必爲實互。不係于思。今兩恆然之幾何。實相別。實現在。悉不待思。則其所以相視之互。誠爲實互也。此論詳在互視之倫。所謂兩恆然之幾何爲實限云者。兩恆然之幾何。各實爲幾何。則爲實限。又前已證互視者。非以一類之相合相殊者爲基。而只以現受度之配合者立其基。則互視之際。其所以爲限之幾何。必現在也。又此非取一幾何之兩分而較。惟取實別之兩幾何而較。則既有實相別實現在之實限。其爲互也。安得非實互哉。若取一幾何之兩分相較。又取兩非現在之幾何相較。則其互惟思成之互。因兩分者。無實之相別。非現在者。乃未實之在故也。其二。流變之幾何均不均之互。皆思成之互也。何故。未有一瞬之間。而可指謂兩動之均不均者。蓋兩動流而未成之際。可均可不均。未定于一。若已成際。則過去而非現在。焉得基立實互哉。

又均不均之謂。舉其全者而稱。如稱一尺。非就其兩半者與他尺相均。但就其全尺而謂均也。今此一動。非能全現在。已生。卽逝而不留。則不能全應於他動而稱爲均不均。則凡流變之幾何所相視之互。或在將成際。或在已成際。皆明悟思成者也。由此可以釋流變幾何之論。所謂實有實別實在。可以基實互者之非也。蓋雖實在。亦但就其流之分而在。非就其全而在。豈足以受均不均之互稱哉。

名理探

(四)

傅汎際譯義

李之藻達辭

漢譯世界名著

名理探十倫卷之四

十倫之三論互視

（古）向他而謂云互物者。曰倍曰大。視他謂大。視他謂倍。習者知者。引者肖者。挾向而謂。俱云互物。

（解）論因性之次序。或論貴賤之位置。則何僅先於互視。但因前篇屢提其理。而未詳其論。故以此篇繼之。此篇總三論。一、舉古賢所解。一、釋互物之四獨。一、亞利所自解。又加一獨也。

就向而解。所以別互視於他諸依賴者也。互也者之爲依賴。其義切在乎自此而逕彼者。舉六端以見例。如云倍與半。大與小。正爲相互。如云習學者。知識者。緣引者。肖似者。俱各有所相向而互者也。習者。必向某功用之習。知者。必向某可知者之知。緣引者。必向引進某模之緣引。肖似者。必向所與相對而有肖者。故雖亦各涉乎他倫。然皆爲此解所括。

（古）夫互物者。或屬有悖。如善與惡。如知不知。相向相悖。或不屬悖。如倍如半。向而不悖。

（解）此乃第二論。指互物之獨情也。其一云。屬可有悖者。如善如惡。知與不知之類。但所云不知義言實之謬者。蓋凡謂不知有二類。其一爲疑惑未定。乃知之非耳。無實依賴者。其一則爲實謬。以與知相悖。執其所有依賴之謬而結爲實有者也。此解。譬如云愛我者。不愛我者。不愛者。愛之非耳。又有惡我者。則愛之悖。此乃實依賴之有。相對者。此悖否之義。非互者之獨之切義。緣不但關於諸互。且關於不互之屬。故矧不關於居倫之互。而惟或有關於泛謂之互耳。亞利前篇讀相互者不屬有悖。蓋舉居倫之互之切義。此又謂其屬悖。則舉其泛義云。

(古)夫互物者。受增受減。非必一定。似者均者。俱謂互物。俱可增減。

(解)此第二義也。釋之有三。一、謂但有關於泛義之互者。其義與受悖之義相涉。緣互增互減。由互悖相雜之情所成也。二、謂亦關切義之互。但所云受增受減。非謂互視者之自受增減。第因所基之何似以受增減。故亦謂互視之增減耳。此二說俱非也。亞利所揭相似相均。咸爲切義之互。曷謂獨論泛義。其論幾何也。舉均不均爲論。而幾何之基。非受增減。茲胡得特就基之受增減者。而謂互視之受增減乎。當云。不但互視之基。謂受增減。且就其互視。亦謂受增減也。但茲義。非言爲基之物。受增減際。其所成之互視。亦受增減也。蓋互視之內成。本在於其無分者。有增減焉。其互。卽非原互。而另成別互。如數目然。加一焉。非原數矣。但言爲基者。或多少相合。或多少相別。所基之互視。必因而異。而就此新發之互以受似不似均不均之稱。爲更切也。則亦可謂互視者爲受增減矣。

(古)夫凡互物者。彼此相轉應。君謂臣所君。臣謂君所臣。倍謂半之倍。半謂倍之半。不相轉應者。所指義非切。指鳥謂翼者。鳥翼非相轉。凡謂有翼者。固不盡爲鳥。云翼云翼者。(下翼者。指有翼之物。)乃切指相轉。緣凡謂之翼。必屬有翼者。凡云有翼者。必視翼而謂。生覺謂有首。不切相轉應。凡謂生覺者。未必皆有首。云首云首者。(首者。指言可首者。)乃切指相轉。緣凡云首者。爲可首之首。而凡可首者。必視首而謂。指人有役人。人役不相轉。人不皆有役。云主人役人。乃是切轉應。緣凡云主人。必爲役人主。凡云役人者。必主人之役。凡相轉應者。須切指茲義。

(解)此爲第三者泛切諸義。固第四端之獨情也。引例已詳。故不悉解。

(古)欲明切指。除諸泛義。獨留所指。使相轉應。是爲切指。如役向主。除人一切。能學能笑及兩足等。獨存主義。必可轉應。知主與役。名義俱切。設不轉應。其指非切。如役向人。除人諸有獨存人義。人之與役。不能互轉。則知人役。指義非切。

(解)此釋所指互物之界。何以辨其當否者。曰。就吾所指之界。凡所有諸義。俱以明悟而除脫之。獨留所的指者以爲其界。其兩界。設相轉應。則所指之界。切指謂界。設不轉應。則所指之界。不切謂界也。比如就主而論。指役謂界。則當脫除主者所有一切諸義。獨留所謂主者之義。則主也役也。必轉應而爲相互者。故其所指之界。爲切當之界也。設使指人而論。與役相向。顧乃留其諸所謂人之義。而脫其人所向役之義。則人與役不獲相轉。而其所指之界。不切謂之界矣。

（古）凡云互物者。性無所先後。彼此並爲有。有倍必有半。有半必有倍。有役必有主。有主必有役。刻亦互除滅。設無倍者在。詎謂有半者。設無半者在。詎謂有倍者。

（解）此第四義也。言互物非有彼此先後。此一現在。彼一亦現在。相係而在。但此一不爲彼一之所以然耳。如倍與半。主與役。相係而在。但不能互指爲所以然也。云相係者。以明上性與下性。不可謂無先後者。如生覺者在人性未必者。雖無人性。未可謂無生覺者在也。云此一不爲彼一之所以然者。以明日與光。雖並而在。然而不可謂無先後。緣日乃光之作之所以然故。

（古）顧凡爲互物。未必皆盡然。可知者與知相向而謂者。可知在於先。知者在於後。蓋無可知者。亦必無知者。雖則無知者。不無可知者。有覺者亦然。可覺固在先。能覺固在後。設無可覺者。亦無能覺者。

能覺依軀體。軀體屬可覺。則祛可覺者。豈得有覺能。顧設無覺能。非卽無可覺。緣設無生覺。覺能亦何有。然彼可覺者。不卽可云滅。比如冷與熱。皆非屬生覺。而皆屬可覺。又覺能生覺。並時而受造。造此生覺者。夫悉由四行。四行皆可覺。先覺能而有。

（解）言前所指者。未爲凡互所有之獨證。舉兩端。一、知者。可知者。相向而謂。蓋知乃可知者之知。可知者。乃知之所可知者。故誠爲互物之類也。然必有先後焉。未必並立。大抵可知者。在於知者之先。曰大抵者。緣藝成諸物。皆爲可知者。然非在於肇藝知之先者。故也。又設無可知者。必無知之者。顧雖無知者。其可知之物。不因而無。緣宇宙之間物理自是無窮。但無有能窮盡其物之確知耳。又可知者可以常存。而確知者不無消滅。如天地萬物雖不獲有具確知者。乃其爲可知者。必自常存不滅。則可知與知。雖相向而謂。豈可謂無性之先後乎。二、覺者與可覺者。必相視而轉覺也者。乃可覺者之覺。而可覺者。乃覺之所可覺者也。但設無可覺者。必亦無覺。蓋覺能係於生覺者。而生覺者。統於可覺者。設無可覺。豈得有覺能乎。然而雖無覺能。未必無可覺者。緣覺能就生覺而有。而生覺者。固須先有四行以生之成之。四行既爲可覺之屬。則是可覺者。必在覺能之先也。則是雖無其覺。不卽無可覺者也。循此。可見所云其性之無先後者。非諸互所共有之獨矣.

(古)初自立者.或舉其全.或舉其分.非相向謂.次之自立.或無所向.或似有向.夫凡有向.皆謂互物.則自立體.亦居互倫.

(解)古者之解.謂自立之體.不涉互視之倫.若其相涉.則物倫交混.豈得就十倫以析物性乎.今論設者凡就他而謂.皆爲互物.則是將謂自立之體.亦居互倫矣.何故.雖凡爲自立體者.其初體論全論分.俱無所向而謂.其次體.亦大抵皆無向而謂.顧亦有就所向而謂者.如曰首.必爲身之首.曰足.必爲身之足.亦皆就身而謂者也.則解互物而以爲就他而謂者.其解未確也.

(古)古解既疎.茲解互物.當云其有.在有所向.

(解)前駁古者之解.茲自作一解云.物固有所向也.則有互.固在於有向耳.是所云相互之物也.

(古)有向之義.古解所括.就他而謂.向他而有.則義有殊.

(解)茲明古解與自解之同異也.兩解俱括相互之正義.固其所同.然古解.亦涉相互之歧義.自解.但指正義之能居互倫者.是其所異也.所云就他而謂.與就他而有者.是其相異之肯綮.

（古）推知互物。設知此互。必知彼互。緣互所有。在乎相向。故兩向界。一明悉明。

（解）就另作之解。以決相互之第五獨情也。言凡相互之物。設已明乎此互之性。亦必明及彼互之性。設欲明乎此互之性。必須明及彼互之性也。何故。互之本有。在向其界。明悟設不能明其彼界。必不能明乎此所視彼之向。既不明其中間之向。則併此之爲界。亦必非其所明者矣。

（古）今諸自立。雖知此一。非知彼一。則向而謂非向而有。推知自立。不涉互倫。

（解）就自作之解。以釋古解所不能釋之駁也。凡云首云足及諸自立體之有所向者。但可明此一界。而不必併能明其所向之彼界。如視人之首。豈必盡知人身之所有。而後明其爲首耶。則知自立之體。雖有所向。不卽可謂相互之物也。

互視之模理辯一

實互一支

霸辣篤與亞利之前。諸窮理者。俱云互視者。非實有所別於諸實有者也。所據曰。互視云者。本指兩物相較。顧其爲物。設未用吾明悟以較之。則亦但是超而無着之模。其爲互視。固非實有別於諸實有者也。所以謂但有超模者。凡謂或相似，或相均之物。元本但有或何似或幾何之超模耳。必就吾明悟以較之。然後乃有互視。超模，是超而有者。不必兩物相互。自有此模。互模，則互對乃有。不明此互。亦不能明彼互者也。設謂其相較之兩模。不爲超模。而爲互模乎。則此互模既是兩物之相較者。必亦更有他模以爲之基。而其爲基之模。爲互模乎。爲超模乎。謂爲互謨。則爲基之模。互中推互。無窮不止。謂爲超模。則其所基之模。亦超模耳。是知明悟未較兩物之前。惟有超模在物。而非有互模在物也。二、凡相視之稱謂。就物之超模。皆可取而定焉。設有兩幾何於此。其廣窄長短相等。雖無或實在或明悟所成之模。亦必謂之相均。則超模自足以受其稱。不須另立實有之一倫也。三、互視之稱謂。其所互或來或去。而其物之本有。恆然不變。則所謂互者。非繇新有實模而發也。何故。凡從新實模而始有者。必從新有所生所成而始。既新有生成之在底。則是其底有變。夫底非有變者。奚有新生。既無新生。則亦必無新模矣。謂本有之恆然不變者。比如獨有一白。不謂相似。他有白者對立。而始謂之相似。顧其白之本有。曾無所變。故亞利。謂互視非就動而成。言非就變化之動而成。第就對立者之變而成也。蓋凡實有。非從作之所以然。不能始其有。互視者。非就作之所以然而謂之始有也。惟就對立之界而發。故非新至之實模也。

雖然。思成之互視以外。又有實互在物。是乃霸辣篤亞利之後理學諸士之說也。所據云。明悟未曾攝想之前。物自多有與外相視。而別於他倫之模效。故曰父子。曰所以然與效。曰似曰均。曰近曰遠之類。皆實之稱謂也。蓋父子。實謂爲父子。兩白者。實謂爲相似者。豈待明悟之功。然後始謂父子始謂相似哉。今凡有不同之模效。必有不同之所以然。則必實有某模。爲其效之模所以然也。

二、凡謂實學。皆論實有。今超形性學。與審形學。皆謂實學。皆論互視。則互視爲實有可知。

前論互視云。指兩物相較者。辯曰。互視。不但指兩物之相較也。又指兩物相似之理。其理。雖就超模而發。然論其模義。實有一理在乎其物。明悟卽未攝想。已能有所別於他諸模也。所云相似相均。但有何似幾何之超模者。其說非也。論幾何與何似之質有。則兩幾何兩何似之相均相似也。亦可謂質然而有者。然必有互視。而後爲模然相均相似者也。至論超模。則互視固以超模爲基。然明悟未用之前。豈可謂無互視之模在乎其物者邪。

所謂就物之超模。可取以定相視之稱云者。曰。幾何之模效。在俾其物之開展。此一幾何。惟能展此一物。彼一幾何。惟能展彼一物。其二者之合。而謂相均也。固別自爲一模效。由別之模所以然而發也。

所云互視之稱謂來去。而物之本有不變者。釋有兩說。一、設謂互視但就率基而別於物。則模非實別于底。不須新之所以然。緣其模與底。一同受造。惟待有界對立。而明悟卽攝其兩界之互理。故就此所發之互視。不可謂其底之有變也。設謂互視就模別而別於底。則互視之來。其底不能無變。顧其爲互非繇外施之所以然而發。但就造其對界之所以然而發。亞利謂非就動成義云互視所繇生發之動。本不向乎成厥互視。其本向。惟在造成對立之界。而就其界之造成。互視卽繇以發。卽由以成也。故謂造成對界所以然之用。本向乎造成其界。而偶向乎互視之造成耳。是知亞利之意。非謂互視者之無所以然。而但云非繇外施之所以然。且非向乎造其互視之所以然。但就其對界之造成。而自能發其本底之互也。

居倫之互皆實互否二支

釋此。宜先論凡互視者之諸析。一、分析實互思互之兩端。思互者界然而係於明悟。自無實有。而但就明悟謂有。如宗與類稱與底之互是也。實互者。自爲有而不須明悟爲有。如曰父子。曰相似者是也。

二、不切謂互視之分析。但謂互物之分析也。其一。就有而爲互物。其二。就謂而爲互物也。就有而互者。以向他物而爲有者也。就謂而互者。本自爲有。不以向他爲有。但須借其所向於他者以解之。故云就謂而互。凡就其本性而有所向乎他物。是爲就有而互。如質模各就本性而向兩相似者。亦就本性而向也。就謂而爲互者。分兩義焉。一、就其凡向他物而爲明悟所攝者。則舉凡就實有而爲互者。皆統於此義。緣其俱就向他物者以爲明悟之所攝故。一則但舉超而無所相視之物。但就明悟所攝。其情用似有所向者。如曰首曰翼。就其有首者有翼者之身體而論也。茲析就謂而互者。指後義而言。

三、互視亦析兩端。一曰遊互視者。一曰不遊互視者。其所以別有二。一、就界而別。一、就底而別也。就界而別者。在不遊之互。則孑然向乎其界。非以其所向之界。或爲其發互之所以然。或爲其所發之效而第就其爲界者而向耳。在遊互。則非孑然而向。必爲有授受而向。如德與施。質與模。皆有此授彼受之義而向也。就底而別者。遊之互視。非在依托乎底之模。而就其底之本性。自有所向。故互視與互物。惟一而已。如質與模。德與施。本自各有向界之視。非有互與底之別也。凡十倫。皆有就其本性以向於他物之視。故云遊互。就其不拘一互倫之視者以爲名也。若夫不遊之互視。則爲依模。依托於底。而使之向乎他物。如似者均者。其互視以外。各自具有本性。以其互視之基。而就其外加之互。以各向乎其本界者也。如是之互視。非流通於諸有之倫。故云不遊之互視。

茲論專居互倫者。是爲孰互。釋之者有三說。一、謂不但凡實互諸凡思成之互。亦統乎此倫者。證曰。亞利所云相互之有。在有所向者。亦統思成之互而言。蓋思有悉係于向界。就向界而在。就向界而明。如實互然。則皆就一名一義而相合於一總理者也。

二、謂凡就他而有。與就他而謂之諸互。皆居此倫也。凡就他而謂。必向其所就者而謂之界。則必有向其界之互。正統括於互物之解也。

三、謂惟就他而有之互者。關於互倫耳。亞利之解。但舉凡就其本性。有所係於向他物者。則是惟此一種居於互倫。

正論。則謂惟就他而有其實。且不遊之互。居此倫也。茲設數端詳之。一曰。思成之互。本不居互倫。何故。若思成之互。亦居互倫。則與實互。當就一名一義以合於一宗理矣。顧思實兩互。不能就一名一義而合於一宗．緣思成之有非自爲有．惟就明悟以謂之有．而凡實有與不實有．名雖同．義必歧故也．又設謂思有實有合於一宗理．則其理．或爲實有之理乎．或爲思有之理乎．謂實理．則不能統乎思成之互．緣凡思成之有．統係於明悟．非有實之可論．謂思理．則不能統乎實互．緣凡實有所統．皆必爲實有故也．三、設謂其理．超脫於實思兩有之外乎．則不可以爲互倫之宗．緣十倫本以位置諸實宗者故．

二端．凡就他而謂之互．亦不居互倫也．古解亦兼就他而謂者．而亞利駁之．則知不關於此倫矣．又設凡超而無所視之物．明悟第就他有而攝之者．卽謂居於互倫．則物性不免相混．豈能互脫成各倫之別乎．

三端．凡就他而有之互．及遊互．皆不居互倫也．是皆超而無所向之有．或爲自立而不全之物．如質模．或爲依賴而全之物．如凡德能與習熟之屬．皆各一理．而不相涉．而凡居互倫之互視．須共一理．故不能共居一倫．

四端．惟凡就他而有．且不遊之相互者．居於互倫者．就前三端取證．既有互視之一倫．又思成之互．與就他而謂．及就他而有且遊之互．既皆不在互倫．而又別無可有相互者．則互倫．必繫實．且就他而有。且不遊之互。而成矣。

第一說所云亞利之解。亦兼思成之互者。曰解中所云凡者。義言凡實之有。又指前論所云。凡居倫之有所須有之諸義也。

第二說所云凡就他而謂。必有向其所就而謂之界者。釋之有兩說。一謂凡就他而謂者。固有或實或思之互視。一謂凡就他而謂者。本不須互視。惟須明悟就界而明之。就界而釋之也。若謂只就此物攝明彼物。便可謂有思成之互乎。則凡思成之互。固必須有兩物相較之比臆。而明悟就一物以釋他物之時。非卽有比臆在。如就受造之物。以明釋天主全能。豈須物與全能兩相較之比臆乎。可見思成之互。非其必有者矣。

雖然。前之所謂有互視者。其說更當也。釋之曰。凡就他而謂之互物。雖其物超而無向。然其義所傍指。可有互視之相宜者焉。蓋超然之物。設云悉無所向乎他物。何須就他物而釋之。如天主全能。因有可以生物之德。爲造者與受造者相向之基。故明悟能就受造之物。以明釋乎天主德能之全。又如翼也者。乃有翼者之一分。故稱翼而其義傍指夫有翼者。明悟因而可就有翼者。以明釋爲何物之翼也。此等互物。卽非現有互視。亦必有互視之相宜者焉。第二說所舉之理。但證互視者之非常現在耳。緣凡思成之互。本須有比臆以成其互視也。要而論之。就他而謂之互物。若本指夫互視者。則必居於互倫。但若是之互。不可謂就他而謂。正爲就他而有之互物也。若本指超然。而傍指互視者乎。則其互視本係超於物者之倫。故加兪大云。就他而謂與就他而有之互。其析也。非物之析。乃名目之析耳。緣兩端之互物俱有超義。俱有互視義。所不同者。就他而有本指互視。而傍指超於物者。就他而謂。則本指超於物者。而傍指夫互視也。

第三說之論。就遊互與不遊互之分別。可以釋也。蓋遊與不遊。雖皆就他而有。然不遊之互視。獨立互倫。遊之互視。自歸諸倫之本論。不必別立一超物之倫也。

居倫互視之解三支

依亞利所設之解。窮理者另作一解。更明且悉焉。曰互視也者。爲有者。其爲有也。全在於向他物也。云爲有者。則當宗義。言居倫之有。以別於凡不居倫之有也。云其有之全在於向他物者。則當殊義。指互視所有之本理。全在乎有所向。以別於他諸論。緣凡他諸倫之爲有者。雖非在其向界。然而或在其在已者。自立者。或在其在底者也。依賴之諸倫。

更舉三駁。解義愈詳且確。一、夫遊互物之爲有也。全在向他物。試觀元質之有。全在於受體模之容德。則其解。非專與不遊之互視相轉應者。蓋亦括遊之諸互焉。

二、論互視。可謂此物所以向他物之模。不可謂其自向他物。亞利解互物。不解互視。意指互物。本是兩界相向之物。而互視。非向界之物也。又不可用某模之模效。以稱其模。夫向乎他物。乃互視之模效。則不可以向他物之效稱互視之模。而指爲其本元也。則所解者。不宜謂其有之全在於向矣。

三、互視爲賓之依賴。則其爲有者。不全在於向界。何故凡爲依賴者。必依托於底。則其有固在於托底之容德。豈全在於向界哉。

釋第一曰。解所云向他者。指孑然之界。義言向界之物。與所向之界。無相授受之義。但此則向其界。彼則界其向而已。若遊之互物。則不同。其向界界向而外。有授有受。是乃遊不遊相別之理。況所云遊互之有。非全在於向者。各自有本性本效。但因或有所施。或有所係。所以有向。如元質之本有。乃自立之體。不全之有。因其自不能在。故必向乎合於某模。以成形性之全。乃得其在也。至論不遊之互視。

則固悉無他有。悉無他效。全在於向。

釋第二曰。解所謂互視全在於向他物者。言互視乃互物所以向乎其界之理也。云互視。而不云互物者。義指俾物向乎其界之模所以然。亞利云。互物。不云互視。本直指互視。而傍指互視使向之有也。夫模效。固不可用以稱模。顧所云互視之在向者。非言脫底之互視。而言托底之互視。既指托底。則非用模效以稱其模之所以然。第爲用模效以稱其模效耳。

釋第三曰。有謂互視之爲有也有兩義焉。其一。謂其爲依賴於底者。與餘倫之依賴者。通共一總理。其二。謂其爲某一倫之有。如拘乎公有者之殊然。論前義。則依托於底。非異於他諸依賴。論後義。則互視非依托於底而特謂爲向乎其界者也。解所云互視之有全在於向界者。論後義。非論前義。

此說非確。何故。互視所以別於他諸依賴之獨殊。乃托底之實依賴者。篤瑪曰。互視自成實依賴之一倫。以別於餘八倫。遵此而推。依賴之總理。不能使互倫別於餘倫。爲與餘倫通共一總理者故。則其爲別。乃繇互視所拘。公有之獨殊而別也。則其獨殊之爲有。乃實依賴之有也。

次凡公性所受拘之殊。屬其公性所係之本宗。非屬他宗。不然。公性之與殊相合。豈能全成本然之有哉。夫依賴之總理。就互視所以全成之卽以受限定於互倫。則其卽。必爲依賴之卽矣。

三、物之總理與特理。其現在之相無異。互視所統之總理。既托於底。則其特理。亦托於底矣。所以謂現在之相之無異者。一則總特二理之在於特一者。無有實別。惟就率基而別。一則明悟所爲率基之別。先知特理之現在。而後知總理之現在也。則現在之總理。必從現在之特理而顯。總理既托於底。特理亦必托於底矣。

四、既謂互視所以別於他倫。其特理。不在托底。則其所施模效。當無異於他倫之模效。何故。既不托底。何能俾其底之向於界。但可俾其底謂有依賴者耳。故其總特之二理。當必謂爲托底之依賴者也。解中所云互視之有全在向界者。非駁其爲依賴者之無異於他倫。而但指互視之特論。所以別於他倫之依賴者。亦不云其特理之非依賴者。如謂開展爲幾何之特理。而不謂幾何開展之有。非屬依賴之類也。依此而第三難可破矣。

居倫之互所須四支

詳論實互所須諸義。乃超形性之學。玆舉其凡。俾學者明知實互與思互之別也。實互思互所共須者總之有四。一、互所稱之底。謂之終限。如日謂所以然。光明謂其效。皆終限也。此之終限。或爲自立體。如曰父曰子之類。或爲依賴者。如幾何以均否爲限界也。

二、爲遠基。是能使終限向乎其界之所以然。如兩何似者。乃兩形體所就相似之互以相向之所以然。是乃作其互之基者。但終限與遠基。未必常別爲二。如子也者。爲向父之互之終限。而亦爲互視之遠基。兩何似之於兩形體。雖爲所別終限之遠基。然當謂兩相似之際。並爲終限。而亦卽爲遠基也。此之遠基。或別於終限。或與終限同一實。互大都與之相結。惟就卽別而別耳。夫不直曰相結而曰大都者。如生子之德能。乃父向于子互視之基。顧其互。未必與德能同結。更似與爲父之本體同結也。

三、爲近基。此近基在遠基與互之間。故亦有基之理。卽遠基所繇以基互視之理者也。如論爲父子互。則在生子之作用。又如論兩白者之互。則在其相合於分際之同者。繇此推之。夫基之理。未必一例。或爲實之理。如生子之作用。或爲非之理。如兩何似分際之同。乃兩何似同分際中非異之非耳。

論基之理。另有區別。或須常現在。乃可用互視以稱其限。俾之相向。或不常現在。惟互視方發之際。有現在者而足焉。或非必常在。亦非暫在而遽可謂足者也。須常現在者。如兩何似所合於分際之同者。乃相似者互理之基。其互既現在。則基之合於分際之同者。亦必現在。又如質與模所相合之結。乃受結者互理之基。其互既現在。則其爲近基之結。亦必現在也。互視所發之際須現在者。如生子之作用。爲父子互理之基。互視發時。基理現在。及其作用已訖。而互理非卽亡也。又如施熱之用。爲其所以然與效互理之基。而施熱之作用或訖。其互視。亦不卽亡也。非必常在。亦非暫在而足者。如教訓之用。乃師與學者互理之基。然一次教訓。不卽成互。亦非必常常教訓。方謂能基此互視。又如相愛之用。乃交友者互理之基。偶一發愛。不卽成友道之互。然亦非必相愛之用常在而不間斷。然後成其互視也。

右所論基互之理。在第一端爲最確。其第二端論所以然與效之互。必須現在之作用爲其近基。其互乃發此論是也。至云作用已訖。不必有作用以爲之基。而互理尙存。則非也。何也。凡模所以得入於底。既須在底者先有緣引。然後能入。則亦須其緣引者之常在於底。方得留存。如火模。非有熱乾在木。先爲緣引。火模不能入木。而此熱乾之緣引。若非常在於木。則火模亦不得存也。互視之發。既係於作用。則其留存。亦必係於作用。況凡各倫所以爲基之理。基亡。則互視卽亡。論作用之爲基也。奚獨不然哉。若謂生子之用已訖。爲父者切謂爲父。故基之用雖不在。而所基之互必在乎。則論生子以後父所以爲父之互。不以生子之用爲基理。而另是一互。正以作用之訖者爲其基也。亞利就已往現在未來之三際。以析作用之互之基。三際之互不同。矧父既生子。其所傳。有贍養其形體者。又有培養其所宜有之德能者。則贍養諸用。接續其生育之用。俱屬爲父作用。何謂除生子之用。卽無基互之理歟。

此說亦是。然謂作用雖亡。互視必在者。其說更當。一則作用雖訖。互視之稱在焉。顧非有能另基他互之理。不可指作用之訖者以爲基也。亞利云。所以然之互。以是之施爲基。不以非爲基。夫作用之訖。乃其作用者之非耳。詎足以基所以然之互者哉。則作用先所基之互。必有留存不亡者矣。一則效也者。從其所以然者而受有焉。因而向乎所以然。作用雖亡。然效未嘗不從所以然而謂受有。則固必有向之之互也。

所云模入於底。須藉緣引。其得存留。亦須緣引者。其論有疵。水之所以得化生者。必須有冷。顧其既化生後。雖悉無冷。亦可以存。火須乾熱緣引。得生得存。顧其得生所須之緣引。多於得存所須之緣引。則存之與生。所須固不同也。

舉別倫爲基之理。以較作用之基。其例不相協也。凡各倫。其爲近基之理或亡。則其爲遠基者。不論或全或分。亦必皆亡。而其結於遠基之互視。顧安得有存焉者乎。如有兩白者於此。非將近基之分際有所增減。則其遠基之同爲一白者。亦不能偏有所損。而所結於遠基之互。亦無忒焉。若作用之爲近基。則不同矣。作用雖亡。然而遠基則存。故其結遠基之互。亦得留存也。亞利所就時之三際以析互視者。後論詳之。

三端所云。或非必常在。亦非暫在而足者。其論非也。何故。凡有一模之生。而其模之或所以然。或緣引者。雖有亡有離。顧其模非卽亡。尚可暫存。則其所以然與緣引。雖亡與離。而其模不遽滅也。今論作用雖止。其師友之互。必不因而卽滅。尚有可存。其爲弟子者。但嘗存習師授之學。其時卽存師弟之互。不必專指教誨之用以爲師。其爲友者。但嘗存蓄愛友之情。其時卽存朋友之互。不必專指親好之用以爲友也。此乃所謂遠基既存。互視亦必在者也。

互視所須之第四。獨爲界也者。蓋互視之有。既全在向。必須有所向之界。如子乃其父之互所向之界也。然而界又向其對界。故隨其所當之用。而名相各不同焉。如論父之向子。則謂之向。論子之受向於父。則謂之界。論子之還向其父。謂之復向。論父之受向於子。亦謂之界。兼父子而名之。則謂之相互之物也。

此互視所須之四。不但實互。即思互亦有之。茲再究論實互之所須。又有四焉。一見於底。一見於界。一並見於界與底。一見於爲近基之理也。見於底者。其限其遠基。俱須實有。蓋互視與遠基既同爲一有。若遠基非實有。則互視焉得實有哉。此論不但證遠基之須爲實有。亦證爲限之不能不爲實有也。何故。遠基與限。或不相別而爲一。或相別而爲兩。但遠基特托於限。限不實有。豈足以載遠基者之實有歟。

見於界者。則或獨須爲限者之實有。或並須限與遠基之實有也。何故。界也者並爲復向者。則本有互視之基且限。設彼此兩互俱爲實互。則彼此兩限與基。亦皆爲實有。如兩相似者之爲基與限俱爲實有也。設彼此兩互不爲實互。則須不實互之一限獨爲實有。如知與可知者相向之視。其在可知者之限。乃是吾所知之實有也。至其可知者之近基。但是其物可以受知之容德。不過爲非之德耳。

並見於界與底者。則須底與界。有實之相別。實之現在。何故。互視者。非物性所固有者也。但就他物之對在。而偶謂有在者耳。則底與界彼此必相待也。以上所論三端。或闕其第一。如凡缺也非也。則皆不就實互而視。又如可知也者。亦不能載實互。緣其基。皆屬非之容德。故又如天主之於所造物。亦無實互。緣所云底者。皆其能受偶稱之底者。凡如是者。俱屬有變者故也。或闕其第二。如所表非也者之臆想與非也者之間。悉無實互之向。緣非實之界。故或闕其第三。如凡物所自向乎己而爲同於一者之互。但爲思互。緣底與界。無實之別。故又父與子。或兩皆不在。或其一獨在。其所以相向之視。但爲思互。緣其爲底爲界者。不並現在。故也。

見於近基之理者。則或爲是之有。或爲非之獨。須不係於明悟所成者。何故。實之互視。不待明悟之功。自能稱其底。然使非有近基之理。則不能以互視稱厥底。故夫實互之近基。不得係於明悟之用也。依此推知凡有所係於明悟近基之理。其所基之互。俱思互耳。

互倫之位置辯二

互倫有一至宗否一支

各倫俱有至宗。乃互倫。則有謂其無至宗者。其說曰。凡向者。須復向者爲之界。至宗之爲向也。非能有復向者以爲界。則自亦不能爲向者矣。何謂不能有復向者。蓋設有復向者。則或與向者同一物。非實相别乎。或向與復向爲兩物實相别者乎。夫不可謂同一物也。實互之底與界。必有實之相别。前已有辯。亦不可謂實相別。如有實相別者。則是互倫有兩至宗也。蓋兩皆最至。他無在其以上之宗。則皆可謂至宗。豈可偏取一端爲至宗乎。若謂兩非至宗。但以明悟。從其二宗之互。取脫一總理。以爲互倫之至宗也。則此取脫之總理。亦必爲向者。其對我而復向者誰哉。取脫不窮。終不可解矣。

欲釋此辯。宜知二論。一、互倫與他依賴諸倫。各有二種之模。一爲脫底之模。一爲合底之模。脫底者。本位置於各倫之列。合底者。不切謂在倫。而惟依於脫底者以爲居倫也。二、凡云向界有二義。一、本自有向。且無隔而向。卽舉其脫賾之際。必有所向之界。如稱生覺者。第舉其脫於諸賾。自有所爲能生能覺者也。一、自不向界。但舉其在於所屬之賾者。謂之向界耳。茲設數端。題問可明。

一、論互視之脫義。則互倫必有至宗。證之曰。凡居倫之互視。皆挾一名一義。而相合於一理。不然。奚以成一倫歟。則必有諸互所共同義之總理。爲其至宗矣。次舉一二稱謂。而云此之爲互。彼之爲互。所指之彼此。或指特一之互。或指類之互。正爲同義。且本然。且何立之稱謂也。則所舉以稱此互彼互之互者。必爲宗之互矣。又前所謂無對界云者。非所以論脫義之互也。蓋互視既自不向界。而但是俾其互物向於其界之模。始豈必須有與之相應之公界乎。

二端。論合底之互。亦有至宗也。證之曰。凡諸模義。雖爲至公者。然俱有應已之本效焉。互視之模效。在俾其底之得爲互物者。則其至宗之互。可就明悟結公底以施其模效。而于以成同義之公互也。但此論有一難焉。夫公之互者。本自且無隔以向本界乎。抑就倫屬之賾而向本界乎。謂本自向界。則依上所論。豈不一倫之內。而有兩至宗乎。謂就賾而向。則互視之模效。在使底自向。今乃云就賾而向。得非有其模。顧無其模效者乎。

斯果篤云。爲至宗之互者。本自向其界。且無隔而向者也。當知論互視所向之本界者。有兩說。一謂其界非對應之互視。而爲基載互視超而無向之有。一謂其爲有對應之互視也。決二說之孰當。乃超形性學之論。斯果篤所云至宗之互有所向之本界者。是循前說也。但有辯焉。夫公界既爲能界諸互視之超物。固爲歧義之界。若謂至宗之互。必爲同名同義之有。則胡能有所涉於歧義之界耶。曰。依亞利所論。載互視之基者。亦歧義之有也。顧互視之係於界。不切於其係於基者。則界雖歧義。亦無害於互視之同義也。設謂互視之界。非對應之互。而但爲載互之超物。則所定爲至宗之互所向之界者。已無可疑。若循後說。而指對應之互視。爲互視之界。則有謂亦有公界對應之互者。所據曰。在至宗以下。凡爲互者。俱有所向。則凡爲界者。亦俱有所界。今從諸特一之互物。可取脫一向界之宗理。則從諸特一之界。亦可取脫一能界凡向我者之宗理也。此論又有辯。所云界凡向我者之宗理者。或指爲復向者之獨情乎。或指爲復向之互視乎。謂指獨情者。他無獨情。惟從互視爲根。謂有可界凡向我者之容德耳。謂復向者之互視。則亦乃謂有兩至宗爲互倫之主者也。又彼公互之復向者。謂實之有乎。謂思之有乎。謂實有思有所共之一總理乎。不可謂爲實有。亦不可謂爲思有。若可定謂實有思有。則凡下倫之復向者。俱宜定爲或實或思之互。無是義也。亦不可謂爲實有思有所共者。何故。實有思有所共。乃歧義之稱耳。顧亞利云。互向者之何若有幾。對立者之何若亦有幾。則互向者旣爲同義之有。彼歧義之有。豈可以爲其復向者哉。若公界。是超而無復向之物。則雖歧義之有。亦可以爲公互視之界也。若爲復向之有。則必宜爲同義之有。如所界之互然。

三端爲互倫之至宗。其云互向者。本非有對界而復向於我者。故無本自且近之向。惟就屬賾且遠者而有所向耳。因不切謂互向者。更宜謂之有互視者也。所謂本無對界云者。依上諸論可證。所謂宜謂有互視者。其說曰。凡向外之模之合於底者。可立二種名目。一切謂合底者。一非切謂合底者。比如表某物之臆想。緣其向於所表之物。是爲向外之依模。設此依模。賦於能知識之物。則其物。謂爲能臆想者。而其名。切謂合底之名也。設賦于不能知識之物。則其物。不可謂能臆想者。臆想。爲依賴。實別於明悟。故天主能取使結乎明悟。亦能取使結乎不靈之物也。惟在人。則可用以知識其臆想之所表者。在不靈之物。則否。而惟可謂之有臆想者。故其名。非切謂合底之名也。互視。乃向外之依模。須有對界。如臆想之依模。須有相稱之底。然互視。依在於有對界之底。則其底。本自謂能互向者。若依在於無對界之底。則其底。但可謂有互視者。依前所論。彼對應之互視。爲此互視之界。既不可指復向者爲界。而又爲至宗之互向者。既有互視爲模。故云夫至宗之互之合於底也。不切謂相互者。惟可謂有互視者。

凡論相均比之公互。其理亦然。如兩相似者。或兩相均者。不可以爲相似之兩宗。緣明悟之所取。惟一相似相均之理耳。故此之爲宗爲類而合於底者。不切謂相似相均者。而但可謂有相似相均之互視者。蓋各就其屬賾。以獲有其相對之界者也。若論不相均比之互視。如爲父爲主之互。其爲或宗或類。則俱各有所向之對界。緣明悟所攝向與界之理。非共一總理。乃各自一總理故。

或曰。互視之模效。在於使之相向。今論互視本自且無隔。在於爲至宗之互向者。則亦本自且無隔而向乎對界者。豈有模旣在底而可止其模效。謂無對界者乎。曰。模所以然之於其效也。必有相稱之比例。論此二者。宜就比例而論焉。凡互也者。俱爲使向之始。顧爲至宗之互。與凡相均比而爲隔宗之互。則爲使向之遠始。其餘諸互。則爲使向之近始也。爲近始者之模效。在作成近之互向者。爲遠始者之模效。則在作成遠之互向者耳。要而論之。若所云本自且無隔者。指言互視之本自乎。卽不就他模以自合本底者。則是也。若指言互視所成之合底者之本自乎。卽不就屬賾以自向乎對界者。此以論近始之互則是。以論遠始之互則非也。

又駁曰。夫公之互視。爲使向之遠始。又公之互向者。非本自而向。今凡公性所有。皆統於特性之屬倫。則凡下倫之互。皆爲使向之遠始。故下倫之互向者。亦惟就遠而向也。若是。則非可謂有近互向。亦非可謂有使其近向之互者。而但可謂有遠向之互矣。曰。謂公性所有凡實且是之稱。皆統於特性之屬倫者。則是。謂公性所有凡非之稱。俱須統於特性之屬倫者。則非也。試觀公性之生覺。有不拘於靈者不靈者之非。然其所屬之各類。皆無此不拘之非者也。互視之爲公。本爲使有遠向之始。故其爲至宗之互向者。亦就遠而向。但遠向之稱。非實且是之稱。而係其本元者也。但爲近者之非。原本隨夫互視之至宗。與凡均比之公互向者。故不必統於屬倫也。云互倫非有至宗者。循是可解矣。

互視之析二支

統論在倫之互視。析之有三。一析。均比之互。不均比之互。有彼此同名。如兩相似兩不相似者。兩相均兩不相均者。是謂均比之互也。有彼此不同名。如父之爲父子之爲子。主之爲主。役之爲役者。是謂不均比之互也。不直指父子。而指父所以爲父。子所以爲子。指其脫底之依模。正所云父之互子之互者也。云主。云役。云相似者。是等名相。俱指脫底之模。均比之互。復分切泛兩端。若其兩界所以各有其名之模。爲一類之模。如凡切謂相似者相均者之類。是之謂切相均比之互者也。是霸利細恩所云。凡均比之互。其名與其爲近基之理。皆一者也。若其兩界雖相似。然而模非一類。如效與不同名之所以然。雖謂相似。而所以相似之互。則各自一模。以爲其基。又如黑與白。不共一類之模。是謂兩不相似者。而其所以不相似之互。亦各有一不同模者以爲其基也。是之謂泛相均比之互。

不均比之互。復分上下兩等。上者。如云父云主。下者。如云子云役之類也。但此第論受造之物之互。若論天主所稱第一第二位之父子。非受造者。雖爲不均比之互。然不可謂分上下等。緣其至尊妙有。同一不二故。

二析。相配之互。不相配之互。凡有實互而其對界。亦以實互相應者。如父子。如兩相似者之類。是所云相配之互。凡有實互。而其對界。則非有實互以相應。如物所視乎造物者之互。爲實互。造物者所視乎物之互。爲思互。又以知也者視可知者之互。爲實互。以可知者視知也者之互。爲思互也。是所云不相配之互也。

以上二析。盡括互視諸類。及詳各類之所以別者。但非由宗分類之析也。緣宗之所以分析者。必切係於屬類之本元。如生覺之宗。就靈與不靈以分人類獸類。而其靈不靈者。乃人與獸所以全成之內殊也。今互也者之二析。非就互視之內有而析。惟就相應之外界而析。故皆不爲繇宗分類之析云。

亞利就近基之理。而析互視爲三類。一基在一與多。二基在施與感。三基在度與受度者也。所云一者。指兩物所同。或一性或一模之一也。所云多者。指不同性不同模之多物也。一者之互。統括兩物同一之互。相均之互。相似之互。相近之互之諸類。多者之互。統括兩物相殊之互。不相均之互。不相似之互相離之互之諸類。

所云施與感者。指凡所以然之現用。所施於效之現在者。但所云施用。不惟指作所以然之用。亦指四倫之各所以然所施於其效之用。故不但該施與感所以然之互。亦該質所以然。與體依兩模所以然之互也。云所以然之現用施於效之現在者。以別於未現在爲所以然之互。緣爲所以然之互。無現在之基與界。不是實互故也。又以別於外模所以然之互。緣其互以度爲基。另析爲第三類故也。

所云度者。指其所互向者之規範。而爲所互向之物。則謂受其界之度者。凡知也者與可知者之互。明悟與可明者之互。見德與可見者之互。皆在是倫。

互視者。托基而有與基偕一。所以就近基而別類焉。亞冷塞依總有之三別。以證亞利所析之爲當也。曰有也者。或相同。或相異。是一與多者之類也。或德能。或作爲。是施與感之類也。或全成。或不全成。是度與受度之類也。以度爲主。雖受度之物。或貴於度。然爲規範之稱貴。踰受度之稱。故云全成也。

駁上論者有四焉。一、互視之三基。名與義俱不同。則所以托基之互。亦不能合於一名一義也。何則。物何從有。其有從是。可以據是義而合之於一。今互也者。既從基而謂有。則亦從基而謂一矣。顧其三基。乃歧義者。或為是之基。或為非之基也。則其非者。豈能以其所無為有。而謂之一哉。

曰。所云物從乎是可以為一者。此不盡然。總有也者。乃歧義之稱也。明悟攝之。此其為臆。從總有而存。緣有也者。乃臆想之外模所以然故。夫千萬人之臆。皆一類之臆也。有義雖歧。臆類自一。則雖三基歧義。無其所基之三類。固不可以為歧義者矣。

二、凡宗之分析。宜作相對。惟二也方謂相對。其介在兩相對兩相離之間。皆謂之中。則分宗互為三類者。其析未當也。曰。分宗為類之析。或二或三。或多端。無不可也。欲作相對之端。宜舉一是一非相對。顧其非者。即統括其不屬乎是之諸端。依此析之。而云互也者。或基於施感。或不基於施感。其云不基於施感者。蓋已括第一類第三類而有之。至所云在相對相離之間。皆謂之中。亦非也。三類相列。非如上下中之序。但作三角形想可耳。

三、互視之係乎其界。及其遠基。切于所係乎近基者。蓋設除界與遠基。即無互視。若除近基。互視不即亡。則宜就界與遠基以析其宗。而不宜就近基以析其宗也。釋此難者。先宜釋互視之有類別者。何從而取乎。此乃超形性之學。玆姑論其略。曰。互視之類別。繇基與界而發。然而基也者。更切為互視之所以別類者。若玆但論現在之互視。則全係於遠基。而其所云除界與遠基卽無互視者。未爲無據。至論互視之類別。則不係遠基。第切係於近基矣。蓋遠基恆一無變。而近基則時或有變。因而發爲不同類之互焉。試如就天主而視其以無造有之互。又視其以物生物之互。皆爲不同類之互。乃其遠基。卽全能之德。恆一而已。其近基則或獨挾其全能之用。或兼挾夫司所以然之用。其用不一。是所以成不類之互也。若夫就界而論。雖亦能作互視之類別。然終不若近基之切緣界遠於近基。近基與互視。一時並在。近基不在互視之先。

四、分宗互作三類。其析不盡也。以主希之德。視所希之物。此一互。不列於三者之內。則其析有未括之互矣。曰。凡希德所基之互。皆卽第三端之互也。亞利第提明德所基之互。然而希德之作用。其理亦同。皆於所向之界有受度之比例焉。蓋其界之所有。或受明於我。而爲與我明德相互之近基。或受愛於我。而爲與我愛德相互之近基者。固皆爲非拒之容德。而其所基之互。俱爲思成之互。不相配之互也。希德兼統愛德。非必別爲一論。

爲明悟所並知者是互之第四獨否辯三

古者所指互視之義。前已釋明。玆辯第五者所論並知之互。爲有關於居倫諸互乎。抑止關於居倫諸互乎。以明其爲第四端之獨否。證不關於居倫諸互者有二。一、爲至宗之互向者。與凡均比之公互向者。爲類而不爲特一者。謂均比之公互向。自無對界。而但依屬賾以得所向界。則明悟無能並知其爲有也。二、某特一之互向者。如以一父視多子。雖已確知某爲父者。不須確知某某爲子者。但知其有或此或彼之子。以爲之界。而亦足矣。又以爲子者視父母。雖已確知其爲子。不須確知其某爲父某爲母者。但知有爲其親者爲之界而亦足矣。

釋第一曰。謂至宗互向之界。乃超而無復向之物。則爲至宗之互向者。亦旣有對界矣。有對界。則向與界宜必爲明互之所並知也。但超物爲界之說。未有定着。則所云並知者。于何而知。曰。互物所相視之何若。是卽其所並知之何若。夫至宗之互向者。與凡相均比之公互向者。俱就屬賾而向其界。則亦就屬賾而得夫與界並知之理耳。第所云就賾而得者。但言其就其賾所現有。非謂與其賾有相宜。若論相宜。則先有所關於公互向者。而後乃就公性。以有所關於其賾者也。

欲釋第二。先宜論其一互向者所視多界之互。爲一互乎。抑多互乎。玆未悉諸論。惟舉正說。謂多界之互向者。有兩種。一不能不有多界。如以全者視其諸分。或以形性之全者視其所繇成之質模。或是上宗之爲全者以視所屬之類也。二、自不須多界。而可以向一。亦可以向多者。如父有一子。就可謂父相似者。有一與對似者。就可謂相似者也。前一種之互向者。惟用一互而向于多復向者。後一種之互向者就其復向者有幾。則所有向之之互亦幾也。

今釋第二駁。曰特一之互向者。若其就一互而向於多復向者乎。其多復向之理。或不能用悉想者並知。亦須用混想者以並知。不然。則其向不得全徹。若其就多互而向者乎。則就其各互者與其所向之爲界者。一並知焉而足矣。如有三子之父。欲知其爲長子之父。但須明悟並攝其爲界之長子而知之也。仲季亦然。若論子所視父視母之互。亦爲兩互。亦須就其各所向界。一一而並知之也。

論止關於居倫之互者否。有謂不止關於居倫者。證曰。宗與類以思互而相向。而苟其不明於類者。亦必不明於宗。則所云互向與界並爲明悟之所知者。非居倫之實互所獨有者也。況此義。亦關於諸遊互。凡明悟。不明模。亦豈能明質。不明界。亦豈能明其向界之德能哉。

欲釋此論。宜先辨所云並爲明悟所知者。其義何若。有謂指知也者之泛義。非限解之知。是謂知之泛者。則依上論。乃思互與遊互之所共也。有謂所云並知者。指從限解所得之知。蓋凡作此一互向者之解。須彼就一之爲復向者而解之。故二者。必爲明悟之所並知焉。依此兩說。則所云並知。非獨居倫之互之所有。而亦思互遊互之所共有。緣俱就界而解者故。

有謂所云知者。指夫知物現在之知也。言明悟。知互向者之現在。必知復向者之現在也。若是。則所云並知者。不但關於居倫之互。而又有不關於居倫之互者。謂不但關於居倫者。如知元質之現在。必須知體模之現在。緣元質。設無所結之模。不得現在也。謂有不關于居倫者。如凡不相配之互。雖知互向者之實在。非即能知相應之互之亦現在者。緣既爲思成之互。則有無悉係於想。其不涉於想者。胡得謂有現在相應之互者歟。或曰。相應之思互。雖不直顯于表實互向之臆。然亦傍顯於斯臆也。則亦並爲明悟之所知者。曰。思互者傍之現在。乃其知想之所成。蓋凡攝知互向者之臆。固不能全脫其表復向者之臆也。若所云並爲所知者。則並以其互向者復向者爲其所知之界。而界固在於知之先。則凡爲不相配之互。無界於先。豈可以爲明悟所並知者乎。

依上諸論。則知所云明悟之並而知者。非居倫互視第四端之獨矣。然而明悟但知此互向者之爲實之有。必亦知復向者之爲孑然之界也。若是。則所云並知。乃居倫互向之第四獨也。云舉其實有者。以別於凡思成之互向者。云舉其孑然之界者。以別於凡爲遊互向者。緣彼皆舉其或爲所以然。或爲其效。爲我明悟所知者也。

或問明悟並知兩互物之際。就兩臆而知乎。抑但成一臆而知乎。曰。此知就一臆而成。但其臆則直指互向者。而傍指相應之復向者。證之曰。明悟所以知互向者。據其爲某有。而其爲有本統乎到界之向。則欲徹明乎互向者。不但宜明徹乎其所向之徑。而亦須明徹乎其所向之到。固須傍知其界也。如其不然。則所知互向之知。乃是超知。非有所向之互知矣。

十倫之四論何似

(古)何似也者何物。所以何似。是謂何似者。

(解)此篇總四論。一、論何似爲脫底之模及其屬類。一、論何似之合於底者。一、論何似之獨情。一、設問答解何似者指脫底之模。云。是其物之所以謂何似者指其模與底合者。就模效而解其模所以然也。蓋凡爲效者。顯於其爲所以然。矧依賴模效之於其所以然。較他諸效更顯。緣合底者。必顯於脫底者故。

（古）何似四類。習熟緣引。此類統一。習較緣引。習爲久駐。如學與德。俱習熟類。學匪易滅。論德亦然。如義如智。非遽可變。緣引易滅。或因依久。慣成如性。故不易變。是亦云習。

（解）此何似之第一端也。曰習曰引。非謂二者共成一類。但云第一類。兼統兩端。而二者俱就無隔而居首一類以下也。其所別者。習熟功久。不易脫底。緣引不久。易於脫底也。依此而作解云。習熟也者。是何似之或益或損於所附之底。而不易脫者。如久習之德與學。是也。緣引也者。是何似之或益或損於所附之底。而易脫底者。如德與學之在其作用者。是也。後辯詳之。

（古）凡謂習熟。亦謂緣引。凡謂緣引。非即習熟。有習熟者。緣引則便。但有緣引。豈即習熟。

（解）又指習熟緣引之所以別者。曰。凡謂習熟。必兼謂緣引。然凡爲緣引。非即爲習熟也。但此所云緣引者。與前所指緣引不同。乃是爲宗之緣引。蓋緣引有二。一爲與習熟相對之類。而共屬何似之至宗。乃前所云何似之或爲習熟或爲緣引者也。一爲屬至宗之次宗。兼統習熟與爲類之緣引者也。茲所謂習熟兼謂緣引。而緣引非即習熟者。惟論爲次宗之緣引。如云。凡爲人者。亦爲生覺。然凡爲生覺者。非即爲人。如鳥獸。亦含有生覺。故解爲次宗之緣引者云。是何似之或益或損於所附之底者。次宗之義。

未論及于久不久、蓋久不久又分二端。以居次宗之下也。

(古) 凡物所有因性之能。或性不能。如角膂力。或角疾走。皆爲一類。凡若是物。非習而然。本性所具。或力不力。剛者濡者。亦屬此類。

(解) 此何似之第二類。兼統因性之能與因性之不能也。云因性者。以別於習。蓋習雖所以得能。然非性界之能。乃繇功力所得耳。因性之能。則從性中所賦之何似。物之所以或易爲或易勝者。如疾走之力之於人。不撓之剛之於鐵也。因性之不能反是。如鈍根之於明悟。柔軟之於脂蠟是也。

(古) 動成動感。立成三類。如甜與苦。冷熱黑白。凡受是類。皆何似者。如蜜受甜。始謂甜者。如體受白。始謂白者。俾物何似。是爲何似。

(解) 此何似之三類。乃何似之或能動我使覺。或繇動而肇成者。如色相與聲響之類。皆是也。此類亦包兩端。一云動成之何似。一云動感之何似。動成之解。是能動我覺。或繇動以肇而爲久在之何似者。如凡物所有生成之色也。動感之解。是能動我覺。或繇動以肇而爲倏過之何似者。如愧生赤。怖生黃是也。是皆謂之爲何似。緣凡依托於底。有此何似之效。卽謂之何似者也。

（古）云動成者．非因受物．其體變動．味云甜者．體云白者．非謂味體．自動而成．但因其能．動我覺司．如甜如苦．俾味覺動．冷熱着體．亦俾體動．若黑白色．所謂動成．非因動覺．特繇動有．

（解）此釋其名目．以明動成何似之義也．凡何似之模．與受其模之底．皆云動成者．蓋底既能受動成之何似．則亦可謂爲動成者矣．夫論何似之謂動成．有三義焉．一、就變動以入於其底之何似．如熱入於水．就變化之動而入．二、繇何似之感．以動其所依之底．如熱施於手．而感動其手．三、繇變化之動所生之何似．如白繇初情之何似所動．而生於底．是三者．皆所謂動成之何似也．然所云動成何似．亦非必兼此三義．但或就第二義．或就第三義．皆謂動成．其第一義之乘變動而入於底者．雖亦謂動成．然非獨何似所有．諸依賴皆有之也．凡味與着所受之何似．皆能施實動於所司．而其味司着司交涉之時．實有變動．故云動成．若色．則非俾目動．但緣因動而成．故亦云動成之何似耳．總之凡就實化而動．因有所施之動．而謂動成之何似．凡就像而動．（非實動司覺．而惟因外像而動．謂就像而動．）因所受成之動．而亦謂動成之何似也．至定其孰實孰像．別有本論詳之．論夫動成動感．何以別爲兩端．曰．所云動者有三．一本生之動．如初情之動之在雪．則生而有因性之白．一偶生而久之動．所生者亦久駐之何似．如久疾所生之黃。一偶生而不久之動。所生者亦不久也。何似之義。屬前二動之所生者。則云動成。屬後一動之所生者。則云動感。

或曰。凡動成之何似。可就一義而取。緣皆繇實動而成。又皆有施動者。或就實而施。或就像而施也。今論動成。若云繇爲動之要者而謂。（能施實動於覺司。謂之要者）宜因能施實動於覺而謂動成。若繇爲動之次者而謂。（緣實動而成。謂之次者。）則宜爲因其繇實動而成。謂動成也。奚必就施動與繇動而別之。曰。動成之謂。繇爲要者而取也。凡實動。或論物所施之動。或論物所以成之動。俱貴於就像之動。故就所施與就所以受成。各就其實動而謂之動成。固無取于受像之動焉。而又施動者。本貴於受動者。則何似。既皆就實動而謂。又既不可云皆施實動。則其爲動成者。豈可就一義而謂耶。

（古）繇動變色。人所恆見。如媿面赤。如懼面黃。其別有動。非暫而久。色亦如之。從難去情。發爲何似。是謂動成。黑之與黃。或性而然。或偶而然。設非速滅。亦云何似。因底如是。是云何似。

（解）前謂久駐之色。可以繇動而生。故皆屬動成之類。茲證之曰。速過之赤色。繇於速過之媿情。動而生焉。則久駐之動。亦能生久駐之赤矣。蓋以久之所以然。視久之效。與夫以速過之所以然。視速之效。同一比例故。則黑色。或生而卽然。或爲日之所曝。黃色。或偶疾所致。或初情所成者。皆爲動成之何似。緣必有此模于底。而後以其模效。證其模所以然。而謂之何似者也。

(古)倏然之動。所作於物。可謂動感。非謂何似。媿激而赤。非卽爲赤。怖觸而黃。非卽爲黃。第謂受感。故非何似。靈性之動。亦有然者。性稟所成。非可易除。直云何似。若癲若忿。凡非因性動自靈性。而不可去。雖去不易。亦云何似。若凡速動。易可去者。特云動感。如情恚怒。發動過常。不因可謂大恚怒者。惟可以謂感受於怒。

(解)前論凡繇久駐之動所生者。皆直謂之何似。以其有之者。爲直然之何似者故。如黃赤之類。茲謂凡繇速過之動所生者。不可直謂何似。以其有之者。非直然之何似者故。如忽媿而赤。忽怖而黃。豈可直謂赤者黃者乎。亞利既以感受爲總何似之屬類。茲非謂其本理之非何似也。謂論其在底之相。非直可謂何似。緣所稱於底者。非直之稱。乃偶且速去之稱耳。當知凡何似者。(論他諸依賴其義亦然。)所以得直稱其所依之底。須有三焉。一、若爲繇多分之積之何似。須過半以上之積。如水有五分冷。不直謂冷。亦不直謂熱。惟可謂溫。緣凡積成之依賴者。必函悖情。故底情所闕幾分。悖情之在底。亦幾分。既不能就兩相悖之情而受稱。則必就其勝情而稱之也。顧此。但論能相容於一底。積分相悖之何似。若夫不相容者。所積雖微。可稱所依之底。如性靈所發明知希愛之用。雖所積甚微。然直稱爲知者愛者矣。

二、若所主之何似。非其專指於底之某一分者。則須在於底之大半也。不然。則黑人而白其齒者。豈可直謂白者乎。謂所主非專指於某一分者。如稱瞽者。但須瞽之在目。緣其爲所指之本。且足以該其瞽之全底也。

三、若其何似。爲可以久着於底者。須其非爲速過者。不然。則忽媿而赤。豈可謂赤者。忽怖而黃。豈可謂黃者乎。緣此等何似之在底。更可從微暫以至全成。至於全成。乃可以直稱其底也。至如聲響到耳。雖不久駐。可謂何似。蓋其聲雖速逝。然已全成其聲。非可更加全加成。故卽可稱其底爲響者。

（古）模也與相。其在何似。屬第四類。三角四方。暨直與曲。皆何似者。

（解）此指何似之第四類。兼模與相焉。解模之何似云。繇幾何之限界。作成其在某物者。如人與馬之外形。皆謂之模。解相之何似云。就幾何之限界。所造成。不拘於某物者。如三角形圓形。皆謂之相。三角形圓形之類。在物。而實脫乎物。故不謂模而謂相。

（古）虛凝澁滑．或謂何似．然非何似．緣所指義．分分置設．凡物之分．逼而弗離．是云凝者．離而弗逼．是云虛者．瑩平無滯．是云光滑．高卑不平．是云麤澁．是皆置設．故非何似．凡何似析．或有別端．但古所指要歸四類．

（解）亞利謂虛凝澁滑．皆非何似．又以爲置設者．二者皆別有辨焉．亞利於形性學七卷之二嘗云．虛凝澁滑．皆係於何似之第三類．皆屬着司所覺．故玆曷云非何似之屬．蓋所云虛凝等體有二義．一指屬於着司可覺之物．一指諸分置設於若干之全者．循前義．則爲第三類之何似．循次義．則非何似之屬．而但可謂諸分之置設者也．

但所云置設者．何倫有指體勢之倫．爲亞利所云設置者非也．虛凝等．本非其物在所之現置．更爲物所固有之置．夫所或有變．置則何能變焉．亞利所云設置．其論在幾何篇中．所云有幾何之物．或繇有序設之分而成者．是也．循是義．則虛凝澁滑四情．固皆幾何之屬也．

（古）何似者云何．凡就因繇稱．或就指義稱．以從其何似．是謂何似者．因白稱白者．因義稱義者．是因所本名．以名其何似．若非舉本名．如云角力者．是乃因性能．原非因本名．是特指其義．設云角力者．

角力卽本名。然此非性能。惟屬所習藝。固自分他類。或亦有本名。顧其云何似。卻不就其名。如云爲善者。雖就其德能。而德非可名。第指義而謂。

(解)釋何似者何解。云是或就所因之名而稱。或就所指之義而稱。以各從其物之爲何似者也。因名以稱者。就一模中取一名。而不就其義而謂。詳在先論之一。如白色爲何似。則白者爲因而稱之之何似。者也。指義以稱者。其所稱。雖有何似。而非有本名。則其所謂何似者。不謂因名而稱。又或雖有本名。乃其所稱爲何似者。不就其名而稱。惟指其義而稱。如就其學問而云智者。就其道德而云爲善者。皆就其指義而謂者也。

或曰。亞利設推論之規云。解物者。不可作儱侗而解也。今亞利就何似之物而解何似。又就何似而解何似之物。此非儱侗之解乎。曰。使吾所用以解者與其物之受解者。其旨義無能有所顯著。則物性終於不明。爲儱侗之解也。使所用以解。與受解者。足以相顯。則其解當矣。今試就何似之物而解何似。是因何似之物。爲何似之效。而凡云效者。其於吾人覺司之識。固顯於其所以然也。至於就何似而解何似之物。又因何似者。乃何似之物之模所以然。而論物之本性。凡爲所以然者。尤顯於其物之效故。

（古）何似屬悖。云德云慝。云白云黑。其脫於底。本正相悖。故其托底。謂何似者。亦互相悖。如黑悖白。如德悖慝。抑或無悖。若黃若青。

（解）此篇中之第三論。釋何似之三獨也。其一。云屬有悖。證取脫底與托底之何似。爲例。其二。云何似不皆屬悖。證取第三類中色之何似爲例也。顧此一端。凡餘類皆可取證。論第一類之何似。則凡德之當有折衷。不可過當。如惠如勇之類。皆不屬悖。論第二類。則凡主明與主欲之德能。亦無所悖。論第四類。則凡成形之全。如圓形三角形之類。亦皆無與爲悖者也。

（古）又何似者。可受增減。兩白兩善。互較有勝。矧此一物。先後自較。亦有更勝。如夫白者。可云更白。如夫善者。可云更善。只舉脫底。則又有云。無更可論。夫惟在底。可以互較。如兩善人。謂某更善。如兩智人。謂更有學。三角四方。形非增減。如凡圓形。以較諸圓。圓理不異。不云更圓。或取非圓。以與圓較。亦無更義。緣角與方。視圓復別。詎云更圓。故無增減。

（解）此乃何似之二獨。云何似者之相較。可以就更勝者而謂。如凡合底之何似。云此一白者。此一善者。不特可以較他白與他善者。而謂爲更白更善也。卽以自較於前後之異時。亦可謂之更白更善者也。至論脫底之何似。亞利但述古說。其不可增減之義。未爲剖定。今爲辨之。宜先別夫受增減者有兩義。一、第就脫底之模而較其多少者。一、乃模之在底。而就其底之積分以爲若干者也。循前義。凡脫底之何似。不得受增減。故不就而謂多謂少。循後義。則凡合底者。皆可受增減。而在其底之何似。亦因而謂增謂減。緣各就其底之所積。更以成其爲何似也。

（古）右所舉者。其在何似。悉非獨情。惟云相似及不相似。乃其所獨。蓋凡物較云相似否。悉因何似。別無他故。

（解）指何似之三獨。云使其物之切謂相似不相似者。是乃何似所獨有也。詳辯見後。

（古）設或難云。所論何似。舉習與引。俱屬互類。奚云何似。則解之曰。宗有互向而類則否。如知謂宗。固必有向。蓋知所指。必有可知。其界相轉。若其謂類。如知星學。未必指界。故不轉向。無互向義。是云何似。設謂一物。可爲何似。亦爲互向。置屬兩宗。理亦未悖。

（解）亞利前篇。指習熟與緣引爲互向者。此篇謂爲何似。義似弗合。蓋一物性。惟可居一倫。不然則無所分別也。解此。有兩義焉。一、習熟之與緣引。論其爲宗。則爲互向者。而正係互倫。論其爲類。則非互向。而本爲何似之類也。如知。乃宗之稱也。云知。則傍指其可知者。而直指其爲某可知者之知。固有相向之義。若舉星之一類。或樂之一類。則未必指其所對之界。（凡云星藝樂藝。乃在明悟內學問所得之名。而非在彼外界之名。故但云星藝云樂藝者。非能指所對之界也。）故爲宗之知本爲互向。而爲類之某學。則何似而已矣。二、一物固不可以屬兩宗。然循其所統。或有不同之義。則謂其兼有異宗之性。亦無傷也。

駁此解者有三。一、十倫中之各倫。包函上下諸稱。而上焉者。固統於下焉者。則上宗下類。不得分而爲異倫也。二、試舉爲宗之知。爲宗之習熟。視其所向之公界。與舉爲類之知。爲類之習熟。視其所向之特界。其理惟一。則爲宗者。因其有所向乎公界。既爲互向。其爲類者。亦有所向乎特界。亦宜謂互向者矣。三、凡共居一倫者。俱共本倫至宗之性。一物既匪兩性。則亦豈能屬兩宗乎。辨曰。亞利所答前義。非謂知與習。正爲居互倫之互向者也。特以爲就他而謂之互耳。而凡就他而謂者。但指超而無向之物也。（就他而有。乃眞互倫。若夫就他而謂。則超而無向。不拘互倫他倫。皆有之。）至論爲宗之知與習熟。所以別於爲類者。蓋知與習熟之公名。亦指就他而謂之向。而爲類者之特名則否。何故。凡云知。必指其可知者。故可以轉而應之。而云。凡可知者。必屬某知之所知者。彼此相向而謂也。若論爲類之知。本非就他而謂之向。如云星曆之知。可釋之謂星曆之界可以知之知。而不可轉謂可星曆者之星曆。如云樂律之知。可釋之謂樂律之界可以知之知。而不得轉謂可樂律者之樂律也。

亞利所答後義。但云。設使一物也而有不同之模理。固能屬不同之至宗。以居不同之倫也。非謂一物而能統不同之性者。此義後特有辯。

何似之性與其屬類辯一

釋何似之模理一支

亞利解何似。云何似也者。是物所以爲何似者。駁云。此義。或不拘何似。而泛指凡依模之傳底。俾就何傍而受稱者乎。或指何似一倫之依模所界於自立體之特效乎。使謂指就何傍而稱。則不但可解何似。亦可用以解他依倫之至宗。緣皆就各所界於自立者之何傍而稱也。使謂指所界於自立體之特效。則未釋何似所傳於自立之效。故亦不足以釋何似之模理也。若是者。設解幾何。亦可云是物所以謂幾何者。設解互視。亦可云是物所以謂互向者。則前解。未能悉何似之性矣。

亞而伯爾篤瑪諾欲釋此難。曰。諸倫依賴之別。各有所界自立體之特效。何似之切效。固在圓成美飾於自立之體耳。如幾何之效。在能俾其開展。互視之效。在能俾其互向。其餘諸倫。皆各有特效。其在何似。則能圓成美飾乎自立之體而已。故亞利解何似。但云是物所以爲何似者。義言他諸依賴。各有所界於自立體之效。而何似也者。則特界之以所云何似者耳。依此以釋前論。當曰。所云何似者。本指何似所以圓美其自立者之效也。或曰。餘倫之依賴者。亦可就此義而解乎。曰。不然。設云幾何乃物所以爲幾何者。設云互視乃物所以爲互向者。終不足以顯其倫之特效。惟所云物所以爲何似者。則明指其物所以圓成於己。而有其美飾者。所指本效甚明也。

篤瑪亦從此義。曰。何似也者。是自立體所以限定其依賴之容德者也。義言何似依賴於體。而俾其所有受依模之容德。獲其爲以圓成厥底也。蓋自立體所有能受他諸依賴之容德。非如所有能受何似之容德也。受他依賴。則有限定之容德。就此以得某一圓成。受何似。則有非可限定之容德。就此以得各種之圓成也。

雖然。此論尚未悉也。蓋何似之效。雖多在於俾其自立體之圓美。然別有爲自立體所須以或存其有。或施其用者。存其有者。如冷熱等初情。能存自立體。施其用者。如主明主希之德。與生育長養之能。故亞而伯爾篤又曰。夫性俾自立體得何似。蓋以爲不特圓滿其容德之能。更以資其用。庇其受也。

依此而論。則所云何似。乃物所以爲何似者。義言乃自立體所以圓成其本有。及所施於其用者也。

繇上所論。可作更明切之解。曰。何似者。是有。是能滿夫受造諸自立體。使之全於己。全其所施之用者也。云有者。以別於凡非實非居倫之有者。云能滿夫受造自立體者。以明無上元尊。匪受造之有。無所加飾其圓滿。以其純妙之體。非有何似之雜者故也。謂使之全於己云者。以別於他諸倫。蓋自立之體。不可謂能自爲全美。亦不謂爲所以施用之中始。自立體爲施用之訖始。而所用以施用之諸德。與緣引。謂之中始也。而幾何。則主於展互視。則主於向乎其外。其餘者。或爲自立體之所以得圓成者。如作受二倫之物。或從自立者之全成而出。如所與勢及時。及有。皆加乎自立體全成之後者也。此解中。不舉亞而伯爾篤所云庇其受者。蓋或有何似。雖亦能受他何似於己者。如凡主明主希之德。能然其受之而特在於體者。則未有也。故所謂全於己全於所施之用者。足以盡括何似之諸類云。

何似之析於屬類二支

亞利析何似爲四端。一習熟與緣引。二因性之能與因性之不能。三動成與動感。四模與相也。茲辨所析當否。有二義。一、所析能盡括何似諸類否。一、四者之別。爲本然之別。或爲依然之別。論前義。則天學性學。皆是其析。但所以證之者多端。今設三論定之。一、論何似。或但在於體之外面。或亦在乎體之內。若但在於外面者。則爲模與相。成第四之類。若在體之內者。或屬外司所能覺。或非外司所能覺。若外司能覺者。則爲動成動感之第三類。若不屬外司能覺者。或爲性之所賦。而爲因性之能與不能。卽第二類。或非性之所賦。本係人力所積而爲習熟緣引。卽第一類也。

右所證何似諸類。莫不盡括矣。或云。論容貌之美。與黑白諸色。皆屬於在外面者。亞利形性學七卷之三篇。乃又置容貌之美於何似之第一類。置諸色於第三類。何哉。曰。容貌之美。非本然之有。但繇色相之和合。與其百體之相稱。爲依然而成之物也。亞利特舉此爲例耳。至論諸色之別。不但在形體之外面。卽體中亦有之。其所收何似之類。所以不盡當者。蓋不就本然之別。而惟就依然之別。如云屬外司所能覺者。云在於形體之外面者。在形體中者之類。皆依然之別耳。十倫之論。皆以別各物之本性。而不論依然之別。

篤瑪別爲括定何似之論。曰。何似也者。乃托于自立體之依。卽而此依。卽之於自立體。或可較其本性而論。或可較其作與受而論。或可較其所有之幾何而論。若較本有以論。何似之於其體。或相宜。

或不相宜。則第一類也。若較作與受。或爲作者受者之始。或爲作者受者所成之限界。謂爲始者。則第二類。謂爲限界。則第三類也。若較幾何。則成第四類也。

此論亦不盡然。辯有多端。姑揭二者。一、就此論而推。則一何似也。舉其不同之義。似可以係於不同之類。而其實不然。謂能係於不同之類者。如曰熱也者。乃火性相宜之何似。又爲火所施化之限界。則舉其與火相宜。爲第一類之緣引。而舉其限界。夫火之變化。又爲第三類之動成也。後別有辯。

二、所云作者受者之限界。非能盡括第三類之性者也。何故。謂第三類之何似。爲作者之限界。所指三類之何似。或皆緐切義之動而成乎。或亦緐泛義之動而成乎。就先後流行之動。而實俾其底之有變者。是謂切義之動。若其倏然而成之動。不能俾其底之實有所變。是謂泛義之動。如空虛日照之類。不可謂緐切義之動而成者。一則凡切義之動。俱就有感有受而成。顧亞利云。凡動成之何似。非皆就感受而成者。一則倏然而成之照。本亦在於第三之類也。不可謂亦兼緐泛義之動而成者。苟兼泛義。則多許有緣引者。宜置於第三類。如內外形司與主希之德。能所成作用之限界。皆倏成之何似故也。主希之德。兼喜怒二德而言。屬形不屬靈。乃人獸共有者。矧所云爲作者所成之限界。非三類之何似所共。又非但三類之何似爲作者之限界也。則其謂爲作者之限界。非三類之專理也。

前二論既皆有疵。玆就何似最切之本元。別作一論。以括其所屬之類焉。就以前設之解爲基。曰。何似之模理。全在爲自立體所以圓成於己。及施之於用者也。則凡依托自立者之何似。或爲成其有而托。或爲庀其用而托。若爲庀其用。則或爲作用之始。或爲作用之限界。若爲作用之始者。作用之始。有遠有近。自立之體。乃本作之遠始。所就以發用之何似。是其近始也。或爲初且性所賦之始。或爲次而繇外至。且人力所積之始。若爲性賦。則第二類因性之能與不能。若繇外而至。則第一類習熟與緣引也。習熟緣引。皆爲作用之限界。當知凡作用之限界。有兩端焉。一、凡爲作用而有之限界。如諸知用希用之限界。一、不爲作用而有之限界。如熱在火。冷在水是也。前端之限界。切謂第一類之緣引。後端之限界。則爲圓成其自立之體而有。不必爲作用而有。故本係他類。不係於第一類也。若其何似。爲圓成自立體之有而托乎。則或爲其若干大小之限界。而成第四模與相之類。或保存美飾自立體之內有。雖或亦有裨于施用。然而屬於第三動成動感之類也。以此括之。則何似四端之析。最爲確當。蓋就何似最切之本元所定。卽圓成所依自立體之本有。與庀其施用之謂也。至論各類因性超性之何似。乃超形性學之論。別具詳之。

論何似四端。何以相別乎。古者有謂其非本然相別之類。而但可謂宗何似屬之分系。又謂其所分四者。但舉以爲例耳。尙有他端之可推也。其證據二。一、亞利嘗曰。何似必有多端。其後專指四端。乃推理學者之所定耳。則何似不止於四端也。二、一何似也。而其稱名不一。如熱。論其存火。則謂動成之何似。論其爲火之所施。則謂因性之能之何似。則何似之四端。非其本然之別也。

正論所據。亦有兩端。一曰。公之何似者。受析而爲本然相別之屬類也。證之云。凡爲宗性。皆就相對之殊而受析。以成本然相別之屬類。何似爲十至宗之一至宗。亦必有本然相別之屬類焉。若謂何似雖爲公且同名同義之有。而其爲倫屬者。非切謂類。皆特一之賾耳。則曰。各倫各有本然之屬類。各有明證。不能如何似屬類之證之明也。夫豈必據明悟之所推。卽據五司所攝。可以取證者固多。二、前指之四端。乃何似者正且無隔之屬類也。亞利論四端之何似。或稱之謂宗。卽至宗之屬宗也。或稱之謂類。則其意正以爲類也。據前所定之論。可取證焉。

茲更論四類之別。爲模之別乎。抑爲實之別乎。有謂就模別而析者。據亞利謂何似之有多端。與夫熱爲動成。又爲因性之能者。可以取證。又證曰。一物也。而據其所兼之不同義。遂係于不同之倫。則據其不同之義。豈不能係於共一倫而不同其類者哉。所謂一物兼有不同之義者。所也。勢也。但一實卽耳。顧成立二倫。又如互也者與所依之基。或就模別而別。或惟就率基而別。然而互與基。各自居于一倫焉。

正論曰四類。皆實之相別也。當知實有之所以就模別而分類者。其義有二。一、物性自有其別。如一類爲若基之承載。一類爲依托斯基之卽也。如幾何與其形相。共一實有而就所有之模別。各自關於某倫也。一、物性自無所別。惟就明悟之率基而別。如五公稱中所論物性諸系之在某特一者。系者。如有體。生。覺。靈。在人。特就率基而別。實惟一物。而明悟據其所測相別之基。以別之爲多物也。夫此二種模別。皆非四類之所以相別。何故。凡屬一宗之諸類。俱並時而析於其宗。無分先後。設其一類爲依托他類之一卽乎。夫爲基之類。固在卽先。而爲卽之類。必在於基後也。則二者不能並時而析其宗矣。論率基之別。尤不足以別何宗之各類也。何則。凡不同之類。必就不同之殊而成。設謂一物之實有就率基而別於多類。則其物必函不同之殊者矣。既函不同之殊。則其殊也或皆其物本然之有乎。抑一殊爲本然。而所合之他殊。爲依然者乎。不可謂皆本然之有者。蓋一物之內理。非能繇相對之殊者而成。故亦不可謂一殊本然。而他殊爲依然而合者。一則本然與依然。固有先後。不能並而拘一宗。一則何所據而取多殊中之某一殊。指為本然。而不取他之某一殊。謂之本然乎。依此。可破所云物有不同之理。可闕不同之倫。則亦能闕不同之類者。蓋謂此一倫之至宗。托於他倫之至宗。而如其模然。其上既非更有他宗。而兩宗各自有一模效。則雖無實別。而可居兩倫。理非相悖耳。若以類論。則共屬於一宗之下。循上諸論。豈能屬兩宗者哉。所舉所與勢。合於一物。後有詳論。

今釋前所論亞利指何似之或有多端者。曰。亞利之意。非謂此四端外更或有何似在也。特云分析何似至宗。或更可以別加推論耳。但所析已為甚當。故不別加推論也。

所謂熱之在火係於兩類者。非也。凡保存物性之何似。雖或兼有所為施用者在。然依所定四類之第三論。固為動成之何似。不係於兩類也。

何似之四類各統兩端若何而別辯二

論習熟與緣引一支

亞利析何似四類。各指兩端。或特其名相之有別乎。抑其物各有相別者乎。亞而伯論習熟與緣引。特依然而別者。其證舉二。一、亞利篇中。明謂習熟緣引皆一類。則非以為就本然而別者也。次亞利亦謂緣引若久。即可變成習熟。若各一其類。豈得變此類。成他一類乎。又釋其所以別者。謂習熟難離於底。緣引則易離也。凡難去易去。特依然之殊耳。試觀熱之在火。則難去。在石。則易去。豈可謂爲不類之熱哉。

二、所云難去易去。不能別習熟於緣引。亦不但別習熟於緣引。則不足以別其爲兩類也。謂不能別習熟於緣引者。慝也。誤也。謂之緣引。確知也。德業也。謂之習熟。每見慝與謬。較確知與德業。生根更深。克去更難。則豈能指難易以爲別者乎。謂不但別習熟于緣引者。如熱之在火。自必難去。顧屬動成。自關第三類。非專在第一類也。

正論曰。習熟與緣引。各自一類。共屬於一隔宗。亦謂之總緣引者也。所據要義。正在所云習熟難去。緣引易去者。篤瑪釋之曰。二類之所以別。非在其一久駐而難去。一不久而易去。爲外來之殊也。更在其本性中各自有其殊者。故其別爲二類。乃本然之殊也。若云一類之性。豈能兼統如此相悖之之殊理哉。

釋此義。先辯習熟緣引何別。所云習熟者。姑舉二義。一切一泛。切者。是吾人作爲所成之何似。留在於施作爲之德能。俾之利用其作爲者也。亞利超形性九卷之五篇解之云。習熟者。繇作爲而得之德能也。泛者。則指第一類之何似。義復分二。一指第一類之包兩端者。亞利超形性五卷之二十三篇解之云。是緣引之或益或損於厥底而引之俾利於行者也。一指與緣引相對者。正此習熟之義。亞利所解何似之或益或損於厥底。而去之則難者是也。緣引之義有三。一泛。一切。一介于中。泛者。凡依模之在底。不拘其能引他模與否。泛謂之緣引。切者。依模之豫庀夫底。以能緣引他模者。切謂之緣引。形性學。論凡爲元質之緣引。所以得受自立體之模者。皆此義也。介於中者。則指第一類之何似。此義又分爲二。一指第一類統兩端之隔宗。一指其與習熟相對之緣引也。解所謂何似之或益或損於厥底而去之則易者是也。云或益或損者。蓋凡德慝統歸於善惡。而善則益。惡則損。故就其益損厥底者。兼攝德慝一類。而以別於他類焉。又凡物皆爲施用而有。自立之體。就第一類之何似。得全成以施其用。故因爲施用之何如。而謂爲或益或損于底之何似也。

今指習熟緣引所以分二類者。曰習熟本性。爲久駐之何似。緣引本性。爲不久駐之何似也。釋之者。謂習熟自有所以然。使之難於去底者。緣引亦自有所以然。使之易於去底者也。顧其所以然者。其義難明。加益達以爲外模之所以然。蓋凡確且顯之知。俱爲習熟。俱難離底。緣其依恃最初之論。與明悟本性之光。二者自然不謬故也。最初之論。本性之光。二者乃其知之所以然。緣其爲在外之模。故云外模之所以然。兩可疑惑之義。則爲緣引。俱易離底。緣明悟所以是之之繇證。不能盡脫疑根故耳。此解未盡。況亦有疵。未盡者。蓋但可以論依於靈性。而爲合成之習熟。若夫靈性所蓄外物之神象。及明悟所以通物之直攝。可難可易。皆無所關於或確或疑之理也。豈可以別難去易去之何似者哉。有疵者。明悟之作用。屬於緣引。然而亦恃最初之論。與本性之照。如習熟然。然而明悟既止。即無作用。不可謂爲難去之何似也。

有謂難去易去之故。繇於質之所以然。因云習熟爲物性之美飾。與性相宜。故存之不亡。若緣引。則其能力不全。於底未必相宜。故易滅也。此說亦非。推論也。修爲也。論其作用。俱緣引也。以作用之緣引。較此二者之習熟。更爲相宜。而又作用之爲緣引者。貴於習熟。則其於人之靈性。更爲相宜。然而作用易亡。習熟則否也。性之本向。爲作用而有習熟。非爲習熟而俾作用。則固不係於相宜之質也。有謂其所以然者。不爲是之所以然。但爲非之所以然。義言習熟非悖。故難離底。緣引有悖。故易得滅也。亦非也。習熟與緣引。俱屬有悖。況習熟較緣引。悖更多也。有指爲之所以然。爲難去易去之故者。蓋云。凡所以有習熟者。固爲全成其德能偕施於用者。自當恆久不滅。若緣引。則非作用之始。但爲作用之限界。故不能恆久不變也。知愛德施用所注之愛。謂之限界。卽所成何似緣引之愛也。其分別。有內界。有外界。就此何似之愛。爲內界。而其所愛之物。是爲外界。明悟之用。亦然。亦不盡然。何故。外司所受之物像。其生其存。全係於物。是以自不能久。顧其爲之所以然。亦以裨益其所司之德能以施于用也。

正論曰。所云習熟之難去。緣引之易去。各自有所以然者。其義非謂眞有所以然。爲可指論者也。惟指其二者固然之內性耳。若論眞所以然。則宜謂指作之所以然。蓋凡第一類之何似。若但繇作者以生。而不繇作者以存。則不論其或爲扶德能之施用。或爲限界德能之施用。而皆習熟也。若其生與存。皆繫於作者。則爲緣引耳。此解甚當。一則合於亞利諸論。一則明指二類所以相別。蓋凡諸不分之一之屬於一類者。固未有其一可以離作者而存。其一離其作者而輒滅不存者也。

此解又合於何似所分各類之說。蓋凡在明悟及內司。除一公司。所印存之像。凡明悟之藝之學。及依愛能所習之德。凡或依靈或依形作用再三之功。所留之何似。皆習熟之一類所該。其生必繫於作者。其存則否者也。凡知用與希用之限界。凡外司及內之公司所受之像。磁石所以吸鐵。琥珀所以吸乾草之何似。天所以滋下域之施。與凡物所以受動之施力。皆緣引之一類所該。其生與存。皆繫於作之所以然者也。

所證習熟與緣引。惟就依然而別。故亞利謂爲一類。蓋二者。若各脫其所拘之特理。則惟一類耳。如薄斐略之論五公者云。諸人。據其所共之公性。惟一人也。

所謂緣引可以變習熟者。曰。亞利非謂緣引之可變。特云久駐。則其勢如習熟然也。難曰。依前所云。凡何似之生與存。固繫於作者。則設其作者既亡。緣引不得不亡。豈可謂其勢如習熟然乎。曰。大凡緣引。其作之者之施。雖有時而已。然而論其性之自然。不容自已。猶之乎習熟焉。如天神自知自愛之作用。其限界所緐生存。皆繫於天神。天神循所自然。不容自已。則其作用之限界。可謂如習熟然者也。

所謂難去易去特爲依然之殊者。曰。習熟與緣引。不以難去易去爲所以相別之本殊。第緣各自有其性。或易去。或難去。固緐作者使之。是其所以別之本理也。若熱之在火。則不緐作用再三之施而增。不謂習熟。自繫於第三類耳。

所謂難去易去。不足以別兩類者。其論非也。慝與謬之生。固繫於其作者。其存則否。固俱爲習熟也。亞利形性學五卷之三篇云。習熟有或德或慝。篤瑪曰。明悟之習熟。或屬兩可。或屬確知。顧其屬於兩可者。或可不免於謬者耳。

所云熱在火之難去者良然。但其難去。非緣作者之施而有。惟緣所依之底之固然而有。是爲動成之何似。若習熟緣引之所以。或難去。或易去。自當視其所生作存之作者而論之。

論性能動成模相三類二支

三類各包兩支。皆就依然而相別也。今各證其義。所云能不能者有三義。一、兼或體模。或依模或是之模。或非之模。而厥底。就其所受之模。無所悖於或施某用。或受某模者也。據此義。則所云德能。亦兼凡物所有之非悖。所爲或施或受於其或因性力。或超性力之諸用。如人靈性所有受超性寵愛之非悖。明悟所有得見天主之非悖也。二、惟兼或能施或能受實之能力而不拘其爲自立者爲依賴者之德能也。據此義。則所云德能。亦兼天主所作之德能。與一切體模之能力及元質之容受也。三、但指一切因性之作者。所施于用之德能。而其德能。未嘗不爲依賴。況未嘗不爲何似也。據此義。但指德能。而非泛指作者。凡能作之何似。非即可謂德能也。不然。第三類之何似。如冷熱類。多有可謂德能者。則惟是特爲作用而有。而又從自然所生之何似。乃爲第二類因性之能也。水之施冷。火之施熱。雖因性自然之有。然非爲作用而有。

若德能，則特爲作用而有者。故解之曰。性之所賦。特爲施諸作用之何似也。謂性之所賦云者。以別於第一類功力所積之何似。謂特爲施於作用者。以別於第三類之何似。緣雖多有底所自生。又有資於作用之何似。然而非必特爲資作用而有。更爲圓美保存其所依之底而有者也。

所云因性之不能。亦有三義。一指能者之非。謂不能施某效者。二指是能之劣力。所欲用作某事。而不能者。如靈才之鈍。與稟性之劣也。三指以此一是之能。視別一是之能之發用。蓋雖自所能施之作用。實謂是能。然以較他所不能發之用。則謂之不能。如主聽之能。謂見之不能。主見之能。謂聞之不能也。觀此。則知所云因性之不能者。非其自爲一類。而有別於性之能者也。循第一義。則不能者。乃能之非耳。循第二義。則因性之不能。但就其多少之稱而別。不足以作類別。蓋靈才。雖分鈍睿。其爲靈才。則共一類。如壯年之步稱能。老年之步稱不能。然而共一類之能也。循第三義。則見德自匪別有何理。以謂其聽之不能。但就其所以見德之理。卽是不能聽之理也。則所云不能者。非自爲一類。以別於能之之類。而但舉其德力之劣者。謂之不能。與能也者通居一類耳。顧此能之劣。不可謂能之非。若舉能之非者。以共置一類。則非實有之物。何得居倫哉。凡生稟而有之德能。與夫草石所有之性力。如磁石琥珀所吸之能。皆統於此也。

至論動成動感之何似。依亞利所指。可知但爲依然而別者也。如面色之赤。若因性而有者。謂之動成。若非因性而有。但忽有所感而致者。謂之動感。然而類則一耳。其所以別。惟就其在底之久與不久而別。非本然之別也。或曰。前論習熟緣引。就久駐不久駐而成本然之別。今論動成動感。亦就久駐不久駐而別。則亦爲本然之別。非依然之別也。曰。久與不久。不足以定本然之別。其所以久不久者。從物之本性而有。不係于所依之底也。今論動成動感所以久不久者。不在本性。而但係于外底。其習熟與緣引所以久不久者。自係于本性。而不係于外底。故在動成動感。但能成依然之別。而在緣引習熟。則能成本然之別也。

或曰。習熟與引所謂本然之別。一則其生其存。皆係於作者。一則其生雖繫作者。其存則否。是皆本然所著之迹也。今第三類之何似。或生存皆繫於作者。如焰與響。皆動感之屬。或生雖繫於作者。而其作者或離或滅。其何似者不卽亡。如冷熱等動成之何似。則是二者。亦豈不就本然而別乎。曰。凡自有可久駐不可久駐之能力。皆其就本然而別者也。但於一切動成動感之間。不現此迹。試觀性成之赤色．與忽變而成之赤色．其久不久之勢．豈其赤色所自有者哉．又炤之在日．則爲動成之何似．在空中．在月．則爲動感之何似．然而皆係一類之炤．設使動成動感．自有久在不久在之別．亦爲偶然．原其所以不同之故．蓋動感第就其底之所感．不久卽滅．動成則能變化其物而久在不滅也．此類統四初情．與從初情所生所存之物之何似云．

模也．相也．其非本然之別．舉證更明．蓋從幾何限界所發之一卽而論之．舉其脫底之義．謂之相．舉其托底之義．謂之模．（幾何之限界．謂之爲模義．如生覺之倫．人馬所現之相．俱謂之模也．）其所以相別．在於人所自主．就托底脫底之兩義．而指其一謂相．一謂模耳．

相分內外．內者．物所固有．苟非其諸分之實有變動．則其相隨時隨處．恆一不易．外者．非物所固有．而但視其所居．謂有某相．其諸分之在某所者．設或有變．則其相亦有變也．但此義．似與體勢無異．故居何似之倫者．獨舉前義之相云．

相似不相似爲何似之第四獨否辯三

所云物之謂相似不相似．悉因何似者．義言凡有何似之物．固有可切謂．且本自謂．似不似之容德也。蓋何似之獨。非在俾其物現謂相似者。而在俾其物有可謂相似之容德。何故。設使其爲何似者。而獨有其一在乎固不可謂現相似者。而惟謂有可相似之容德也。謂可切謂相似云者。蓋或亦有不就何似而謂相似者，然而但借其義。非切謂之相似也。謂本自云者。蓋有何似之自立體切謂之相似不相似。然不可謂本自相似。而特就其所有依賴之何似。以謂之相似也。

但所指相似不相似爲何似之獨者。其義謂第四端之獨乎。抑固爲獨情。而非第四端之獨情乎。曰。論相似者。以一爲其本基。而一之爲義有二。一爲分同之一。如兩白者彼此所積之分。各有五分。謂同分之合一者。一爲類同之一。如兩白者。一有五分之白。一有八分之白。非合於同分之一。然既同一類之白。故云合於同類之一者。兩者未必同在一物。可以相離。如兩白色乃類同之一。而未必合於分同之一。又白色與黑色不合於類同之一。而可以合於分同之一也。權此兩一。故分兩說。一說以分同之一爲相似之基。執此說者。謂似不似之獨。不爲何似者第四端之獨。多有何似而非其獨。如依幾何之諸相與因性之德能皆不積分。故不得謂有同分之一也。一說以類同之一爲相似之基。從此說者。謂似不似之獨。誠爲何似者第四端之獨。緣凡何似之於他何似。必有一類之相同。必有一宗之相別也。

證前說曰。以相均論幾何。以相似論何似。其理則一。今兩幾何所合於類同之一者。不謂相均之基。而惟諸分彼此之展之相合。乃是相均之基也。則兩何似之合於一類。亦非其相似之基。而惟是積分之合於一者。乃其相似之基也。次凡幾何之倫之特一。或線。或面或體。各自同其爲類。若指合於一類。爲兩何似相似之基。此其相似。豈可以爲何似之獨乎。三、若使同一公性。足以爲相似之基。則此何似之於彼何似。可謂相似。亦可謂不相似。如白色之於黑色。舉宗則一。故相似。舉類則別故。不相似也。

證後說曰。亞利於超形性五卷之十五篇。謂自立者所以爲同於一。是幾何者所以爲相均。是何似者所以爲相似。今論自立之倫。兩人合一公性。是所以同一之基也。則兩何似合一公性。亦所以云相似之基者也。次亞利以相似不相似。爲何似甚切之獨。乃是凡諸何似者之通義。使以分同之一爲基。而不以類同之一爲基。則相似者之爲獨也。不能關於諸類。緣何似者。多非有積分之可論。故三、何似之諸類相較。比幾何之諸類相較。其比例更切。則雖幾何不可相較。以定其均不均。而何似可以相較。定其似不似之稱也。凡兩物相較。大抵在何似。而不在幾何。故何似之較。比幾何更切也。

正論兼取兩說。曰。相似之切義。雖本以分同之一爲基。然亞利所指何似之獨。則脫乎分同之一。

類同之一之所基者也。論不相似之義亦然。所謂切義以分同之一爲基者。就第一說所舉。足以取證。所謂脫於分同之一及類同之一所基者。則第二說之第三論可證焉。蓋論何似者。或全相悖。如至冷至熱。或略相悖。如至冷與半熱。或於性不相悖。而惟積分則不等。如至熱較五分之熱。此數者。雖不盡合於分同之一。然而皆可相較。以取相似不相似之稱。非如幾何必以配合不配合。爲均不均之基者也。若夫亞利之第一論。固不足以爲證。況似可以證第一說。蓋所云自立者。言物之內理也。義指凡同於內理者。謂之相同。同於幾何者。謂之相均。同於何似者。謂之相似也。推此。則似指物所以合於內理之一。（合於內理者。卽前所云合於一類者。）而與合於幾何之一。合於何似之一者。其一各自不同。故幾何所以謂均不均之互。何似所以謂似不似之互。非以合於一類者爲基也。

今釋兩說所駁。所謂以相均論幾何。以相似論何似。其理則一云者。曰分同之合一所基之相似。乃更切之相似。顧其同類之所基。亦非可謂不切之相似也。亞利所舉幾何何似之較。但言兩幾何之較。謂之相均。兩何似之較。謂之相似。而未及論各所以相向之互。其基何若也。

所云若指合於一類爲相似之基。其相似。不爲何似之獨者。曰。何似所以合於一類而可謂相似。

不合於一類而可謂不相似者。自有特理。比如不同類之幾何。不相悖。不可相較。故不能謂不相均。若不同類之何似本自相悖。可以相較。故能基不相似之互也。至論合於一類者。何以在何似。則可謂相似。而在幾何。則不謂相均者。蓋相似。乃積累圓成所致之稱、而相均乃幾何之展所推之稱也。凡合於一類之何似。各皆積累之圓成。緣其爲性之所賦。在於圓成諸物。故雖不同分。誠謂相似。若兩幾何。則非第指所展爲均。更須彼此所展之全合。故不即以合於一類爲相均也。

所云此一何似。可謂相似。亦可謂不相似者。曰兩何似。或有不同之一。固可容相悖之互。但駁論所舉宗之一類之一。則非能基其互者也。相似之互。不可於類一之外而立。故凡合於一宗者。雖亦可謂不相似。而其較不稱。況或相悖。不可謂之相似。緣其相稱之比例。不足以立互理故也。惟兩白者。一爲五分之白。一爲七分之白。乃有似不似之互焉。蓋一類皆白。則相似。積分不同。則不相似也。雖然。其二互之某互更論其基。若其爲基。是可用以直稱其底者。則其似不似之互。乃可用以直稱其底耳。若夫以十分或八九分之白體。視四分之白體者。論其爲白。雖合一類。但四分之白。其體不足以直稱爲白。故此二者不謂相似。而直謂之不相似也。推知不相類而同分之兩體。如至黑之視至白。不可謂有似不似之互。緣同分相似之互。亦須有合於一類之相似也。

或問兩何似之相向。其或似或不似之互。卽是何似所依之底之相向者乎。抑何似與底其互視各不同乎。曰惟一互也。如兩殊相向之互。乃有其殊者之底之所以相向者然。

第二說所引亞利之第一論。前既釋之矣。第二論與所云不同類之何似。以論不同類之幾何。其相稱之比例更切云者。但證合於一類。非可以爲甚切相似之基。而非證其不可爲切相似之基也。

問相似不相似之互。爲實之互乎。抑爲思之互乎。一說曰。凡以同分爲基之互。使兩限界之實現在者。皆爲實互。蓋凡實互所須有者。俱所備有故。論以同類爲基之互。則有謂凡不現在而惟有所相宜於底之互。不論其底或現在或不現在。而其互者。不可謂實之互也。（相宜者。與底有所相宜也。）設謂實互。宜謂或實互未現在之前。有所相宜於底。或思互變而爲實互。蓋未有底前謂思互。底得現在。謂實互也。此論未確。又所推兩義。未足爲證。正論曰。凡謂相宜。若在於不現在何似之互。俱爲思互。若其爲何似者。彼此現在乎。則既已有互。固爲實互矣。但此實互。非前之思互所變而成者。惟其實之基已在。故其實之互輒發耳。就此可以釋前問。其同類爲基之互。若其限與基既皆現在。則其互悉爲實互也。如能推論不能推論兩類之殊。其互之在人與馬者。俱為實互云。

名理探十倫卷之五

十倫之四　論施作承受體勢何居暫久得有

（古）作受二倫。各容相悖。施熱變冷。俱屬悖者。況亦增減。多熱少熱。皆增減者。體勢之倫。見前互視。又於初論略舉暫久何居得有三義。顯明。非必悉論。

（解）亞利此篇。約舉餘六倫。緣其理顯明。況別有詳論。故今舉其略云。形性學三卷。則詳作受兩倫。四卷則詳所與時之情性。若體勢與得有。則十倫先論之四。已有其解也。此論作與受各有兩獨。一受相悖。一受增減。但此二義。不可以爲切獨。一則不專關於諸作諸受。凡自立體化生之用。生長之用。亦不受增減。亦不受相悖也。蓋其諸用之限界。非緜分分之積而成故。一則不但關於諸作諸受。如何似者。亦受悖。亦受增減故也。詳十倫之義。本超形性學之論。茲略舉以具推辯之規。故六倫第釋大約。其詳各在本論。

作與受辯一

施作感受之解一支

循亞利形性學三卷之三篇。可以解作者。曰。作也者。是作所以然。舉其爲作所以然之爲且成者也。云爲者。卽作所以然所以出其能而屬於爲者。如火。就施熱之用。出其能施熱者。以現屬於施熱之爲也。云成者。蓋凡所以然。其能之未出以前。美成不備。至乎出能屬爲。而其爲所以然之美成。始備也。云舉其爲作所以然者。蓋所以然之物。或亦有別義。如一物而常有四所以然之義。茲所云爲且成者。惟舉其爲作者。不舉別義也。

解受也者。曰。是主受之底。舉其爲受者之爲且成者也。其詳義。與作也者之解相通。此解似不盡當。蓋云作也者。乃作者所以受稱之模。受也者。乃受者所以受稱之模。如白色。乃白物之所以得稱爲白者也。是固然矣。但未悉其爲模者之性情何若。則又解曰。作是模。是指作所以然者所現施於底者也。而解受則又曰。是作也者之效也。此解晰於前解。顧亦但可解其名目。未能解作受之性云。

雖然亞利之解。已盡且當。其所以不詳解者。蓋施作與承受之義。原自明顯。解之者。第須指其爲作者受者之模耳。欲悉其義。則可解云。作也者。是作之者。舉其爲作者之終爲。現施行於某事者也。云終爲者以別於常在其底。而爲底所繇行之模。或是自立體之模。如凡有質之物所繇成之模。或是依賴之模。如德能與習熟。皆爲所繇施用之模。然而未施用之終模也。蓋雖當夫施用之始。其能皆備無欠。顧非繼續加作。不能行其效耳。所謂舉其爲現施者。指其作也者現行之際。惟此。可用以稱其爲作所以然也。謂行於某事者。以悉其性。蓋循上義。雖可別於他倫。然非能悉其內理。蓋其內理全在於爲施效之近始。全在於效之出於作者。爲其無隔之繫也。

解受也者。曰受也者。是受之者。舉其爲受者之爲。就是而受某模者也。餘義。悉同前論。

或問解作也者。云是終爲。而解受也者。則不云終爲。亦不云初爲。何也。曰作者施作以後。非更有模。而可舉以稱作者也。亦專舉其現所爲作者而已矣。凡留作之諸限界。雖在作之後。亦可以稱作者。然論其爲限界。無所關於作之所以爲作者。而其所關於作者。但舉其爲受限界之底。設使其爲因性而留作者。天主俾其所施之效。有時而不留乎。則其謂作所以然。豈能就其所施之限界而受稱哉。則但可就其作用者以受稱。可見作所以然。雖其因性所施。亦受限界。而其稱。則非在于限界也。惟舉其爲底賴者以受其稱耳。論受也者。尚有他模在底。固不可謂受者之終爲。然而又不可謂受者之初爲。

蓋凡底。大率先有別爲以爲受模之緣繇。如自立之形體。就幾何而受他諸形之依賴。自立之神體。就神之德能以受他神之依賴。而幾何與德能。皆是其自立體之爲也。或曰受也者。以前既有受者所繇受模之他模。則其他模。亦統於受也者之解。玆解未當。曰解所云就是而受某模者。指其近且無隔。以爲受模之始者也。其餘之模。乃遠始耳。若問受之義。在模與底之間者。如作之義。在作者與其效之間者否。下論悉之。

作與受之屬類二支

作與受。其論相因。故就作者之析。可以明作與受之所以異也。析作也者之第一端。曰留作。曰往作。留作者。留于作所繇出之德能者。如知識與希欲之諸用是也。但德能。爲屬有形且屬可分之德能。則留作不但須留於所繇出之德能。更須留於德能所繇出之某一分也。若泛論之。雖其不留於所繇出之作。而但留於其德所依之底。亦謂留作。如凡養生之作。養長之作。及動所之作。皆是。顧凡此類之作。非切謂之留作。緣留作之本理。必須留於所繇出之近始。如謂留在某德能之某一分。乃爲留於近始。而此則非盡留於德能。多留於形體者耳。故不切謂留作也。問。夫情之從底而發也。如冷從水發。主明之德從人靈而發。亦謂留作乎。抑謂往作乎。若謂爲往作。則有辯。是種之作。從物體而生。又留含於其物之本體。豈可以爲往作。若謂爲留作。亦有辯。凡情之所發。本歸於造其物者之作用。而造其物者固別于受造之物者也。則情所繇發。不可謂留作。釋此義。當知凡形情所以發之作。皆爲往作也。但所以爲往作者。非因造其物之遠始。蓋留作往作。不就遠始而別。但就近始而別。夫近始。固有不同。凡因性無靈之物。四行雜成。有質有模。而不靈者。其情之發用。皆出於模。固各以其模爲近始。而發用之情之限界。其近始皆在於幾何。以幾何爲無隔之底。至於受幾何無隔之底者。乃元質耳。夫形情所出之近始。既在於模。而其情之限界。所謂無隔之底。又在幾何。不同如此。則其形情所繇發之作。豈可謂之留作者耶。至論繇神而發之情。明悟愛德。皆靈性之情。謂之神情。則以神之自立體。爲其所繇出之近始。而亦卽其情所受留無隔之底。故皆謂之留作也。若論留作甚切之義。則惟知與希諸作。謂之留作耳。

往作者云。是不留於其所從出之德能者也。或爲他物之所受。如日所施之炤。或留於彼物。然不留於所出之近始。如總知之識。生表物之形像。然形像不留於總知。而留受於受想。是皆謂之往作也。

留作有兩端。一云活之留作。一云不活之留作。凡神之德能。其所繇發之用。皆爲不活之留作。明愛。

皆神之德能。其所繇發。或在天神之體。或在人之靈性。但論其用。不論其底。是未屬於生命者。故爲不活之留作。其作用之類若干。與其德能之若干。固相等也。活之留作。分爲兩端。一爲知之留作。一爲希之留作。希之留作。又分靈性之作。覺性之作。靈性之作。繇愛德爲近始。但不就愛德而分類。就所向之界而分其類也。覺性之作繇覺德爲近始。其分類也亦然。知之留作。分明悟之作。覺司之作。覺司之作。分內司之作。外司之作。而各端之作。亦各就其所向之界以分其類焉。往作者。則就實有之宗類不同。其爲宗類亦不同。或是生自立體之作。或是生依賴之作。皆係于此倫緣兩者皆爲依賴者故。

駁上論曰。謂往作不留于所從出之始乎。則前所設作者之解。不能包往作也。何故。模之依底。皆是其底之爲。若往作。非依托于所從出之始。豈可謂作者之爲乎。次所云留往。以析受者。則其析必有疵也。蓋凡受不但不離于受者。且必在於所稱之某一分也。則豈得謂往受乎。曰所云爲者有二。一謂內爲。一謂外爲。依托於底之模。謂之內爲。不依於底而可用以稱其底之模。謂之外爲。解作者云。是作者之爲。乃是脫乎內外兩爲之義者。故可以包留往兩作也。

至論受者。亦分留受往受。但以所云往者而論作與受。則其義不同。作也者。因往他底。別于所從出之始者。故謂往作。若夫受者則不因其離於受者。然而因其對應乎往作者。故亦謂往受耳。循此而作往受之本解。云是此一底所繇受動於他底。此一分所繇受動于他分。此一德所繇受動于他德者也。

第二端之析。論作者之至宗。又分兩端。一云活之作。一云不活之作也。凡繇三魂諸德而出之作。是謂活之作。凡不繇三魂諸德而出之作。是皆不活之作也。此析。亦盡括作倫之諸作矣。但夫向乎造成自立者之作。與夫向乎造成依賴者之作。宜有相別。不宜雜置之於名端。今析活作。未免混括兩種之作。則此析。不若前所析之往作留作者也。雖往作之一端。兼括其向乎造自立者與依賴者之作。而留作之所包。俱向乎造依賴者。顧終勝乎活作不活作之析。統兩種而雜之。故析往與留。較之活與不活之析。爲更允也。亞利三魂之論。二卷之二篇。析凡活作爲四端。一、生養之用。二、形覺之用。三、走動之用。四、明悟之用也。愛德之用。亦爲活作之屬。因其爲明悟之所引。故總之于一端焉。諸活作所繇發之德。俱謂活德。其不繇此四種之作。則皆不活作之屬也。如三魂諸德所從本底而發之用。與凡非活物之施用。皆爲不活之作。以其發于未有德能之前。不關活德所施之用故。

第三端之析。曰流作。曰倏作。流者。循先後而施。如火以漸施而熱也。倏者。無先後之可論。忽然並施。如日之倏炤而施光也。又如以物生物之作。謂之流作。以無物爲有物之作。謂之倏作。

或問。作受二倫。似不可以爲正宗。而其析。不可爲正類也。何故。作也。受也。動也。共在一實有之物。厰動爲歧義之有。則作與受。亦歧義。安得謂正宗哉。若謂三者雖皆一實有。然其模理各不同。故動雖歧義。作與受。未必歧義乎。則有辯。夫動也因所向之界。爲歧義之界。故亦自爲歧義之有。總有爲十倫之所共。因爲動所向之本界。以十倫之有論總有。其義各歧。則向其界之動。亦必歧義也。今論總有。乃十倫之所共。是卽作與受所共向之界。則豈可以爲同義之有。而謂爲正宗。以析其屬類乎。況動。乃不全之有。動也者。非切謂有。更可謂有也者所繇以成之路。故云不全之有。故不足以立一倫。而流作流受。皆爲不全。亦如動然。蓋二者繇動以漸而成。自各不能立一倫也。

雖然。作受爲正宗。各有屬類也。夫謂動之爲歧義者。良然。然不可謂作與受。亦爲歧義之有也。何故。動也者。乃其各模之以漸流行者而已。諸凡多模之不同義者。悉爲動也者所向之界。夫豈能悉合於一。而爲同義之動乎。若論作也者。則不同矣。雖亦就界而析於屬類。然論其爲宗。所以別於他倫者。則非就其界而別。乃但就其爲作始者而別也。雖所受作之模。爲不同倫之模。然作也者之稱爲所以然。其義常一。故皆能合於一義也。論受亦然。其所以別於他倫。非就底所受之模而別。惟就受其模之底而別。而受之稱厥底者。則其義亦常一耳。所謂動爲不全之有。是也。然作與受。則非可謂之不全者也。動之本性。自爲闕有。其爲分也。或已成而過。或現流未成。故直謂不全之有也。作與受則否。在時在頃。無弗全成。試觀倏作。曾無先後之闕。一瞬而全成焉。夫亦或有就動而成之作。而非其作之所自須者也。偶然者也。非可據謂不全之有也。論作與受若何相別。此義於超形性學詳之。

體勢與何居辯二

模理一支

論何居之模理。有兩說。一、謂物所現在之外所。是所云物之居耳。二、謂居也者。乃依托夫在外所者之一內郎也。所與居。華言之義不遠。但爲無字可代。故借以爲不同義之名目焉。內郎。非內理之謂也。乃其物之內依賴耳。以其屬於本物。故亦謂內。以其相就之理甚微。故謂之郎。但論外所。有兩說。一謂是其物所滿之空虛。一謂其物所周包之外面也。循此兩說。論居亦分二義。一、就外面爲物之居。一、指空虛爲物之居。此二者皆指居與所爲一者也。

從外所之說者。有四證。一、亞利云。動所向有三倫。幾何一。何似二。何居三。又云。向乎居之動。是離此就彼之所動也。則外所與居。一而已矣。二、物在何處。是物所在之居。今人非謂物在於依托之內郎。而謂物在於外所。則所與居一。非兩模也。三、夫周函在所之體之面。眞可就之以稱其體。此所稱者。既是依模之稱。則必繫於依賴之某倫。既不繫於他倫。則必在於何居之倫者也。四、凡云上下前後。正爲居之屬類。亦爲屬於所之類也。則其二者所以爲宗之模。惟一模矣。

從內卽之說者。有三論。一、謂物之現在。或此所。或彼所之卽。是夫依托於其物之內卽。而名之爲居者也。義言居也者。乃離此就彼之動。所生之界也。顧其動之所就。非能有所施於物之內。而惟得其動後之現在。是所云其物之居也。二、謂其卽也。固別於物所現在之卽。又別於他諸依賴者。而惟就周物之面與物相合。以發現而成者也。其解當云。是形體所有之周限。合乎其外所之周限以現者也。三、謂居也者。乃依於物之內卽。是物所以在所之模所以然。而又不爲周面所自作之效。夫惟置物於所者。乃其效之所以然也。

後說之第三解。乃居也者之正論。所須證者有二。一、其卽也。乃在所之物之實。卽內卽也。以駁前所云物居與外所皆一之說。二、其卽也。非繇周包在所體之面而現。自別有爲作之所以然者。以駁後說之前解也。證其一曰。所動者乃實之移者也。則其移所得之界。固爲實界。緣物所以得某界之作用。與夫界其爲實者。必相稱故。但所得之界。非爲外所。則必爲依托其物之內卽也。所謂外所。非爲移而後得之界者。證之云。外所。乃周包形體之面也。今設有形體。動在天之外。彼非有物可以周包其物之面也。顧其動。固爲實動。必有實界。有實界。而又無周面爲界者。則必有依托其物之卽。爲其實動之實界矣。所謂設有形體動於天外。其動爲實動有實界者。彼體實可以離此而就彼。實可以現應夫天之不同分。則豈得無實界乎。又設天主置一生覺之物於天之外。彼物亦能施動德之實用。則豈其有所動之實用而無實用之實界乎。

次形體常有改居而不改周面者。又常有改周面而不改居者。則居與周面。非一物矣。改居而不改周面者。如人在海舶。包我之舶面。雖常一不變。而人之所居。未嘗不動。改周面而不改居者。如河上之橋山上之塔。所居恆一。然而周面則常有變動也。

就上論。亦可以辨前正論之第二端也。設如從地至月天。皆空虛無物。而或有形體從東向西而動。必得變動不同之居。顧非以其周面相合於其體以成其居也。

次上論。以證周面不變而居常變。又居不變而周面常變。則居非繇周面而現別有作居之所以然焉。試觀靜天。或論其向上之面。或論其向下之面。未嘗可謂非在某處。顧夫向上之面。非與有體之面相合。以成其爲在所之居。而但有無窮之空虛。則焉得謂居也者。緜周包之面。合於在所之物而成耶。

三、居也者。乃物在此處在彼處之模所以然。則不能緜外所之面而現也。所謂物在處之模所以然者。凡實之卽。皆有本分之模效。前證居爲實之卽。亦必有本分之模效。然而他無模效。則是置物於處者。是居所致之模效也。矧設謂有物在於卽也者之先。而可爲物在所之模所以然乎。則其卽。豈不徒在於物。況物受造之際。似輒可謂並在于厥後能在之諸處也。何也。已有在諸所之模所以然故也。而豈其然哉。若謂物未在所之前。雖已有其模所以然。但必待其物之置於某所。方施其效。則有辯。夫其模所以然。必待置其物於某所乎。則物所以受置于所者。是卽在所之模所以然。是卽吾之所云居者。而所指在其居之先者。固非在所之模所以然也。所謂不能緜外所之面而現者。蓋其居。若緜外所而現。先有物之在所。後謂有居。則爲因性之所以然者。何以賦其卽於物。而又俾置于無用之處哉。

上論。不但可以證正說。亦可以駁他諸說也。第一說。謂居乃周之外面者。據前論可辨。今正其謂居爲物所滿之空虛者。曰。所云空虛。或是有三度之體。如氣如水之類。雖皆實體。但因未有後至之物。

故謂之空虛乎。抑悉是空虛。無有實體者乎。主實體之義。則其爲物。本屬幾何之倫。主空虛之義。則無焉耳已。不能有關於諸倫也。

第二說之第二解。前已駁正。蓋既辨居之所繇現。又辨居之義。不繇物之合于周面而成。其理自晰。茲正其指現在以爲居者。曰物之現在。非就所動而生。非就所動而亡。而惟就其物之或造而謂在或亡而謂非在耳。況現在非固然。惟可不然之有。則固無所繫于諸倫矣。或曰現在者。自不繫於諸倫。然現在於所者。必繫于此倫也。曰現在於所者。所以別於脫所之現在者。蓋現在于所。或指函者與受函者之互。（函者。指外所之周面而言。受函者。指周面所包在所之體而言。二者必有相視之互也。）或指其別有某一卽也。指函者之互乎。則不論其何從而現。俱繫于互視之倫。指別有某一卽乎。則是吾所稱之居也。奚獨以爲物之現在也。

所謂動之向有三倫者。曰。亞利與古之窮理者。或不分別所之與居。緣諸形體之相接。其居與所。不能相離。故云動之向乎三倫也。當知離此就彼之動。有兩界。一是初界。一是次界。初界是動所固有之界。有動必有其界。無論在處之或實或空者也。次界者。乃是動也者可不然之界。有其動。或無其界。有實處。方得有其界也。夫初之界。是所云居者也。所云外所。是次界也。外所之義。較居爲顯。夫是以取所動之名也。

所謂物在何處。是物所在之居者。其義非云物在居也者之中。惟云。凡在何處之物。必有所以在於其處之居。而指其在處。謂爲居者之模效耳。況夫物在何處之稱。更切爲繇外而現之稱也。故謂物在何處。是物所在之居。而其所云居。非指依托物之內郎。但指物所居之外所也。所謂周函在所體之面繫于居所之倫者。曰。夫面有二義。論其爲幾何之屬類。而以開展其體者。爲其模效乎。則繫于幾何之倫。論其周函在所之體者。則又繫于得有之倫也。

所謂上下前後皆爲外所與居也者之屬類者。曰。其稱謂本爲居也者之屬類。但因居之與所。在物未嘗相離。故其稱也。亦謂所也者之屬類耳。豈可郎謂居與所共一依模者乎。

論體勢其義亦不同。蓋體勢。指言形體諸分在外所之某設置也。執居爲外所之設者。亦謂體勢非有別於外所之模。故謂勢之稱。乃繇外所或就此等。或就彼等。周函形體之稱。如臥坐行立之類。執居所爲依托于物之內郎者。亦謂體勢爲形體之內郎。緣夫臥坐行立之類。皆就形體何若而稱。非從外至之稱也。後說爲當。釋之云。體勢也者。是依托於形體之內郎。而俾其體就諸分之某設。以得在于所者也。言某設者。以別於居。緣居亦俾物在於其所。然而超然於在所。不拘于分分之某設也。上論。所據以證居之爲內卽者。亦可以證體勢爲內卽之義云。

論居與勢。何所分別。曰。二者非就實別。亦非就模別。惟就率基之別而別也。云非實別者。凡實別之物。其相別以後。皆可留存。如肉軀與靈魂是也。今論兩卽相別。俱不能不滅。必須附于他有。乃可留存。則其所以別者。非實之別也。云非模別者。模別之物。相別之際。兩界雖不俱存。然其一界必存。若夫兩卽相別。則俱不得不滅也。云就率基而別者。體勢卽爲居也者諸分之設置。則非別有何卽加乎居也者之諸分。就其居也者之諸分。布置如何。是卽所云體勢者耳。況體勢旣加在何居之後。又何居。旣是一卽。設居與勢爲兩卽。則必有一卽爲底。而就無隔以載別一卽。然無此理。故惟率基之別。足以自立一倫。

依諸上義。可以作二倫之解。解居云。是內模。是物所以在於某處者也。所云處者。則超脫實處空處之義。以包靜天以外之空處者也。云內模者。以別於外所所也者。亦謂之模。然非內模。惟外模耳。云物所以在於某處者。以別于凡爲內模。而其模效。非在其物所置之某處者也。又以別于生覺之物。及四行所有各就其所之動德。緣雖皆爲內模。而非爲物在某處之模所以然。但爲其在某處之作所以然。故也。所云內模。固指其在處之模所以然耳。

解體勢云。是形體之分布。由各分在處之居而現者也。義言非但爲形體之布於所者。而爲其多分之序列布在于某所之勢也。觀此則體勢者。但呈見于有形之物，緣其函居者之多分。而凡云多分。惟呈見於有形之物也。又形物之中。惟有生覺者。切云體勢。緣其諸分之變態。爲更顯。其無生覺之物。則諸分之變態。不能甚顯。故其在所之勢。亦非甚顯也。若論居者之義。不須諸分布置之序。但須物之現有在處。是故神體形體。俱可有之。

論何居與體勢之屬類二支

分析居也者最顯之屬類有二。一曰列居。一曰限居。列居之解云。是即是全物所以在全處。而其全物之各分。在全處之各分者也。如全人在其全所。而其人之各分。亦在其所之各分也。凡在世因性之形物。皆就此居以爲在所者也。限居之解云。是即是物所以既在此處。不可以出此處之外。而其物。全在全處。又全在其各分處者也。凡神之體。如人靈與天神。皆就此居以爲在所者也。蓋神體既不由多分輳合而成。不能以我之各分就其所之各分。故以其全體全在于所之各分也。至論天主之在。則非此二端所括。一則非依賴之卽。而兩解云卽。皆指依卽。一則天主之在。無量無限。非可云旣在此處。不能出乎此處之外也。因此推知設天主就不同之居而置一或形或神之物于不同之所者。不礙此義。緣其解但云就此一居不能出其居外。而非云就不同之居不能在于不同之處也。如天主耶穌祭時。聖體就其限居全在全所。亦全在全所之各分。又就列居在靜天。而以其聖體之各分現應于所之各分也。此析乃無隔。且本然之析。何故何居爲一倫。別於他倫。宜有屬類。今他無可指之類。則二者固其本然之類。而就無隔以屬于居之宗者也。

或曰。篤瑪云。凡神體之物。非切謂之在所。緣其居。乃限居。非爲列居。故以在所而論神體形體。其緣匪一。則限居列居。非就同義以屬于居之宗。不可以爲本然之類也。曰。篤瑪所云神體非切謂在所者。其所非指內居。但指外所。且周面也。故不切謂在所。緣凡神體不受函于別體之末面。蓋兩形體有礙。而神體之於形體則非有礙。神體所到之處。非必去其在處之形體而後謂之在于其處也。豈有他體之末面函乎其外者哉。篤瑪所云在所。若指限居列居。必不以爲非就同義而屬于一宗者也。緣宗之模理．但在置其物於何處．而限居列居．俱共此理故．

論其二類．為最盡之類乎．為隔中之類乎．此義與問凡現在之物．其所統實相別之有若干．則其各所有之居．亦若干者．可以互釋．此有本論．茲未暇悉．姑釋題問．曰有幾何之形體．其所在之列居皆最盡之類也．何故此類以下之居．無他．但能置特一之物於各別之處．而此別．非類別．乃數別耳．若夫限居．則為隔中之類．析之．其屬有二．一、形體之限居．一、神體之限居．居形者．復分兩端．一、超性之形限居．一、因性之形限居．超性者．統夫天主所以能置全物于全所．且能置其全物于全所各分之居．如耶穌聖體．祭時在所之限居也．又統天主所以能置無分之一點於有分處之居也．因性者．統凡無幾何之自立體．與諸不依賴于幾何之依賴者．所以全在全所．且全在于全所各分之居者也．蓋其自立體．雖云惟就天主之全能．可以脫幾何形之依賴者．雖亦云惟就全能．可以不依托于幾何．然論其所以全在全所．亦全在全所之各分之限居者．不為超性之居．而為其形體與依賴自然之居也．何故．凡物之所以不能全在全所．又全在全所之各分者．由有幾何．為開展之根．既無幾何．則其居．固其因性自然之居．不得指為超性之形限居也．

問。設天主分析一無分之點於幾何者。而俾之自在其所。則所在之居。爲限居乎。抑爲列居乎。不可謂爲限居。蓋點也者之所。非屬分之所。豈可謂夫點在全所。又全在全所之各分耶。亦不可謂爲列居。蓋點乃無分之物。豈可列而爲有分之居者哉。雖然。其居必爲限居也。蓋限居之本理。惟列居之非也者而已。其義但須不能置其開展之有于開展之所耳。則就無分以置于或有分或無分之所。乃限居之本理也。

論神體之限居。有指所之大小若干。則其居之屬類亦有若干者。然謂凡神體之居。皆爲一類。如前所論形體之居者。其義更允也。然又有謂形限居與神限居。可各分兩類。一能置全物於全所。而其物之全。亦在於全所之各分。一則但能置其物於無分之處耳。其說亦可。

論體勢之屬類。與論幾何相之屬類。其義略同。蓋體勢既從諸分之視外所者而現。又其變態無窮。亦如幾何。幾何之相。既就其限界之別。以取其爲類之殊。則體勢亦就其諸分所視外所之別。以有不相類之別也。亞爾伯分析體勢。作兩中隔之屬類。一直勢。一曲勢。而坐臥行立等勢。乃其二隔類最盡之屬類。若夫麤澀光滑。舉其指幾何之相。固係幾何之倫。而舉其諸分之布置如何。則亦繫於體勢之倫也。

暫久得有辯三

論暫久倫一支

此論。乃理學要且貴之一論也。玆未能悉。但此書旣立超形性學之基。不免略舉其理。與其屬類也。詳之。則有超形性之學云。

論暫久之模理。有兩說。一謂物所以在之暫久。從宗動天所作之時。以成此稱也。證曰。亞利舉夫在今歲在前歲。以明暫久也者之理。此稱。乃由宗動天之時而現者。又前篇。以暫久倫爲時倫。則其就宗動天之歷以立此倫可知。

次。時也者。據其爲依托于物之內模。則繫於幾何倫之依賴者。夫宗動天之時。更顯且均。是宜謂暫久者之倫也。

二說。謂各物自有所以在之暫久。是此倫之內理也。難曰。如是。則何別於物之現在乎。曰。現在也者。指其物之在乎所以然之外者。若暫久。則指其受夫現在之留存者也。而其現在之留存有二。一、是所受全有之留存。如天神與人各恆然之物。一、是就不同分之留存。如時與動之類。前分雖逝。必有後分相接。故云留存。謂暫久爲現在之留存者。統物之全有與其不同分之留存而論之也。解之曰。是物各所受有之留存也。若論無始無終之元有。則其所以在之永久。不係此倫。以其爲無限之有故。又諸分所以在于其全者之暫久。亦不係此倫。以其俱爲不全之依模故。

前說自古而有。成證爲是。然時儒俱從後說。所據之論較前尤確焉。證有兩端。一、各物所以在之暫久。在其物所內有之依模。二、此之依模。乃暫久倫之本模也。證爲內依模者。曰物所受有之留存本爲暫久也者之模效。雖無宗動天。設天主欲存某物。其物必可就其所受之有以自存也。則暫久不關宗動外運之曆。而在其物所留存之內模矣。次世物所現應乎宗動天之曆。有多有少。人所恆見。比如亞當在世。凡百歲。其子亞伯爾。年歲不及。則夫暫久之異。豈由宗動天之時乎。夫時之視乎兩人一而已矣。況外時不能有所施于暫在久在之物也。則必在于各物內之依模。自有俾其或多或少。以應宗動之曆者。是謂物所內有之暫久也。三、所論物之內居。既爲所現應于外所之理。則亦有內模之暫久。爲其所現應乎外時之理也。

證爲此倫之模者。此模爲依且實之模。居倫之物。凡所須有之義。俱備。又無他倫可置。則係于此倫無疑也。

釋第一說所據者。曰。此倫所以就宗動天之時以命名。而謂時倫者。一則此時。爲此倫最顯之一類。一則明悟必就此時以釋諸下域之暫久也。故亞利就其時之往現來三際。以釋此倫之義也。雖然此倫但包物所以在者諸內有之暫久而已。若夫宗動天之時。豈爲可用以稱下域之時者。而謂其繫于此倫乎。但用其爲時也。亦依托于宗動天。而俾其爲現在者。故亦謂爲此倫之一屬類耳。

所謂時也者。論其爲物之內模則係於幾何倫者。亦非礙於此義。然亦有所以可居此倫之特理焉。蓋時之于物有二義。一是現在之留存。一是動也者之開展。而就其爲動之展者。乃其係于暫久倫者也。或曰以宗動天之時而稱下域之物。其稱爲實稱。宜屬此倫。曰否。宗動天之時。其所畀于物之稱。非模所依托於底之稱。乃兩物並現在之稱也。蓋緣物之現應乎彼時。受度于彼時。據是而謂其物與其時同現在耳。則其稱非外模之超稱。乃其同現在者之互稱也。論此倫之屬類。總析兩端。一、恆之暫久。一、流之暫久。流者之析類。與時無異。恆者復分二類。一因性者。一超性者。超性者分二。一是神聖之見天主與夫榮福之光所加于神聖之明悟。以俾其得見天主者。及善人死際。蒙被之寵愛。三者所以在之久也。此皆神聖所籍。以就于天主者。故云永就。二、是他諸超性之習熟。超性之作用。如信望愛三德之作用。及其所從發之習熟。各所以在之暫久也。凡如是者。俱爲靈性所以得其永就之等級。故其在之暫久。謂之永級也。若夫天主之永。則非此論所及。緣其無始無終之永。不受統于物倫故。

恆者因性之暫久。是因性諸物所以在之暫久也。總有二端。一、凡不壞之物所以在之暫久。如天神。如人靈。如元質。與各重天也。一、凡屬壞之物所以在之暫久。如人馬木石之類。若是者。雖終於必壞。然其在時。則爲恆然者。無流之義也。

論得有倫二支

得有之宜釋者有二。一、此倫之模理何若。二、其宗與類有幾也。當知所云得有。要義有三。一、有某物者之於其所有之物。惟就明悟而別。如謂人有生覺。有靈魂。而人與所有生覺之間。人與所有靈魂之間。惟明悟可以別之。二、有物者之于其物也。實有相視。故亦實相別。如父之有子也。然此兩義。非切謂之有。首義所云有者。則指其爲。其云人有靈性者。是謂人爲靈性耳。後義則切指互視。其云父有子。

是謂父向子也。故不能自立一倫以別于他倫也。三、有也者。指有其物。而有其物者。與其物之間。必有相接相揆之實互故就其相接相揆之理之不同。而所立之倫。亦不同也。如云有所。則立居倫。云有現在之留存。則立暫久倫。云有諸分之設置。則立體勢倫。云有衣有飾。則立夫得有之倫。但他倫。各自有一名。此倫就公名爲本名。而直謂之得有也。解曰。是物體之於身體就外而托者也。由此而觀。可知身體與外物有自然而相宜者。是此倫之模理耳。

夫其自然相宜者。爲內卽。而依賴于內體者乎。抑爲從其衣之就體者。以發此外稱乎。釋此有三說。一謂有衣之稱。非指夫有衣者之內模。故不足以立一倫也。此義拂于通論。亦拂于理。拂通論者。從亞利以來。俱以十倫爲定。而得有倫。乃十中之一。倫拂于理者。下論證之。是有實且內之理。可以立本倫也。

二說、其稱也。非夫有此衣者之內模。而但由衣之外托者而稱。雖曰外托。亦足以別立一倫也。證曰。衣之于人。可用以稱其有衣之人。則衣也者。乃身體所以受稱之外模也。顧其衣。非就內托之模。但就外托之模。故不能指爲自內而現之稱耳。

次人之有衣也。自其相近相著之互而外。他無實且內之卽。顧互也者。固不繫此倫。則非有內且實之卽。可以立倫。而但就以衣托體之外稱。以立此得有之倫也。試觀人于解衣之際。不因而失依托于我之何內模。則着衣之際。亦非得受依托于我之何內模也。則着時所得。解時所失。皆由外而稱者。是爲此倫之模理耳。此說亦非。下有論證。凡繇外而至之稱。不足以別立一倫也。

正論曰。得有之倫。固由外至之稱。猶有一內且實之卽依托乎體者。雖其卽本爲超而無互之物。然亦傍統其所視之衣。就他而謂之互也。此倫之模理。乃繇超與視之兩義相合而成者。

茲論依托乎體之卽。何謂乎。亞利超形性學五卷之十篇釋有倫曰。得有也者。如夫有者與所有之物之爲也。解曰。作者與受作者之間。必有作爲。故有衣者與其衣之間。必有一卽。謂之得有也。而其實卽之實有實自爲有。效之接于所以然處。無隔而接。此自爲有之有。而非就他有爲有者。非就他有而有。若謂就他有而有。則其爲他有者無窮而不止矣。亞利之義。總有二端。一、衣與人之間。必有一物在其中。如作者與其效之間。必有作用在其中。而其在乎衣與人之間者。謂之所以有衣之爲也。二、其爲也。非就他爲而有。蓋非指人所得有者。而但爲人所以得有其衣之理也。故其理。自依托乎其衣之體。非就他而托者也。

繇此兩端而推。可證上論之義焉。夫體與衣之間。既有所以得有其衣之理在其中矣。則其中之理。必爲實且依之理也。謂實者。非繫明悟所成。故謂依者。爲其可有之可不有之故。是乃模然而依托於其體者也。又其在中之理。既非就他理而有。則不爲外模。如衣之在于外也。設使其爲外模。則其得有之模。乃是更有他模介乎其中。而就他模以有之。亦如衣之就他而有者然矣。今既不然。則其卽必爲內模無隔而自依托乎體者也。

欲悉中模之內理。則宜就亞利鳥獸之論而悉之。其論曰。禽類初生。皆具避害就利之資。皮毛當衣。角爪禦敵。人之生也。無避冷就温之具。但其本性。各具推理之明。則凡有所須。種種自備。足以補其所闕也。據此可推人禽所別之兩端。一、皮毛之當衣。爪角之禦敵。皆其物所以自全之本有。故謂其有毛有角。如謂其有首有足云耳。此非切謂得有也。固不關于此倫。人之有衣。其物與人體有別。就外而依托於人體。故切謂得有其物。雖或加猴以衣。加馬以甲。然猴非切謂有衣。馬非切謂有甲。緣皆非有此卽。而但借其所以稱人者而稱之也。則惟人而後謂有衣有甲。乃其係乎此倫者耳。

二、性者既不賦人以自有之衣。故賦之可以得衣因性之宜。而就此因性之宜。以得有其衣。如得

因性之文飾然若夫禽類既自有毛羽當衣爲其本分之有不必賦以得有外衣因性之宜也

就此可推人之赤體但有着衣順適之容德而其着衣時則容德之得其爲者也顧其爲非作爲之爲而但爲一模卽能俾人之與衣現有所相宜者此之模卽乃亞利所云在人與衣之間且非就他卽以托于人而惟本自且無隔以依結於人之體者也此之模卽舉其超卽而傍指其所視夫衣之互及繇衣而現之外稱是乃此倫之模理也窮理者或指外稱而以謂有倫其義非謂夫內之模卽匪其模理但因所傍指之外稱其理更顯故指謂得有之倫耳

所謂有衣之稱特爲外托之稱者非也云有衣者其稱繇兩端而發一、爲內之模卽依結于人體者一、爲就其外托之衣也人之內體其所模然而稱爲有衣者是謂模卽而夫外衣之爲稱惟質然而致其稱者耳有倫之所繇立者切在模稱

所謂他無實卽者亦非也着衣之時必有現卽者生俾體現得順適而着脫衣則順適之卽亡焉惟有可以順適之容德在也

總論施作以後之六倫辯四

論此六倫之模理。爲依結於物內者否。有三說焉。一云。就外致之互。爲其模理也。其說云。互視之析兩端。一、繇內而發。如設有兩限與爲基者在。則其互必繇內而現。如父與子之互也。一、繇外而發。如兩限與基雖在。然其互未必現。則其互。非從其爲限者之本性而現。但就外所以然而現。如質模相結之互。某物與某所現應之互也。試觀質模相別以後。質模雖俱在。物之離所。其物其所。雖俱在。然設無外之作者。復爲結其質模。復爲置其物于某所。必無相結相應之互。則非從其兩限之本性而現可知也。此繇外至之互。卽是各倫所以成其模理者。故作所以然之視其效也。就其繇我而出之互。則爲施作倫之模理。就其受感于底者。則爲承受倫之模理。而形體視其所之互。則爲何居之模理。物所視其暫久之互。則爲暫久之模理。形體之諸分視外所之互。則爲體勢之模理。人之身體所視衣飾之互。則爲有倫之模理也。此說所據。如云謂某物之在某所者。必指何義之別於某物。亦別於某所者。然而除物與所相視之互而外。更無他義。則是惟有此互。爲何居倫之模理矣。所謂物與所相視之互而外。更無他義云者。某物之在所也。其周面爲所者。惟與其物相連。非與其物相結。而其所之與物相結者。但是其相視之互。則甫在處所得。甫離處所失。惟互而已。則何居之倫。亦惟體與所相視之互而已。證他倫之為互也。其理亦然。

此說所該兩端、一謂物有外至之互、一謂其互為後六倫之模理。而皆非也。彼所謂繇外而至之互。是夫雖有兩限與為基者在。而其互不必現者也。夫既有兩限與其為基者在。則其互不得不發。豈尚有所云繇外而至之互哉。何故。互也者之兩限。所以謂之限者。以其有為基者故耳。則何得謂有限有基。而無從此發現之互。比如兩白者。就各所有之白色為基。而謂之相似。兩人就各所有或施生或受生之用。而謂之父子。豈可謂有限有基在。而顧無其互乎。況就彼所舉之論。亦有可還以相駁者。質模相結之互。從其作之者所俾兩相結之用以為之基。所也者所視在所者之互。以其兩物現所相應之相為之基。而以論夫因性之力。則既施質模相結之用。不得不有質模相結之互。既有物所現應之相。不得不有物與所相度之互。則其所云有限有基而不發而為互者。必不然也。推尋其疵。蓋只指兩限。而不指夫限為所發之基。只舉質模。而不究其二者所以相結之用。只舉在所之物與所。而不究其二者所現相應之度。知有質限。不知有模限。知質限雖在。其互未必在。而不知模限既在。其互不得不發也。就質限而舉其屬于基者。是即模限。推互也者之諸端。其理亦然。蓋雖有兩人。設無施生受生之用。其為父為子之互。亦未現也。

況所云限與基皆在。而互未必發者。雖或有之。亦不可執爲六倫之模理也。舉作受二倫證之。餘皆一理矣。夫作也。爲繇作者而出之動。夫受也。爲其底所受之動。此二者。非有兩動。惟一動耳。則就此一動析之。作者之互以外。必別有超有。（所謂超有。卽指作用而言。）如所繇之徑然。底者之互以外。亦必有一超有。（此超有。指作用已成之模。）爲夫作者所施之界也。則此二倫之模理。不專在於其互甚明也。

次六倫之與互倫。必各有相別。設指互爲其模理。則無復可以相別矣。何故。互倫之諸互。其本有。全在於向界。今云各倫之模理。悉在于向。則皆繫於互倫。何所分別。爲不相同之倫乎。

二說云。六倫之模理。本爲超理。本無所向。但皆非依結乎物。悉爲在外之理也。雖或旣有其理。必有其互。然非所關於各倫。惟偶然之互耳。如論外所者。舉其稱在所之物。是爲何居之倫耳。餘倫之理皆然。其證曰。此六倫。不專指其互。前有證矣。又不指夫超理之與互相合者。緣夫繇不同倫之有。而偶然輳合以成者。不能居倫故。又不專指超理之依結乎物者。緣亞利與諸窮理者。皆以此六倫爲就外而立者。夫就外所而受限。是之云居。就衣而受限。是之云得有。豈可以爲依結於物之模哉。則其模理。

全爲超而就外至之理也。

此說亦非。駁之有二。一、倫也者。爲宗與類相屬之序。顧宗與類。固指實且內之性。不能但繇外稱而成。外稱者。不能俾其物爲實且內之有也。則夫統宗類之倫。安得從外而立乎。況夫物之受外稱者。緣得其前所未有之模。而輒受其變焉。試觀天主。亦受外稱。而不受變者。經論云。天主能受前所無之外稱。而不因受變。如稱之云造物者。從無始而能造。不可謂據其現造始造。方可稱爲造物者。而其先後有所變也。設謂外至之稱。可以立成六倫。則夫天主。就其所受造物者之外稱。亦可統於物倫乎。必無此理。

次受與居兩倫。不得就外稱而立。爲證尤顯。蓋受也者之本理。在以其底承受外至之作用。則其義。本指依結于底之理。而不可特謂外至之稱也。若論何居。本爲繇所動而生之界。則必托於其動所依之動物而動也者。乃模然而依結乎動物者也。緣其似動物之爲故。則居之爲界。亦依結乎其動之物者矣。豈可但云繇外而至之稱哉。

正論曰。六倫之模理。本爲超卽之依結于物者。而其卽也亦統其物所視乎外就他而謂之互。而傍指繇外之稱者也。比如居也者。乃物之實現在于所。而其現在。本爲超卽之依結于物。以統其視所之互。而傍指繇外所而發之稱者也。

證之曰。此之六倫。不專指其互。又不特指外稱。前皆有辯。則必指乎超且內之某理也。何故。此六倫。必各別于互倫。又各有所以視外之互。則必有一超物承統其互者。不然。其互必爲就他而有之互。繫于互倫。豈可以別各倫之理哉。然其統夫互也者之超卽。非可據謂依然而成者。緣其互與超卽。不爲全成其一之兩分。而但一超卽。以兼統乎其互者。故其超卽所繫之倫卽其互之所繫。如凡德能與習熟。本爲超有。而兼統所以視其界之互。故其互。不繫互倫。而俱繫于德能習熟所關之倫耳。皆爲就他而謂之互視故也。

第一說。謂居也者。他無在所之物。所以視其外所之互者。非也。物之現在于所也。非謂就其互而在所。乃超且依結乎物之一卽。是爲其物所以現應外所之居也。至其所統之互。與其外稱。則皆其所傍指之理耳。

第二說。所指互與超卽之合成。爲依然合成之有乎。亦非也。蓋其互。非互倫之互。而但爲超卽之所以成全者、各自隨其超卽所居之倫。故本非依然之有。而直謂本然且超之有云。

後論之一 論相對

總義 此論有三。一、釋相對名義。二、較其相對者之別。三、特論互悖相對者。而詳其性也。相對之名義有四。一互視而相對。一互悖而相對。一就缺而相對。一就是非而相對。互視云者。相對之此一。就相對之彼一而謂焉者也。互悖云者。如黑之於白。是也。此種復分二端。一、無隔者。二、有隔者。凡相對之兩者。其一必依結乎本底者。是謂無隔之互悖。如安和與疾病之論於生覺者是也。若其相對之兩者。不必其一之爲依結乎本底者。是謂有隔之互悖。如云黑者云白者是也。就缺而相對者。是以某模對某模之缺。如見與瞽是也。是非相對者。是之而以爲然。非之而以爲不然者也。第二端則證此相對之四種。皆各相別。三端則舉互悖相對者之五獨。詳論見後。

（古）夫相對者。厥類有幾。茲詮其悉。

（解）亞利論十倫。括義幾端。未竟其說。蓋不以列於十倫之論。而俟特詳之。如諸所云互悖相對者及互篇所云有性之先後者。自立與何似篇所云動與變化者。此類皆是也。茲詳互悖之論。故以相對之論始焉.

(古)云相對者.總析有四.或謂相向.如倍與半.或謂相悖.如善與惡.或謂所缺.如見與瞽.或謂是非.如一云坐.一云不坐.

(解)此析相對者之四端.又舉其例而略釋之也.但所舉善惡.以爲互悖者之例.則下論有解焉.當知所云相對者.惟取限界之特而相對者.若合成之謂之相對.則其義見於合通之論.

(古)舉向以相對.必相向而謂.如倍與半者.知與可知者.互向而取義.

(解)釋相對者之各端.凡但以互而對者.乃泛而相對者也.相對之切義.在後三端.故取互者爲始基之論云.亞利茲不舉自己所解.(即所云就他而有者.)而特舉古者之解.(即所云就他而謂者.)緣古解尤廣且顯故.

(古)悖而相對者.非相向而謂.如謂之善者.匪惡者之善.乃惡者之悖.如謂之黑者.非白者之黑.乃白者之悖.故知互與悖.其謂相對異.

(解)茲論互悖而相對者.明其與互對之義有不同焉.蓋互者之此一.其義.連引彼一.如云倍者.必其爲半者之倍也.若夫互悖之相對.則不然.如云黑者.不謂白者之黑.而第可謂之與白相悖者.

（古）凡互悖相對。設或其一者。必托於其底。則其二悖間。悉非有他物。如和之與疾。皆能依生覺。此一若不依。彼一必依體。則知和疾間無物介其中。又如畸耦數。非畸必爲耦。非耦必爲畸。知畸與耦間。無物隔其中。若夫相悖物。其一設不在。其他未必在。則必別有物在其二者中。如黑白二色。皆可依於體。而或未必依。故雖無黑者。未卽謂白者。知黑與白間別有色爲中。

（解）互悖者。析有兩端。有中者一也。無中者二也。其相悖之兩者。必有一之依於本底者。必有一之可以稱本底者。是謂無中間之物之相悖者。如和與疾之論於生覺之物也。此喻但以理學論之則是。緣人之和平無疾。在於四液會合之際。離合雖微。卽謂爲疾。若準醫學而論。不和未卽謂疾。故倘必有可指之中也。若其兩相悖者。非因本性而托。則雖此一不現。依而其彼一未彼依。是謂有中之互悖者。如以黑白而論于形體。其體雖或可黑可白。然而非卽黑卽白。此無黑無白之底。是其所在乎中之底也。謂本底者。是能容受其兩互悖者之底。蓋凡互悖。若以論于不能容受其二之底。或不能容受其一之底。皆爲有中之互悖。如以和與疾論石。但非石之所有。此謂兩不能容之底。凡夫不能容受之底。皆謂有中之互悖者也。謂設非本性而托者。蓋設使其互悖者之一。爲其本性之所自然以托於其底者乎．則就恆理而論．雖謂有中之互悖．然就其所托之底而論．則亦謂爲無中之互悖也．如以白者論雪．以黑者論鴉．黑白固然．何中之有焉．

（古）所指在中者．或自有本名．如黑白之中．介有紅黃色．或自非有名．惟就兩非取．如謂此人物．非善非惡者．取其非謂中．

（解）茲謂在兩互悖相對者之中．或有名可指者．如黑白之間．有紅黃在其中焉．各自本名．可指爲某色．或非有可指之本名．而但就兩界之非．以指其爲在中者．如善惡之間．確與謬之間．惟可取其非善非惡之非．及非確非謬之非．而指爲厥中耳．有本名者．就其所共而謂之中．故云是之中．無本名者．指其所無而謂之中．此謂非之中也．繇是而推．則知就所共而謂中者．皆實之有．就所無而謂中者．皆非之有耳．

（古）模之與缺．論歸一物．如見如瞽．俱以目論．以缺論底．惟可受模．乃可稱缺．不能容模．豈可有缺．如云缺牙．如云缺目．而其爲底本無牙目．舉缺而稱．於義爲盭．故但可稱應有牙目．缺牙目者．若物初生．未牙未目．不可謂缺．時未有故．

（解）釋夫就缺而相對者曰。是模。是模之缺。而以論其在于一底者也云。模者指言凡就依托而可謂之模者。如牙。如目。如毛。各所應有者。若或有缺。皆云缺者也。解缺者。曰。是模之非在于可有其模之時之底者也。云可以有模之底者。以別於非。蓋非也者。不論其底之可有某模否。而凡無某模之底。皆可謂有某模之非。若缺也者。則必須其爲底也。當可有其模之時。而或無其模。乃謂之缺也。如石。可稱無目。而不可稱瞽。不可稱缺目者也。云可有其模之時者。蓋其底雖可有某模。必於應有不有之時。可謂缺其模者。故嬰孩非滿一歲。不可謂缺牙者。小狗生未七日。不可謂瞽者。緣雖各爲可有其模之底。然論當然之性。嬰孩踰歲始牙。小狗七日乃見也。

（古）有缺與缺。有模與模。義蓋不一。見用爲模。瞽則爲缺。有見用者。非謂見用。指謂瞽者。非指脫瞽。見用脫瞽。義俱脫底。見者瞽者。指其托底。若使脫瞽。不異瞽者。卽可用二合而稱一顧舉瞽者。可以稱人。脫瞽則否。惟云有模。與夫缺模。云脫底模。云脫底缺。此謂相對于義爲一。

（解）前論。以缺也者論底。其爲底也。必其宜能受模。而或有其模者之非。乃正謂之缺也。茲辨脫底之模。與合底之模。及脫底之缺。與合底之缺。其義爲同爲異。不可就其二而謂之一。故相異。如瞽合于底。可以稱其人爲瞽者。然脫底之瞽。非可用以稱其人者也。又模與缺。相對而謂。有模者。有模之缺者。亦相對而謂。故相同。

（古）所是之物。與是物。是所非之物。與非物。非義固不一。夫是與非各自一謂。一是而稱。一非而稱。若所是物。若所非物。非稱謂義。然謂與物。其對不異。云坐不坐。此是非謂。固爲相對。所是所非。亦必互對。

（解）凡就是非而相對者。與謂是謂非之爲相對者。皆一理也。雖然。所是非之物。與是非其物之是非。理各不同。是也非也。乃是其物非其物之謂也。若所是非之物。豈可以謂口出之稱謂乎。

（古）模與缺相對。互向亦相對。然其義匪一。互向有相屬。亦相轉而應。缺與模則否。

（解）此第二端。舉相對者之四類而較也。初舉互悖與互向者較。今舉互向之相對與缺之相對而較。言其所以相別者。有二端焉。一、互向者之此一。與互向者之彼一。相屬。如父爲子之父。子爲父之子。是也。而缺與模。則非相屬之物。如見用。非瞽也者之見用。而瞽也者。非見用之瞽也。二、凡互向者。必相轉而應。若就缺而相對者。不然。

（古）模與缺之對。較互悖之對。義亦不相涉。無中之互悖。此一不依底。彼一必依底。此一不稱底。彼一必稱底。有中之互悖。或一不在底。若論模之缺。其理固不侔。二者之相對。非必有一托。如犬具見用。然未七日前。豈卽謂瞽者。故知模缺義。別于無中悖。凡底可受模。固必有其模。或有模之缺。二者必有一。則知缺與模。亦異有中悖。

（解）此舉互悖之對。與就缺而對者較之。證其相別也。曰互悖者。或無中。或有中。而就缺之相對。亦不可謂無中。亦不可謂有中。則相別可知也。謂非無中之互悖者。蓋凡無中之互悖。其二者。必有一依托乎本底。若就缺而對者不然。如小狗乃見用與瞽之本底。但生未七日。不可謂見者。亦不可謂瞽者也。若謂此底不可謂本底。以其時未應有故。則辨之曰。無中之互悖。不拘時際。其一者必在乎底也。謂非有中之互悖者。蓋凡有中之互悖。苟其一。非就固然而依底。如白雪烏鴉。則此一彼一。皆可以不依于底也。若夫就缺而對者。時所當然。則其底之所具。二者必有一在。不能俱無。況夫就固然而依底者。以較夫就缺而論者。理亦不侔。何故。固然而依底者。其一。必爲一定之依。而非可舉此一彼一以通稱其底者。如鴉獨謂黑。雪獨謂白。若就缺而對。則二者或此或彼。皆可依底。非固然專取其某一以屬于其底者。如見用與瞽。皆可依托於人目也。

(古)又設底賴者。可受兩互悖。其一之托底。若非因性托。如熱依火性。皆可相遞受。和者可變疾。黑者可變白。卽依靈性者。亦可遞相托。德或變爲慝。慝或變爲德。變德未卽全。以與全慝對。始旣能有變。必可造完德。以與全慝悖。若模之與缺。則不能遞受。去模必爲缺。去缺必爲模。但模可得缺。缺不復得模。能見者或瞽。瞽者不復見。

(解)又舉一論。以證互悖與就缺而對者之不同也。曰互悖者之在底也。若使其一非固然而托者乎。則必可遞托於一底矣。如冷物可變爲熱。熱物可變爲冷也。若就缺而對者。則不能。夫有模之底失其某模。固卽有其模之缺。但此底能去其缺而復得其模。如就見者而論。失見則瞽。就瞽者而論。其性力豈復能得還所見哉。雖亦有模與缺。或可遞在于底者。但論要義。則就缺而對者。不能遞在。亞利取此義爲證。

(古)是非相對者。異于上三端。如就互而對。如就悖而對。如就缺而對。悉非論眞謬。蓋和與疾者。倍之與半者。見用與瞽者。義亶無輳合。凡非輳合者。不以眞謬論。況雖輳而合。亦未別眞謬。如云某和平。如云某有疾。是論乃合成。未可謂一眞。未可謂一謬。其人設現在。疾否有一眞。其人設不在。疾否俱謬

四月主保聖人十六

聖名	聖位	經言			宜行之德	所爲當務
伯爾納耳弟諾	主教	酒爲淫媒令人好色酒爲凶兆令人悖常貪之者皆癡愚非智哲也	聖經		宜毋甞酒	求豐年

論。就缺而對者。設物非現在。模缺固俱妄。設其物現在。眞謬亦奚辨。稱見與稱瞽。在未宜見時。其稱俱屬謬。夫惟是非對。眞謬兩懸絕。如云疾不疾。其人設現在。眞妄固顯然。設其不在乎。無疾固不眞。云疾固必妄。故知相對者。惟就是非對。眞謬固然別。

(解)此論是非相對者。別於他三端之相對也。言凡就是非而對者。其一必眞。其一必謬。他三端之相對。則不以眞謬論矣。一則三端皆係直義。而云眞云僞。惟合名之論乃有之。一則三端之對者。雖亦可取其輳合者而名。然未必有一屬眞一屬謬也。緣凡互悖者。就缺者互對者所成之論。皆不得脫於現在之某物。故不可以稱夫不現在者。而惟夫是非相對之論。可以脫於現在。乃爲必一眞必一謬者耳。亞利舉此一端。以證前論之所未盡。蓋此論所云是非相對。亦指直義之限界而言。與前三端之對者無異。皆非有眞謬可論者也。

(古)惡之對善。固然相悖。如慝悖德。如怯悖勇。然惡與惡。亦自有悖。不但悖善。得中爲善。過節不及。皆謂爲惡。故過不及。與得中悖。不及之惡。亦悖過節。然論大較。善直悖惡。

(解)此第三端論。互悖相對者之五情也。一曰。善者惟與惡悖而已。若惡。則不但於善悖也。於諸惡。

亦有悖焉。試就其介在兩匿之中者證之。曰侈曰吝皆匿之屬。俱與惠悖。然而侈之爲匿。不但悖於惠之德。亦悖乎吝之匿也。亞利非謂凡善者。必有惡與之對悖。惟言設悖乎善。當必是惡。蓋善與善。自不相悖故也。或曰。凡物皆善。蓋善。乃有也者之本情。凡物既共有也者之公性。亦不得不共其情。則凡悖善者。亦必皆善之屬耳。又惡者非他。乃善之缺耳。則一善一惡。不可就互悖爲相對。但可謂就缺而相對也。曰。此篇所論之善。非指有也者之通情。十倫之有。俱有其情。皆本性之善。故謂通情。惟指底所可有與我相宜之模也。云惡者。不指夫通情之缺。本指與底不相宜之模。悖乎與我相宜之模者也。

（古）互悖之二。必非俱在。設體俱和。和獨在底。豈得有疾。物體俱白。白色獨在。絕無黑色。凡互悖者。其一托底。則彼互一。不能同托。如某有疾。體固不和。設使其和。焉得謂疾。又互悖者。所依之底。或類爲一。或宗爲一。如和疾底屬生覺宗。白黑色底屬形體宗。義與不義屬人靈類。又互悖者。或共一宗。或屬異宗。或各一宗。黑白二者。共屬色宗。義不義類。各屬一宗。義屬德宗。不義匿宗。若夫善惡。此兩宗者。各自立宗。

（解）茲指互悖者之餘情也。一、互悖者設此一在。不因而可謂彼一亦在。如雖有白色。而其所對之黑色未即固然而在也。二、兩互悖者。不能並在一底。則兩者不能並舉而稱一底。此義。謂積過五分者。不能並在乎底之某一分也。若其一。未過于五分。則兩互悖者。尚可並在于底之某一分。況各互之依賴。所積雖多。俱可相容於一底之不同分也。三、夫受兩互悖者之兩底。或皆一類之屬。如德與慝之在人。或皆一宗之屬。如黑白之在生覺者。此論夫互悖之對。與就缺之對。另有一別也。蓋凡就其缺而相對者。必須或數一或類一之底。若互悖之相對。非必須數一之底。雖不類之底。亦可容之。如冷熱互悖。而水火所可依之本底。固不類之底也。其四、互悖者。或共屬一宗。如黑色白色。皆屬色宗。或所屬者不同宗。如義與非義。義自屬德宗。非義自屬慝宗。或本自爲不同之宗。如善與惡之各自一宗也。

釋相對者之性與屬類辯一

釋性一支

相對者何。凡不相容於一者。是之謂相對也。有泛有切。切者四類。即亞利所指互視而對。互悖而對。就缺而對。就是非而對者也。泛義。亦統前之四類。而又包凡不可相容於一之兩物。亞利此論之三。所稱能析一宗自立體之殊。而謂相對者。義不指四類之對。而正指其泛相對者也。又超形性五卷之十。既設相對之四類。而復曰凡、不相容於一物者。皆相對之屬。義指四類而外。別有物可謂相對者也。

總論泛義切義之相對。測其模理。本爲彼此相對之互。蓋其相對者之此一。就相對之彼一者而解。如云相對者。必爲彼相對者之相對。則兩者必有相視之互焉。次泛義之相對。本爲兩者之不相容。而不相容者非他。乃其兩界所有之互耳。又亞利超形性之十卷。置相對者於迥異之宗之下。而迥異也者。雖傍指乎其非。然而究論其模義。則在乎其互視。亦如相別者之論也。迥異與相別所以不同者義見前論。相對者。既屬於迥異之宗。則其模理。亦在互視矣。

解相對者之總義。曰是互在於兩亘者限界之間。而其限界。不能並在於特一者之某一分。又不能並在於此一以與彼一相視者也。所云互者。爲解中之宗。其他諸義。則宗互所以受拘之殊也。云亘之限界者。以別乎合成之論之相對者。亞利此篇姑置之。而詳其義於合通論之五篇。云特一者。蓋公性就所統之諸賾。亦可容相對之兩物。如人之公性。因統黑人白人。可稱之謂黑白者也。云並者。卽同時也。若論不同時。則虛空。亦容光暝相對之稱矣。云不能並在於某一分者。蓋雖一物之內。而就其不同之分。可以並受冷熱相對之依賴也。云不能並在於此一以與彼一相視者。蓋互視之相對。設非但取一界而論。則其二者相容於一底。如父子。正爲相對。而若論不同之界。則就此一人。亦並爲父亦並爲子也。前解本以釋乎脫義之相對。卽兩物所以相對之互。若欲以解合底之相對。卽爲就其互而對之物。則宜云。相對者。是直之兩界。而其限界不能並在於特一者之某一分。又不能並在於此一彼一。以成其相視者也。釋相對。別有一解。曰。相對也者。是兩直界者之不相容。故不能並舉而稱特一者之某一分。又不能並而稱此一彼一之相視者也。此解所以別於前解有二。一、所云不相容者。乃其解中之如宗。較前解之宗。更悉夫相對之內理也。所云互也者。爲前解之宗。二、就所云不能稱者而釋。故以較前解。更切爲推理者之所用也。前解。就不能並在於特一之物而釋。後解。就不能並稱特一之物而釋。夫測依賴者之能在不能在。本爲超形性學之論。而測能稱不能稱者。乃名理之事也。故云。後解更切于用。雖然。前解蓋尤備焉。所云不相容也者。非切指其爲宗也。何故。凡所指爲宗也者。宜廣於其受解之物。而玆取所云不相容者。與泛義之相對者。彼此相轉。則所統固不相勝。則不可指不相容者以爲釋泛切相對之宗也。若所舉不能並稱云者。則亦有疵。蓋幾何也。何似也。舉脫底之義而論。雖皆並在于特一者之某分。又雖無所相對。顧亦不可並舉以稱夫特一者。如人可稱之謂有幾何者。有何似者。然豈可稱之爲幾何爲何似者哉。設就能稱而解。豈不多有不相對之物。而爲後解之所括者乎。

欲從後解、宜分不相容之兩義。一云並在之不相容。如至黑至白。不能並在一底。一人不能並爲瞽爲見也。一云並稱之不相容。如凡脫底之模。或舉其兩模而論。或舉其模與底而論。不能相容而並以稱其底也。後解所指之不相容。爲並稱之不相容。乃名理學本論之不相容也。

屬類二支

論相對者之屬類有二義。一、所分四類之析盡否。一、其析爲同義之析否。論第一義。亞利所析相對者爲四類。其析。非能盡泛切兩義之相對。但該切義之相對者耳。茲總而析之。云相對者。或切而相對。或不切而相對。切相對者。各僅一對界。如是非相對者。云爲人云非爲人。惟以一非人之非。應乎人之是。而非有所相應乎他模之是也。其就缺而對者亦然。云見云瞽瞽也者。惟以一非。而對應乎見用之一模。無所對應乎別模也。互悖者及互視者之對。亦各以其是之一界而對應。如白者對應于黑。爲父者對應於子耳。至論不切相對者。則不然。其一者可以對應乎多者。如云不能推理者。不但與能推理者相對應。而亦對應于能笑。不屬壞滅。不屬可覺之類也。證其析之爲盡者。蓋凡不可並在于底者。或因其與彼一不相容。或因其與多模不相容。而惟與彼一之不相容者。是謂切義之對。其不止於彼一之不相容。而與他多界之不相容者。是謂不切義之相對者也。

切義之分析四類也。證其析之盡者。曰。凡就切義而相對者。或是之爲有。而其與我對應者。亦爲是有。或雖爲是有。而其對應我之界乃非之有也。舉是義或相視而有乎。則互視之相對。或雖並居一宗以下。甚不相倖。而能遞在於一底乎。卽互悖之相對也。舉非義或其應乎是有之非有。須有一定之底。宜有某模者乎。則爲就缺之相對。或不須定底。不拘何模者乎。則爲是非之相對矣。

或曰。一是有。與他是有相對。而成是對之兩端。則非有亦可以對非有。而成非對之兩端。其所析倘未盡也。曰。一非有。不可以對他非有。緣一非也者。無能對乎他非也者。如兩是之對也。何故。非也者之所以爲有者。無他焉。惟其能與是有相背耳。則設無是有。彼對立之非也者。何從而有哉。繇此推知凡有兩非。其所以似乎相對者。如云瘖者。云不瘖者。非實謂相對。而但就其一限所具之是模。以取其謂相對也。如稱爲不瘖者。固指其能言語。則第因所具能語之是模。可與瘖者之缺相對耳。不切義之相對者。就其模理而論。既不拘乎某一界之對應。故不足以分屬類。而但就多少之悖以相對焉。惟有一難曰。不切義之相對。並可在於一底。則何對者之解。不宜舉不切義者而該之也。謂並有在於一底者。依亞利。凡分析一宗之兩殊。本爲不切義之相對。顧夫析一宗之殊。亦可相容。無所相礙。試觀線面體之于幾何。各有夫析通合幾相宗之本殊。而其殊。皆合于體。則或宜謂相對者。亦可相容。或宜謂前所解者。非兼夫不切義之相對也。曰。所云分析一宗之兩殊。爲不切之相對者。非謂凡分析一宗之殊。皆爲不切相對者。而但指分析一宗不相容之殊。爲不切之相對者也。如凡自立體之殊。不可相容。依賴者之殊。亦有不可相容者。而又非有四類相對者宜有之情。故但爲不切之相對者耳。

論其爲同義者否。悉之有數端。一、舉質義。而論其相對之物。此析非同義之析。乃歧義之析耳。何故。相對之物。或爲不同倫之實。有其性各一。迥不相同。豈可同於一義乎。或爲非。或爲缺。而凡非者缺者之有。與諸實有歧義。惟或同其名耳。二、舉其模義。以論所屬之四端。亦不能同于一義也。何故。實有與思有。其名雖一。其義必歧。今相對者之互。互即模義。或爲實互。如凡互悖之互。與不切義之對之互。或爲思互。如凡就缺及是非。及互視之對之互。下有本論。俱不得共爲一義。以相合於一模理也。三、實之相對者。以論互悖及不切之相對。亦非同義。何故。凡有兩物。而其一所共上性之理。既眞且切。其一。非切謂共。但略有所共耳。則二者。非就同義而共。惟就歧義而共也。茲互悖者所共相對之公理。乃眞且切者。而其不切相對者。固非切謂之共。則二者所共之理。必歧于義者也。凡相對。惟互悖與不切義之兩端。爲實而相對者。故玆論實相對之同一義否。惟舉互悖與不切義者爲。

四思之相對者。以論是非及缺及互視之對者。亦非同義也。就第三端之論。可取其證焉。蓋此三類。其於所共相對之公理。皆各相勝。不同一義。是非之相對。較缺者互視者之相對。更切謂相對。而缺之對者。較互視之相對。其對爲尤切也。是非及缺及互之相對。俱思而相對者。故論思相對之同義否。只舉此三端。下論詳之。

釋互視之相對 三支

亞利於論相對之四類。以互視爲始。今亦循次詳釋其義。所當論有兩端。一、互視相對之稱。其切且無隔者。是屬何物。二、互視相對之性何如。釋首端。宜知論互視所向之界有兩說。一、謂相應之彼互。且切爲此互所向之界。如子之互。乃父互所向切且無隔之界也。二、謂對應之彼互。非此互所向之界。而彼互之基。乃此互所直向之界也。如父之互。非直向子之互。而直向其爲子者之實有也。循前說。則相對之互。本以子之互爲基也。何故。互視之相對。見於兩模相應之間。今云父子兩互相應而界。是其相對之互。固繇此而立其基矣。

循後說。互義基義。俱有辨。謂彼互超而無向之基。爲相對之互之基乎。則其辨曰。相應之兩互。因其不共托於特一之底。以相容。故云互視而相對者。則其相對者之理。卽以兩互爲之基。固不在於互與基之間矣。謂彼相應之互。爲相對之互之基乎。則其辨曰。兩互所以相對者。本爲互也者。乃其兩實有之相序。必與其所向者有別。而不能共在於一底。今互視本向乎超界。則固有所別於超界。既別於超界。則直與超界相對。既與超界相對。則相對者之互。本以超界爲其基也。

正論曰。此一互。與其所向之界。固有兩相對之理。一者以超界爲無隔之基。一者以相應之互爲基。而以互爲基者。更切爲互視之相對者。然必兼舉二者。其相對之理乃全也。謂有兩相對之理者。就前兩辨可證。謂以互爲基之切相對者。凡切之相對。本見乎不得相容之兩模之間。而此義之見於兩互間者。爲更切。若夫相應之超界。義本屬底。不屬於模。則其基之相對。固不得爲切相對者也。次互與對界。所以不相容者。緣互之與向。必自有別。故若夫兩互所以不相容者。各緣本底相悖之情而發。夫其緣本底之悖情所造之相對。較之由互與界之別之所造而對者。更爲就模義之對。則亦更爲切相對者矣。謂總舉二者。相對之理乃全者。此相對二端之理。並立不離。況必相繫。蓋界所基之互之相對。

與相應之互之相對。俱繇超界之相對而發也。則二者合一。乃以共成相對之一全理也。

至論互視相對之性。乃是相均比之互也。雖相對之物分諠或不均。如父子主僕之類。然其相對之模義。則固未有不均者矣。

論相對者之互爲實否者。有兩說焉。一謂爲實互。證之曰。實互須有之三者。相對之互皆有之。卽其對而互者。所以爲基之兩互。俱實有者。俱實相別者。俱實現存者。則夫相對之互。固實互也。一謂非實互。但爲思互。所據曰。凡受造之實有。不能無窮而不止。是理學之通論。設謂相對者之互爲實互乎。則必有受造之實有。無窮相屬而不止者。何故。如父子之互。設爲就實之互而相對。其實互之所以然。必亦就他實互而相對。相對無窮。所須他實互者。豈有窮乎。此二論。後說更當。蓋設謂有一實互。必以他實互者爲其基。不免無窮不止之謬。雖從前說者。其爲後說之解。亦曰。夫兩物所以相對之互。不就他實互而相對。原其互之模義。本爲所以相對之理。卽自相對。不須更有所對相對之他互也。如夫所以然者。有所作用。其效受之。卽謂其效所由受造之本理。豈須更有造其作用之他理乎。顧此論。但證相對之互。非無窮不止者。而非能就其實互之所以相較相似。證其必有定限。不得無窮而不止也。何故相對者之兩互。其理必一。則固有所以相似之他互。而其他互。既非爲相對者之理。必又別須所以相對之他互。若是。則相似者。所以相對之互。相對者所以相似之互。不免推之無窮。則豈可謂相對之互非思互哉。

前說所云實互須有之三端。相對之互皆有云者。曰。若超而無所向無所覩之有。兼此三者。固能基受夫實互。至于既有所向之有。則不能也。何故。大凡爲底之物。以覩所受之模。其性必不同。則超物雖能基實互。而爲其底。而此一實互。豈能基立他實互。以爲其底哉。繇此而推。可知兩物所以相對之互。非爲實互。但爲思成之互矣。

釋互悖而相對者四支

互悖所論。亦有兩端。一、互悖而相對者何物。一、互悖者何性。今設互悖相對之本解。以明第一端曰。互悖者。是相對之物。而其物俱屬於一宗。相離甚遠。若其一非因性固然而托。則可遞依于一底。而相代者。云相對之物。是解中之宗也。蓋凡互悖之物。固爲相對。而相對者。不止互悖者。故謂之宗也。其外所云俱屬一宗。云相離甚遠。云若其一非因性固然而托。云可遞依于一底而相代者。則爲解中之殊。卽互悖之對。所以別於他三端之對。而顯其本性之全者也。後悉其義。

所云屬一宗之下者。其宗或是近宗。或是遠宗。如色之宗之視黑白兩類。或是遠宗。如習之宗之視德與慝視確與謬之諸類耶。色宗與黑白兩類之間。他無隔宗。黑白兩類之下。他無隔類。故以色宗視二者。謂之近宗也。德與慝。確與謬。各又有屬類。如智義。爲德之類。屬於德宗。各學各有確知。其爲類也。屬乎宗確知。故其習之一宗。爲遠宗也。曰。互悖者之共近宗共遠宗。雖皆足以立互悖之理。但未有專屬乎一倫之至宗。而可謂互悖者。其故就所云遞依于一底者而見之。蓋互悖者。旣就實有而相變。又相變者。必於夫類之漸似者而見。如德也者。非可云變而爲謬。惟可謂變而爲慝。如色也者。非可云變而爲某初情。惟可變爲他色。故凡謂互悖。必須兩物之合於一性。較至宗之性。其相關更有近焉。

亞利篇中所云互悖者。或並屬一宗。或各自一宗。如善與惡者。亦非有礙於前論。彼所云善。非指實有也者之通情。有也。善也。相轉而應。緣各倫之實有。莫不俱有因性之善。故曰實有者之通情。所云惡。非指通情之善之缺也。第指德慝之屬於習者宗。而爲其無隔之類者耳。所云各自一宗者。非各一至宗。而各一次宗。蓋德慝之視習者宗也。雖其倫屬之類。然視自己所統殊類之德慝。則又自爲厥宗也。就此義。可以別互悖之對。于凡就缺。就是非之對者。蓋彼兩端之限。一爲某模。一爲某模之非。而凡模與模之非。不能並居於或一近宗。或一遠宗之下也.

所云相離甚遠者.不指彼此兩處之相距.而惟指其所有本性之相距也.但其甚者非他.謂夫兩物共在一宗之下.其相距之甚者耳.如以白色而視線.較之以白色而視黑色.絕不可以相距論.緣白色黑色.尙共在於一色宗.而白色與線.則但合宗於爲有者.爲依賴者而已.但黑色白色.就其共居色宗之下者而論.則兩者之相距.甚於他色之相距.而兩者之自相距.又甚於其各與他色之相距也.又所云甚之相距有二.一云是之相距.一云非之相距.是之相距.乃在一宗以下兩類之距.所以甚於他諸類之距.及此兩類所以視他諸類相離更甚之距.如前論黑白之在色宗者然.非之相距.亦是一宗以下兩類之距.而以此類之距.較他諸類之距.彼此均一.無甚之可論者.如冷熱.爲動成何似.隔宗之屬類.其相距之甚否.與乾濕所距之甚否.無以異也.解中所指相距之甚.兼舉是非二義。互悖所須.二者皆有.

駁此.有三.其一.吝之慝.與惠之德.相悖.顧或舉是之相距.或舉非之相距.兩者不可謂甚相距.何以故.以吝慝而較侈慝.視夫以吝慝而較惠德.吝侈之爲距.更遠.吝與侈.正相對.而惠德居其中焉.則

互悖之相對。非必居一宗以下者之爲甚相距也。其二以謬論而視眞確不明顯之論。亦屬相悖。顧其視確且顯之論。所距更遠。緣眞確未顯之論。但就其眞以別于謬。而謬論則非特不眞。且就其不顯者。更迴別于確且顯之論也。（此所云論。不指口出之論。惟指明悟所蓄之習。）其三爲類之黑與爲類之白相悖也。而取此特一之黑與彼特一之白。共居色宗之下者。較其所距。則爲更遠。緣其黑白於泛相悖之原理而外。自又有各有相悖之特殊故。可見互悖者。非必一宗以下之甚相距也。

釋其一曰。惠之德與吝之慝。非直相悖者也。凡某一慝。能盡滅夫某一德發現之諸爲。則其德與慝。乃可云直相悖者。今吝慝。非能滅惠德之諸爲。（惠德有兩用焉。一、其財宜施。則施之者爲不吝。一、其財宜留。則留之者爲不侈也。吝則但絕施之爲用。不絕其存留之用也。故知一惠德。有相悖之兩慝。其一吝慝。滅其所爲施財之惠。其一侈慝。滅其所爲存財之惠。）非直相悖。所相離亦不甚也。但此所云不甚。惟舉性義。未舉修義。若舉修義。則吝之離惠德也。較其離侈慝者爲更遠。緣修義。凡德與慝之相對。較之乎慝與慝之相對。更爲直且切故。

釋其二曰。確且顯之知。其所離乎謬知。較其所離乎眞而不顯之知。其去是爲更遠也。然凡眞而不顯之論。所云甚遠于謬論而與之相悖者。非泛舉其習之遠宗下者。而惟舉其各執所是。在近宗之下者耳。各所執者。相離甚遠。直相悖者也。

釋其三曰。理學不論特一之物之性情。而惟論物之公性。故特一之色。雖因兩所有之特殊。較爲類者之兩色。爲更遠乎。然據窮理之論。不因而謂兩類之互悖。非甚相遠也。矧特一之兩色。較爲類之兩色。所以更相逆而不相容者。非互悖之理。乃前之所云相對而不切者耳。論相對之切義。不因此而可謂更遠之相離。更切之互悖也。

所云遞依于一底而相代者。義言凡互悖者。不得並在于一底之某一分。而惟可遞在于其某一分也。此一悖既入。則彼一悖必出。故云相代耳。凡模。雖其兩者直相對。然論各所固有。非相尅逆。惟就其所依之底。乃互逆而相代。故解中亦指其底。以釋互悖所以不相容之故也。但相代有二義。一、模之相代。一、作之相代。凡有一模在底。不必外有所施。自能代去他模。是謂模之相代。如白色在底。自能去黑色。無所施而自相代也。凡有一依賴。挾其本有之作德。以施于他依賴之底。使其去而相代。是謂作之相代。如火之熱。挾本能而施于水。以去其本性之冷也。凡挾本德而相施相代者。亦云模然而代。而模然相代者。未必施然而相代。解中所云相代者。指其模之相代。不然。不能統諸互悖之相對者也。蓋多有相代而不繇于有所施者。如黑白之類。是已就此義。可以別互悖於互視之相對。緣夫互視者之一底。所以就其不同之界。以受不同之稱。如一人也而視某謂父。視某又謂子。不必其有所代也。

駁前義。有二、一、互悖之兩何似。設非積滿皆屬十分以下者。亦眞爲互悖。顧可以並在一底。不盡相滅。則所云互悖之相代而不相容者。似未盡然矣。二、德與慝。確知與謬之爲宗也。就其屬類言之。俱能並在于一明悟。一愛德。如有審形學之一謬。又可有形性學之一確知而兩者並在。又不尙義之慝。亦可與節儉之德而並在。而德與慝。確知與謬。實其互相悖者也。則所云不相容者。非互悖相對之所必有者也、

釋其一曰。謂互悖之不相容於一底。而必相代者。惟論其底之全之互悖者。如積極之熱。與積極之冷。固不可以相容者也。窮理者之於物性。亦就其所得之全勢而爲之作解耳。

釋其二曰。確知與謬。德與慝。論其爲宗。惟超然相對。儻欲求其現可據之相悖。自須就其共屬一端之兩特一而論之。如論確與謬。要在某一端之論。如論德與慝。要在某一端之修。乃爲相悖而不能相容也。又如論互向者。其總理。亦超然相對。儻欲求其現可據之相對乎。不泛指凡特一之互向者。而

但宜專指其確屬相對而互向者。如父與子之類可耳。

所謂若其一非因性之固然而托者。蓋多有正相悖之何似。其固然之結于底者甚固。不能盡出。而其與之相對之何似。所欲挾而入者。其積又甚微。雖有幾分。然而不足以稱厥底。如熱在於火。其結底之性旣固。雖或可容一二分之冷。然而不能多受。直以冷者稱之也。

論互悖者之互。實否思否。則實之互也。何故。凡夫兩互悖而相對者。自爲實有。又實相別。又實現在。就其內之固然而相逆。則其所以相逆之互。距不爲實互哉。但其互也者。是其兩物所以相別之互乎。抑物所以相別之互。與所以相悖之互。有不同者乎。此問。如論黑色與白色。其模然相悖之互。與質然相別之互。爲一類之互。抑不同類之互也。曰。兩物所以別其類之互。倘其爲之基者。悉有互悖之解所指之諸義。則其別類之互。卽是所以相悖之互也。何故。凡物類相別之互。其爲基者。須有二。一、其相別之物。須合於一公性。一、各有所以相別之專理也。今互悖之互。亦須作此二解。必云居一宗之下。乃爲同一公性者。又必云甚相離。乃爲各有所以別之本理者也。至論不切之相對。設使其爲限者。各有實互。宜有之情乎。則其互。亦爲實互。與所以別異之互相同。

釋就缺而相對者五支

辯缺也者。其論多端。詳在性學。茲惟論其有關於相對之義者。凡論非也者之總理。無他。惟云某模之無。如無白無見之類耳。義則分二。一、就其所非之模而論。循此義則所非之模。其宗類有幾。其非也者之宗類亦幾。蓋其所云非也者。就本界而取其別。如明悟所成之臆。與其所攝諸凡物象之別然。二、就模所依之底而論。但其爲底也。或可以有其模。如以見用論人。或不可以有其模。如以見用論石也。循此義。則不相類之底有幾。其非也者之不同類亦幾也。因而總分之爲兩無隔之類。一者所非在於底所可有之模。而謂之缺。一者所非在於底所不可有之模。而謂之直非也。云二端。爲非也者無隔之類。惟言正之爲類。宗解篇。已證缺與非不就本然而別。惟就依然而別。緣但就其所指之底以別。而其底之指。本不繫于非也者之內義。惟就外而繫。故不足謂正之兩類也。其云類者。取其兩端相分。如兩類之義爾。

就缺與非之別。可推缺與是非之相對。何以相別也。解就缺相對者。所云是模。是模之有所缺於限定之底者。則指去其底。所可以有模之非之一類。又云模者。則指與底相稱之模。如見用與非見用之替是也。若解是非之相對者。所云是模。是其模之非者。則或指直非。卽與缺也者相對立之一類。及相稱之模。或指缺與直非所屬超義之非。而其超非。亦統於缺也者。如宗性之統於屬類者然也。蓋是非之謂．或舉可受模之底．或舉不可受模之底．俱屬眞實之謂．如云見．云不見．其爲相對而不相容者．或以之論人．或以之論石．無非眞確之謂也．緣此可明亞利所別缺之相對．與是非相對者．即云就缺而相對者之有中．就是非而相對者之無中也．有中者．云有其底而無其模．亦無其模之缺也．無中者．言凡諸底．或爲有其模者．或爲有其模之非者．其中間不隔一物也．謂超義之非者．設與超非以統其缺也者．而爲是非相對之一限乎．則是非之相對者．不可謂爲無中者．緣夫有缺也者之底．而其爲底也．既無模．又無其模之直非．得亡可謂是非相對者之中乎．

或曰．如是．則就缺而對者．不自爲一類．以別於是非之對者．而惟受統乎是非之對者．如凡下性之受統乎上性者然也．緣既有超非．以爲是非相對者之一限．以兼統夫不限定之底．所可以有其模之缺．而其缺也者．亦爲就缺而對者之一限也．曰．否．夫缺也者．雖必統屬於超非．然不因而謂就缺之對．受統於是非之對者．何故．夫非也者．所以爲是非之對之一限者．本自脫乎限定之所指．而此所指者．正其缺之所以爲缺者．不爲是非對之所統也．凡論上性．據其脫乎下倫之特理．而凡爲屬上倫之特一者．據其特理而言．不可謂屬於其上性．今論是非之相對．本須不指限定之底．而就缺之相對．本須指其限定之底。各自一端。豈得有相屬之一理乎。

亞利篇中。亦指互悖之對。所以別於就缺之對者。曰。凡互悖者。苟其一。非因性之固然而托。必可相代而結一底也。如冷熱黑白之類。若論就缺而對者。則不能相代。蓋論其爲底。雖可失其模以得其缺。然既有缺矣。卽不能復得其模也。故有公論曰。缺弗可袪。言缺既在底。據性之能。不屬可除也。但此論。亦有不盡然也。何故。夫模也。恆有先既缺於底。而後又復在於底者。如人睡後復醒。虛空闇後復明。水熱後復冷。微虫亦多有死後復活者。窮理者欲分別乎可復有模之缺。與夫不可復有模之缺。其要論有四。一曰。凡性所畀之模若亡。則其底之缺。不復能得其模矣。若其模。非繇性之所畀而或緣習而得者。或就外而致者。則底雖屬缺。仍可以得其模也。亞利謂屬缺者不能復屬模。但舉前義之模耳。此論於理近似。然而不免有闕。冷之於水。乃性所固然之畀。顧水失其冷。旋可以復得焉。

二曰。凡爲除其爲也者之缺。皆可去其缺以復得其模也。如睡之爲缺也。但除醒之爲。不除復醒之能。故其缺。本屬可去以復得其模。水之於熱。虛空之於暗。皆然。若夫德能之缺。不屬可袪。如聾與瞽之爲缺。不但除其聽見諸用。併其德而除之。故聽見二用之模。無可再發之根也。蓋諸德雖繇三魂而發。顧三魂。但於諸德受造之初。庇其可以發其德之能。設使其德或亡。更無可爲再發之始者矣。此義。協於理學之論。然未釋所云德。所云爲。其旨何屬。若其所云德者。專指活之德能。所云爲者。總指凡非活德能之諸模乎。則所論德能是也。但所云亡而不能復發者。不止活之德。即不爲活德者。亦或若是。則其論不盡也。至於所謂爲者。則又有辯。髮與齒豈非屬爲之模。然而亞利云。頭禿齒落。其缺不屬可祛。

三曰。缺也者。總分兩端。一、缺與模各所視其底之向。無以異也。謂底不拘或有模或有其模之缺。如空中之氣。不拘光。不拘暗。二者皆可也。一、缺也者非自就無隔而向其底。乃就厥模以論。而可謂向其底耳。如死也瞽也。先須生模見模之或在底。或宜在底。然後可謂其缺之在厥底也。故云據模而向其底也。前端之缺。皆屬可去。而其底可以復得其模。後端之缺。則無可去。無可復得者矣。此論亦不盡然。蓋缺之所以别於非者。惟謂缺也者。必指可依之某底。而非則否耳。豈復取其向底不向底。以爲之别。況此論雖可證夫缺也者之在其底。或須先有其模。或不須先有其模。而豈能證夫須先有模之缺。模既在底。不能去而復得者哉。

四曰缺也者。非可以祛者之義。茲所論屬缺之底。非指不能復得其類一之模者也。惟指不能復得數一之前模耳。蓋凡以數而一之物。設其盡滅。則就其本性之能。不得復在。若夫同類之模。必可復得。如水之復冷。空虛之復明。豈復得其以數而一之前冷前光哉。蓋惟復得類一之冷。類一之光也。此論爲正。但於亞利之義。不爲切合。亞利欲指互悖者所以別於就缺而對者。而云互悖者可相代。缺之相對者不然。則所云模之不復者。固非指其以數而一之模也。何故熱水變而復本冷。非復其以數一之前冷。而惟復其同於一類之冷。豈可指夫不得數一之前模者。而以爲悖與缺之所以別乎。

權上諸論。既皆有辯。又諸缺也者之中。莫能指其所以相別之定論。緣其所缺之模。或屬現爲。或屬德能。或是其物受造之初。固然所得。或是就外而至者。故惟就其模之所以然。或可定其缺也者。屬可復。不屬可復之別也。據此當云。凡有其缺也者之在底。而其肇模之諸所以然。仍存不滅。則其缺可祛。而其類模可復。若其缺既在於底。其肇模之所以然既滅。則其缺非可祛者。而所缺之模。不可以復得也。若欲辯其何種之缺。爲能絕滅肇模之諸所以然。又何種之缺。雖在於底。不即能滅其所以然者。又須一一論之。今第據其存所以然。滅所以然之論。而略舉其大端耳。

論就缺而對之互。其爲思成之互。不可疑也。何故。夫其相對者之一限。既非實有。則其二者所以相向之互。亦非實互可知。

釋是非之相對者六支

據上諸論。推諸是非相對者之專理。及其所別於缺之相對者。又知相向之互。本屬思成。緣夫所爲限者。其一爲非實有之限故也。茲惟論夫是非之相對。較三端之相對。可以爲最大最切之相對乎。證其否者曰。是非之相對。受統乎他諸相對者。故不能就諸相對之中。而爲更大更切之相對也。何故。凡兼統他物者。其受統之物。自其諸所本有而外。又自各有特理。爲其所以勝夫受統之物者。今論三端之相對。皆統乎是非之相對。則各自別有相對之特理。所爲多於其所統之相對者。則其較乎是非之相對。豈不更爲切相對者哉。何謂受統乎他諸相對者。凡相對之此限。固別於彼限。不然。豈其一物也而自可謂相對者。則此限本挾所對之限之非者也。今夫是非之相對。無他。乃是一模與其模之非耳。則必受統乎諸端之相對者矣。次相對者之各端。既在。據理而推。是非之相對亦在。然而論是非之相對。則不然。雖可是可非者在物。而其三端之某一相對者。不即可以推知其在也。試如或就互。或就缺。或就悖以推相對之兩物、據推此物非彼物。則兩物固有相非之義。可見是非之對。不離各端。然而莫能就是非之對。以推各端。夫推論之法。從大且貴。可以推小且賤者。而從小且賤。不可以推大且貴者。則可知相對之各端。皆大且貴於是非之相對者也。

三、凡兩物之相對也。若其中間。別有物在焉。以較無物於中間之他兩物。相距必更大。今論缺之相對。互悖之相對。皆有他物隔在其中。而是非之相對。則否。則缺與互悖者。兩限之相離。視是非之對爲更遠也。

四、凡互悖而對之兩限。雖共居一宗之下。然其所相離甚遠。若夫是非之相對者。或亦屬一宗。然所離者未甚焉。試觀云白云不白。乃就是非而相對者。顧所云不白。不必指黑。亦可指諸中色。離於白而甚者也。若夫互悖之對。必須甚相離之兩限。如黑白冷熱之類。則是非之相對。較他兩端。雖或可謂更相對。然而較互悖者則否矣。

雖然。正論以是非之對。爲四端中最大最切之相對也。欲證此義。當知凡可以推兩物之多相對少相對者。有兩端。一、就所相逆而推。蓋相對之總解。云是不相容於一者之兩物也。則兩端愈不相容。

其所相對之理愈切也。二、就或多或少之隔於其中者而推。卽就或有多底。或有少底。而必須夫相對者之一。依托於其底者也。蓋凡論相對者。苟其不但不能相容於一。而其二者之一。又不能不依托於所能依之某底乎。則其所云相對。乃爲最切。一則凡有兩模。而其一不能不依於底。卽知其二者。固無通共之有。設既有所通共。又或未共。則其二者。俱不可以在底者矣。試觀就缺而對之各限。皆須其底之能受其模。是其二限之所共須者。然因其底。或無受其模之容。故兩限皆不能依在於底也。一則凡相對者。但有一限之不能不依在於底。必緣兩相距之遠甚。以致之。蓋其底所有受此一之情愈多。則其所有受彼一之情愈少。相對者。既其一獨依于底。則其可受此模之情者。必多且切。而無可受彼對限者之引情也。故知凡無隔於其中之底者。較夫有底隔於中者。相離更遠。相對更切。

茲就前論。可以推證是非之相對。爲最大最切之相對也。蓋凡是非相對之兩限。絕不能相合於一。若夫互視之相對。論其在不同之界。其因性之自然。皆可以在於一底。如一人。視某謂父。視某謂子。因此而可推其二限。非甚相逆者也。論互悖者。設其積非至極。各有所減。則因性所能。亦可俱在於底。況所積雖至。若因初所以然之全能。亦可相容而在一底也。論就缺而對者。其兩限不並在底。與是非之相對者無異。蓋模與其模之非。模與其模之缺。俱不可相容於一底。但就前第二論而推。則有大不侔者。緣夫就缺而對者。有中者也。卽底之隔於其中。而絕無其二限之某一限者也。若是非之對。則不然。以較他三端。相距更遠。相對更切。又況是非之相對。爲他諸相對之所以然。則更爲切相對者焉。緣凡爲他物之所以然。必自爲更然者也。所謂是他諸端相對之所以然者。相對者之一限。苟無對其限之非。豈能基其相對之理哉。今夫是非之相對。乃模與其模之非。則爲凡相對者之根原可知。

茲釋第一駁。有二論。一謂三端之相對。若論其統是非之相對。則較是非之獨相對。可謂更相對者。若脫乎是非之相對。而但擧其各端相對之特理。則各端之相對。豈如是非相對之爲更切乎。夫論物性而定其爲孰貴。亦專較其各物之特理而已。二謂所云三端之相對。各統是非之相對。又各加以特理者。良然。但各端所加之特理。不但不使是非之相對得爲大且切也。且因而爲更小者。何故。是非之相對。據其特理。則如宗性然。其兩相逆也無限。而據其受統於他端。則受拘于某倫所相逆反有限也。

所云據三端之相對在。可推是非之相對必在。而據是非之相對在。不可推他各端之亦在者。是也。然所云從大且貴可以推小且賤。而從小且賤不可以推大且貴者。則不盡然。蓋從諸類之相異。可以推知其殊之相異。而就殊之相異。未必推知類之相異。然而殊之不一。實有大于類之不一也。

所云有物于中間之兩物相距更遠者。論自彼至此之相距則是。論物性之相距。則非也。性之相距。設非有居其中者。則其相距之兩界無所通共。故其相離者更爲無限。篤瑪之推論云。凡兩界之相距。其爲有中者乎。其相離必有限。若其無中者之相離。則愈無限也。今夫是非之相對。固無物隔於其中。可知相離者之無限也。悖之對。缺之對。各有物隔于其中者。其所相離。以較是非之相對。固知其有限矣。

所云白黑相距。較白與不白相距爲更遠者。曰。所云不白者。據其爲以非對是之一限。本但指其白之非。不指某一中色。惟此義。則以白與不白較之。乎黑之與白相距更遠。蓋不白者之於白也。無能有所通共。若黑與白則尚共有也者之總理。況皆共居一倫中一近宗之下也。

後論之二論先

(古)云先有四。據時而先。不轉而先。相序而先。論貴而先。時而先者。甚切謂先。貴而先者。泛謂之先。

凡所以然。雖無時先。亦謂元先。

（解）昔賢釋亞利之論。其於後論之二三四篇。略舉大指。緣其義理本明。且他處具其詳耳。兹亦略言之。此第二篇指物所以謂先于他物者。有四端。而又加第五端焉。前四端。皆爲彼時窮理者之所論。第五端似亞利所拈出者也。其所釋。第謂先者有幾。而不謂後者有幾。蓋先者後者互向而謂。凡互向者。彼此相準。故知先者。卽後者亦可知也。

謂先者之第一端。是據時而先者。或據全時而先。如堯舜。以全時論。在湯文之先。或分時而論。如堯所先於舜。舜所先於禹。是也。亞利指時之先者爲先之切義。一則以時之先。較他端之先更顯。一則他端之先。皆借時先之義而謂之爲先故也。

不轉而先者。言就此一者在。可推彼一者在。然就彼一者在。不可以推此一者之在也。如云有人在。必有生覺者在。然而雖有生覺者在。未必有人在。又如有三之數在。必有二之數在。然而雖有二之數在。未必卽有三之數在也。凡夫不相轉而有者。謂之在先。如以生覺者視人。以二之數視三之數。固在先者也，相序之先者。指凡物所須當然之序。如就各學之中。凡公論。固先於公論所推出之特論。又如名理一學。其序。先於他諸因性之學。及超性之學也。

論貴而先者。或舉物之本性。貴于他物。如金之貴于銀。或據我所重而貴。如我之所愛者。必以爲貴於所不愛者。是亦皆謂之在先也。但亞利不以此爲先者之切義。一則人所鮮用。一則大抵繇人自主之所取用耳。

元先者。亦謂因性而先者。是與他物據時而在。相轉而在。然而爲彼他物之所以然者也。凡爲效者。雖其所以然。或非有時之先。然而其效。不得不係于其所以然。故爲所以然者。元先于其效。如太陽之於照。如生覺之於人。夫有太陽在。卽有光在。既有人在。必有生覺在。據時論之。不可指分先後。故相轉而在。然光必係於日。人必係於生覺。故謂日元先於光。生覺元先於人也。

後論之三論並

(古)並有者三。據時而並。據性而並。據析而並。同時化造。是時而並。相轉而有。第不相造。是據性並。凡居一宗。同析而對。是據析並。

（解）謂先者。謂並者。義屬相對。則先者之謂有幾。並者之謂。亦當有幾也。茲但指並者之三端。亦提其要者耳。又但舉並受生造之物。而以爲據時而並者。但凡現應在于某時者。或並始而有。亦並而滅。或不並始而有。然一同而滅。或亦不並始有。亦不並滅者。俱云據時而並也。

凡相應而在。但不爲兩相爲在之所以然者。是據性而並者也。如云倍云半。相轉而在。緣有倍者。必亦有半。有半者。必亦有倍也。然其二者。不相爲其現在之所以然者。凡相因而有之互向者。其理皆同。

凡在一宗下。並析而爲相對之多端。是據析而並者也。如飛者走者潛者。三類並析於生覺之宗。以共其性。無所先後也。但所云並者。非指夫析宗之諸類。而謂其各殊之皆並。但指並共一宗性者。爲無先後也。蓋線也面也體也。舉其本殊。各有先後。緣欲成其面。必先其線。欲成其體。必先具其面。皆繇本殊各類而有者。然而論其共一通合幾何之宗性。則並有而無先後者也。

後論之四　論動

（古）動類有六。一化造動。二壞滅動。三增長動。四減短動。五變易動。六就彼動。六動各一。俱不相涉。

或謂變易．非自爲動．變易之動．亦受別動．或長而動．或減而動．或有別動．此義有疵．謂變易動．非自動者．其所變動．或必爲增．或必爲減．或屬他動．而今不然．又諸減動．及諸長動．宜必變動．而又不然．知六類動．自各一動．

（解）此所言動．非指動之切義．切義之動．是實者．是就先後而流動之動也．此動．兼統忽然而成之動．與先後流動之動．又兼實動與非之諸動．如化造自立體之動．本爲忽然成之動．若壞滅自立體之動．不盡忽然而成．又不爲實動．惟非之動耳．此所云類．亦非謂宗之屬類．惟指分析其上焉者．以成其在下相對之諸端者耳．動與屬動之六端．又一歧旨．非宗類之正義也．

又證六動之各一．其動有相別者．緣古者不以變易之動．爲別於他動之一動．故茲特爲之證曰．設變易不別於他動乎．則凡就變易而動者．必須于諸動中就某一動而動．又凡諸動之某一動．亦必皆就變易而動．今皆不然．何故．凡動成之何似．居其倫之第三類者．皆就從變易之動．以傳變於底．然而不與他諸動相涉．如冷水之變而熱．熱水之變而冷．豈必或有生滅增減者哉．惟夫長動之動．其在諸動之中．似乎與變易相通．然亦大不侔也．雖有長動．非有變易．試觀四方形．雖有增加．非卽變易．緣四方形之模理。仍前無變。而天文學所云變易者。必須其形之有所移變也。詳見幾何原本二卷之四題。

跋

翻譯是件難事．因翻譯是一種學問．故譯者不但要精通中西文字．且對於所譯之事情．要有深切之研究．對於原著者之思想．要有透澈之了解．庶能將著者之精神達出．而成爲名貴之譯本．此卽嚴復所謂譯書當有信達雅三字也．

譯書要有信達雅固已．兼而有之．我於李子之藻所譯之名理探得之．名理探．卽論理學．所以倫次思想者也．李之藻杭州仁和人．字振之．又字我存．萬歷二十六年（一五九八年）會魁．二十九年在北京從利瑪竇講求西學．得聞聖教道理．傾心服從．因置有側室．未能卽行領洗．三十八年．在京害病．病篤．乃在利子手領洗．洗名良．翌年丁父憂．回杭州家鄉．請郭居靜(1)金尼閣同去(2)開教．四十一年（一六一三年）爲南京太僕寺少卿．奏請聘用西士修歷．四十三．四十四年．沈漼仇教．時李

(1) Laz Cattanes

(2) Nicol. Zrigault

子出仕高郵。天啓元年（一六二一年）徐光啓荐李子授光祿寺少卿。兼管工部都水淸吏司部中事。三年（一六二三年）國事日非。李子乃退居杭州。同傅(3)汎際專事著譯。崇禎二年（一六二九年）又因徐光啓之請。再至北京。任修歷職。翌年十一月一日病終北京。

據魯德昭(4)傳李之藻曰「李子好讀書。善學問。助西士翻譯書籍。潤色其文字。誦讀勿輟。宴會時。閒居時。手不釋書。目不停閱。卽乘轎亦持書卷。不廢光陰。及一目失明。一目又不健。彼猶捧書近目。勉強誦閱。對於歐洲之書籍。非常喜悅。常問西士有何新書可誦。有何善書可譯。西士近今（一六三一年）所著譯之五十種書。無一書不經過李子之手。或作序。或同譯者也。」此傳見魯德昭 A Semedo; Histoire universelle de La Chine 原本是葡文一六四一年出版。有法文譯本。

李子不但擅長文學。且有哲學思想。算學明悟。對於藝術亦甚研究。音樂。圖畫。美術。天文。地理。無不通曉。善悟好記。自皈依聖教。以至終日。二十年中。對於公教文化事業。非常努力。所著書籍與經典

(3) F. Furtado

(4) Alv. Semedo

甚多。今姑置勿論。祇論其所譯之名理探。

名理探者。哲學之一份。譯義曰論理學。譯音曰邏輯。原本爲葡國高因盤利大學 Université de Coimbre 耶穌會會士哲學辣丁文講義本。一六一一年在日爾曼始出版。分上下兩編。上編五百十六面。下編七百六十六面。字跡甚小。不易誦閱。上編李子完全譯成。下編除各名家之詮解外。其他亦已譯出。譯本分爲五端。每端分爲五論。成五卷。首端五卷。已於一六三一年。李子去世之翌年付梓。第二端次論五卷。亦已刊印。原刊本末之寓目。徐家匯藏書樓惟有抄本。首論五卷已於民國二十年重刊。次論十倫五卷。近從法國巴黎國立圖書館 Bibliothèque natianale de Paris 影印以歸。至第三四五論十五卷。似已譯華文。證據有三。一名理探刻本目錄前有「名理探一學統有五端。大論次論有五卷」。目錄末又有「第三四五端之論待後刻」之語。與首論五卷同一論調。二李子據譯之辣丁文高因盤利大學原本(1)現藏在北平西什庫圖書館。(2)書邊上。譯者標有記號。分爲二十

(1) 徐家匯天主堂藏書樓亦藏有一部。

(2) 西什庫圖書館之書大部份爲明末清初耶穌會士所遺留。

五卷。三魯德昭於一六四一年曾用葡文著有中國史書末附李之藻傳。傳中有曰。「李子譯有高因盤利大學亞利斯多德之哲學書有二十卷待刻」云。

所謂二十卷待刻云者。恐首論五卷已刻。一六三一年刻次論五卷於魯子寫書時。尚未刻印。故云二十卷。亦未可知。

今論刻本近年重印之經過。以爲文獻之考據。徐匯書樓有抄本名理探首論五卷。上已言之。馬公相伯前年曾經抄去。英斂之先生亦錄抄副本。陳援菴先生由英先生處亦錄得副本。嗣後章行嚴胡適之二先生亦轉向陳先生借抄。民國十五年。陳先生由北平公教大學輔仁社影印。裝訂三册。二十年由徐匯光啓社重刻。用保版本。此首論五卷之經過情形。

首論五卷既幸而重刻。次論五卷——名理探十倫——明末已有刻本。度此書國內必有藏者。經多方探訪。終不獲得。於是轉意於海外。投書中國學者伯希和 Pelliot 先生。知法京國立圖書館藏有五公首論五卷。十倫次論五卷。乃於民國二十一年秋。函托友人景印。翌年春。接到影本。查此影本。亦無序。不知刻於何年。二十三年春。又幸在北平西什庫天主堂。得見名理探抄本首論五公之前。

有李天經及李次虨序。不禁欣然。至次論十倫。與首論同爲五卷。惟書更厚。字更多。在第一卷總引上曰。此書「其要分爲三節。一爲十倫之先論。凡四篇。一爲十倫之論。凡五篇。一爲十倫之後論。亦凡四篇。」此名理探十倫整備後。正擬重刻。編入天學二函中。以保存天學先賢之著作。忽上海商務印書館王雲五先生。函商印諸萬有文庫第二集中。以廣流通；此不特澤所贊成。且尤感佩。蓋李子翻譯是書。同傅汎際費去五年苦心。一目且因此失明。李子逝世時。又不見此書之刊印。後雖付印十卷。但在我國無有保存。而十五卷已譯之稿本。現亦不知其存亡。今次論十倫五卷。繼首論五公而得以重刊。豈非快事。今進論其譯文之價值。

翻譯有直譯。有意譯。直譯不特將原書之意義。必忠必信譯出。且將原書之文字序次結構。悉心摹仿。意譯則照原書之意義概括達出。不爲文字所桎梏。語言所奴隸。二種翻譯。都有優劣。李之藻之名理探。是意譯者。傅子李子自己在署名下。亦說明白。曰「遠西耶穌會士傅汎際譯義。西湖存園寄叟李之藻達辭」。但此達辭。非常通暢。有信達雅之三長。

一有信之長。試舉一例。以概其他。名理探卷二「立公稱者何義。辯一」

「公也者之釋。舉其泛義。乃多之共系於一者也。總義有二焉。一會於一之公。一純於一之公。會公者。如就此一論推演多端。論其所肇推之初論。是曰會公。如分者之統於全也。純公者。又分四義。曰公作。曰公表。曰公在。曰公稱。」其辣文原文曰。Dividitur autem prims in complexum et simplex. uriusque usurpatio frequens est apud Philosophos. Complexum universale dicitur commune aliguod, unde plura colliguntur: ut "omne totum est majus sua parte;" vel praepositio quaelibet notato signo universali: ut "omnis homo mendax." De hoc universali erit sermo in libris Periherum et posterior. Simplex universale est quidquid spectat ad multa et non habet complexionem propositionis. Hoc quadrifariam Distribui salet; nimirum in universale in causaudo, in significando, in essendo, et in praedicando.

此段譯文。將辣丁文之一切意義。均一一譯出。原文之橫枝旁節。既無關於要義。譯之反覺牽強。節譯之而仍不失爲信。非聰明譯手。不能出此。

二有達之長。再將上例寫下。

「能造萬效者。是爲公作。如造物主爲萬品之作者。天爲下域諸形效之作者也。能顯指其多物之義者。是謂公表。如口所言人言馬。又如臆所懷人懷馬。其所謂人謂馬者。不但能指此人此馬。亦能顯指衆人衆馬所共之性也。公在者。在各特一之公性。如生覺者。爲在人在馬之公性。人者。爲在此人在彼人之公性也。公稱者。可舉以稱其倫屬之賾。如舉人以稱衆人。舉馬以稱衆馬也。其辣丁原文曰 Uuiversale in causando sunt communes rerum causae: ut Deus optimus maximus superuae Mentes, et Orbes coelestes. In significando sunt verbi causa Cometae, qui plures morbos impendentes pronuntiant. Voces. scripta et conceptus, qui non unam rem singularem, sed multa indicauf, ut nomen Homo seu voce prolatum, seu scriptum seu mente efformatum, sed communem, hominis Naturam, et sub la omnes homines singulares significat. Universale in essendo sunt communes naturae multis inferioribus existentes; ut homo et equus; sunt enim res communes et in suis singularibus iuventae; nam in Socrate et in Platone vere est natura humano, et in Bucephalo natura equina. In praedicando sunt la quae enunciantur de multis, ut homo de cunctis hominibus et equus de omnibus equis.

此段譯文何等通達。何等明白。原文甚艱澀。意思亦暗晦。譯文能暢達其義。意無不盡。理無不宣。

三有雅之長。試將上舉譯文之雅處提出。卽可見之。如 Universale complexum 譯爲會公。Universale simplex 譯爲純公。Universale in causando 譯爲公作。Universale in significando 譯爲公表。Universale in essendo 譯爲公在。Universale in praedicando 譯爲公稱。此在術語上譯文之雅處。語句之雅。如「能造萬效者是爲公作。能顯指其多物之義者爲公表。公在者。在各特一之公性。公稱者。可舉以稱其倫屬之賾。」此四個定義語簡意括。而雅正在其中。至於原文意思非常抽象。而又極難用一二語以解說之者。其譯文反極自然。極流利。似文人故意弄文墨者然。如「能顯指其多物之義者。是謂公表。如口所言人言馬。又如臆所懷人懷馬。其所謂人謂馬者。不但能指此人此馬。亦能顯指衆人衆馬所共之性也。」陳垣傳之藻曰「名理探譯筆比寰有詮尤邃奧。」

馬良序陳垣李之藻傳曰.「其所譯寰有詮名理探.至艱深.而措辭之妙.往往令讀者忘其爲譯文.」誠哉斯言.

民國二十四年六月徐宗澤謹識

王雲五主編

萬有文庫

第二集七百種

名理探

四冊

Commentarii Collegii Conimbricensis
e Societate Jesu in Universam
Dialecticam Aristotelis Stagiritæ

中華民國二十四年九月初版

譯義者 傅汎際

達辭者 李之藻

發行人 王雲五 上海河南路

印刷所 商務印書館 上海河南路

發行所 商務印書館 上海及各埠

章

＊C五九一

九六

崇文学术文库·西方哲学

1. 靳希平　吴增定　十九世纪德国非主流哲学——现象学史前史札记
2. 倪梁康　现象学的始基：胡塞尔《逻辑研究》释要（内外编）
3. 陈荣华　海德格尔《存有与时间》阐释
4. 张尧均　隐喻的身体：梅洛-庞蒂身体现象学研究（修订版）
5. 龚卓军　身体部署：梅洛-庞蒂与现象学之后
6. 游淙祺　胡塞尔的现象学心理学 [待出]
7. 刘国英　法国现象学的踪迹：从萨特到德里达 [待出]
8. 方红庆　先验论证研究[待出]

崇文学术文库·中国哲学

1. 马积高　荀学源流
2. 康中乾　魏晋玄学史
3. 蔡仲德　《礼记·乐记》《声无哀乐论》注译与研究
4. 冯耀明　“超越内在”的迷思：从分析哲学观点看当代新儒学
5. 白　奚　稷下学研究：中国古代的思想自由与百家争鸣
6. 马积高　宋明理学与文学
7. 陈志强　晚明王学原恶论 [待出]
8. 郑家栋　现代新儒学概论（修订版）[待出]

崇文学术·逻辑

1.1 章士钊　逻辑指要
1.2 金岳霖　逻辑 [待出]
1.3 傅汎际 译义，李之藻 达辞：名理探
1.4 穆　勒 著，严复 译：穆勒名学 [待出]
1.5 耶方斯 著，王国维 译：辨学
1.6 亚里士多德 著：工具论（五篇 英文）
2.1 刘培育　中国名辩学 [待出]
2.2 胡　适　先秦名学史（英文）
2.3 梁启超　墨经校释
2.4 陈　柱　公孙龙子集解
3.1 窥　基　因明入正理论疏（金陵本）
　　神　泰　因明正理门论述记（金陵本）[待出]

崇文学术译丛·西方哲学

1.〔英〕W. T. 斯退士 著，鲍训吾 译：黑格尔哲学
2.〔法〕笛卡尔 著，关文运 译：哲学原理 方法论
3.〔德〕康德 著，关文运 译：实践理性批判
4.〔英〕休谟 著，周晓亮 译：人类理智研究
5.〔英〕休谟 著，周晓亮 译：道德原理研究
6.〔美〕迈克尔·哥文 著，周建漳 译：于思之际，何所发生 [待出]
7.〔美〕迈克尔·哥文 著，周建漳 译：真理与存在 [待出]

崇文学术译丛·语言与文字

1.〔法〕梅耶 著，岑麒祥 译：历史语言学中的比较方法
2.〔美〕萨克斯 著，康慨 译：伟大的字母 [待出]
3.〔法〕托里 著，曹莉 译：字母的科学与艺术 [待出]

中国古代哲学典籍丛刊

1.〔明〕王肯堂 证义，倪梁康、许伟 校证：成唯识论证义
2.〔唐〕杨倞 注，〔日〕久保爱 增注，张觉 校证：荀子增注 [待出]
3.〔清〕郭庆藩 撰，黄钊 著：清本《庄子》校训析
4. 张纯一 著：墨子集解

徐梵澄著译选集

1. 尼采自传（德译汉）
2. 薄伽梵歌（梵译汉）
3. 玄理参同（英译汉并疏解）
4. 陆王学述
5. 老子臆解
6. 孙波：徐梵澄传（修订版）

出品：崇文书局人文学术编辑部
联系：027-87679738，mwh902@163.com

我思®
敢于运用你的理智

唯识学丛书

01. 周叔迦　唯识研究
02. 唐大圆　唯识方便谈
03. 慈　航　成唯识论讲话
04. 法　舫　唯识史观及其哲学
05. 吕澂唯识论著集
06. 王恩洋唯识论著集
07. 梅光羲唯识论著集
08. 韩清净唯识论著集
09. 王恩洋　摄论疏
10. 王恩洋、周叔迦　唯识二十论注疏（二种）
11. 王恩洋、周叔迦　因明入正理论释（二种）
12. 无著、世亲等　唯识基本论典合集
13. 太虚、欧阳竟无等　唯识义理论争集
14. 王夫之、废名等　诸家论唯识
15. 熊十力等　新唯识论（批评本）
16. 太虚唯识论著精选集
17. 唯识所依经三种合刊（藏要本影印）
18. 唯识十支论·无著卷（藏要本影印）
19. 唯识十支论·世亲卷（藏要本影印）
20. 成唯识论（藏要本影印）
21. 田光烈唯识论著集
22. 欧阳竟无　唯识讲义
23. 罗时宪　唯识方隅
24. 倪梁康　八识规矩颂注译（二种）
25. 杨廷福　玄奘年谱
26. 金陵刻经处大事记长编（1864—1952）

禅解儒道丛书

1. 憨　山　老子道德经解
2. 憨　山　庄子内篇注
3. 蕅　益　四书蕅益解
4. 蕅　益　周易禅解
5. 章太炎　齐物论释
6. 马一浮　老子注
7. 杨仁山　经典发隐
8. 欧阳渐　孔学杂著

西方哲学经典影印

01. 第尔斯（Diels）、克兰茨（Kranz）：前苏格拉底哲学家残篇（希德）
02. 弗里曼（Freeman）英译：前苏格拉底哲学家残篇
03. 柏奈特（Burnet）：早期希腊哲学（英文）
04. 策勒（Zeller）：古希腊哲学史纲（德文）
05. 柏拉图：游叙弗伦 申辩 克力同 斐多（希英），福勒（Fowler）英译
06. 柏拉图：理想国（希英），肖里（Shorey）英译
07. 亚里士多德：形而上学，罗斯（Ross）英译
08. 亚里士多德：尼各马可伦理学，罗斯（Ross）英译
09. 笛卡尔：第一哲学沉思集（法文），Adam et Tannery 编
10. 康德：纯粹理性批判（德文迈纳版），Schmidt 编
11. 康德：实践理性批判（德文迈纳版），Vorländer 编
12. 康德：判断力批判（德文迈纳版），Vorländer 编
13. 黑格尔：精神现象学（德文迈纳版），Hoffmeister 编
14. 黑格尔：哲学全书纲要（德文迈纳版），Lasson 编
15. 康德：纯粹理性批判，斯密（Smith）英译
16. 弗雷格：算术基础（德英），奥斯汀（Austin）英译
17. 罗素：数理哲学导论（英文）
18. 维特根斯坦：逻辑哲学论（德英），奥格登（Ogden）英译
19. 胡塞尔：纯粹现象学通论（德文1922年版）
20. 罗素：西方哲学史（英文）
21. 休谟：人性论（英文），Selby-Bigge 编
22. 康德：纯粹理性批判（德文科学院版）
23. 康德：实践理性批判 判断力批判（德文科学院版）
24. 梅洛－庞蒂：知觉现象学（法文）

西方科学经典影印

1. 欧几里得：几何原本，希思（Heath）英译
2. 阿基米德全集，希思（Heath）英译
3. 阿波罗尼奥斯：圆锥曲线论，希思（Heath）英译
4. 牛顿：自然哲学的数学原理，莫特（Motte）、卡加里（Cajori）英译
5. 爱因斯坦：狭义与广义相对论浅说（德英），罗森（Lawson）英译
6. 希尔伯特：几何基础 数学问题（德英），汤森德（Townsend）、纽苏（Newson）英译
7. 克莱因（Klein）：高观点下的初等数学：算术 代数 分析 几何，赫德里克（Hedrick）、诺布尔（Noble）英译

古典语言丛书（影印版）

1. 麦克唐奈（Macdonell）：学生梵语语法
2. 迪罗塞乐（Duroiselle）：实用巴利语语法
3. 艾伦（Allen）、格里诺（Greenough）：拉丁语语法新编
4. 威廉斯（Williams）：梵英大词典
5. 刘易斯（Lewis）、肖特（Short）：拉英大词典